哲学密码

郭建龙 著

中信出版集团│北京

图书在版编目（CIP）数据

哲学密码 / 郭建龙著. -- 北京：中信出版社，2024.8
ISBN 978-7-5217-6497-0

I. ①哲⋯ II. ①郭⋯ III. ①哲学史—中国—通俗读物 IV. ① B2-49

中国国家版本馆 CIP 数据核字（2024）第 073644 号

哲学密码
著者：郭建龙
出版发行：中信出版集团股份有限公司
（北京市朝阳区东三环北路 27 号嘉铭中心　邮编　100020）
承印者：河北鹏润印刷有限公司

开本：880mm×1230mm 1/32　印张：17.75　字数：404 千字
版次：2024 年 8 月第 1 版　印次：2024 年 8 月第 1 次印刷
书号：ISBN 978-7-5217-6497-0
定价：98.00 元

版权所有·侵权必究
如有印刷、装订问题，本公司负责调换。
服务热线：400-600-8099
投稿邮箱：author@citicpub.com

目 录

前　言　两千年往复的学术之殇

　　大一统哲学问题的产生　　//001
　　庸俗化、反叛和回归　　//004

第一部　集权洗脑术：政教合一体系的建立
（公元前202—公元200年）

第一章　汉初的皇权危机

　　一场荒唐的演出　　//018
　　失控的王朝　　//023
　　王朝的根本哲学问题　　//029
　　初步神化方案　　//035

第二章　皇帝神化运动

　　熬过秦火的儒家　　//047
　　从孔丘变公羊　　//053
　　儒教的诞生　　//057
　　文化集权的第一次高峰　　//069

第三章　汉朝圈养的知识圈

博士、太学和门阀　//076
政治化的儒教　//083
谶纬的世界　//088

第四章　谁是真经

论道石渠阁　//097
发现古文经　//105
打不破的围城　//112
复古，复古　//116
伪造大比拼　//121

第五章　文人打架与皇帝和泥

光武帝时期大辩论　//130
白虎观大和泥　//133
一个哲学异类的生存方式　//139
反对谶纬的机械论者　//144
合并时，已临近死亡　//148

目录

第二部 哲学嬉皮士：以自然的名义反叛教权
（公元166—316年）

第六章 乱世文人抱脚难
夹缝中的文人结派 //162
儒教理想的终结 //165
经学葬处，玄学萌发 //170

第七章 一切都是"无"
何谓玄学 //180
阴阳、五行与才性 //187
嬉皮士的"贵无论" //192

第八章 放诞俗世做酒仙
非汤武而薄周孔 //210
越名教而任自然 //215
分道扬镳的贤人们 //221
玄学思辨的精华 //225

第九章 被收编的嬉皮士
回归正统，死于正统 //234
独化：最后的调和派 //238
倒向享乐主义 //242

第三部 当皇权遭到拒绝：三教的竞争与妥协

（公元 317—960 年）

第十章 长不大的道教，思辨的佛教

作为宗教的"道" //255
儒道从来是合流 //260
浮屠真义 //265
普度众生的大篷车 //271
西域舶来，落户中原 //278

第十一章 南朝：政治资源争夺战

不拜皇帝的僧人 //289
华夷之辨与中国特殊论 //294
形存则神存，形谢则神灭 //298
梁武帝：垮于佛教 //303

第十二章 北朝：入笼之鸟

灭佛与兴佛 //312
老子佛陀的迷雾 //319
佛道大斗嘴 //324
不屈的僧人 //328

第十三章　隋唐五代：从现代边缘坠落

作为空壳的儒教　//338
北传佛教的兴盛　//346
向老子认亲的王朝　//350
唐朝思想的现代萌芽　//353
回归孔夫子　//355
皇帝缺钱找佛祖　//360

第四部　叛逆的害人者：重建神权政治
（公元960—1506年）

第十四章　复古主义和实用主义

温和的改革，未了的结局　//372
王安石向左，司马光向右　//377
受排挤的苏轼　//381
实用主义的终结和余韵　//385
从出版业看政府控制　//388

第十五章　存天理，灭人欲

卫道士的到来　//399
北宋的道学谱系　//403
互相吹捧的"道统兄弟"　//408
最后的"先知"　//412

第十六章　从道学到大一统

　　辽金：选择前朝课本　//423
　　元朝画瓢　//427
　　明朝考试体系如何固化道学　//431

第十七章　蒙古大汗的宫廷圈奴

　　法兰西人记录的大辩论　//440
　　第一次佛、道大辩论　//443
　　被剃头的道士　//446

第五部　世俗哲学兴起：洗脑术的没落
（公元1368—1911年）

第十八章　用"心"反叛束缚

　　鹅湖寺风波　//459
　　陈白沙：变奏之始　//463
　　王阳明：无奈的思想反叛　//466

第十九章　从心学到犬儒

　　赤手搏龙蛇　//476
　　游侠之死　//480

以死卫童心　//484
　　朋党重现　//491
　　庸俗化的心学　//495

第二十章　神学散去，实学到来

　　王夫之：从务虚到务实　//502
　　黄宗羲：政治学曙光　//505
　　顾炎武：提倡实学精神　//510
　　阎若璩：伪经的发现　//514
　　戴震：大一统理论消亡　//519

附　录　中国中央王朝哲学简单年谱

　　神学谶纬期　//525
　　玄学自然期　//531
　　三教开放期　//532
　　经世实用期　//537
　　道学封闭期　//540
　　实学兴起期　//543

后　记　//545

再版后记　//549

前 言

两千年往复的学术之殇

在两千多年前,大一统模式刚刚出现,一个小流氓在风云际会中突然成了皇帝。在他之前的统治者都是贵族出身,而他上台后,面临的首要问题是:如何让人们相信他当上皇帝不仅不是靠欺骗,反而是天生注定的?

于是这个问题就成了中国大一统时期政治哲学的根本性问题。当西方世界将人与自然的关系确定为哲学的根本问题时,中国人却始终在政治与人的框架中反复震荡。

在两千多年前,为了找到答案,西汉王朝耗费了几代人的光景,才终于创造了"天选"的思想,将皇帝与天等同起来,利用教育的垄断性,将这一套无法验证的信仰灌输给整个社会。本书研究的,就是这场运动是如何发生,又是如何将中国哲学固定在一条无法回头的轨道上的,以及人们是如何挣扎,又是如何回归到习惯之中的。

大一统哲学问题的产生

建立汉朝的汉高祖刘邦在上台前是个带有流氓色彩的普

通人，依靠暴力和运气当上了皇帝。许多熟人对他早年的底细知道得一清二楚，即便他已经当了皇帝，六国的许多臣民仍然忠于六国的贵族及其后裔，对平民出身的刘邦嗤之以鼻。到底怎样才能让曾经是普通人的刘邦被接受为皇帝呢？又怎样才能让人们对刘邦的后代忠贞不贰并长期服从于这个新兴的政权呢？

刘邦需要的是一个永久性的理论，一劳永逸地证明自己是天生的皇帝，不容推翻，更不容反抗。哪怕所有人都反对这个政权，它也仍然是合法的。

这个理论，就是中国大一统社会的哲学基础。为了寻找这个哲学基础，汉代耗费了几代人的光景。到了汉武帝时期，随着开国功臣的陆续死亡，一个没有任何战功的懵懂少年依靠血统当上了皇帝，政权的合法性问题变得更加突出。但不要着急，中国的知识分子终于发现了自己的使命，创造性地完成了哲学基础的构造。

这个哲学基础包括以下三个方面。

第一，不是从逻辑上，而是从信仰上，将皇帝和宇宙真理联系在一起。汉朝统治者发现，要想让人们服从，必须树立一个所谓的宇宙真理。在真理之下，人已经不是人，只是宇宙真理的一个零件而已。人活着的目的也不是为了生活本身，而是为了宇宙真理而奋斗，自觉服从于真理，任何想要对真理倒行逆施的人都不值得同情，必须予以打击甚至消灭。

但在什么是宇宙真理的问题上，不同政权却有着不同的表述。在汉朝，所谓的宇宙真理，就是一套"天人合一"的理论。这套理论认为，在宇宙之中只有唯一的真理，这个真理不仅对自然界是成立的，对人类世界也是最高理论。真理的源头，来自一个叫作"天"的实体，是天的意志创造了整个自然界和人类社会。人类活着的目的，就是要服从于天的意志。

天的意志在人间的代表，就是皇帝。皇帝是天选的，决定刘氏当皇帝的不是人间的选择，而是天的决定。这样，小流氓就不再是小流氓，而是宇宙真理的一部分，人们不服从于这个政权，就视同自绝于宇宙。

第二，来自天的宇宙真理的具体内容是什么呢？为了构造内容，就不得不用到新兴的儒教。我们说儒教而不说儒家，是因为汉朝建立的儒教已经脱离了春秋战国时期的儒家，是汉代学者的新创造。

汉代儒教借用了先秦儒家的礼法，采用了儒家的经典，又将阴阳家的宇宙观和法家的权术结合起来，形成了一套包容天地万物的理论。宇宙之所以产生，来自阴阳和五行的互动；人类社会的存在，也要服从于阴阳五行，由此产生了汉代的谶纬、祥瑞、灾异等观念。

这套无法验证的学说经过政权的推广，直到现在，仍然是许多人思维的基础，在社会上有大量的拥趸。

第三，理论构造完毕，必须让所有人都相信它。汉代建立了完整的官方教育体系，并辅以一套行之有效的选官体制，要求只有学习这套儒教理论的人才能进入官僚系统。同时，儒教理论还进入司法体系，对民众生活产生了根本性的影响。

通过灌输的方式，人们从生下来就浸润在这套宇宙真理之中，只要经过两三代人，人们的生活方式就被塑造成型了。不管对王朝和皇帝是赞成还是反对，人们都只会用这套宇宙真理的语言去说话，这才是深入人类社会最深的真理印记。

"天人合一"的哲学体系不仅彻底解决了皇帝的合法性问题，还由于它是信仰而非思辨，对社会思想造成了牢固的束缚，让很多人在两千余年的时间内，丧失了利用逻辑去验证事实的能力。从这个角度看，它的确是"太成功"了。

庸俗化、反叛和回归

人们可以将西汉之后的中国哲学看作思想的格式化与反格式化的历史，它分为两个大的周期：第一个周期从西汉开始，经过东汉、魏晋南北朝，直到隋唐才宣告结束；第二个周期从宋朝一直持续到清朝。

每一个周期又都可以分成几个阶段，分别是：建立期、庸俗期、反抗期和变异期。

在第一个周期中，西汉前期是儒教哲学的建立期。经过初期的探索，汉武帝建立了以"天人合一"为特征的哲学体系，并通过教育系统和选拔系统将这套哲学强行灌输给整个社会。到了昭、宣时代，西汉的社会已经儒教化，人们不再用其他方式思考社会。

汉宣帝之后的西汉和东汉时期，属于儒教哲学的庸俗期。在这个阶段，人们已经放弃了思考能力，依靠被灌输的几个观念将整个自然界和社会的所有现象强行塞入儒教框架之中。这个阶段还有两大特征。第一是充斥着大量的学阀和门派偏见，人们不再以学问论短长，而是以关系和地位决胜负。把持高位，产生足够的徒子徒孙，成了每一个学者梦寐以求的目标，所谓学问，只是一块遮羞布。第二是对于谶纬、比附的滥用。看到闪电之后，人们首先想到的不是接下来要打雷，而是有人做错了事，惹恼了老天爷；发现一只白色的野鸡首先想到的是祥瑞。人们辩论时，总是想从伪造的古书中发现预言的蛛丝马迹，以比附现实社会中发生的事件。汉朝哲学是最缺乏思辨的哲学，也主要是由于人们更习惯使用比附而不是逻辑。

第二个阶段末期，这样的哲学不仅无法指导人们的生活，还成了整个社会的累赘。于是，一群人开始挣扎着脱离儒教的控制，运用另一种工具——逻辑和思辨，来重新构造世界观。于是第一个周期进入了第三个阶段：反抗期。

反抗期从魏晋时期开始，持续到南朝。这个时期发展出一种叫作玄学的哲学体系。玄学并没有构造出统一的世界观，而是提倡一种方法论，这种方法论的主要工具是怀疑和逻辑。

由于汉代儒教缺乏逻辑，只是通过思想控制让人们去相信一些无法证实的"宇宙真理"，于是玄学就首先从怀疑这些真理入手，强调人们首先要将所有的成见清除出思想，再利用逻辑的力量重新构建可以相信的东西。

玄学的外在表现是对于道家"无""自然"等观念的推崇，反对执迷于功名利禄，斩断对于官场的留恋。玄学的怀疑精神发展到极致，导致人们可以推翻一种世界观，却无法建立另一种世界观。

随着政治对哲学的干预，玄学也开始庸俗化，有的人学着用逻辑的方式为政权服务，另一些人则倒向享乐主义。

但幸运的是，玄学之后，从印度传入的佛教逐渐接管了思辨一脉，这种更加强调逻辑和辩论的学问使得中国哲学继续远离腐臭的汉代儒教，于是中国哲学发展的第一个周期进入了最后阶段：变异期。

在变异期内，中国哲学实现了三教并存、互相竞争的格局。儒教虽然仍然居于政治的正统地位，但在社会思潮上是佛教占据优势。另外，唐朝兴起的另一种思潮——

实务精神，让只注重灌输的儒教显得无法适应政权的需要。唐朝的高官除了富有文采之外，也往往都是治国理政的好手，他们注重具体的政策治理，对于经济的关注也让他们无法在儒教经典中寻找到现成答案。这个变异期，成了中国哲学最活跃，却最不受研究者重视的时期。研究哲学的人都提倡一个统一的架构或者世界观，但这个时期并不需要统一的架构，从而让学者感到无所适从。

中国哲学发展的第二个周期从宋朝开始。唐朝缺乏统一的思想也造成了另一个弊端：中央王朝显得过于松散。特别是在"安史之乱"后，以韩愈为首的文人将社会的散架归结为思想的不统一。到了宋朝，文人们再次追求起统一的哲学体系。

北宋前期仍然继承了唐朝的实务精神，但随着王安石将实务精神引向计划经济，保守主义逐渐获得了政治的同情，并在南宋成为主流。

中国哲学发展第二个周期的建立期持续到南宋，形成了以朱熹为首的道学体系。道学与汉代儒教的区别在于，汉代儒教认为所谓的宇宙真理是"天人合一"的哲学体系，而宋代道学则将这个宇宙真理替换成了对"天道"的崇拜，这里的"天道"已经不是汉代那样的一个拥有意志的天，而是没有意志的客观真理。

虽然显得更加"客观"，但在道学家眼中，人同样不是人，只是必须强行绑定在天道之上的一个微不足道的零件，即所谓的"存天理，灭人欲"。

第二个周期的庸俗期从元朝持续到明朝前期，随着科举考试将朱熹的理论树为正统，道学开始影响人们的方方面面，社会再次失去了思考能力。

到了明朝，随着心学的诞生，中国哲学再次进入反抗期。人们提倡遵从内心，来反对那无所不在的天道。没有外在的客观真理，人只需服从内心，这个观点成了反抗的依据。但将"客观"的天道替换为主观的内心，同样产生了庸俗化的问题，人们以顺应内心为借口坠入享乐主义和相对主义的窠臼。

到了清朝，中国哲学发展再次进入变异期。这次变异期的特征，仍然是逻辑的力量。清朝实学的兴起，让很多人不再对那些大道理感兴趣，而是只研究可以证伪、可以进行逻辑推理的事物。一时间考据学派兴起，这些人开始将所有可以观察的东西，不管是一件文物还是一段历史，都放在逻辑的放大镜下一一考察，将那些无法证明的东西排除出去。

清朝的变异期又可以视为对中国哲学体系的彻底反叛，学者的研究方法与西方的科学实证主义极其类似。因此，可以说，虽然中国没有产生自然科学，但社会科学到了清朝，已经有了强大的思考工具，并在逐渐改写中国的历史与学术。

本书叙述了中国哲学发展两大周期之中政府的格式化、民间的抵抗，以及每一个在哲学史上留下姓名的学者的贡献。

本书与传统的中国哲学史有以下两大区别。

第一，传统哲学史大都以春秋战国时代作为主要叙述点，而本书则从西汉开始讲起，只叙述大一统时代到来之后的思想流变。这样做主要是为了寻找中国哲学的现实意义，由于都处于大一统时代，西汉时期对现实的影响要比之前的更加显而易见。

第二，很多传统哲学史作品以罗列每一家的具体观点为主。由于哲学家的许多观点都是类似的，因此，大量的篇幅浪费在相同观点的罗列上，读者无法轻易从中找到思想演化的轨迹。这样的书大都只能当资料查阅，无法让读者获得足够的有效知识。本书则注重讲解哲学发展的来龙去脉，让读者可以更清晰地看到中国哲学如何演化和为何这么演化，理解政治与哲学互动的奥秘。

与本系列的第一本书《财政密码》一样，本书虽然是在寻找古代哲学的发展线索，却同样是一本对现代社会充满启发的书。阅读完本书之后，读者在思考问题时，会拥有更加广阔的视角。

第一部

集权洗脑术：政教合一体系的建立

（公元前202—公元200年）

第一章　汉初的皇权危机[1]

集权王朝的首要问题是皇帝的合法性。由于依附于政治，中国哲学要解决的是统治问题。如何才能赋予统治者合法性？皇帝为什么是皇帝？臣民为什么是臣民？

西方哲学没有受到大一统国家的束缚，最初要回答的是人和世界的关系问题：什么是人？什么是宇宙？什么是自然？什么是世界？由此引出了一系列的解答，产生了诸多的流派。

西汉建立后，汉高祖最关心的问题是：如何将前朝的一个混混打扮成众望所归的皇帝？如何从人心所向的分封制转变成人们普遍认为失败的中央集权制？

为了解答这个问题，叔孙通强调用礼仪来固化统治者的地位——通过对礼仪的刻意强调，去贬低每一个臣民的人格，以此来彰显皇帝的权威。他的尝试虽然短期有效，长期却失败了。

法家和道家认为，皇帝的合法性建立在人们的适应性之上，只要经

---

[1] 本章涉及的时间范围是公元前 202—前 141 年。

过几十年，人们适应了新的社会秩序，就会接受刘氏做皇帝。但在如何维持政体上，法家采取了加强权力的做法，而道家采取了放松控制的做法。

法家和道家在汉初都起到了稳定社会的作用，却无法解答"为什么只有刘氏才能当皇帝，别人不能当皇帝"这个问题。于是，儒教登场的时机到了。

儒教早期的代表人物是陆贾和贾谊，陆贾初步创造了"天人合一"的儒教理论，却由于强调无为，仍然归于道家；贾谊综合了陆贾的"仁义"与叔孙通的"礼法"，希望积极干预社会，但由于汉文帝采纳了无为而治的做法，贾谊最终因怀才不遇而英年早逝。

任何一条狗都有属于它的那一天。

这句话在一个叫作叔孙通的人身上得到了充分的验证。叔孙通生活在两千多年前的中国，他的故乡位于现在的山东枣庄滕州。在秦汉时期，虽然春秋战国的各个诸侯国已经被统一，可是人们仍然习惯于把那些诸侯国当作自己的籍贯，而各个诸侯国也仍然保留着鲜明的特色。比如，叔孙通出生在当年鲁国的薛县，鲁国是孔子的家乡、儒学的发源地，这里的人一直保留着礼仪之风。不管遇到什么情况，哪怕身陷战争的险境，人们也习惯于慢条斯理地奏着乐、讲着礼，从容地等待战争的到来。[2]

叔孙通在鲁地接受教育后，终于获得了人生第一次机会。此时，秦始皇已经统一了中国，需要各地的人才帮助他治理国家，叔孙通受到征

---

[2]《史记·儒林列传》："及高皇帝诛项籍，举兵围鲁，鲁中诸儒尚讲诵习礼乐，弦歌之音不绝，岂非圣人之遗化，好礼乐之国哉？"

召,前往秦朝都城咸阳担任待诏博士,相当于皇帝的候补智囊。

数年后,秦始皇驾崩,他的儿子秦二世无力治理如此庞大的王朝,秦朝进入了崩溃的节奏。陈胜在楚地的大泽乡打出反秦的大旗后,秦二世慌了,连忙召集几十人,开了一次智囊团扩大会议,叔孙通也有幸列席。

智囊们议论纷纷,出谋划策。但吊诡的是,他们并不急于告诉皇帝如何镇压反叛,而是为了两个词吵了起来:陈胜反秦到底是一次谋反大乱("反"),还是普通的盗贼小乱("盗")?

在现代人看来,得知陈胜起事后,朝廷不首先发兵,而是争执这是一次"反"还是一次"盗",如此唯名论显得很荒谬。但在秦朝,这样的区分和法律有关,根据规定:如果是谋反,那么秦朝必须从中央调兵去镇压;如果只是盗贼,那么中央就不用调兵,而是由秦朝的地方政府(郡县)组织"地方警察"一捕了事。区分"反"还是"盗",关系到中央和地方的职权划分。

大部分人认为,这是一次谋反,需要从中央调兵去镇压。只有叔孙通持不同看法,他认为这只是一群盗贼,地方政府对付他们绰绰有余,不需要动用中央军。

需要说明的是,按照现在的理解,需不需要动用中央军要根据陈胜军队的规模而定,如果估计地方政府对付不了陈胜,就要赶快动用中央军。

但当时不管持有哪种观点的儒生,都没有去考察"陈胜军队的规模"这个事实,而是从教条上寻找支持。比如,认为这是一次谋反的人是这么论证的:凡是人臣,就不应该有聚众扰乱社会秩序的行为,所以,只要有此种行为,就是谋反。而陈胜的行为已经是聚众扰乱社会秩序,所以应该被认定为谋反。既然是谋反,就要动用中央军。[3]

叔孙通的论证则是:秦朝统一后已经天下一家,连全国的兵器都被没收了,中央政府也早已宣布天下再用不着兵器,已没有战争。既然没有战争,皇帝又如此英明,法令又这么明晰,官员这么称职,怎么可能会有谋反?既然不是谋反,就只能是盗贼而已。既然是盗贼,那么就交给地方政府处理,皇帝仍然吃喝玩乐就是了。[4]

秦二世本来就不愿费神处理政务,叔孙通的说法正好符合他的本意,于是皇帝大喜过望。这时才摸准皇帝心思的人纷纷改弦更张,赞同叔孙通的观点。到最后,所有认为是"反"的人都被抓起来坐牢,所有认为是"盗"的人都没事。叔孙通则获得一件衣服和二十匹帛的赏赐,还从候补博士转正了。

叔孙通离开皇宫后,预感到秦朝已经风雨飘摇,连忙逃走。而听从其计策的秦二世稀里糊涂地丢掉了江山。就这样,叔孙通的第一次机会灰飞烟灭。

离开了咸阳的叔孙通试图寻找其他的机会。他首先回到家乡,家乡人民已经投向了起义军。这时首倡起义的陈胜已经是强弩之末,起义军最强大的人物变成了项梁(项羽的叔父)。

据《史记·项羽本纪》记载,项梁立了一个傀儡,是楚国王室的后

---

[3] 《史记·刘敬叔孙通列传》:"人臣无将,将即反,罪死无赦,愿陛下急发兵击之。"
[4] 《史记·刘敬叔孙通列传》:"夫天下合为一家,毁郡县城,铄其兵,示天下不复用。且明主在其上,法令具于下,使人人奉职,四方辐辏,安敢有反者!此特群盗鼠窃狗盗耳,何足置之齿牙间。郡守尉今捕论,何足忧。"

代熊心，项梁尊他为楚怀王。叔孙通决定撞大运，跟随了项梁。

但不久，项梁在战争中被秦国将领章邯打败身死，叔孙通只好卷起铺盖投靠楚怀王。后来，项梁的侄子项羽击溃秦国主力军队，成了西楚霸王。楚怀王这个傀儡失去用处，他被迫迁徙到现在的湖南郴州，最后被杀死在那儿。[5] 叔孙通只好再次寻找下家，又投靠了项羽。

但不幸的是，叔孙通投靠项羽不久，项羽的老对手刘邦就趁着项羽进攻北方齐国的空当儿，率军直捣项羽的老巢，占领了西楚的国都彭城。

叔孙通此时看准时机，认为项羽已成末日残阳，又转身投靠刘邦。

更不幸的是，这次叔孙通又看错了局势。当项羽听说刘邦偷袭彭城后，立刻挥兵南下，直指彭城。而刘邦此刻却在彭城整天饮酒作乐，不思进取，结果兵败如山倒，刘邦仓皇逃出彭城。一路上危险重重，据《史记·项羽本纪》记载，刘邦为了加快逃窜的速度，甚至要将自己的孩子孝惠、鲁元从车上推下去。

刚刚投靠刘邦的叔孙通此刻傻了眼，他不可能再投靠项羽一次，这可能让他吃不了兜着走，于是只好硬着头皮继续跟随刘邦逃走。

更令他想不到的是，这次他投靠的主子是个来自楚国的痞子，尤其见不得读书人，一见穿着儒生袍子的人就厌烦。叔孙通整天长袖阔带，高髻大履，自然没有好果子吃。为了迎合刘邦，他只好换上楚国的短衫，来讨得刘邦的欢心。

此刻，叔孙通已经跌到了人生低点，如同丧家之犬一般不断地更换主子，却从来没有得到过一块好肉。当年，他出来时耀武扬威带来的弟

---

5 楚怀王被杀的地点现存争议，一般认为是在郴县（现湖南郴州）。

子百余人，都希望通过他获得一官半职，但被他打消了念头：如今人家需要的是能打仗的，你们这些文弱书生靠不上边。但实际上，是因为他本人在刘邦的心目中也人微言轻，只不过混口饭吃而已。

就在此时，这个如同丧家之犬一般的五姓家奴（甚至有人说他侍奉过将近十位主子[6]）却突然转运了，因为战争结束了……

一场荒唐的演出

汉高祖五年（公元前202年），被边缘化的叔孙通突然求见汉高祖刘邦。此刻西楚霸王项羽已经被彻底击败，自刎于乌江。刘邦在定陶称了皇帝。本来应该是一派祥和景象，总是添乱子的叔孙通又有什么事要求见刘邦呢？

原来，他发现了刘邦统治下的一个漏洞。这个漏洞是：没有人知道皇帝是个什么东西。

汉朝最初的体制是继承项羽的分封制。在项羽灭秦后，由于参与对秦战争的将领大都有六国的血统，而人们在对抗秦朝的中央集权王朝时，往往憧憬着回到过去的战国时代，项羽顺从了当时的思潮，大肆分封诸侯王，不过由于需要照顾的人很多，项羽的分封把原来七国的界线碎片化了，一共分封了大小不等的十九个王。比如，原来的齐国分为三个王（济北王、齐王、胶东王），韩、赵、魏、燕四国又各分为两个王（依次为：河南王、韩王，常山王、代王，殷王、西魏王，燕王、辽东王），秦国

---

6 《史记·刘敬叔孙通列传》："公所事者且十主，皆面谀以得亲贵。"

和楚国的地方最大,各自分为四个王(依次为:汉王、雍王、塞王、翟王、西楚王、九江王、临江王、衡山王),其中项羽的西楚霸王就出自楚国。

在项羽的理想中,世界并不需要统一,只需要如同战国时代一样分为许多国家,各自为政,再由一个如同春秋五霸那样的"霸主"进行总的约束即可。

项羽理想中的"霸主",不能随便干涉各诸侯领地的内政,只负责监管诸侯间的秩序。只有诸侯之间发生了战争,或者一片封地内部出现了严重的内战,需要第三方调解,西楚霸王才能出兵介入。

项羽的天下秩序存在的最大缺陷是,这个秩序过于碎片化。建立不久,诸侯之间纷纷开始打仗,领地内也出了乱子,西楚霸王疲于奔命,无力维持秩序的稳定性。诸侯王们对这个霸王的积怨越来越深,刘邦立刻钻空子联合那些心存不满的诸侯,一同出兵,经过鏖战击败了项羽。

由于刘邦知道项羽的天下秩序的缺陷,在建立自己的秩序时,竭力避免出现同样的问题。他知道,如果自己还是一通分封诸侯,然后退回关中当另一个霸王,那么迟早会和项羽一样被诸侯们拖累死。

刘邦心目中的秩序是秦朝式的,由一个君主(皇帝)统治中国所有的土地,在皇帝之下,是听从皇帝指挥的中央官吏和派往地方的官吏。这些官吏都不是世袭的,必须由皇帝任命。在击败项羽后,刘邦随即称帝,就是为了建立这样的新秩序。

但无奈的是,刘邦在击败项羽的过程中,不得不求助于许多诸侯和将领,为了安抚他们,必须保留若干个诸侯封地当作犒赏。这样,刘邦早期的汉王朝实际上既不是项羽式的,也不是秦朝式的,而变成了周王朝式的:刘邦控制了关中(陕西)地区、四川地区以及函谷关以东地区的土地，这部分土地由中央政府直接管理，但在南方、东方、北方，仍然有一些不归中央政府管辖的诸侯。

这些新诸侯中，最强大的是刘邦的三大功臣：楚王韩信、梁王彭越、淮南王英布。这些人成为诸侯之后，并不理解刘邦心目中的秩序，他们大都经历过项羽的分封时代，仍然以为世界秩序会恢复成又一次的诸侯制，只不过霸王的人选换了，从项羽换成了刘邦。

诸侯们认为，虽然自己对刘邦有朝贡的义务，但可以独立统治自己的封地，并享有这些领地的税收权和军事权。

所以，刘邦的皇帝和秦国的皇帝并不是一回事：秦国皇帝建立中央集权制度，皇帝通过中央政府控制了全国每一寸国土；而刘邦担任的皇帝却只控制了一部分国土，无法控制诸侯领土。

即便在刘邦的中央政府内部，人们也不知道皇帝到底意味着什么。那些当年的大将本来就是粗人出身，他们以为自己能和皇帝分享政权，仍然把他当作带头大哥。在刘邦飨宴群臣时，醉酒的大臣们大呼小叫、互相争功，说急了眼就拔出剑来拍打柱子，这些行为让刘邦感到头疼不已。

从骨子里，刘邦羡慕的是秦朝的规矩。《史记·高祖本纪》中记载，刘邦到咸阳出徭役时，正好看到秦始皇的车驾，他当时发出感慨："嗟乎，大丈夫当如此也！"可是现在，刘邦已经当了皇帝，他的将领却仍然如同大老粗，人们对他没有尊重之意；而他的诸侯也不理睬他，各自管理着各自的地盘。到底该怎样做才能达到秦始皇的威严，是这个曾经的小亭长最关心的问题。

叔孙通正是看到了这一幕，才求见刘邦，要为皇帝出谋划策的。

他根据在秦朝任职的经验，认为要解决皇帝地位的问题，必须首先从礼仪做起。要制定一套复杂的礼仪制度，在仪式中突出皇帝的地位，贬低甚至侮辱群臣，让他们逐渐习惯皇帝的威严。叔孙通的看法是：儒家不可以打天下，却可以守天下，既然天下已经太平，那些武将就没有用了，现在正是重视他这种儒家弟子，制定规章制度的好时机。[7]

刘邦听了叔孙通的建议，并不太感兴趣。刘邦担心礼仪不管用，他的大臣里文盲很多，灌输给他们礼仪，能办到吗？但刘邦又觉得不妨让叔孙通去试一下，只是嘱咐他要简化一点儿，让文盲能够理解。

叔孙通退下来，到家乡去寻找当年跟随他的儒家弟子们。虽然有人不相信这个善变的人会有什么出息，但仍然有三十多人决定碰一碰运气，跟随他来到长安。

在长安，他又寻找了几十个人，凑够一百多人，开始研发他的"春秋大礼"。在儒家系统中，推崇的是周朝的礼仪，而实际实行的则是经过孔子及其弟子改造过的春秋战国时期的礼仪。叔孙通并没有见过周朝礼仪，对春秋战国的礼仪也知之不多，但由于他在秦朝宫廷任过职，对于秦朝的礼仪是清楚的，结果，汉朝的礼仪就带上了浓重的秦朝味儿。

为了得到重视，叔孙通全力投入制礼的活动之中。他带着他的一百多人来到野外的空地，把扎好的草人当作皇帝和大臣，再拉上绳子充当道路，一百多人每天在草人和绳子间折腾着作揖叩拜，花了一个多月时间，才有了模样。汉高祖亲自观察过后，觉得以自己和大臣们的智商可

---

7 《史记·刘敬叔孙通列传》："夫儒者难与进取，可与守成。"

以跟得上，才下令群臣开始跟着排练。

到了汉高祖七年（公元前200年），这套由叔孙通制定的大戏终于有了表演时机。这时，恰逢长安的长乐宫建成，大臣们在十月（汉朝以十月为一年的开始）纷纷到宫殿内朝贺。按照原来的传统，朝贺大会必将一片喧哗，如同赶集一般热闹；但这一次，情况有了变化。

按照叔孙通的设计，从早上开始，群臣们就要到殿门外等候召见，进行一系列仪式。接着，群臣排着队被引入殿门，宫廷中还陈列着车马步卒，张开旗帜，守卫着皇帝，把他与群臣隔开。群臣一路小跑到殿下，分成两列：文臣在东，面朝西；武将在西，面朝东。在群臣就位的过程中，有人专门传口令指挥。到这时，刘邦再坐着辇出来，坐在殿上，而百官纷纷按照规则进行朝贺。

朝贺完毕，还有法酒礼，大臣们在殿上挨个儿给皇帝行礼祝酒，祝酒的次数也有规定。如果谁的动作没有跟上出了差错，立刻会被现场执法的人请出去以示羞辱。

事实证明，刘邦完全没必要担心他的文盲下属不能行礼，实际上，文盲更容易行礼，他们不会像文人一样问为什么，只懂得照着做。在依样画葫芦的过程中，文盲们突然间领悟了皇帝不是哥们儿是主子、不是人而是神的道理。

在一片敬畏之中，刘邦终于找到了他想要的威严。从此以后，臣子们必须习惯皇帝的高高在上，也必须习惯对着皇帝磕头作揖，并随时战战兢兢。

当韩信等人以赫赫战功而青史留名时，叔孙通就以这次古怪的仪式而登上舞台，并得到重用，当上了太子太傅。等刘邦死后，作为老臣的叔孙通更是倚老卖老，他不再是跟随秦始皇、秦二世、项羽的战战兢兢的小人物，而是不断地以礼法的名义干预国政，成了汉朝早期儒家的代表人物。

然而，叔孙通的仪式真的能给新生的汉政权带来稳定吗？这却未必，它实际上让这个政权离心离德了。

失控的王朝

最先对叔孙通的演出感到心寒的，是汉初的那些异姓诸侯。

汉初一开始封了七个异姓王。除了楚王韩信、梁王彭越、淮南王英布这三位灭楚的功臣大将之外，还有赵王张耳、燕王臧荼、长沙王吴芮和韩王信。

这七位诸侯虽然都曾经拥立刘邦当皇帝，但在他们心目中，仍然以为所谓的王，就如同战国时期的齐王、楚王、燕王、韩王、赵王、魏王一样，是对自己的土地享有全权的诸侯，虽然他们都朝拜周天子，但是周天子也必须尊重诸侯的辖地权利。他们接受的理想政治模式是诸侯式的，与项羽的看法更接近。当年反抗秦国，就是反抗所谓中央集权制度，而汉高祖却想把这样的集权制度重新建立起来，的确让人心寒。

在现代，人们谈起秦的统一，常常归结为：统一是浩浩荡荡的历史趋势，是人心所向，人们盼望着统一与和平。但这只是一种历史机械论的陈词滥调。在当时的人看来，秦朝的统一并没有带来一种成功的新模式，而是失败了。

秦朝统一后，试图在如此广阔的疆域内建立集权制度，设立郡县制，由中央派遣官员直接管理。但秦的集权却是过度的，严格限制了民间社会的发展，将过多的资源抽取到官僚机器中，供皇帝支配。而连绵的巨大工程和战争也让人们看不到和平的希望。结果只过了十五年，这个庞大的怪胎就在社会的反抗中分崩离析。

秦朝崩溃后，人们想到的首先不是建立另一个统一的集权怪胎，而是回归旧有的多国模式。项羽主导的分封诸侯，就是为了根据山川地理，重新划分势力范围，建立起众多的国家，让诸侯们分别治理。

即便七个异姓王帮助刘邦打败了项羽，他们也仍然认为，刘邦可以取代项羽当霸王，却无权干涉各诸侯国的事务。

甚至就连韩信这样的大将，也认为他辅佐汉高祖，就像当年姜太公辅佐周武王一样，一旦击败了项羽，他就可以像姜太公一样，从汉高祖手中获得一块永久性的封地，建立属于自己的国家。

但是，刘邦击碎了他们的梦想，刘邦不仅要控制中央直辖领地，还要控制诸侯的领地。

最先看到刘邦真面目的，是燕王臧荼。燕王臧荼属于老一辈的诸侯王，是项羽时代分封的。在后来楚汉相争中，由于刘邦的大将韩信以武力击败赵国，就要兵临燕国了，臧荼才被迫投降了刘邦。当刘邦称帝时，臧荼虽然不得不拥护，但他随即发现刘邦和项羽不是一回事。项羽尊重诸侯的权利，只要诸侯不侵犯别的封地，在自己封地内进行统治，项羽就不会干涉诸侯事务。而刘邦却想逐个消灭诸侯，改成秦国模式。

在叔孙通给刘邦设立礼仪之前，臧荼就走上了反抗的道路，随后被刘邦击败。据《史记·韩信卢绾列传》记载，平定臧荼后，刘邦派遣同乡好友卢绾担任燕王，以便控制北方的这片偏远土地。

其次被逐的是北方的韩王信。韩王信最初的封地在今河南，汉高祖感觉他太靠近中原，是中央政府的一大威胁，于是将他迁到山西北部，在茫茫的太行山之中，北面就是匈奴。但刘邦仍然不相信韩王信，后来又以他里通匈奴为借口，将他驱逐。

在叔孙通导演的礼仪大表演之后，刘邦的野心已经不加掩饰，异姓王与他的冲突也步入了更加激烈的阶段。到这时，双方的底牌都已经显现，诸侯的底线是：皇帝无权干涉各诸侯封地的内部事务，诸侯可以任命自己的官员，独立收税和组织军队。刘邦的底线则是：诸侯要想继续当名义上的统治者，就必须变成一个普通官员，随时听话并接受皇帝的领导。

随着双方底牌的显现，矛盾已经不可调和。刘邦开始抓紧剪灭异姓王。

在西汉的异姓王中，势头最盛的是楚王韩信。在历史上，楚国在疆域上一直是与秦国相匹敌的大国，人们一直有"楚虽三户，亡秦必楚"的说法。表面上看，秦始皇灭亡了楚国，但不管是项羽还是刘邦，都来自楚地，某种程度上恰好验证了这个说法的准确性。西汉建立后，刘邦的根据地是原来秦国的地方，而韩信则占据了楚地。虽然这时的楚地已经四分，实力不如当年，但楚王仍然是刘邦最忌讳的诸侯。

汉高祖六年（公元前201年），刘邦以韩信收留项羽大将钟离昧为由，偷偷准备讨伐韩信。《史记·淮阴侯列传》中载，韩信为了表明自己的清白，取了钟离昧的人头前往谢罪，却被扣押，并免去楚王头衔，改封为淮阴侯，被剥夺了兵权和治权。五年后，刘邦又借吕后之手杀掉韩信，夷灭韩信的三族。

韩信被废后，刘邦接着瞄准的是自己的女婿——张敖。其父是第一代赵王张耳，张耳死于汉高祖五年（公元前202年），将王位传给了儿子张敖。张敖娶了刘邦的独女鲁元公主为妻。张敖虽然是皇帝的女婿，却由于是诸侯王，也成了被降伏的目标。

《史记·张耳陈馀列传》中记载，汉高祖七年（公元前200年），刘邦路过张敖的领地，随意怠慢和辱骂他。张敖的侍从大都认为张敖是独立于皇帝的，皇帝无权辱骂一个诸侯王。他们于是策划刺杀汉高祖，但阴谋失败。两年后，有人告发了他们当年的阴谋，这正好给刘邦提供了借口，刘邦乘机夺取张敖的领地，贬斥张敖为侯。赵国也被收回。

降伏张敖之后，最强大的诸侯王还剩下两个：梁王彭越和淮南王英布。他们二人在楚汉战争的武将中功劳仅次于韩信，各自统治封地后，也没有做出对不起刘邦的举动。

汉高祖十年（公元前197年），汉高祖派遣使者，以出兵的名义，请彭越在梁国征兵支援皇帝。这仍然是周朝的礼法，按照规矩，天子出兵，诸侯应该提供一定的军队。彭越正好生病，于是派遣了另一位将领，带着兵马前去支援皇帝，自己没有上阵。这件事惹怒了刘邦。

正好彭越的太仆因为和他有矛盾，逃到刘邦那儿告他谋反，刘邦以此为借口，出其不意地将彭越抓住，将其废为平民，贬斥到政治上最边缘的四川的一个地区。《史记·魏豹彭越列传》中记载，彭越自以为无罪，在贬斥的路上碰到了吕后，向她哭诉，没想到这个女人比她丈夫更心狠手辣，她假装把彭越带回洛阳为他求情，实际上却劝说刘邦杀了彭越，灭了他的家族。

论战场上的军事能力，这几个人的素质都远高于汉高祖，但在诈术面前，他们连反抗的机会都没有就被干掉了。不过，在对待淮南王英布时，刘邦就没有这么好的运气了。

彭越死后，他的肉被做成了肉酱赐予大臣和诸侯以儆效尤。但这种残酷的举动不仅没有吓住淮南王英布，还引起了西汉王朝建立之后最严重的危机。收到彭越的肉酱后，英布预感到他也成了皇帝的眼中钉，被迫提前起兵拒汉。

对于这次英布的起兵，刘邦颇为重视，他率兵亲征，二人在阵上遥遥相见。此时，二人之间的谈话表明了彼此世界观的不同。

刘邦问英布道：你何苦要造反？

英布讽刺他：老子也想当皇帝！

他的回答换来了刘邦的谩骂。

刘邦认为英布是造反，但英布认为自己只是自卫。在英布看来，一切的根源都在于"皇帝"这个不明确的概念。刘邦这个"皇帝"是要控制一切，恢复秦朝的集权政治，而英布所代表的诸侯势力，则是要保护自己的封地，保证独立性。

据《史记·黥布列传》记载，经过激烈的战斗，皇帝最终获胜，英布逃窜后被诛杀。英布的死亡，标志着对集权制度威胁最大的三个诸侯都已经被消灭。

但这样的胜利却有着致命的后果，带来了更大的危机：战斗中刘邦中了一箭，从此身体时好时坏，拖了一年多就死了。

在他身后留下了一个庞大失控的王朝：由于不满于集权制度带来的束缚，君臣离心离德，不知道未来会走向何方。吕太后更是风声鹤唳，对所有的人都不敢信任。

吕太后甚至恐惧汉朝自己的中央军队。刘邦在死前派出了大将樊哙，樊哙率领二十万大军，对还在位的倒数第二个异姓王——燕王卢绾发起了攻击。卢绾是刘邦的同乡好友，本来应该是王朝的稳定剂，却由于中央政府对他的逼迫，而不得不与匈奴人联合对付汉朝。

在周勃（樊哙被夺兵权）率领大军进攻卢绾时，为了确保关中地区的安全（这里是汉王起家的地方），刘邦还派陈平和灌婴率领十万人把守着关东地区的重镇荥阳。荥阳是当年刘邦与项羽来回争夺的地方，获得这里，就有了进攻洛阳和关中的基地，是全国最重要的军事据点之一。

刘邦死后，吕太后不仅担心无法控制朝政，还担心起樊哙、周勃、陈平、灌婴这些忠心耿耿的将领来。吕太后总是想到，在秦朝时，这些将领和刘邦是平等的编户，现在却要对刘邦的儿子称臣，会不会心有不甘而率三十万大军造反？[8]她不敢宣布皇帝的死讯，密谋将在外领兵的将领们都杀掉。

大臣郦商听说后，立刻求见替太后出谋划策的审食其，劝说：如果杀掉这几位将军，三十万汉军会立刻大乱。[9]在审食其入告后，吕太后才放弃了杀害这些人的企图。这四位将军都属于刘邦的亲信，吕太后尚且如此不信任，其中不仅表现出了执政者阴暗的心态，也让人看到了汉朝

---

[8]《史记·高祖本纪》："吕后与审食其谋曰：'诸将与帝为编户民，今北面为臣，此常怏怏，今乃事少主，非尽族是，天下不安。'"

[9]《汉书·高帝纪》："郦商见审食其曰：'闻帝已崩，四日不发丧，欲诛诸将。诚如此，天下危矣。陈平、灌婴将十万守荥阳，樊哙、周勃将二十万定燕、代，此闻帝崩，诸将皆诛，必连兵还乡，以攻关中。大臣内畔，诸将外反，亡可跷足待也。'"《史记》也有同样记载，但将郦商记为郦将军。

初期风声鹤唳的局势。

那么，吕太后为什么如此惊恐，连刘邦的亲信都不敢相信呢？

答案仍然是：到这时，人们仍然不理解刘邦要建立的中央集权王朝是什么样子。没有人能回答，为什么刘邦成为皇帝，而其他人必须做臣子。在更多人的心中，仍然怀念着列国时期，对中央集权的统一王朝充满了警惕和敌视。

吕太后担心，刘邦死后，会有下一个造反者推翻汉朝统治，将她和她的子孙做成肉酱。

只有这时，人们才能理解人心为什么如此重要。当所有的人都不信任这个制度时，所形成的合力很可能会摧毁它。当一个平民当上皇帝时，所有的人都会问凭什么。只有将皇帝树立成神，当作天赐的，才能打消那些普通人的野心。

叔孙通采取了最简单的做法，试图用一系列复杂的礼仪凸显皇帝的威严，并将人们固定在他们自己的位置上，不让他们反抗。但出身于小混混的刘邦不管经过什么样的包装，人们还是认为他不够神圣，叔孙通的做法没有起到最终的固定作用，反而让人们更加担心和不信任。叔孙通的努力失败了，那么，怎样才能让人们心甘情愿地接受皇帝呢？

王朝的根本哲学问题

汉高祖刘邦遇到的问题是中国政治哲学的最基本问题。从秦代开始，中国建立了大一统的中央集权制度，这样的制度维持了两千年。可在建立之初，人们会问：为什么皇帝就能将整个天下的土地和人民都据为己有？他的依据是什么？为什么他是皇帝，而不能换成别人？最后一个问题对于开国君主的意义更加重大，因为开国君主最初只是生活在前朝的普通人，只是因缘际会得到了天下，对他知根知底的人不在少数。成为皇帝后，要想证明他理应当皇帝，就必须神化他，但那些熟人却不屑于他装神弄鬼，到底该怎么说服大家承认他就是皇帝的不二人选呢？

中国哲学与西方哲学的区别也在这里，西方哲学没有受到大一统国家的束缚，最初要回答的是人和世界的关系问题。什么是人？什么是宇宙？什么是自然？什么是世界？由此引出了一系列的解答，并产生了诸多的流派。而中国哲学首先是依附于政治的，要解决的是统治问题。如何才能给统治者合法性？皇帝为什么是皇帝？臣民为什么是臣民？只有统治问题得到解答后，哲学才会延伸到其他领域，产生新的方向。

在汉初，随着刘邦的离世以及以叔孙通为代表的儒家的初次失败，另外两个学派又分别进行了尝试，来解决政权（皇帝）合法性的问题。

在两派观点出台前，西汉皇族内部的纷争恰好维持住了刘邦政权，没有倒台。这次内部纷争由吕太后引起，为了巩固自己的势力，吕太后封了几个娘家人为王，包括吕王吕台、梁王吕产、赵王吕禄和燕王吕通等。

吕太后之所以把她的娘家人封王，也是因为如何分封诸侯王还没有形成固定的规则。虽然刘邦说过"非刘氏王者，天下共击之"，但由于战国和汉初的影响，吕太后认为将部分国土分封给吕氏是正当的。她本人对于刘邦想建立的中央集权国家也没有清晰的概念。

据《史记·吕太后本纪》记载，吕太后死后，几位吕姓王短暂拥有过颠覆中央政权的权力。然而，对于跟随刘邦的功臣来说，与其选择吕氏，不如继续拥护刘氏。这种想法导致了重臣陈平、周勃等人合谋消灭吕氏，拥护刘氏。据《史记·孝文本纪》记载，这次谋划也导致了生性宽容的汉文帝上台。

汉义帝上台后，另外两个学派的观点已经占据了汉朝的主流，并影响了汉朝的社会，它们分别是道家和法家。

与儒家痴迷于利用礼仪将人的行为束缚起来不同，道家和法家都承认刘氏政权并没有必然性，也没有稳固性。人们对于战国时期的记忆过于清晰，不肯轻易接受一个中央集权的庞然大物。

道家和法家相对来说都是务实主义者，他们没有试图从理论上神化皇族，而是希望用现实性代替编造的理论。他们认为，要想树立刘氏政权的权威，只需要将这个政权维持得足够长久，等那些出生于战国和秦代的老人都死掉时，人们的记忆就会被更迭。如何度过最初的几十年，是一个王朝成败的关键。

如何维持政权的稳定，道家和法家的思路却是截然相反的。道家主张放松社会控制，而法家主张加强社会控制。

法家对集权政权的实践是从秦国就开始的。在商鞅、韩非子等人的影响下，秦国采取了通过严刑峻法来约束人们行为的做法，试图利用弹压之术，将人们固定在社会的各个角色之中。当人们适应了新的角色之后，也就承认了新政权的权威。在他们看来，权威来自法律约束。

除了制度之外，法家还主张利用一切机会，不择手段地剪除诸侯势力，不管是汉高祖和吕后主导的诛杀异姓王，还是汉景帝时期的削藩，都带着鲜明的法家特色。

但是，随着秦朝的灭亡，法家由于过于严苛，已经声名狼藉。而法家主张的建立制度，在汉高祖本人看来也并不值得欣赏。汉高祖本人天马行空，以毁约为常，建立制度除了意味着对民间的限制外，也意味着对皇帝的约束。在汉初，法家虽然屡有应用，却只能处于地下，也就是采取法家的政策，却不说自己是法家。

汉初法家的代表人物是晁错。在中国历史上，统治者往往在儒术中掺入大量的法家成分，所谓"阳儒阴法"，这种趋势就始于晁错。晁错被人们认为是汉初儒家的代表，他也的确精通儒家经典《尚书》，但同时，他又学习过法家思想，他提出的政策建议基本上都采用了法家的思路。

晁错生活在汉文帝、汉景帝时期，也是中国大一统之后第一次经济盛世时期。为了巩固汉政权，晁错的提议大都是明快直接、不打哑谜的政策。比如，在《论贵粟疏》中，他也和商鞅等法家人物一样，强调农业的重要性而贬低商业（这和以黄老之术为代表的道家学说正好相反），为了鼓励人们种粮，也同样是为了解决中央政府没有能力向边关地区输送军事后勤的问题，他提出富人可以向边关输送粮食，而朝廷给他们封赏一定的爵位，或者免除一定的刑罚。通过这种方式，中央政府满足了财政需要，就可以为普通人减税。汉文帝采取他的方法，果然在接下来的十三年中没有收取一点儿农业税，[10]却仍然保持了政府的运转和边关的国防。在《论守边疏》中，为了解决边关问题，晁错还鼓励人们向边境移民，寓兵于农，积极防御匈奴的攻击。

而晁错最著名的主张，则是在汉景帝时期的"削藩"。刘邦废除了

---

10 《汉书·食货志》："上复从其言，乃下诏赐民十二年租税之半。明年，遂除民田之租税。后十三岁，孝景二年，令民半出田租，三十而税一也。"

异姓王之后，由于制度惯性，汉朝无法一下子在全国建立起中央集权的政治制度（主要是没有这么多的官员储备），只好又任命了一批宗室子弟去函谷关以东地区担任诸侯王。这些同姓诸侯王主要分布在现在的山东、河北、山西、江淮一带，他们死后可以把封地传给子孙。随着时间的推移，诸侯王们与皇帝的亲情关系越来越淡漠，他们就成了西汉政权最大的不稳定因素。

晁错在削藩问题上反映了典型的法家功利主义观点，在《削藩策》中他指出，诸侯王已经尾大不掉，不管现在削藩还是不削藩，在未来都会有人起来造反，"削之亦反，不削亦反"。如果现在开始削弱诸侯王的权力，会逼迫诸侯王立刻造反，灾难可能小；如果现在不动手，诸侯王造反可能推后，但到时候，当诸侯王兵强马壮准备完毕，结果会更加难以预测。"削之，其反亟，祸小；不削之，其反迟，祸大。"

汉景帝采纳了晁错的建议开始削藩，立刻引起了"七国之乱"，即七个诸侯国的叛乱。这七个诸侯国打着"诛晁错"的旗号造反，汉景帝很快服软杀掉了晁错。晁错虽然死去，他的主张却毫无错误，借助这次"七国之乱"，汉景帝削弱了诸侯王的势力，为汉武帝时期彻底控制诸侯铺平了道路。

除了法家之外，与之相对的另一派被称为"黄老之术"，它也就是西汉初期特殊的道家学派。所谓黄老之术，被认为来自传说中的黄帝和老子的思想。

这一派认为，要想巩固政权，必须让人们尝到甜头，认识到现有模式的好处。只有得到了好处，人们才会从心底里接受现有的这种新模式。

要让人们尝到好处，就必须从经济上考虑问题。在统一的模式下，想要让人民休养生息，政府只需要维持和平，并采取不做过多干涉的态度，民间经济就自然会获得发展。经济发展几十年后，人们能吃饱饭、吃好饭，生活上自得其乐，也就离不开这个政权了。即便这个政权是依靠欺诈和蛮力建立起来的，随着时间的推移，也会因为创造了和平和繁荣而取得合法性。

黄老之术的代表人物是丞相曹参，以及汉文帝和他的皇后窦氏。幸运的是，吕太后时期虽然政治上斗争不断，治理国家却交给了秉持黄老之术的大臣。汉文帝时期更是将黄老之术当成了国策。

借助法家的权术和黄老之术的仁术，汉高祖刘邦死时的皇帝危机暂时被压制住了。随着文景之治带来的盛世局面，人们慢慢地不再怀念战国时期，而是被西汉所创造的巨大财富和强盛国力所迷惑，更加乐于生活在现状之中。

到这时，法家和道家的作用已经达到了最大。然而，人们却发现，皇帝的合法性危机并没有真正解决。法家和道家的做法只是把合法性问题推后了，他们并没有回答"凭什么刘氏才能当皇帝"，只是让大家习惯于刘氏当皇帝的状态，而人们之所以接受刘氏当皇帝，只是因为他们觉得现在生活得不错，没有必要改变。

可是，万一哪一天，当社会经济出现下滑，人们的生活变得困难时，"凭什么刘氏才能当皇帝"这个问题就又会被提出来，并且成为推翻刘氏政权的借口。按照现代功利主义的观点，人们需要一个皇帝，只是因为暂时想不到更好的政治架构来保证庞大国家的统一和繁荣，至于谁当皇帝，是无所谓的。但这种观点在汉朝的皇帝们看来绝对不能接受，他们需要一种哲学来论证只有刘氏才能当皇帝，这样才能保证江山永远在刘氏内部传承。

于是，当道家和法家暂时稳定了社会，皇帝坐稳了宝座之后，皇帝开始转向另一派人，请他们彻底解决所谓的合法性问题。

这一派认为，法家使用的是权谋之术，而道家的黄老之术则使人放荡和失控，总的来说，这两派都是针对人们的举止和行动采取方法，而真正高明的手段却是控制人们的思想，通过朝廷的引导、宣传和控制，让人们在不知不觉间"爱上"皇帝，将皇帝当成比衣食父母都亲的神，把当年的小人物当成是天命所归的不二选择。只有这样，才能让人们彻底相信，只有刘氏才能做皇帝。

这一派，就是后来的儒家。或许我们更应该称之为儒教。

初步神化方案

在汉朝，从黄老之术向儒教转化的两个早期人物是陆贾和贾谊。

陆贾来自楚地，生活的年代与汉高祖重合。《史记·郦生陆贾列传》记载，在汉高祖统一中国后，陆贾曾经出使南越国，说服南越王赵佗称臣，但令陆贾扬名的却是他写的《新语》。

在秦朝，由于李斯说服秦始皇将民间除了医药、占卜、种植方面的书籍之外的其他书全部烧毁，对先秦文化形成了严重的打击。到了汉初，各地保留下来的书籍很少，而曾经学习过百家之术的人又分散在乡野，还都没有找到。在那个图书奇缺的年代，一句简单的顺口溜都能带来极大的影响力。

汉高祖刘邦本人对文人和书籍并不感兴趣，常常以侮辱文人为乐。

由于陆贾动不动就在刘邦的面前说《诗经》《尚书》，刘邦当面质疑：老子是马上打天下，读这些《诗经》《尚书》有什么用？

陆贾回答：马上得天下，却不能马上治天下。并举了一系列例子。最后说：如果当年秦朝懂得师法圣人，行仁义，也就轮不到陛下了。

刘邦立刻醒悟，放下架子请陆贾将历代的得失经验写出来供他参考。陆贾于是写了十二篇文章，合成一本书称为《新语》。这本书意思浅显，句式粗糙，类似于现代的顺口溜，也反映了秦朝焚书坑儒之后文化的凋敝。但陆贾每每上奏一篇，刘邦都会大声说好，引得其他人都跟着喊万岁，这说明他抓住了刘邦的需要，已经代表了当时较高的学术水平。

在书中，陆贾以儒家的框架为基础提出了治国之道，认为统治者必须做到"仁义"才能治理好国家，但他又进一步认为，"仁义"的核心是"无为"。"仁义"是孟子时期儒学的核心思想，而"无为"则是道家思想，这样，陆贾的思想实际上是儒家的框架和道家的核心。但他的做法让儒家在汉初的道家氛围内寻找到了一片根据地。

《新语》翻来覆去说了十二篇，核心观念可以概括为以下几点。

第一，从宇宙论入手，叙述了宇宙的发展过程，然后到人类的发展过程，再到历代圣人的功劳。陆贾认为圣人是根据宇宙的规律来治理国家的，所以达到了良好的效果。实际上，陆贾的这个体系参考了先秦时期阴阳学家的成果。

第二，所谓宇宙发展规律，就是"仁义"。要想治理好国家，首先必须"行仁义"。陆贾此时的理论体系来自孟子的理论，孟子理论的核心，就是"仁"。

第三，皇帝如何才能做到仁义呢？答案是：所谓"行仁义"，就是要"无为而治"。只要保持内部的和平，民间自己就会发展，皇帝不需要做什么，只要享受"无为"的成果就可以了。"无为"的思想来自道家，所以，陆贾最后的结论实际上是道家的，与当时的黄老之术合拍。

陆贾的理论对后世影响最大的，是他的宇宙论。这套理论暗含了后来董仲舒创造的"天人合一"理论。用现代话来说就是，人类社会是另一个小型的宇宙，宇宙的规律也是社会的规律，所以，要治理好人间，就要符合天道。

不过陆贾还没有明确说皇帝就是老天爷派来治理人间的，他只是暗示，皇帝之所以脱颖而出，在于他按照天道来治理人民。

这套理论虽然还比较原始，但到了后来，被后人进一步发挥，就把皇帝神化成天子，并把某人当皇帝说成是天道了。这样，皇帝就从小瘪三变成了老天爷派来的，是不可反抗的。一旦皇帝成了天子，人们也就没有资格去质疑他凭什么当皇帝了。

陆贾之后，另一位年轻人继续发展了他的理论。这位年轻人就是汉文帝时期的贾谊。

贾谊是洛阳人，他年少时在当地被称为才子，后来被汉文帝征召进入宫廷。最初是博士，一年之中就跳到了太中大夫。这两个官职都是皇帝的智囊，博士的待遇是一年六百石粮食，而太中大夫则有一千石的粮食。

贾谊的思想可以看作对陆贾的"仁义"思想的继承，加上从叔孙通那儿借来的"礼法"外衣。

叔孙通主张礼仪，强调巨大的仪式感，利用仪式带来的压迫感产生秩序，从而烘托皇帝的威严。他在刘邦时期颇受重用。但是到了汉文帝时期，由于汉文帝待人宽厚，提倡黄老之术，叔孙通的那一套吃不开了。

但贾谊来到汉文帝朝廷之后，没有觉察到这种转变，据《史记·屈原贾生列传》记载，他上书提出了一系列措施："改正朔，易服色，法制度，定官名，兴礼乐，乃悉草具其事仪法，色尚黄，数用五，为官名，悉更秦之法。"

他的这些提议比叔孙通又进了一步，叔孙通是东施效颦一般地模仿秦朝的礼仪规则，而贾谊则是想建立一套属于汉朝自己的礼仪规则，并配合一系列神秘主义的理论。比如，根据先秦时期阴阳学说，金木水火土五行相克，每一个朝代都对应于不同的元素和不同的颜色。

另外，在秦汉时期，正月并不是一月的专有名词，每个朝代都有自己的正月。比如，据《史记》记载，夏朝的正月是一月，商朝的正月是十二月，周朝的正月是十一月。[11]

秦始皇统一六国后，认为秦朝是水德，颜色是黑色，而秦朝的正月是十月。贾谊继承了这样的神秘主义，急于把它并入礼仪规则之中，把皇朝循环与阴阳五行、宇宙论扯上关系，把汉朝塑造成天命所归。

贾谊对陆贾的理论也有了新的改造。陆贾认为皇帝一定要行仁义，贾谊也认为一定要行仁义。他还专门写了《过秦论》，经过一系列的铺排之后，认为秦朝灭亡就是因为"仁义不施"。

---

[11] 《史记·历书》："夏正以正月，殷正以十二月，周正以十一月。盖三王之正若循环，穷则反本。天下有道，则不失纪序；无道，则正朔不行于诸侯。"

但贾谊的"仁义"与陆贾的"仁义"却是天壤之别。陆贾认为"仁义"就是"无为"，对应于现代词语就是宽容，这是典型的道家思想。而贾谊认为的"仁义"却是"礼法"。由于礼法是孔子时期儒学的核心观念，贾谊就把陆贾的理论变成了彻头彻尾的儒家思想。除了在礼仪上尊崇皇帝之外，在生活的各个方面都必须突出皇家的威仪，将整个社会置于等级规则之下。一旦所有的等级就位，皇帝就成了高高在上的神。

但贾谊不走运的是，汉文帝是一位黄老之术的信奉者，对于一切"折腾"都敬而远之，事情能简化就简化。贾谊的思想并没有被采纳，他本人也被从中央支走，远走长沙。由于英年早逝，他没能熬过汉初的黄老时期。

贾谊死后二十八年，一位十六岁的小皇帝登上了王位，儒教终于等到了机会，摩拳擦掌地准备占据中国两千年哲学舞台的中心了。

第二章　皇帝神化运动[1]

从汉武帝开始，朝廷注意提拔身份卑微的"书呆子"进入最高权力机构，最典型的代表是犯过罪、放过猪，年近七十才入仕的公孙弘。这类人缺乏实务经验，却善于把持权力，以皇帝的需要来解释司法，成了神化皇帝的主力军。

窦太后死后，作为汉初指导思想的黄老之术迅速让位于儒家，儒教时代到来了。

西汉的儒家不同于春秋战国时期的儒家。最初的儒教建立在一本对《春秋》有歪曲解释的书上，这本书叫《公羊传》。

由于提倡"微言大义"、"大一统"、政治进化论（早期儒家总是向往古代政治的清明，《公羊传》却推崇现世，不注重古代），这一切都符合西汉王朝的需要，《公羊传》成了西汉的圣典，孔丘已经变成了公羊。

董仲舒对儒学的改造，是阴阳学说杂入儒家学说，提倡"天人合一"，试图利用儒教解释从宇宙天地到人体发肤，再到社会政治的一切

1　本章涉及的时间范围是公元前 141—前 87 年。

学问。他试图寻找终极真理，再用这个真理束缚住人们的行为，让人们幸福地生活在这个真理之中。

按照"天人合一"理论，人类社会的规律与天的运行规律是合一的，人类生活的目的，就是遵从天的意志。皇帝是天在人间的代表，是天选定的，是不容置疑的，必须无条件地服从。既然天选择刘氏作为天子，那么所有对皇帝的反抗就是非法的。通过这种方式，董仲舒解决了只有刘氏才能当皇帝的问题。

儒教诞生的同时，作为道家集大成者的淮南王刘安却死了。他主持编撰的《淮南子》虽然代表了道家思想的高峰，在当时却没有产生现实影响力。道家从此退出了统治哲学。

一个叫作公孙弘的小人物可能永远也想不到，自己会以这样的方式飞黄腾达。

公孙弘生于汉高祖七年（公元前200年）前后，出生时刘邦还在位。据《汉书·公孙弘卜式儿宽传》记载，他曾经担任过小吏，但由于犯罪被免职，迫于生活压力只能到海边去放猪。他与著名的大才子贾谊同岁，但贾谊三十三岁去世时已名满天下，而此刻，公孙弘还只在猪窝旁挣扎。

到了四十多岁，这个一事无成的小人物眼看就要卑微地度过一生，他决定开始另一段冒险：去读书。

当时已经是汉文帝执政晚期，各地的儒家学说有所抬头。西汉时期人们对书籍的占有与现代不同，现在，我们随时可以接触琳琅满目、品种齐全的图书。但在汉代，书籍都是手工抄在竹简上的，因此往往意味着"富人专供"，许多穷人可能终生都见不到一本书。

在这种情况下，读什么书也充满了偶然性。一个学习《道德经》的人可能并不是因为他喜欢老子，而是他只见过这一本书，没有机会接触别的。当他把这一本书背得滚瓜烂熟时，就成了一个有学问的人，可以到官府混饭吃了。

由于竹简运输不便，许多人传授学问都是靠背诵完成的，他们以口述的方式，帮助学生把全书背下来，解释一遍，就算完成了传授。

公孙弘住在齐地，在战国时期，齐国是一个著名的文化中心，以研究各家学说而出名，号称"稷下学"。

孔子出生于鲁国，因此，鲁地保存了较完整的孔子学说。为什么齐国也成了研究儒家的学术中心呢？这是因为齐国比鲁国更强大，其国君更倾心于称霸，想以齐国为中心重建诸侯国之间的秩序。在齐王的周围聚集了大量学者，他们希望为齐王量身打造一套称霸天下的理论体系。这些学者不仅有来自儒家的，也有来自道家、阴阳家、法家等学派的。据《汉书·艺文志》记载，儒家学者荀况、道家学者田骈、阴阳家邹衍，都曾经在稷下学官做研究。这些不同学派的人使原始的儒家发生了变化，形成了一套新的理论体系。历史上也把这一派儒家称为"齐学"，而直接继承了孔子理论的鲁地儒家被称为"鲁学"。

在齐地，公孙弘有机会接触了一本叫作《公羊传》的书。《春秋》由孔子整理后，学习者对其加以解释，并在私下传授。对《春秋》的其中一种解释，就是《公羊传》。

在这些文人中，最著名的一位叫作胡毋生，据《汉书·儒林传》记载，此人曾经在汉景帝的手下当过博士，年老后回到齐地传授学问。胡毋生的学问是从一位叫作公羊寿的人那儿学来的，而公羊寿的学问得自家传，他的祖先公羊高是子夏的弟子，而子夏又是孔子的嫡传弟子之一。

在胡毋生之前，公羊家族传诵的《公羊传》是靠口口相传来延续的，胡毋生第一次把它变成了文字，记在竹简上。记载的方式是这样的：首先，孔子整理的《春秋》被称为"经"，由于经文写得过于简略，不解释就不容易懂，人们如果直接读《春秋》，就会像现代人读古代文献一样难以理解，所以，公羊家族的人会对经文进行一定的解释，这些解释被称为"传"。由于胡毋生的"传"是公羊家族流传下来的，所以他写出的解释就被称为《公羊传》。

公孙弘师从胡毋生之后，将《公羊传》背得滚瓜烂熟，成了当地小有名气的文人。

他到了六十岁，终于等到一个机会。当年，年幼的汉武帝新上台不久，执政的窦太后决定从地方上征召一批有学问的人。当地官员把老头子公孙弘也举荐上去，白发苍苍的他第一次离开故乡，去了京城。

执政的窦太后没有嫌他老，授予他博士的头衔。他的第一项差事就是出使匈奴，然而，事实证明，这个放猪的老头子虽然背了一本书，却缺乏处理实务的能力，他搞砸了使命，被太后免了职，打道回府——他向着一事无成地死去又迈进了一步。

六年后，窦太后已经去世，汉武帝开始亲政。他再次下诏征集儒家人才，地方官员再次将公孙弘上报。公孙弘已经心灰意懒，不想再去碰运气，但还是被劝说着上路了。到了都城，负责选拔的太常也看不起他，在策问时给他评了个下等。随后，这样的成绩被送给汉武帝过目，谁知汉武帝出乎大臣们的意料，立刻被这个年近七十的老头子迷住了，不仅大大赞赏一番,还将他留下伺候自己。

此后,公孙弘的晋升进入快车道,从金马门待诏到左内史,直至御史大夫、丞相,最后以八十岁的高龄死在了丞相任上。

由于吃过一次亏,公孙弘对于自己的学问知根知底,他变得谦恭多礼,做事首先把个人态度藏起来。当皇帝询问时,哪怕他之前有不同意见,最后也总会无条件地支持皇帝。大臣们对他的希旨承颜感到不满,他就用谦恭的态度笼络下级,再偷偷地排挤那些比他学问大、能力强的人。

在所有学习《公羊传》的人中,他的师弟董仲舒的成就远胜于他,于是他就把董仲舒送到胶西国去当国相,原因是胶西王刘端以残暴出名,当他的手下很可能不知什么时候就"挂"了。

以编撰《淮南子》出名的淮南王刘安喜欢道术,杂以百家,是当时最有学问的人。而公孙弘只会背诵一本《公羊传》,对于其中的意思还老是吃不透。但他感觉到皇帝担心这位堂叔的权威,就开始着手调查淮南王谋反的迹象,为此后汉武帝查办淮南王拉开了序幕。

在公孙弘办理的荒唐事中,最荒谬的要算两个案子。其一是《史记·平津侯主父列传》中记载的,当时的名臣主父偃曾经担任齐厉王的国相,由于齐厉王与姐姐通奸,主父偃对他晓之以理,齐厉王却担忧主父偃是汉武帝派来查办他的,自杀了。

这件事本来与主父偃无关,但公孙弘认为,根据《公羊传》的精神,有一条原则叫作"诛首恶",一件事情哪怕不是他干的,但是因他而起,他就是首恶。如果主父偃不劝说齐厉王,齐厉王就不会自杀,所以主父偃就是首恶。公孙弘以这样的借口杀掉主父偃,并灭掉其家族。这件事也开启了滥杀的先河，汉朝的法律由此可以不根据人的行为来断案，而是根据事情的后果，甚至可以牵连无辜的人。

另一件案子与一位叫作郭解的游侠有关。游侠是春秋战国时期的产物，他们游历在各个国家，不依附于任何政权，不属于任何已有的社会等级，独立于现有的体制。随着汉朝大一统的到来，产生游侠的土壤没有了，他们成了集权政府的敌人，成为被消灭的对象。

读惯现代武侠小说的人都会对侠客赞不绝口。郭解就是实际存在过的侠客，他年轻时曾经杀人作恶，遇到大赦之后痛改前非。据《史记·游侠列传》记载，郭解在乡里甘居贫困，却又仗义执言，身边聚集了大批仰慕他的高义的人。他虽然只是布衣，在家乡却比官员都有威望，调解人们的矛盾、维持社会正义，不作恶、不杀生。

但郭解这样的人却是集权政府最怕的，担心他成为政权的竞争者。汉武帝在建立自己的陵墓茂陵时，从郭解的家乡迁移了一批富户到茂陵居住。郭解由于家贫，并不在移民之列，但有人故意将他列入名单。随后，一批官员纷纷请愿说他不应该被迁移。事情传到汉武帝耳中，汉武帝大怒，坚持要他迁移。因为这件事情，有人替郭解打抱不平，查出将郭解列入名单的是本地人杨季主当官的儿子，于是将此人和杨季主先后杀死。另外，在一次打抱不平的事件中，另一个郭解的支持者把骂郭解的一个人杀掉。

但这两件事郭解并不知情，也绝不赞成人们互相残杀。

当官府将郭解抓住后，经过调查，发现没有办法判他的刑，因为他不知情。

眼看郭解就要再次被释放。这时公孙弘充分了解皇帝对于游侠的恐惧,他出面的时候到了。公孙弘拿出《公羊传》一查,表示:根据"诛首恶"原则,郭解作为平民百姓却总想做官府的事情,导致人们因为他而杀人。郭解虽然不知情,但这比知情更加可恶。

郭解最终死于公孙弘刀下。

上述这两个案子典型地反映了汉朝所谓的"春秋决狱",即根据《春秋》的精神来断案。在公孙弘时代,由于《公羊传》是最受重视的官学,所谓利用《春秋》的精神来断案,其实就是利用《公羊传》被歪曲的解释来断案。

在"春秋决狱"中,汉朝经常使用的原则除了"诛首恶"之外,还有"责知诛率"[2]"原心定罪"[3]等。人们只要知情不报,就与犯罪者同罪,由于怕人们结社,领头的人必定诛杀。而在断案时也不看结果,而是根据人们的意图定罪,只要意图是恶的,哪怕没有引起后果,也要重判。

公孙弘时代,正是"春秋决狱"兴起的时期,大量的冤假错案被制造出来。而他本人的飞黄腾达,也反映了汉朝儒教兴起时期的混乱现实——一个毫无实务处理经验的人凭借一本书当上丞相,并轻率地行使着权力。

但是,人们心头还有一个疑问没有解答:为什么汉武帝会这么喜欢公孙弘,他的魅力到底在哪里?

这就要提到汉武帝时期儒教的兴起,以及公孙弘学习的那本《公羊传》如何成了汉朝的"客观真理"。

---

[2]《潜夫论·断讼》:"《春秋》之义,责知诛率。"
[3]《汉书·薛宣朱博传》:"春秋之义,原心定罪。"

熬过秦火的儒家

公孙弘当政时期，恰好西汉王朝经过了几十年的"原始积累"，已经实现了经济发展和社会稳定。在西汉前期，以黄老之术为代表的道家思想是社会的主流思潮，但随着经济发展和老一辈的死去，黄老之术遭遇危机。

这次危机的主要原因是支持黄老之术的人相继去世。最后一个黄老之术的支持者是汉文帝的皇后、在汉景帝时期和汉武帝初期主政的窦太后。窦太后经过汉初的混乱，知道社会最需要的是稳定和发展，以及朝廷放手让民间处理自己的问题。

窦太后死于建元六年（公元前135年），她死后，汉武帝开始完全掌控朝政。汉武帝出生于文景时期的太平盛世，对于汉初的动荡没有任何感受，由于生长在深宫大内，对曾祖父刘邦充满了崇敬之情并将其神化。在汉武帝的心目中，他已经把刘氏当皇帝当作理所应当的事。

但是，不管是法家还是黄老之术，都不能在理论上提供刘氏必当皇帝的依据。黄老之术只是告诉汉武帝：做到"无为"就对人民有利，对人民有利就是好皇帝，好皇帝就不会被赶下台。在它们暗含的条件中，刘氏的皇帝并不是必然的，而是带有很大的偶然成分，并且有可能在未来不称职时就被免掉。

年轻的汉武帝没有曾祖父的军功，也没有祖父的宽容，年纪小小的他当上皇帝更缺乏合法性基础，他需要人们给他编造一套新的理论，将皇帝神化，来证明这个皇帝是注定的，而且这个要求变得越来越迫切。

当黄老之术无法满足其要求时，汉武帝发现一个在野的派别试图回答这个问题。这个在野派别在汉武帝之前已经吸引了无数的公子哥儿的注意，他们出身于官宦家庭，沉浸在斗鸡走马的玩乐之中，希望能够永远占有众多的社会资源。据《史记·魏其武安侯列传》记载，这些公子哥儿以魏其侯窦婴和武安侯田蚡为代表，他们分别是汉文帝皇后窦氏和汉景帝皇后王氏的娘家人，只是由于窦太后的压制，暂时无法取黄老之术而代之。

这个在野的派别，就是儒家。

在叙述儒家在汉朝得势之前，我们不妨先看看儒家是如何熬过秦朝的毁灭性打击，在汉初流传开来的。

在非洲，许多部族的历史是靠口口相传而留下来的，在部落中选择聪明的小男孩，让他从小开始背诵部族史，到他年纪大了，再把历史传诵给下一代男孩。通过这种方式就能实现历史的数百年记忆。这种方式在中国早期学术史的传承中可能也起到了很大的作用。

战国时期的许多亚流派的观点也是依靠口口相传而留存下来的。比如，孔子的著作（以及他参与整理的典籍）都以文字的形式保留了下来，但是对孔子著作的再解读，也就是他的嫡传弟子、再传弟子的著作，则可能只有口头流传。前面提到的《公羊传》是解释《春秋》的著作，它就是孔子的弟子子夏口授给自己的弟子公羊高，公羊高则把这个解释当作宝贝背下来，再在家族内部流传，就这样传了五代，传到了公羊寿。公羊寿又把它口头传给了弟子胡毋生，胡毋生这才将《公羊传》变成文字，记在竹简上。此时已经到了汉朝。不过，口口相传往往会带来不准确的问题，随着每个人的记诵，文本都发生了一定的改变，失去了原来的面貌。

口口相传的传统之外,对于先秦文化影响最大的,是秦始皇的焚书。据《史记·秦始皇本纪》记载,秦始皇在李斯的建议下,为了钳制人们的思想,几乎将民间所有的学术典籍都烧毁了,只留下了几种技术性的实用作品(医学、占卜、农业等),在秦始皇看来,研究学问是没有必要的。

焚书之后,儒家的典籍已经彻底零散了。

孔子之前的周代已经有了完善的教育体系,对于学生的要求是"德、智、体"全面发展,主要的教学内容包括六艺,分别是:礼、乐、射、御、书、数[4],这些技能是国子们在日常生活中必须掌握的,即行礼和奏乐、射箭和驾车,以及书法和算术。

表1 孔子之前的周代教育体系——六艺

科目	内容
五礼	吉礼,凶礼,宾礼,军礼,嘉礼
六乐	云门,大咸,大韶,大夏,大濩,大武
五射	白矢,参连,剡注,襄尺,井仪
五御	鸣和鸾,逐水曲,过君表,舞交衢,逐禽左
六书	象形,指事,会意,形声,转注,假借
九数	方田,粟米,差分,少广,商功,均输,方程,盈不足,旁要

孔子对于六艺非常精通,他的弟子们也接受了完整的六艺教育。到

---

4 《周礼·地官·司徒·保氏》:"养国子以道,乃教之六艺,一曰五礼,二曰六乐,三曰五射,四曰五御,五曰六书,六曰九数。"

了晚年，孔子根据周代的文字，将经典进行整理，又形成了另一个体系——"六经"。

从本质上说，六经只是六艺的一个子集，六艺的内容涵盖了现代教育中"德、智、体"三个方面，其中礼、乐对应着"德"，书、数对应着"智"，射、御对应着"体"。六经则更加局限在"德"这一个方面，只专注于将这一方面深化。

六经包括《诗经》《尚书》《礼》《乐》《易经》《春秋》。六艺之中的礼、乐被保留了下来，但内容加深了，六艺的礼、乐只要求掌握一定的生活礼乐规则，而六经的礼、乐要求对社会中的礼仪和乐理进行完整的学习与研究。除了《礼》《乐》之外，《诗经》和《尚书》都是记载人们言行的书籍，《诗经》记载各地的诗歌，《尚书》是古代重要政治文献的结集。此外，《易经》研究世界运行规律，《春秋》通过历史来探讨人类社会的规则。

在六经当中，又有难易程度的差别，其中《春秋》是最简单入门的，也是人们学习最广泛、影响最大的，之后按照《乐》《礼》《诗经》《尚书》《易经》的顺序，由易到难，而《易经》则被认为是最难学的。

从六艺变成六经，可以看作儒家形成的标志。六艺是周代留下的教育体系，也是儒家出现之前的教育体系。孔子采取了新的课本，加强了理论学习，强化了"礼"的地位，也弱化了读书人的动手能力，将儒和武士、匠人区分开来，专门从思想、文化等方面来培养人才。

秦朝是以法家为基础构建的统治体系，对手无缚鸡之力的书呆子不感兴趣，将儒家的书籍也和其他家的一起烧掉了。由于古人的书籍是竹简，昂贵且册数有限，秦始皇又可以下令让地方官员到各地的读书人家去搜缴，所以焚书之后，许多书籍只有少量的残卷躲过此劫。

据《汉书·艺文志》记载，到了西汉时期，儒家的六经都出现了不同程度的缺失。其中关于《乐》的典籍已经彻底亡佚，不可恢复，从此以后，六经就变成了人们熟知的五经。

《诗经》由于其传唱特性，保存得较为完整。在西汉时期，有四个人通过记忆将其保存下来，并进行传授和解读。这四人分别是鲁人申培、齐人辕固、燕人韩婴和赵人毛苌，他们分别培养弟子，形成各自的派系，后人将他们传承的诗经和解释分别称为鲁诗、齐诗、韩诗和毛诗。

需要说明的是，所谓《诗经》四家依据的经文都是孔子的《诗经》，虽然由于流传的关系，在文字上有些微的区别，但真正不同的只是他们对经文的翻译和解读。就像现代人翻译《诗经》，出了数个版本一样。这些版本，有的注重直译，有的注重含义，有的还存在大量的误读，有的更可能只是借《诗经》的题随意发挥。在汉朝，每一个版本都有人追随，并将各自的不同放大开来，形成了门派之争。

《易经》由于用于占卜，秦朝时被完整地保留下来。《易经》也有不少传承人，最著名的是齐地的田氏。

《尚书》就没有这么好的运气。秦火之后，人们以为《尚书》彻底失传了，后来发现有一个叫作伏生的鲁国人保存了半部《尚书》。当初秦朝官员来搜缴书籍时，伏生在匆忙之间将一部《尚书》藏在墙壁内。经过楚汉战争的混乱，伏生回到位于济南的家乡，发现房屋已坏，他连忙查看藏书的墙壁，从中清理出二十九篇残卷。后世所使用的就是这部残缺的《尚书》。

至于《礼》，也损毁得非常严重。西汉时期，鲁人高唐生传下一部

《士礼》，这可能只是孔子所用教材中最不起眼的部分。

如果用现代人的眼光看，《士礼》只是一部流程指南。如果一个厨师要写一份菜谱，他会对每一道菜注明材料的分量、调料、如何用火，以及先放什么、再放什么。《士礼》记载的就是士人在各种礼仪场合应该做什么、流程应该如何进行。它不进行解释，只写流程，现代术语称之为脚本。

但由于没有其他更好的著作来替代，这部脚本就被人们奉为经典，改名为《仪礼》，也称《礼》。

在孔子的教学体系中，《春秋》是最简单的，也是最被广泛学习的科目。但《春秋》流传的情况也出现了混乱。按照班固的记载，传习《春秋》的一共五家，但只有三家（《左传》《公羊传》《穀梁传》）流传了下来。

三家中，以《左传》写得最好。剩下的两传如同刻板的教书先生，逐字逐句地向读者解释难点、段落大意，或者语句背后隐藏的义理，枯燥无趣，只有《左传》像写故事一样娓娓道来。

《春秋》经文写得过于晦涩，在汉朝已经需要讲解才能看懂。《左传》采取的讲解方式是：既然经文太简略，讲解时就将经文丰富起来，讲成声情并茂的小故事，读者自然就理解了经文的意思。而《公羊传》和《穀梁传》的传人却总是相信《春秋》除了记录历史之外，实际上还隐含了各种各样的人间至理、微言大义，他们不断地琢磨着词句，寻找语言背后的意思，结果发挥来发挥去，反而失去了对"真"的把握。

在汉武帝时期，《左传》由于流传不广，人们知之甚少，而《穀梁传》也缺乏有力的官方支持，无人问津，只有《公羊传》突然间"暴得大名"，成为西汉前期最著名的书籍。再加上五经之中，以《春秋》最为基础，于是《公羊传》就代表了人们普遍知晓的儒家学问。

那么，为什么《公羊传》如此受重视呢？

从孔丘变公羊

现代人谈到汉初的哲学思想时，常常会举例当时编撰的《礼记》《淮南子》等书，以及贾谊、董仲舒等人，很少会提到《公羊传》，但实际上，《公羊传》才是汉初影响最大的哲学书籍。

说它是哲学书籍，并不完全准确，实际上它只是《春秋》的注释。比如，《春秋》的记载始于鲁隐公元年，第一句就是"元年，春，王正月"。《公羊传》就会逐字逐句不厌其烦地解释："元年"是哪一年？是鲁隐公即位的那一年。"春"是什么？是一年的开始……[5]

但这样一部注释书为什么成了汉代哲学的基础呢？原因在于，这本书的作者相信，孔子编撰的《春秋》中每一个字都隐藏着人世间的道理，所谓"微言大义"。

我们仍然以开篇第一句话为例，其中有三个字"王正月"，什么是王正月？其实就是正月，也就是鲁隐公元年（公元前722年）的十一月（周朝以十一月为正月）。但是为什么要在正月前面加一个"王"字呢？《公羊传》考证说，这里的"王"指的是周朝的开国君主周文王，"王正

---

[5]《公羊传·隐公元年》："元年者何？君之始年也。春者何？岁之始也。王者孰谓？谓文王也。"

月"表示这个正月是周文王当年定的,之所以要在书的开头提一下周王,是表示虽然《春秋》是以鲁国的视角来记录历史的,但天下只有一个王就是周王,要尊重周朝的大一统。[6]

大一统的提出,表现了《公羊传》对集权政治的迷恋。到底这个观念是最初子夏讲给公羊氏的,还是到了汉朝有人根据皇帝的喜好编入的,则无法考证了。

在《公羊传》的最后,也能看出作者的意图。在对《春秋》经文的解释全部结束后,《公羊传》又进行了简单的总结。它先总结为什么这部书始于鲁隐公,结束于鲁哀公十四年(公元前468年):始于鲁隐公,是因为鲁隐公时期的历史是孔子的祖父辈所能了解到的,再往前就不可靠了;结束于鲁哀公,是因为到此时,已经把所有的大道理和规律都说全了,再往下记载只是规律的重复而已。接着总结孔子为什么写这本书,是因为孔子要通过书籍来"拨乱反正",给后世提供样本,而他写《春秋》,就是为了给后世的皇帝们提供治理样本,帮助他们学习治国之道。[7]

通过这样的解释,《春秋》就已经不再是一本历史书,而变成一本包罗所有政治智慧的百科全书。公羊学派认为,《春秋》是孔子借历史阐述天下公理的一本圣书,地位神圣。

---

6 《公羊传·隐公元年》:"曷为先言王,而后言正月?王正月也。何言乎王正月?大一统也。"
7 《公羊传·哀公十四年》:"春秋何以始乎隐?祖之所逮闻也,所见异辞,所闻异辞,所传闻异辞。何以终乎哀十四年?曰:备矣!君子曷为为春秋?拨乱世,反诸正,莫近诸《春秋》。则未知其为是与?其诸君子乐道尧舜之道与?末不亦乐乎尧舜之知君子也?制《春秋》之义,以俟后圣,以君子之为,亦有乐乎此也。"

用现在的眼光看，公羊学派之所以把这本书捧这么高，是因为他们接触不到别的书，一辈子只能研读这一本书，自然越玩味越觉得它高明，到最后就将它神化了。

但是，公羊学派对其的神化不仅没有受到当时人们的嘲笑，反而有了更多的信徒，就连汉朝的皇帝也需要它。皇帝之所以需要，是因为它所提出的"政治智慧"几乎全是皇帝最需要的。汉朝皇帝最重视的莫过于自己的正统地位，而《公羊传》许多似是而非的话中似乎提供了一条路径，来表明"尊王"的必要性。

《公羊传》中有几个比较著名的观点。

第一，孔子写《春秋》是为了拥护天子，全书贯穿了大一统思想，也是在为战国之后的统一做准备。西汉的集权王朝不再被认为是由刘邦偶然聚合起来的产物，反而被认为是圣人有计划促进的产物。

第二，《公羊传》中提到历史有"所见""所闻""所传闻"三个不同的划分。所谓所见，指的是作者亲身经历的时代；所闻，指的是更早的一个时代，作者能够亲耳听亲历者说；所传闻又比所闻更早，是指亲历者又传了几代，最终才汇集到作者手中的材料。

这种划分到了董仲舒手中，又被他分成了具体的几个时代。《春秋》一共记载了十二位国君，其中前五个国君是"所传闻"，中间四个国君是"所闻"，后三个国君是"所见"。[8] 到了东汉的何休时期，这三世杂以

---

8 《春秋繁露·楚庄王》："《春秋》分十二世以为三等：有见、有闻、有传闻。有见三世，有闻四世，有传闻五世。故哀、定、昭，君子之所见也，襄、成、宣、文，君子之所闻也，僖、闵、庄、桓、隐，君子之所传闻也。所见六十一年，所闻八十五年，所传闻九十六年。于所见，微其辞；于所闻，痛其祸；于传闻，杀其恩，与情俱也。"

阴阳五行轮回之说，当成是"乱世—升平—太平"三世，对应于所传闻、所闻、所见。[9]

这样，《公羊传》的含混说法就变成了有名的"三世说"，而且越到近来越是太平。这种进化的思想与大部分人对古代的崇敬不同，实际上是为了给皇帝贴金，以便皇帝更加喜欢《公羊传》。

"三世说"虽然到东汉才正式形成，但在汉武帝时期的董仲舒口中，已经明显暗示了这样的进化趋势。

第三，由于公羊学派相信书里隐藏着大量的"微言大义"，结果汉朝人就把这些微言大义引入法律系统，成为断案的一部分。比如，在本章开头讲到，公孙弘就善于利用《春秋》来断案，但公孙弘使用的所谓《春秋》，实际上就是《公羊传》。当《公羊传》被引入实用领域之后，它的地位就越发不可动摇了。

就这样，公羊学派就把《春秋》这样一本历史书，利用阐释的力量，变成了一本无所不包的"圣书"。至于怎么阐释，由于《春秋》过于晦涩，

---

[9]《公羊经传解诂·隐公元年》："所见者，谓昭、定、哀，己与父时事也。所闻者，谓文、宣、成、襄，王父时事也；所传闻者，谓隐、桓、庄、闵、僖，高祖、曾祖时事也。异辞者，见恩有厚薄，义有深浅，时恩衰义缺，将以理人伦，序人类，因制治乱之法。……于所传闻之世，见治起于衰乱之中，用心尚粗觕，故内其国而外诸夏，先详内而后治外，录大略者，内小恶书，外小恶不书，大国有大夫，小国略称人，内离会书，外离会不书是也。于所闻之世，见治升平，内诸夏而外夷狄，书外离会，小国有大夫，宣十一年'秋，晋侯会狄于攒函'，襄二十三年'邾娄劓我来奔'是也。至所见之世，著治大平，夷狄进至于爵，天下远近小大若一，用心尤深而详，故崇仁义，讥二名，晋魏曼多、仲孙何忌是也。所以三世者，礼为父母三年，为祖父母期，为曾祖父母齐衰三月，立爱自亲始，故春秋据哀录隐，上治祖祢。所以二百四十二年者，取法十二公，天数备足，著治法式，又因周道始坏绝于惠、隐之际。主所以卒大夫者，明君当隐痛也。君敬臣则臣自重，君爱臣则臣自尽。"

而《公羊传》也不算清晰，就留下了大量的自由解释空间，不过这个空间不属于普通人，只属于皇帝和他的亲信大臣。

实际上，《公羊传》由于经过多年的口头流传，早已经不能代表真正的《春秋》，而是充满了讹误和模糊，变成了一个四不像的东西：非孔、非古、非史、非现代。

《公羊传》流行的时间大约在汉景帝时期，那是一个多种思想交锋的时期。虽然那时居于统治地位的仍是窦太后坚持的黄老之术，但大臣中间已经有很多人成了公羊学的门人。

汉景帝提拔了倾向于儒家的卫绾担任丞相。到汉武帝初期，魏其侯窦婴和武安侯田蚡更引入大批的儒党占据高位，甚至有些人提出让年老的窦太后退居后宫，不再参与政事，引得窦太后大怒，做了最后一次反击——贬斥了他们。

但这已经是黄老之术的回光返照，随后以《公羊传》为代表的新的儒家学说，借着孔子的外壳，开始为皇帝服务了。

儒教的诞生

《公羊传》之所以能够成为官方学问，除了它从理论上赞成大一统，又持政治进化论观点，很容易被皇帝扩展用来为自己服务之外，更重要的是几位学习公羊学的大臣的极力推广。

据《汉书·董仲舒传》记载，《公羊传》由胡毋生传给公孙弘之时，在赵地，另一位学者董仲舒也不知从什么途径接触到了《公羊传》。公孙弘和董仲舒就成了将《公羊传》引入朝廷的最得力之人。

不过，与公孙弘不同，董仲舒更加重视理论化工作。他敏锐地感觉到，《公羊传》虽然很适合给皇帝寻找合法性，但是《公羊传》的文字里并没有直接说汉朝皇帝就是合法的，这种说法只是人们根据它的意思引申而来的。要想让汉朝皇帝彻底合法化，必须去写一本当代的新书，专门为皇帝服务。而这，就是他要做的工作。

简单地说，公孙弘等人借助《公羊传》找到了一条将皇帝合法化的路径，而董仲舒则把这条路走了下去，并且走向极致。他要从理论上将皇帝神化，将皇帝与天等同。从此以后，反对皇帝，就是反对天。这就是他的"天人合一"理论。

董仲舒的观点大都记载在他的几篇奏章和一本著作之中，其中最重要的就是《春秋繁露》。所谓繁露，指的是皇帝冠冕上的珠串，《春秋繁露》实际上就是"春秋杂谈"的更文艺的说法。

现代人翻看这本书，第一感觉是，这是一本读后感，是董仲舒读完《公羊传》之后的感想和总结。董仲舒一开始是想紧贴着《春秋》去写，像《公羊传》一样注释一遍《春秋》，但写着写着，就慢慢变成了漫谈，零零散散地围绕着他自己的"大同社会"谈开，既包括读后感，又有各种礼仪的操作性规定，如同一本杂文集，由于缺乏统一主题，只好起个名字叫作《春秋繁露》。

董仲舒的文笔也缺乏同时代司马迁、司马相如等人的文采，该书很是晦涩，如果不是他的影响力，这只是一本三流作品。汉朝之后，这本书的影响力也并不大，甚至在选择经典时，人们往往也不会想到它。但就是这本书，却是汉朝人认为的最经典著作，远在司马迁的《史记》之上，因为它代表了儒教的诞生。

所谓儒教，指的是以儒家思想为招牌建立的宗教式体系。这个体系已经不再如同孔子那样，只对人类社会感兴趣，而是试图解释从宇宙天地到身体发肤，再到社会政治的一切学问，并试图寻找终极真理，再用这个真理束缚住人们的行为，让人们"幸福地"生活在真理之中。

在一个宗教体系中，一是要寻找真理，二是要用真理来强迫人们"幸福地"生活，两者缺一不可。

我们可以把儒教和孔子时期的儒家进行对比。现代人喜欢把战国时期的诸子百家都说成哲学流派，但实际上他们研究的方向各不相同，也属于不同的学科。

在我们现在的知识体系中划分了许多学科，比如数学、物理、化学、天文、地理、文学、语言、政治、历史等。在中国古代也有许多学术分类，但是，古人的划分方法和现代人是不同的。

西汉时期的大学问家刘向[10]将当时比较大的学问分成了十家，分别是儒、墨、道、法、名、农、杂、阴阳、纵横、小说，这就是"诸子十家"。所谓十家，其实不完全等同于现在说的十门学科，因为每一门都以学术观点和内容作为区分，而非研究对象。比如，孔子所代表的儒家研究的是伦理学和历史学，对自然科学不感兴趣，属于现代的文科，当弟子询问的问题超出了这个范畴，他就不解答了。最典型的是《论语·先进》中的"未知生，焉知死"和《论语·述而》中的"子不语怪力乱神"，对于人死这种接近于自然的现象不去考虑，只考虑人们活着时候的伦理问题。

---

10 《汉书·艺文志》即反映了刘向的划分。

老子所代表的道家关注的是哲学，对具体的社会、自然一概不感兴趣，也不进行研究。

墨子代表的墨家研究的是工程技术，同时发展了一定的数学、逻辑学和物理学，他虽然也对社会学感兴趣，但世界观带着浓重的工程师味道。

管子、韩非子等人更关注的是政治学和法学，对于伦理学、科学一概不感兴趣。

苏秦、张仪代表的纵横家，更关注纯粹的外交学。

至于邹衍等阴阳家，则试图构建一套以阴阳、五行为基础的天文学，进而演化成自然科学。他们对自然的解释由于基于阴阳、五行，现在看来有些荒谬，在当时却被当作最先进的科学。

另外需要说明的是，在汉朝以前，阴阳和五行并不是一回事，阴阳推崇的是一个二元制的世界，以阴和阳两种元素的相互转化来看待世界，而五行则是以金、木、水、火、土五种元素的相生相克来构造世界。阴阳观念出现得更早，被吸纳进许多流派之中，比如道家、儒家都带有阴阳色彩。五行观念的出现比较晚，接受的人也较少。相信阴阳的人不见得就相信五行，直到汉朝儒教建立后，才把阴阳、五行杂糅到一个系统之中。

就像现代人必须通过所有学科才能全面了解世界一样，把这些形形色色的学科综合起来，就是战国时期人们对世界总的看法。

孔子的学问以伦理和历史为主，强调"礼"，他为了说明为什么人类社会需要礼，又引入另外两个概念——"义"和"仁"，认为人类社会之所以需要严格的礼仪制度，是因为这符合"义"，而要想达到"义"，就必须遵守这些礼仪制度，而遵守礼仪的行为就是"仁"。

到了孟子时期，孟子发展了孔子的儒学，更强调"仁"，将仁慈作为社会构建的基础，但他的"仁"已经和孔子的"仁"不一样了。孟子的"仁"可以认为是善良、仁慈：君王只有仁慈，才能成为圣君；人民只有仁慈，才能达到世界和谐。孟子对于"礼"也已经不大关注，只强调"仁"，导致其儒家学说已经有了道家的味道。

孟子和孔子一样，也不曾过多关注社会之外的事务，自然科学、天文地理、苍天鬼神之类，都不在他的关注范围内，既不评价，也尽量不参与讨论。

到了董仲舒创立儒教时期，他已经不满足于只研究社会伦理这个狭窄的领域了，而是要突破，研究从天文、自然到伦理、社会的一切问题。他的目标是写一本百科全书，或者说，将"诸子十家"的学问都包含在一本书里，形成一本系统的汉朝科学著作，同时也是社会著作，从这本书中，人们既可以理解社会发展的秘密，也可以理解科学发展的情况。

写这样的书，写作者虽然最后还叫"儒"，但其实已经是杂家了。董仲舒除了学习《公羊传》之外，还学习了阴阳学、算术学、道家学说等多家的诸多研究成果，将其杂糅起来，形成了一套解释世界的万能理论。

这套理论的核心观点，就是"天人合一"，即《春秋繁露·阴阳义》中说的"天亦有喜怒之气，哀乐之心，与人相副，以类合之，天人一也"。简单说就是，自然界的规律和社会规律、人体规律都是统一的，只要研究透了自然规律，就可以对比着理解社会规律了。

那么，董仲舒眼中的自然规律是什么样的呢？他构建了一个至高无上的大神,这个大神叫作天,它就是自然规律的化身,主宰着天上的世界,也主宰着人间。而相对于天,地上也有一个至高无上的人,就是天子、皇帝,只是地上的皇帝必须听命于天。

地上该由谁当皇帝,不是由人说了算的,而是由天说了算。所以,表面上看,刘邦是一个流氓,依靠武力夺取天下,但实际上,刘邦是天选择的,是客观规律选择的。不仅刘邦的汉朝是天的选择,就连以前的诸位天子和朝代也是天的选择。当一个朝代的天子变得不称职时,天就会另选其他人来代替他,完成改朝换代。

通过这样的天人理论,董仲舒把汉朝的皇帝神化了,从此以后,谁反对皇帝,谁就是逆天而行。

在确立了"天人合一"的理论基础之后,接下来,必须讨论天的规律问题。既然天上和人间的规律是一样的,那么要想吃透人和社会的规律,就必须首先研究天的规律。

董仲舒所谓天的规律,主要是从道家、阴阳家手中借来的,主要内容包括了阴阳和五行——正是他将这两个概念合二为一了。

所谓阴阳,老子认为阴阳是世界不可或缺的两种状态,本身没有什么好坏之分。董仲舒却机械地认为阴阳就是善恶,所有阳的就是善的、有德的、好的、促进生长的,阴的则相反。他的阴阳与波斯拜火教的善恶区分很相像。而天之所以变化,就是阴阳之间斗争的结果。[11]

---

11 《春秋繁露·阴阳义》:"天地之常,一阴一阳,阳者,天之德也,阴者,天之刑也,迹阴阳终岁之行,以观天之所亲而任,成天之功,犹谓之空,空者之实也,故清溧之于岁也,若酸咸之于味也,仅有而已矣。圣人之治,亦从而然。天之少阴用于功,太阴用于空,人之少阴用于严,而太阴用于丧。丧亦空,空亦丧也。"

至于五行，则类似于希腊哲学将世间元素分成"水、火、土、气"四种，中国将其分成"金、木、水、火、土"五种，认为所有的物质最终都可以归结为这五类之一。五行之间有相生相克的关系：木生火、火生土、土生金、金生水、水生木，同时金克木、木克土、土克水、水克火、火克金。[12]

阴阳变化和五行相生相克，就生成了全世界的一切。在人类无法利用现代仪器更进一步了解世界之前，这种简单的理论的确可以满足一部分人对了解自然的渴望。

接下来，董仲舒更进一步，认为人和社会的规律也要遵循天的规律，并利用简单的算术，将人和社会与自然进行了一定的比附。

比如，人的形体是与天的数字有关的，天有十二个月，但一般的植物生长、繁荣、枯萎都在从春天到秋天的十个月内完成，所以，人也有十月怀胎。[13] 人有四肢，每肢三节，对应于四季和十二个月。[14] 人的全身大小关节一共有 360 个，对应于一年的天数。人身体内有五脏，对应于五行。人的形体骨肉，代表了大地的厚度；人的耳朵和眼睛，象征了日

---

12 《春秋繁露·五行之义》："天有五行，一曰木，二曰火，三曰土，四曰金，五曰水。木，五行之始也；水，五行之终也；土，五行之中也，此其天次之序也。木生火，火生土，土生金，金生水，水生木，此其父子也。木居左，金居右，火居前，水居后，土居中央，此其父子之序，相受而布。是故木受水而火受木，土受火，金受土，水受金也。诸授之者，皆其父也；受之者，皆其子也；常因其父，以使其子，天之道也。是故木已生而火养之，金已死而水藏之，火乐木而养以阳，水克金而丧以阴，土之事火竭其忠。故五行者，乃孝子忠臣之行也。"

13 《春秋繁露·阳尊阴卑》："是故阳气以正月始出于地，生育长养于上，至其功必成也，而积十月。人亦十月而生，合于天数也。是故天道十月而成，人亦十月而成，合于天道也。"

14 《春秋繁露·官制象天》："求天数之微，莫若于人。人之身有四肢，每肢有三节，三四十二，十二节相持，而形体立矣。"

月；人体空壳和内部的经脉，象征了山川谷地。人的德行，对应于天理；人的好恶，对应于天的阴晴；人的喜怒，对应于天的寒暑；人的生命，对应于天的四季。

在这一系列的比附下，就引出了古代医学理论，即利用经脉、五行和阴阳调和来治疗病人。人只要与天合拍，就可以保持健康。

除了人体之外，更重要的是人类社会也可以通过研究天的规律来设计。在社会规律中，也有许多利用算术进行的比附。比如，帝王的官制，是三公九卿、二十七大夫、八十一元士，一共一百二十人。这是按照三的幂数，一共重复四次而止，三和四，分别代表了一个季度的月数和一年中的四季。[15]

天、人、社会，除了类似之外，三者也是相通的，也就是所谓的天人互动。观察天，就可以得知一个人的情况，也可以得知天对政权是否满意。当地上的君主表现得让天感到不满时，天就会降下灾祸，让人明白天的不满；当天子让天感到满意时，天又会降下祥瑞给人间。[16]

所谓皇帝，就是天选来统治民间的，反抗皇帝就是反抗天。但是，

---

15 《春秋繁露·官制象天》："王者制官，三公、九卿、二十七大夫、八十一元士，凡百二十人，而列臣备矣。吾闻圣王所取，仪法天之大经，三起而成，四转而终，官制亦然者，此其仪与？三人而为一选，仪于三月而为一时也；四选而止，仪于四时而终也。三公者，王之所以自持也，王以三成之，王以三自持。立成数以为植，而四重之，其可以无失矣，备天数以参事，治谨于道之意也。此百二十臣者，皆先王之所与直道而行也。是故天子自参以三公，三公自参以九卿，九卿自参以三大夫，三大夫自参以三士。三人为选者四重，自三之道以治天下，若天之四重，自三之时以终始岁也。一阳而三春，非自三之时与！而天四重之，其数同矣。"

16 《春秋繁露·王道》："春秋何贵乎元而言之？元者，始也，言本正也；道，王道也；王者，人之始也。王正，则元气和顺，风雨时，景星见，黄龙下；王不正，则上变天，贼气并见。"

天又通过一系列的凶兆向皇帝暗示：如果你做得不好，我就把你换掉。而秦朝之所以灭亡，就是因为秦始皇和秦二世的暴政，导致天派遣刘邦下来改朝换代。现在的皇帝虽然是天选的，但也必须注意不要让天不满意。

如何让天感到满意呢？为了回答这个问题，董仲舒终于回到儒家的范畴之内，认为天最满意的状态，就是按照儒家规矩行事。而什么是儒家规矩？那自然就是他所熟悉的《公羊传》。他认为，《公羊传》就提供了一系列的暗示，表明了什么样的政治是理想政治。[17]

首先，他要求每一个人都必须服从儒家的礼仪，皇帝有皇帝的仪轨，大臣有大臣的规矩，而普通民众也要老老实实听话。如果都各居其位、各司其职，老老实实地做事情，整个世界就会和谐统一。

其次，为了表明对天的尊重，每一次按照天意改朝换代之后，都必须进行一系列仪式化的动作，也就是"改正朔，易服色，制礼乐"，表明自己的正统和按照规律行事。[18]

所谓"改正朔"，是与另一个理论"通三统"相对应的。按照当时的理论，夏、商、周三代，每一代选择了不同的月份作为正月，夏朝以一月为正月，商朝以十二月为正月，周朝以十一月为正月，秦朝改十月

---

17 《春秋繁露·正贯》："春秋，大义之所本耶。六者之科，六者之旨之谓也。然后援天端，布流物，而贯通其理，则事变散其辞矣。故志得失之所从生，而后差贵贱之所始矣；论罪源深浅，定法诛，然后绝属之分别矣；立义定尊卑之序，而后君臣之职明矣；载天下之贤方，表谦义之所在，则见复正焉耳；幽隐不相逾，而近之则密矣，然后万变之应无穷者，故可施其用于人，而不悖其伦矣。"
18 《春秋繁露·三代改制质文》："王者必受命而后王。王者必改正朔，易服色，制礼乐，一统于天下，所以明易姓非继人，通以己受之于天也。"

为正月。刘邦继承了秦朝的做法，但汉武帝将正朔又改回了夏朝的一月，完成了一次循环。只是后来各个朝廷并没有继续修改月份，汉朝就成了最后一次修改历法的时期（王莽和武则天曾短时间变动过正月岁首，但都很快又改回来了）。

另一个措施是"易服色"，这项措施对应于五行理论，金、木、水、火、土（也称为"五德"）各有自己的色彩，每一个朝代对应于一个"德"，也就是五行之中的一个，在朝服上，必须使用与这一"德"对应的色彩。黄帝是土德，色尚黄；夏代是木德，色尚青；商代是金德，色尚白；周代是火德，色尚赤；秦代是水德，色尚黑。

如果按照这个理论，刘邦建立的汉朝应该又回到土德，但刘邦以继承秦朝为荣，认为自己是水德，色尚黑。到了武帝时期，在儒教的努力下，终于按照相克的说法，把汉朝改为了土德（土克水），色尚黄。

这里顺便把以后的易服色情况进行总的梳理。到了王莽时期，由于王莽是禅让得天下，没有使用暴力，所以当时的大才子刘歆认为，只有暴力的改朝换代，才使用"五行相克"的理论来决定下一代到底是哪一德，而禅让是非暴力的，应该使用"五行相生"的理论。王莽认为自己是舜的后代，属于土德，根据五行相生，火生土，所以王莽把汉朝的土德又剥夺了，重新封它为火德，色尚赤。

东汉时期，刘秀承认汉是火德，色尚赤。到了曹魏，由于又是和平禅让，所以曹魏又成了土德，色尚黄。而刘备认为自己是汉家正统，选择了火德和红色。孙权认为要想克曹魏的土德，必须选择木德（木克土）和青色。晋朝是金德和白色。南朝宋是水德和黑色，南朝齐和梁是木德和青色，南朝陈是火德和红色。北周是木德和青色，隋朝是火德和红色。

唐朝是土德和黄色。五代梁是金德和白色，五代唐是土德和黄色，五代晋是金德和白色，五代汉是水德和黑色，五代周是木德和青色。宋朝是火德和红色。辽是水德和黑色。金是土德和黄色。明朝是火德和红色。可见，易服色理论直到明朝还有市场。

除了"改正朔""易服色"，还有一个措施是"制礼乐"。这项措施与儒家的礼乐制度息息相关，意味着通过礼乐对各个阶层都进行标准化。这也包括设立国家祭祀的场所明堂和太庙，以及一系列有一定宗教性的典礼，如封禅泰山等。

董仲舒通过构建这一套无所不包的理论，完全满足了皇帝的统治需要，利用当时的认知水平，建立了一套完整的天地人生观，用以束缚人们的认知。

但是，要推广这一套理论，必须依靠国家的力量才能做到。理论构建完毕，董仲舒建议汉武帝依靠政权的力量强行推行这套理论，禁止其他学说。[19]

我们可以把秦皇和汉武进行比较：秦始皇焚书的目的是愚民，让他们接触不到学问；而汉武帝在焚书的基础上，还用统一的理论来控制思想，这是中国历史上第一次出现以政权为后盾的思想控制运动。

董仲舒的提议果然是有效果的。虽然我们总是说人类的好奇心会冲

---

19 《汉书·董仲舒传》："《春秋》大一统者，天地之常经，古今之通谊也。今师异道，人异论，百家殊方，指意不同，是以上亡以持一统；法制数变，下不知所守。臣愚以为诸不在六艺之科孔子之术者，皆绝其道，勿使并进。邪辟之说灭息，然后统纪可一而法度可明，民知所从矣。"

破一切羁绊，但是历史告诉我们，人类的好奇心没有那么大，控制了一代人思想，社会可以维持数千年。

汉武帝之后，所有人都相信有一个至高无上的大神叫作天，也相信皇帝就是天子。人们变得更加迷信，看见电闪雷鸣首先想到的不是自然现象，而是老天爷发怒了，出现灾荒也认为是老天爷的作为。当这一切成为人们日常生活的基础时，汉朝的思想控制达到了目的。

到了汉朝后期，思想控制已经过于成功了，以至一旦发生了天灾，皇帝就要开始寻找替罪羊，否则就无法向国人交代。

汉成帝绥和二年（公元前7年），据《汉书·翟方进传》记载，因为在此前几年出现了一系列灾荒，到了这一年，又出现了"荧惑守心"的天象，被认为不吉利。观星的官员乘机上奏：要想破解上天的谴责，必须牺牲一位大臣来承担上天的谴责。汉成帝立即命令丞相翟方进自杀谢罪。

翟方进是当时的名儒，与天灾毫无关系，但汉成帝根据董仲舒的天人理论却认为必须由他来承担罪过，才能缓解老天爷的愤怒。他自杀后，汉成帝亲自吊唁，以高规格的葬礼将其埋葬，当时的人们并不认为皇帝的做法有何不妥。

到这时，所谓的"儒"早已经脱离了孔子的本意。孔子的儒是一种哲学流派，这个学派强调"礼"，也强调"仁"，并没有把自己塑造成包容一切的宇宙理论，只是试图解决人世间遇到的问题。

但到了董仲舒时期，由于其理论无所不包的特征，以及对人们生活的全面控制，加上一系列的仪式和组织，儒学就已经宗教化了。宗教可以用来对人的生活进行规范，哲学却做不到。

当董仲舒写出《春秋繁露》，并鼓动汉武帝罢黜百家时，这一刻，就是儒教诞生的时刻。

文化集权的第一次高峰

在董仲舒编撰他的《春秋繁露》时，在远离长安的淮南国（国都寿春是今安徽寿县），还有另一个人在组织编纂当时的学术成果。这就是淮南王刘安主持编纂的《淮南子》。

西汉最初的淮南王是汉初三将之一的英布，英布被诛杀后，由刘氏宗亲接替了淮南王位，之后传给了后代刘安。

刘安是当时著名的学问家，对于道家学说尊崇极深，却又不满足于只掌握道家的学问。他广招各个学派的知识分子，以将当时学问一网打尽的姿态，编写出了一部中国历史上少有的兼容并蓄的作品——《淮南子》。

《淮南子》的思想以道家为主，涵盖了儒、法、墨、阴阳、纵横，成了西汉时期最好的综合性著作。

与董仲舒的《春秋繁露》一样，这本书也是从茫茫宇宙到人世间，试图对全世界的学问进行总结，体现了作者的野心。但是，书中并没有构造一个必须遵守的宗教体系，而是承认事物的多样性和自然性，并认为，许多问题的解决不是靠主动，采纳消极被动的姿态就可以使其发展。[20] 比如，在人民面前，皇帝不需要做太多事情，有时候无为反而比有

---

20 《淮南子·主术训》："人主之术，处无为之事，而行不言之教。清静而不动，一度而不摇，因循而任下，责成而不劳。"

为更加能够促进社会的自然发展。书中甚至认为，皇帝的扰民行为是社会动乱的原因。

相比文字的优美和简练，以及文学价值，董仲舒的书连与《淮南子》相提并论的资格都没有。从这个意义上说，《淮南子》是汉朝道家思想以及学术综合的代表性著作。西汉哲学经过了汉初数十年的沉淀，最终汇成了这本书。

但遗憾的是，《淮南子》出现时，汉朝的学术自由已经接近尾声，由于道家无法解决皇帝的身份问题，反而继续制造危机，质疑皇帝的权威，导致这本代表汉朝哲学高峰的著作遭受了曲折的命运。

刘安本人受汉武帝的削藩策略影响，为了自保，参与谋反，最终事败身死。他的死亡也表明汉朝最后一批通才退出了历史舞台。与刘安一样不受待见的还有《史记》的作者司马迁。司马迁的思想以道家为主，主张无为，重视经济和商业，成了当时的异数。[21] 他的思想可以留在伟大的《史记》当中，却无法影响皇帝的政策和当时的思想环境。

汉武帝时期，是中国历史上的第一次集权高峰。在他之前，汉朝的历任皇帝都小心翼翼，避免给社会造成新矛盾而导致政权的垮台。到了汉武帝时期，政权已经稳固，不会在短期内被推翻，同时，汉武帝从小就被灌输一种观念——他是真命天子。

在汉武帝雄心勃勃的行动中，他不仅把更加强调皇帝作用、更加有为的儒教作为指导思想，还在军事上展开了一系列的对外战争。在严

21　司马迁的经济思想主要反映在《史记·平准书》中，这种经济思想超越了时代，即便在今天看来仍然不过时。

助和朱买臣分别对南越和闽粤发动的战争中,他们招收了许多东瓯地区(现浙江)的士兵,又从江淮一带获得物资供应,造成了这些地方的萧条。唐蒙和司马相如从巴蜀向云贵开辟道路,让巴蜀的老百姓疲惫不堪。彭吾出兵朝鲜,让现北京、山东一带的老百姓承受了过重的负担。

随后,汉武帝发起了和匈奴的一系列战争,这些战争终于把西汉前期积累的巨大财富耗空了。

为了增加财政收入,汉武帝又加强了经济控制,建立了一系列的官营制度,当时中国最重要的经济部门是盐业和冶铁业,汉武帝垄断了这些部门,宣布只能官营,这使得西汉经济的高峰也结束了。另外,汉武帝加强了金融控制,垄断了货币发行权,民间金融成为过去。[22]

为了完成这些社会控制措施,汉武帝不得不借助大量的酷吏帮他干活,从此破坏了汉朝的官僚规则。[23]

最终的结果是,道家提倡的小政府思想到汉武帝时期,就在中国消失了。取而代之的是儒教提倡的大政府,认定民间无法自由发展,只有在皇帝的管理下,才能正常运转。儒教的大政府控制了中国两千年的思想,直到清朝末期,人们还普遍认为人是需要管理的,而管理权属于官家。这一点,可以视为董仲舒的"教化"最成功的表现。

22　关于汉武帝财政改革的情况,参见本书作者的另一本书《财政密码》。
23　参考《史记·酷吏列传》,汉朝酷吏一半以上产生于汉武帝时期。

第三章　汉朝圈养的知识圈[1]

儒教对中国政治的改造主要在于教育：皇帝一方面设立了五经博士，将其他学派排斥在外；另一方面设立了只传授儒教知识的官方教育机构。垄断教育的结果是，人们从此只能接触儒教学说，其他学问流派衰亡。

汉武帝树立儒教为正统思想，是为了利用它来维持统治。但汉武帝之后，作为最高官员的丞相职位被儒教知识分子垄断，这就不是皇帝控制儒教，而是儒教裹挟皇帝了。

汉武帝时期的酷吏张汤学会了用儒经（特别是《公羊传》）来指导审判。对法律的侵蚀让儒教成了社会的基础。

随着儒教对教育系统的控制，学术门阀出现了。大量的儒生只会背诵老师的只言片语，不同学派之间为了争夺对政权的控制，也展开了激烈的斗争，汉朝政治进入一个书呆子横行的时期。

儒教对社会的破坏作用，还反映在对谶纬、灾异和祥瑞的态度上。

---

[1] 本章涉及的时间范围是公元前87—公元23年。

汉朝的人们相信"天人合一",认为老天爷会通过一定的灾异或者祥瑞来彰显自己的意志,或者通过书籍上一些模棱两可的文字预示未来,汉朝成了荒诞不经的预言的大本营。

我们在翻看历史时会发现,汉昭帝和汉宣帝时期的几个令人哑然失笑的书呆子的事迹。这些书呆子身居高位,却缺乏实务经验,满脑子经书和圣人,闹出了不少笑话。

第一位书呆子是汉昭帝时期的学者眭弘。据《汉书·眭两夏侯京翼李传》记载,此人年轻时是个浪荡子弟,斗鸡走马,后来学了一点儿《公羊传》,因为通晓一经而当上议郎,后来调升符节令。

眭弘的一生不足道也,他之所以被历史记住,只是因为一件让他丢了性命的事情。眭弘生活于汉昭帝时期,此时人们已经普遍相信董仲舒的"天人合一",以及《公羊传》里提倡的"微言大义"。从此,老天爷对人类突然关心起来,各地都纷纷出现了各种各样的灾异。在泰山就出现了一个无法解释的灾异现象。

时值汉昭帝元凤三年(公元前78年)正月,在泰山和莱芜山南面突然出现了巨大的声响,如同数千人在吵嚷,当地人看到有大石头自己立了起来,高一丈五尺,有四十八围,入地深八尺,底部有三块石头为足。石头立起后,有数千只白乌鸦围绕在石头旁。在昌邑还有一段枯社木复活了。在长安的上林苑中,也有一棵大柳树出现了异常,本来这棵柳树已经断掉卧倒在地上枯萎了,这一天突然间自己立了起来,复活了。柳树上还有虫子吃树叶,形成了几个字:"公孙病已立"。

这些复杂的灾异现象已经很难查证。所谓大石头自立,可能是陨石,也可能是地震导致的山上落石；至于树木死而复生，可能是所谓的树木"假死"现象。但更大的可能性是当时人们相信灾异说，将一般现象夸大了，以讹传讹造成的。

当这些事件传到眭弘耳中，由于他学过最高深的学问——《公羊传》，立刻意识到这些事情的重要性。他根据《春秋》精神分析道：石头和柳树都是阴类，是下民的象征（根据董仲舒的理论，阴阳之中，阴代表了恶、坏、下等）；泰山是岱宗，是五岳中最高的山，每次改朝换代，皇帝都要到这里来祭祀（同样出自董仲舒的祭祀理论）；大石头自立、死了的柳树复活，这不是人力所为，而是改朝换代的迹象，表明有个下等人要做天子了。

眭弘立刻找到当内官长的朋友，让朋友把他的意见上报皇帝，他的意见是：先师董仲舒认为，如果圣人要降生，现在的皇帝就必须让位，皇帝应当找到这个贤人，把帝位禅让给他来顺应天命。

由于当时汉昭帝还小，这封信送到了掌权的大将军霍光手中。霍光一看，竟然有人正经八百地要终结汉家天下，大怒之下，将上书的眭弘和他的朋友全部问斩。

掉书袋的眭弘丢掉了性命，却因为这件事被记入史册，可谓啼笑皆非。

眭弘并不是孤例。汉武帝之后的西汉，是中国书呆子最多且最猖獗的时期。他们手里拿一本《公羊传》，再配备一两本谶纬书，就可以四处寻找灾异和祥瑞了。不管出了什么事，他们都会先在书里查找一番，看有没有现成的解释，如果没有，就在字里行间寻找蛛丝马迹，自信地做出风马牛不相及的解释。

他们一辈子的运道就来自书中那些晦涩的语言，吃饭穿衣、娶妻生子都靠它，因此对书本深信不疑，闹出不少笑话。

比眭弘稍后的是大臣盖宽饶。据《汉书·盖诸葛刘郑孙毋将何传》记载，在汉宣帝时期，由于儒术过盛，人人高谈阔论却没有人做实务，汉宣帝试图加入一定的法家色彩来治理国家。由于皇宫外的人们都抠书本看"天人合一"去了，没有人干活儿，汉宣帝只好选择宦官来负责具体事务。

汉宣帝的做法受到盖宽饶的阻挠，他明着批评汉宣帝重用宦官，暗里怨恨汉宣帝采取法治而不是儒治。他说：当今圣道已经被废弛，儒术不行，竟然把宦官这样的刑余之人当作周公和召公使用，以法律来代替《诗经》《尚书》治理国家，这怎么能行！他引用儒教经典《韩氏易传》说：五帝时候是官天下，"三王"（夏、商、周）时代才变成家天下；家天下是传给子孙的，官天下是传给贤人的；就像春、夏、秋、冬四季更迭，皇帝功成之后就退居幕后，没有那把刷子，就不要身居高位；陛下应该学习五帝，赶快寻找贤人让位给他。

一听说盖宽饶让自己退位让贤，汉宣帝立刻大怒，盖宽饶不得不自杀，才了结了这场争论。

汉武帝怎么也想不到，自己当年"罢黜百家，独尊儒术"，给政权提供了合法性，但独尊儒术之后培养出来的大量书呆子却成了精。他们对于实际的政治运作一无所知，以公孙弘为榜样一门心思往上爬。爬到高位后，他们的无知和迂腐就开始腐蚀政权基础。

西汉中后期，也是官方大批圈养"知识分子"的时期，这些"知识分子"以五经为武装，"天人合一""天降灾异"是他们的主要依据，一个个都以为窥得了天机，占据了西汉中后期的政治舞台。他们拉帮结派，排斥异己,形成了复杂的关系网。

由于不准研究儒教之外的其他学问,善于斗争的他们在儒教内部分立了许多派别,构成了多家学术门阀。不同学术门阀的弟子们互相诋毁,又各自吹捧,还共同防止儒教的官方资源被局外人抢夺。西汉中后期,不管是经济,还是学术、科学,之所以无法再取得进步,就和这些学术门阀控制了官员的晋升渠道有关。

博士、太学和门阀

汉武帝元朔五年(公元前124年),刚刚担任丞相的公孙弘上奏,要求建立官方的教学机构——太学。[2]

---

[2] 《汉书·儒林传》记载的奏章全文如下:"丞相、御史言:制曰'盖闻导民以礼,风之以乐。婚姻者,居室之大伦也。今礼废乐崩,朕甚愍焉,故详延天下方闻之士,咸登诸朝。其令礼官劝学,讲议洽闻,举遗兴礼,以为天下先。太常议,予博士弟子,崇乡里之化,以厉贤材焉。'谨与太常臧、博士平等议,曰:闻三代之道,乡里有教,夏曰校,殷曰庠,周曰序。其劝善也,显之朝廷;其惩恶也,加之刑罚。故教化之行也,建首善自京师始,由内及外。今陛下昭至德,开大明,配天地,本人伦,劝学兴礼,崇化厉贤,以风四方,太平之原也。古者政教未洽,不备其礼,请因旧官而兴焉。为博士官置弟子五十人,复其身。太常择民年十八以上仪状端正者,补博士弟子。郡国县官有好文学,敬长上,肃政教,顺乡里,出入不悖,所闻,令相长丞上属所二千石。二千石谨察可者,常与计偕,诣太常,得受业如弟子。一岁皆辄课,能通一艺以上,补文学掌故缺;其高第可以为郎中,太常籍奏。即有秀才异等,辄以名闻。其不事学若下材,及不能通一艺,辄罢之,而请诸能称者。谨案诏书律令下者,明天人分际,通古今之谊,文章尔雅,训辞深厚,恩施甚美。小吏浅闻,弗能究宣,亡以明布谕下。以治礼掌故以文学礼义为官,迁留滞。请选择其秩比二百石以上及吏百石通一艺以上补左右内史、太行卒史,比百石以下补郡太守卒史,皆各二人,边郡一人。先用诵多者,不足,择掌故以补中二千石属,文学掌故补郡属,备员。请著功令。它如律令。"

公孙弘认为，为了提高人们的教化水平，惩恶扬善，必须将读书与人们的官运结合起来，有意识地去培养民间聪明的孩子读书，等他们学成之后，再将他们提拔到官僚岗位上，这样才能保证国家的长治久安。

他的提议开创了中国中央集权王朝的教育先河，也将儒教成功地输入社会的骨髓。在汉初，官员大都是跟随皇帝打天下的人以及功臣的后代，还有一部分来自皇帝和诸侯们的宠臣。这时，政府与民间缺乏必要的通道，无法让民间的优秀分子进入政府。时间长了，就会产生政府的圈子化和阶层固化，与民间分离，引起巨大的民怨。公孙弘提议开办官方学校，培养人才，的确是解决阶层固化的好办法。而且，他的方法也是控制社会思想的好方法，只要控制学者们的教学内容，就可以控制读书人的思想。读书人当官之后，就会将他所学的东西再灌输给全社会。而民间一旦知道学什么才能当官后，就会对其他的内容降低兴趣，整个社会也就会进入思想格式化的状态。

在公孙弘之前，汉武帝初期，就已经有人不断地提醒汉武帝，只有把儒教人才和政权打通，才能让儒教规范所有人的头脑。

据《史记·儒林列传》记载，汉武帝刚当上皇帝那一年，思想偏向儒家的丞相卫绾举荐贤良时，向皇帝提议不考虑法家、纵横家等，间接"罢黜百家"。当时信奉黄老之术的窦太后还没有死，不久找个错便把卫绾免职了。

但儒教势力正在逐渐掌控局势。窦太后死前一年，即汉武帝建元五年（公元前136年），儒家的支持者就已经在朝廷设立了五经博士。

博士并非汉朝才有，秦朝就曾经设立了数十个博士。所谓博士，就是掌通古今，为皇帝提出参考意见的人才，相当于现代人说的智囊。博士的职位不高，到汉宣帝时也只是俸禄六百石的小官。这个职位起初是专门为读书人而设的，汉初则把这个职位保留下来。在秦朝和汉初，博士对一切哲学学派开放，并没有门户之见。

汉文帝和汉景帝时期，《尚书》《春秋》《诗经》已经有了博士。不过，当时人们看重这些书籍的原因并不是因为它们属于儒家经典，而是把它们当作历史和文学作品。《尚书》和《春秋》中保留了不少历史资料，在缺乏书籍的汉初，皇帝自然要对它们表现出尊重，而《诗经》是文学作品，同时也是历史资料，其中的每一首诗歌都有一定的背景，反映了古人的所思所想、所爱所恨。

到了汉武帝时期，《礼》和《易经》也设立了博士，到此刻，儒家的五经都已经有了博士。董仲舒创立儒教时期，劝说汉武帝将其他学派的博士废除，就形成了五经博士统揽天下的局面。

所谓五经博士，并不是一个人要通晓五本经典，而是每个人只要能背诵一本就足够了。一个人即便能够通晓五经，也不会受到欢迎，因为这等于抢了别家博士的饭碗，让人难堪。五经博士每一家都认为自己的学问是独一无二的，别家不可比拟，不愿意让别人来掺和。

汉武帝时期，一共设了七个博士，《春秋》《易经》《礼》《尚书》都有一个博士，而《诗经》有三个博士。《诗经》有三个博士是有历史原因的。如前所述，在汉初，有四个人躲过了秦朝的迫害，他们精通《诗经》，分别是鲁人申培、毛亨，齐人辕固和燕人韩婴。他们各自对《诗经》的解释有所不同，又固执己见。他们各自将学问传给自己的弟子，弟子再传弟子，就有了所谓的门派之争，形成了四个门派：鲁诗、齐诗、韩诗和毛诗（毛诗由鲁人毛亨开创，由赵人毛苌传播）。

汉朝设立《诗经》博士时，先是汉文帝设鲁诗、韩诗博士，后来汉景帝时增设齐诗博士，后文提到东汉今、古文经之争时，作为古文经的毛诗地位上升。无论是哪一经，每一家的博士都只在门派内部流传，外人不得觊觎，而在学习时，学生只能死记硬背老师的知识，不得质疑，不得发挥，以免受到其他门派观点的影响而被"策反"。

这就是汉朝儒学门派之争的起点，各个门派互不相让，互相攻击。

门派之争在公孙弘提议建立太学之时变得激化了。公孙弘建立太学的目的是为政府提供儒教知识分子，并将儒教变成社会思维的根基。

他的具体建议是这样的：每年各个地方官都要去自己的辖区查找十八岁以上的青年，看有没有适合读书的，一旦发现了，就上报郡守，再由郡守上报中央负责礼仪的官员太常，太常则负责考察都城附近的青年，与地方上的人才汇集在一起，从中选择五十人送入太学。这五十人将分配给五经博士做弟子。在做五经弟子期间，这些青年都被免除徭役和赋税。一年后经过考核，合格的人就可以被授予中央低级小官，并逐渐递升，不合格的人就被淘汰回家。另外，官员的递升也要考查其文化水平，水平高的人才能高升。

通过这种方式，经过几十年，那些非儒老官僚纷纷离开人世，朝廷就会被儒教子弟们占据，他们担负着保卫皇权的重任。

不出公孙弘所料，他的提议迅速起到作用。提议的成功反映在汉朝太学的扩张上。汉武帝之后，太学里的学生名额大大增加，汉昭帝时增加到百人，汉宣帝末期又增加到两百人。汉元帝因为喜好儒教，规定地方上能够通晓一本经书的人，都不用服劳役，一时间，人人都争着读书。

几年后，由于减免成本太大，只好下令废止这个政策。但是，此时太学的规模已扩大到千人，在各个郡国也设置了五经卒史，俸禄是一百石，负责传播儒教知识。汉成帝末年，太学规模扩大到三千人。但这个规模只维持了一年多，就因为养不起，缩回到一千人。[3]即便按照一千人计算，比起汉武帝时期太学的人数也已经膨胀了十九倍。

这些太学学生中有很大一部分人会成为官员，所以，汉朝的朝廷里就充斥着能够背诵儒家著作的人才，整个社会被儒教化了。

几十年后，随便拉出一个汉朝人询问宇宙的真理是什么，他都会给你讲述，"宇宙的真理是天人合一，皇帝是老天爷的儿子，宇宙是阴阳五行的变化"，这一切就和现代人谈论牛顿、爱因斯坦一样自然。

对于大部分现代人来说，牛顿、爱因斯坦之所以是真理的代表，不是现代人思考和理解的结果，而是被灌输的结果。汉朝人受到如此大规模的灌输，当思维已经天人合一化的时候，就再也逃不出这个框架了。《公羊传》和《春秋繁露》俨然已经成了西汉的金科玉律。

随着太学机构的扩大以及中央官僚儒教化，五经博士们的门派之争也日益激烈。任何一个微小的变化，背后都对应着巨大的利益。一旦一个门派的掌门人成了五经博士，就由政府来帮助他招学生、养学生，并

---

[3] 《汉书·儒林传》："昭帝时举贤良文学，增博士弟子员满百人，宣帝末增倍之。元帝好儒，能通一经者皆复。数年，以用度不足，更为设员千人，郡国置五经百石卒史。成帝末，或言孔子布衣养徒三千人，今天子太学弟子少，于是增弟子员三千人。岁余，复如故。平帝时王莽秉政，增元士之子得受业如弟子，勿以为员，岁课甲科四十人为郎中，乙科二十人为太子舍人，丙科四十人补文学掌故云。"

让他的学生当官，他已经不再是一个教师，而是一个学术门阀。

在《汉书·儒林传》中，列举了五经博士内部各个学术门阀的变迁情况。

首先是《易经》，一个博士变成了三个博士。

汉朝的《易经》最早出自鲁国的商瞿（字子木），他直接受教于孔子，接下来的传承人是鲁国的桥庇（字子庸）、江东（吴地）的馯臂（字子弓）、燕国的周丑（字子家）、东武的孙虞（字子乘）、齐国的田何（字子装）。

田何时期，就是秦朝焚书坑儒之时。但《易经》是筮卜之书，没有被禁。汉朝时，田何从齐国迁徙到关中地区的杜陵，他的学问继续传授开去。徒子徒孙有东武的王同（字子中）、洛阳的周王孙、丁宽、齐服生，加上淄川的杨何（字叔元）、广川的孟但、鲁地的周霸、莒地的衡胡、临淄的主父偃等人。

其中杨何、孟但、周霸、衡胡、主父偃等人都担任过高官。于是，田何的徒子徒孙们遍布于汉朝廷。

丁宽的学孙中又有三个人，即施雠、孟喜、梁丘贺，这三个人又各立门派，将《易经》分裂成三派。到了汉宣帝时期，这三派之间的分歧越来越大，汉宣帝只好将三派分开，各立了一个博士，于是，如同《诗经》立了三个博士一样，《易经》也有三个。

另外，《易经》三个博士内部也是门派林立，从施《易经》中又分裂出了张（禹）《易经》和彭（宣）《易经》，从孟《易经》中又分裂出了翟（牧）《易经》、白（光）《易经》和京（房）《易经》，从梁丘《易经》中又分裂出了士孙（张）《易经》、邓（彭祖）《易经》、衡（咸）《易经》。由于皇帝没有再新设《易经》的博士，这些小的门派只好共用博士。

《易经》博士一分为三,《尚书》博士也分裂了。

汉朝的《尚书》出自伏生,伏生曾经是秦朝博士,后来在焚书时偷藏了一卷《尚书》,等发掘出来后只剩下残卷。伏生有两个著名的弟子:济南的张生和欧阳生。

在汉武帝立五经博士时,欧阳生的曾孙欧阳高成了《尚书》博士。

《尚书》学派的分裂,源自张生的徒子徒孙。张生有个弟子叫夏侯都尉,夏侯都尉选择传给家族的侄子夏侯始昌,夏侯始昌传给了夏侯胜,夏侯胜又传给哥哥的儿子夏侯建。其中夏侯胜和夏侯建各自写了《尚书》的专著,形成两派,被称为"大、小夏侯",和欧阳生的一派,形成了《尚书》的三派。[4] 到最后,汉宣帝再次扮演和稀泥的角色,为《尚书》设立三个博士,分别由欧阳以及大、小夏侯三派的传承人担任博士。

除了《诗经》《易经》《尚书》各有三个博士之外,《春秋》也立了一个新的博士,原本只有《公羊传》一家,现在加了一家《穀梁传》,关于这个博士,我们将在后面介绍。

没有增加博士的,只有《礼经》。这样,到汉宣帝时期,五经博士已经有十二个,而学生人数增加到两百人,一套以儒教为中心的教学和传承体系建立起来了。

任何一个博士的设立,都意味着残酷的斗争,但在表面上,所有的人又必须维持儒教要求的君子风度。从汉武帝设立五经博士开始,到太学体系的完成,汉朝人的思想迅速被以《公羊传》和《春秋繁露》为代表的集权理论所禁锢,又由十二家学术门阀形成了组织上的垄断。到此

---

[4] 小夏侯又分成了五派,分别是李(寻)、郑(宽中)、张(无故)、秦(恭)、假(仓)。

时，西汉的政治神学就接近完成了。

政治化的儒教

据《汉书·张周赵任申屠传》记载，汉武帝时期，一位叫作张汤的酷吏突然宣布要用儒家经典来进行审判。

由于皇帝加强了集权，文景时期的宽松政治此时突然收紧，大臣和人民都不适应皇帝的扩权，汉武帝只好招纳大批酷吏来为自己所用。皇帝就绕过正规的官僚系统，建立起围绕皇帝的"委员会"，依靠酷吏的严苛将法律推行下去。

张汤小时候，因为老鼠偷了家里的肉，就用烟熏土掘，将老鼠抓住，然后写了控诉老鼠的法律文书，再把老鼠四肢绑住进行审判，最后将老鼠活剥。他的父亲当时官至长安丞，看到儿子的天赋，立刻决定要他学习法律，从此张汤步步高升，终于成了皇帝的得力干将。

张汤最有名的决狱之一，是所谓的"腹诽之罪"，据《史记·平准书》记载，这件事发生在汉武帝的货币改革时期。由于皇帝打仗用钱过度，导致财政缺钱，张汤乘机劝说汉武帝杀几头白鹿，将白鹿皮割成块当作货币使用，号称皮币。一方尺的白鹿皮边装饰上紫色的花纹，可以充当四十万钱，也就是四十斤黄金。使用皮币的主要是大臣和诸侯，因为他们有钱，汉武帝就强制性地要求他们在贡献祭祀用的玉璧时，必须用皮币垫着。另外，还有用银锡合金做成白金块，最重的号称白选，值三千钱，这一种主要供民间使用。

这两种货币的价值很低，面值却很高，等于是抢劫。不管是诸侯大臣,还是民间百姓,都拒绝使用,还造了很多假货。于是张汤乘机推行严刑峻法——因为货币问题被杀的就有几十万人。

张汤的货币改革引起了群臣的不满,其中就有掌管中央财政的大司农颜异。颜异向皇帝表示:诸侯朝天子使用的玉璧才值几千钱,而现在规定玉璧必须垫上皮币,这个皮币的价值却值四十万钱,这不是本末倒置吗?

汉武帝听了不高兴,但这个事情属于朝议,不好定罪。他就派张汤寻找颜异的其他毛病。这时,有人在和颜异私下相处时,说皇帝政策的坏话,颜异没有表态,只是翻了翻嘴唇。这件事被张汤知道了,立刻上奏,说颜异对政策不满,不公开告诉皇帝,反而在私下表达不满。颜异并没有说话,怎么算表达不满呢?张汤认为,颜异虽然没有说话,但心里实际上是赞同朋友的,肚子里瞎嘀咕,是"腹诽之罪"。颜异最终被杀。

以腹诽就可以定罪的张汤本来是只看皇帝意图的酷吏,他突然之间转向,要用儒家经典做审判,不由得让人大跌眼镜。这又是怎么回事呢?

原来,公孙弘的飞黄腾达让张汤看到了皇帝对儒家的推崇,他也想沾一下光。他召集了一批学习《尚书》和《公羊传》的学者,把他们编入司法系统,成为司法的生力军。

这些学者对于法律本来一窍不通,只懂得两本经书。在审判时,不是依据法律,而是首先求助于《春秋》,从中寻找"微言大义"来进行判决。

汉朝的法律原本沿袭自秦朝,属于商鞅制定的世俗法。秦朝法律虽然苛刻,却是以法典和判例的形式来决定人们是否有罪。汉高祖灭秦入关后,废除了秦朝苛刻的法条,专门制定了"约法三章"来规范社会秩序，"约法三章"非常简洁，只要求"杀人者死、伤人及盗抵罪"。但随着汉朝的建立，社会需要更复杂的法律来规范，汉朝皇帝们再次引入秦法，但减轻了秦法的严苛程度，保留了世俗化和法典化的倾向。

但到了汉武帝时期，世俗法终于遭到破坏。首先产生破坏的是吏治的败坏和审判的随心所欲，其次则是公孙弘和张汤等人引入的宗法制度。

与世俗法清晰的司法条文比起来，《春秋》充满了模糊性，这就给了皇帝巨大的便利。张汤在决狱时，常常会先请示皇帝的意思，根据皇帝的喜好再查找经书，制定新的判例。这就使得《春秋》可以直接影响人们的生活。

当经书被作为法律使用时，宗教就正式形成了，并深深地影响人们的生活。《春秋》被引入作为审判的依据后，接下来被引入的是其他经书，对后世影响最大的是《礼记》。西周实行的是宗法制度，国家以宗族的方式构建，而人们的关系也靠宗族来调节。以后见之明来看，秦朝废除周代的宗法制度，专门引入世俗法典，将中国社会带出了宗法统治的氛围。到了汉武帝之后，随着儒教的形成和五经的法律化，秦朝的成果被彻底毁灭，中国的法律初步儒教化了。

除了酷吏用儒教对法律进行改造，将客观的司法条款变成主观的"春秋决狱"之外，汉朝的官僚体系也在逐渐地儒教化。汉武帝在中央开设了太学，而各地也纷纷设立地方教育系统。中央级官员大都由太学系统输入，而地方吏员则由地方教育系统提供。

到了汉昭帝和汉宣帝时期，信奉儒教的知识分子终于控制了中央政府，完成了儒教的"政教合一"。

以丞相这个群体为例。西汉丞相从萧何到平晏，一共四十五人[5]，前期的丞相大都出自汉初的功臣。除了黄老时期之外，从汉武帝任命卫绾开始，一共还有三十三人担任丞相。这三十三人鲜明地分为两类，汉武帝统治时期到汉昭帝初期，从卫绾到杨敞的十五位丞相中，除了在汉武帝早期有几位儒家人士，比如卫绾、窦婴、田蚡，以及对开展集权教育最得力的公孙弘，其余丞相都不是根据学问而升到丞相之位的，史书也没有记载他们的学派倾向。

之所以这样，是因为汉武帝虽然"罢黜百家，独尊儒术"，但他本人对于儒教却仅是利用，并没有崇敬之心，所以在选择官员时，最主要的条件是听话，而不是学问。此时，太学系统提供的官员大都还处于低级，没有晋升到高级官僚体系。至于卫绾，他的思想只是倾向于儒家，并不见得有太高的学术修养。窦婴和田蚡都是因为外戚身份而升职的，与是不是儒家也没有什么关系。只有公孙弘是一个例外，他本人心术颇多，在皇帝面前不说二话，但会偷偷地为儒教找能钻的空子。

公孙弘之后的丞相们都很听话，也没有什么政绩，权力从丞相向皇帝以及皇帝的亲信大司马集中。

然而，汉武帝的儒家教育系统却在他死后硕果累累，到了汉宣帝时期，儒教学问几乎已经成了升官的必要条件。汉武帝之前，官员们选择面较窄，大都是功臣、外戚和官二代；但汉武帝之后，官员们依靠教育体系得以升职，这说明汉朝的太学体系是管用的。但同时也说明，儒教终于垄断了人们的头脑，社会不可能跳出儒教圈了。

---

[5] 汉平帝元寿二年（公元前1年），丞相职位改称大司徒，本次统计也将大司徒计算在内。

杨敞的下一任是蔡义,他是第一个有明确记载的由汉朝儒教教育培养的丞相,蔡义和他以后的十八个丞相中,王商是通过外戚系统而升职的,薛宣和朱博在法律系统内升职,除此之外,其余的人要么是儒教教育体系的产物,要么因为法律系统而升职,但最后还得重新学习儒教理论,镀一层金好获得更高的职位。在这些丞相中,有的还是当时举世闻名的大儒,比如韦贤、匡衡、张禹、翟方进和孔光等人。

丞相职位被儒教把持,意味着汉朝彻底转变成为一个儒教国家。

表2 汉丞相统计[6]

姓　　名	担任丞相的时间	是否儒教学者
萧何、曹参、王陵、陈平、审食其、周勃、灌婴、张苍、申屠嘉、陶青、周亚夫、刘舍	前206—前143年	不是
卫绾	前143—前140年	倾向
窦婴	前140—前139年	是
许昌	前139—前135年	不明
田蚡	前135—前131年	是
薛泽	前131—前124年	不明
公孙弘	前124—前121年	是
李蔡、严青翟、赵周、石庆、公孙贺、刘屈氂、田千秋、王䜣、杨敞	前121—前74年	不明
蔡义	前74—前71年	是
韦贤	前71—前67年	大儒
魏相、丙吉、黄霸、于定国、韦玄成	前67—前36年	是

6　材料来自《汉书·百官公卿表》。

（续表）

姓　名	担任丞相的时间	是否儒教学者
匡衡	前 36—前 30 年	大儒
王商	前 30—前 25 年	不明
张禹	前 25—前 20 年	大儒
薛宣	前 20—前 15 年	不明
翟方进	前 15—前 7 年	大儒
孔光	前 7—前 5 年，前 2—前 1 年	大儒
朱博	前 5 年	不明
平当、王嘉	前 5—前 2 年	是
马宫、平晏	前 1—公元 8 年	是

谶纬的世界

人们很难理解，踢开终结西汉政权第一步的，竟然是一只白野鸡（白雉）。

据《汉书·王莽传》记载，汉平帝元始元年（公元 1 年），四川突然送来了一只白雉，这只白雉先被送到益州的地方官手上，再由益州的地方官千里迢迢地送到长安。当白雉被送到王莽手中时，他立刻将其呈给太后，要求太后将白雉送到太庙中祭祀。

白雉的出现让大臣们兴奋不已，他们上奏请求册封王莽，把他提高到与萧何和霍光这两位汉朝最突出的名臣相同的地位上。太后王政君（也是王莽的姑妈）收到请求，为了撇清关系，连忙请群臣澄清：你们要求任命王莽，是出自真心，还是因为王莽是太后的亲戚？

群臣听了王太后的话，诚惶诚恐，为了更加表示忠心，立刻再次加码，将王莽比作和周公齐名的人，并乘机要求给王莽加封号安汉公。[7]

这一次，王太后终于同意了。

然而王莽拒绝给自己加封，他表示功劳是大家的，不是自己的，他要求给他的四个党羽孔光、王舜、甄丰和甄邯加封，认为他们才够资格。

甄邯听说王莽推荐自己，立刻跳出来推举王莽。

王莽再次推辞。太后前后三次试图召见王莽，给他加封，他都以生病为借口，拒绝前往宫廷。最后，群臣没有办法，只好请求太后先给王莽推荐的四人加封，再授予王莽安汉公的封号。

四人得到加封之后，王莽却继续推辞。此时，群臣再次扮演了重要的角色，他们又提出请求，请太后考虑百官和庶民的普遍愿望，不要让他们失望。这时，太后勉为其难地发出了诏书，加封王莽为安汉公。

但即便这样，事情还没有结束。王莽虽然接受了诏书和封号，却推辞了封地和世袭权，表示等百姓都富足了再接受。

双方的推辞又持续了一轮，直到太后答应给汉朝的诸侯功臣的子孙都加赏，王莽才完全接受安汉公的职位。成为安汉公就是王莽代汉的第一步。

王莽的推辞当然只是一种表演而已。现代人很难理解，为什么一只白雉能够产生如此大的效果，让汉朝的群臣跟着疯狂表演呢？

这要从汉朝的符命说起。汉朝是中国历代集权王朝中最相信鬼神和天命的朝代。由于董仲舒相信"天人合一"，并把它作为儒教的核心观点，

---

7 《汉书·王莽传》："圣王之法，臣有大功则生有美号，故周公及身而托号于周。莽有定国安汉家之大功，宜赐号曰安汉公，益户，畴爵邑，上应古制，下准行事，以顺天心。"

对于老天爷的信仰就成了汉朝人共同的心声。

汉朝的老天爷不仅指定了谁做皇帝,还不时地降下祥瑞来告诉人民,他喜欢现在的政策,或者降下灾异,表明他憎恶现在的社会。汉朝人看见闪电,除了按照正常的反应,意识到要下雨之外,还会想到:首先,皇帝也许做错了什么事;其次,地方官或许做错了什么事;最后,自己也许做错了什么事。至于选择哪一样,就要根据个人的心理了。

什么是祥瑞?在汉朝也是有规定的。东汉时期大学问家班固就列举了一系列的动物祥瑞[8]:当皇帝(大臣,或者社会)的品德影响了鸟兽界时,就会出现凤凰、鸾鸟、麒麟和白虎等祥瑞,或者看到九尾狐,也可能会看到白雉、白鹿和其他白鸟。

正因为祥瑞在汉朝人的心目中占据了很高的地位,王莽才会偷偷地让人们进献白雉。而群臣也心领神会,他们请求册封王莽,就是因为:在周成王时期,也有白雉出现,那时候的白雉是因为周公现身,从这一点进行推断,王莽是和周公一样伟大的人物,也必将能够稳定汉朝的江山。[9]

---

[8] 《白虎通德论·封禅》:"天下太平,符瑞所以来至者,以为王者承统理,调和阴阳,阴阳和,万物序,休气充塞,故符瑞并臻,皆应德而至。德至天则斗极明,日月光,甘露降;德至地则嘉禾生,莫荚起,秬鬯出,太平感;德至文表则景星见,五纬顺轨;德至草木朱草生,木连理;德至鸟兽则凤皇翔,鸾鸟舞,麒麟臻,白虎到,狐九尾,白雉降,白鹿见,白鸟下;德至山陵则景云出,芝实茂,陵出异丹,阜出莲莆,山出器车,泽出神鼎;德至渊泉则黄龙见,醴泉通,河出龙图,洛出龟书,江出大贝,海出明珠;德至八方则祥风至,佳气时喜,钟律调,音度施,四夷化,越裳贡。"

[9] 《汉书·王莽传》:"汉危无嗣,而公定之;四辅之职,三公之任,而公干之;群僚众位,而公宰之;功德茂著,宗庙以安,盖白雉之瑞,周成象焉。故赐嘉号曰安汉公,辅翼于帝,期于致平,毋违朕意。"

在儒教的神化体系中，老天爷与人间沟通的方式主要有表示满意的"祥瑞"、表示惩罚的"灾异"、表示命运的"符命"和表示预言的"谶纬"。

王莽除了利用祥瑞之外，还善于利用符命。比如，汉平帝元始五年（公元5年），有人在挖井的时候得到一块白石头，上圆下方，上面写着红字"告安汉公莽为皇帝"，这就是典型的符命。这次事件导致了王莽代汉的第二步：他当上了"摄皇帝"，也就是帮助年幼的孺子婴行使皇帝的职责。

到了居摄三年（公元8年），老天爷再次降下一大堆祥瑞和符命。齐郡有人梦见老天爷的使者告诉他：摄皇帝就要成真皇帝了，不信，等你醒了，就会发现亭子里多了一口新井。当他醒了，果然看见了一口深达百尺的新井（估计是出现了地表塌陷）。而在巴郡和扶风，则分别出现了石牛和带字的石头，送到长安，王莽去看的时候，突然出现了铜符和帛画的图，上面写着"天告帝符，献者封侯"。

一个叫哀章的人则制作了一个铜匮，里面装了两本书，一本是《天帝行玺金匮图》，另一本是《赤帝行玺刘邦传予黄帝金策书》。两本书都说王莽应该当皇帝。根据董仲舒创造的五行相替理论，汉朝被认为是火德，所以称之为"赤帝"，而和平取代火德是土德，所以王莽是"黄帝"。

在如此大规模的符命轰炸下，王莽终于没有经受住考验，"不得不"当上了皇帝，改朝换代建立了短命的新朝。

其实，现代人一看就知道，所谓的符命和谶纬都是伪造的，所谓灾异和祥瑞，都只不过是人们不了解自然现象，将这些现象神化了而已。但是在汉朝，所有的知识分子都认真对待这些东西，并一本正经地把它们当作正规的学问来接受，甚至继续发明一些类似的理论，将它们变得更加复杂。

而这些现象本身，都是董仲舒将阴阳术加入儒家体系所产生的必然结果。汉朝公认的大儒们，如董仲舒、夏侯始昌、夏侯胜、京房和谷永等人，几乎都深深地相信"天人感应"，总结了许多荒诞不经的说法，并将它们加入儒教之中。

另外，从汉武帝开始，人们也突然发现，当官是一个危险的职业，即便位高权重，也不能保证自己的安全，比如在汉朝后期的丞相中，有许多人就是被皇帝胁迫自杀的。至于其他小官，更是自身难保。

到最后，为了避免自己倒霉，大臣们也纷纷制造谶纬来规劝皇帝。如果直言不讳地批评皇帝暴政，必然会被皇帝杀死，但如果借助天灾向皇帝暗示，由于人间政治出了问题，引起了老天爷的愤怒，就有可能让皇帝在不迁怒于大臣的情况下收敛一点儿。

汉武帝只是为了巩固自己的统治，编造儒教神话逼迫其他人相信，但他的子孙后代，就掉入儒教神话中无法自拔了。董仲舒的理论框架碰到汉朝的现实政治，共同创造了越来越变味的学术氛围。

在这种变味的学术氛围下，许多书籍被伪造出来，每本书都说是周公、孔子写的，内容却荒诞不经，充满了预言、暗示和神话故事，这些书籍被称为谶纬书籍。

人们伪造这些书，是因为流传下来的儒家典籍实在太少，为了表达自己的意见，必须伪造一些书来为自己的理论服务。

在这些书中，有的把孔子变成了实实在在的帝王，认为孔子是黑帝精裔，他的出现就是为了给几百年的汉朝制定规矩。[10] 还有的把刘邦神

---

[10]《春秋纬·演孔图》："孔子母徵在，游大泽之陂，睡梦黑帝使，请己往梦交。语曰：'汝乳必于空桑之中。'觉则若感。生丘于空桑。"

化成外貌异于常人的仙人。[11] 再借助孔子、刘邦等人，写自己的理论。而所谓理论，大都是附会之言，预言未来会发生什么事情，或者通过自然现象推演人间的事情。

这一类书很像现代的野史八卦，充满了荒诞不经的神话传说，但在汉朝却被认为是正经的著作，甚至可以用来指导政治。

谶纬的出现，是一种严重的倒退。在战国时期，由于政治并没有给学术研究设定范围，人们思维活跃，产生了百花齐放的诸子学说。可是，一旦给学术规定了范围，告诉人们只能在某一个领域内思考，不得越界，那么，学术就会退化。当人们不能思考更广泛的问题时，就会利用自己的思维，在有限的范围内胡编乱造，汉朝的谶纬就是这样产生的。

在思想被束缚和谶纬横行之下，汉武帝之后的汉朝学术一直停滞不前。即便是文学，除了语言铺张却言之无物的汉赋之外，也没有留下太多有价值的东西。

汉朝圈养的知识圈虽然在皇帝的饲养下活得很潇洒，却并非没有"对手"。实际上，在汉儒们围绕着原地画圈时，少数人已经发现了超越的途径，从而威胁到了这些既得利益者的饭碗。

这次超越，源于新发现的一批经文，这些经文的发现似乎证明，汉初以来人们一直沿用并且深信不疑的五经，竟然有许多错误。这个发现迟早会炸裂汉朝的学术体系，将人们从盲从之中解救出来……

---

11 《河图提刘篇》："帝刘季，日角戴胜，斗胸，龟背，龙眼，长七尺八寸，明圣而宽仁。"

第四章　谁是真经 [1]

在儒教快乐地享受着政权给予的乐趣的同时，儒教内部的不同派别也大打出手。皇帝只能在各门派之间寻找一种平衡，希望找到一种统一的、中和的哲学。

在最受皇帝重视的《春秋》学问上，除了《公羊传》这一种学说，另一派学者发现了另一种学说，被称为《穀梁传》。为了调和两派的矛盾，汉宣帝主持召开了一系列的会议，试图将两派统一起来。

汉宣帝调和儒教纷争的另一个做法是，增加博士的数量，让大家利益均沾，五经博士从七个增加到十二个。

对既得利益集团，也就是今文经集团来说，对其冲击最大的是古文经（指一批战国时期写成的文献，它们的错误更少）集团。由于秦朝焚书，许多儒家著作都已经不完整，或者有错别字，统治哲学就建立在这些带错的经文之上。随着古文经被发掘出来，一些研究古文经的学者向既得利益集团发起挑战，却被学术门阀排除在统治之外。

---

[1] 本章涉及的时间范围是公元前53—公元36年。

西汉末期，古文经学者为了分享政权而投靠了王莽，并帮助王莽设计了复古改革。随着王莽的倒台，他们成了新皇帝打压的对象。

在古文经与今文经、汉光武帝与篡位者的大战中，各方都纷纷祭起谶纬的大旗，利用各种伪造的经文来宣示自己的正统地位，汉朝哲学继续向着迷信的腐臭深渊滑去。

汉宣帝甘露三年（公元前51年），汉宣帝在石渠阁主持了一次哲学大辩论[2]。辩论并不是在两方之间依次举行的，而是以混战的形式出现。参与辩论的都是朝廷的王公大臣或者饱学之士。辩论的问题在现代人看来显得微不足道，不过，这些细碎的问题在当时是事关王朝命运的大事。

比如，当时讨论的问题之一是：兄弟数人中，长兄没有儿子，而其余弟弟总共只有一个儿子，那么，这个儿子是否应该过继给长兄？[3]

参与这项辩论的代表人物是著名《礼记》博士戴圣，他认为，按照《礼记》的大义，只要兄弟几人中有一个儿子，作为长子的大宗就不能绝嗣，所以，生了儿子的那个弟弟应该把儿子过继给哥哥，自己忍受没有儿子的悲伤。

另一个叫作通汉的官员则认为，首先不能让亲生父亲没有后代，如果一个人只有一个儿子，就要留给自己，不能过继给长兄。

汉宣帝最终采纳了戴圣的提议，决定宁肯让小宗悲伤，也不能让大宗绝嗣。

---

[2] 《汉书·宣帝纪》："（三年）诏诸儒讲五经同异，太子太傅萧望之等平奏其议，上亲称制临决焉。乃立梁丘易、大小夏侯尚书、穀梁春秋博士。"

[3] 出自《石渠礼论》，原书已佚，辑本来自清人马国翰《玉函山房辑佚书》。

除了这个问题之外，石渠阁会议上讨论的问题还包括：

上朝的服装是什么颜色？

祭祀祖先的时候，要使用一个活人为"代表"（当时称为"尸"），让祖先的灵魂依附到这个活人身上。这个"代表"可以用外姓人，还是必须使用自己的族人？

父亲死了，在服丧期内，母亲突然改嫁，做儿子的应该穿什么样的衣服？是喜服，还是丧服？

如果一个人死了，长时间没有下葬，那些替他服丧的人到底要多久才能把丧服脱掉？

汉宣帝耐心地听着大臣们激烈的辩论，最后都——定了调子，给出一个标准答案。

在基督教和佛教历史上，都有过一些激烈的教义辩论。比如，佛教在佛祖释迦牟尼死后，进行过几次大的结集。所谓结集，就是各个弟子进行辩论，争论哪些话是佛祖说过的、哪些教义是佛祖定下的、哪些是弟子们伪造的、哪些经文是伪经。经过争论之后，将佛祖的言行结成集子，作为最早的佛经。

在基督教历史上，基督教成为国教后，也多次举行过由罗马皇帝主持的会议。这些会议之所以要举行，是因为人们对基督教的教义和经文有不同的解释，在罗马皇帝的主持下，要确定哪些教义是信经、哪些是伪经。被定为伪经的教派就成了邪教，从此只能远离中心舞台。

而在中国，也有几次类似的论战活动，其中最早的就是汉宣帝分别在甘露元年（公元前53年）和甘露三年（公元前51年）主持的石渠阁系列会议。这系列会议使得中国特有的儒教与基督教、佛教一样，也出现了教义上的大纷争，各方为了垄断政权的教育资源大打出手。

然而，与西方和印度的宗教纷争不同，儒教内部的纷争虽然也造成了暂时的分裂，却并没有像东正教、天主教、阿里乌斯、聂斯脱里等教派一样，后几者直到现在仍然处于分裂当中，甚至历史上进行过你死我活的斗争，而儒教在东汉时期重归一统，共同瓜分政权利益。

那么，中国的宗教纷争是如何产生，又是如何解决的呢？

论道石渠阁

汉武帝设立五经博士后，儒教学者们逐渐垄断了皇家的上层政权，他们愉快地享受着权力带来的乐趣。然而，这种乐趣在汉武帝死后就逐渐被一种焦虑代替。

这种焦虑来自博士内部和外部两个方面。在内部，随着越来越多的弟子对经书逐字地揣摩，他们对于经书精神的分歧越来越大。特别是当经文被用来解决社会问题时，不同的解读可能会造成不同的裁决。

仍然以前面提到的"独子是否要过继给长兄"这个例子来看，礼学博士们以《礼记》为基础可以得出"需要过继"的结论，而公羊博士们以《春秋》为基础，则认为"不需要过继"。到底是遵循《礼记》，还是遵循《春秋》的教导？两派打起了嘴皮官司，只能靠皇帝强行规定。

双方之所以对这个问题争执不下，并非因为具体的问题有多重要，而是想争夺对于法律的阐释权，都想当法学权威。而真正的世俗法精神却早已被抛弃了。

五经博士对于不同的问题有不同的见解，就连每一经的学科内部也争执不断，每一句经文的解读都可能不同。特别是以提倡"微言大义"著称的《公羊传》，由于《春秋》是最重要的"法律指导书"，而《公羊传》又总是相信《春秋》里的每一句话都隐藏着无数的哑谜，需要不停地揣摩。每一个公羊学家都认为只有自己掌握了"微言大义"的精髓，而其余的人知道的都只不过是皮毛。

当被圈养的学者们为了争夺每一块肉而吵得一塌糊涂时，到底怎样才能确立唯一的权威？这个问题让王朝的学术圈陷入了分裂。

除了内部，还有来自外部的焦虑。所谓外部，不是指墨家、道家、法家，而是儒教内部其他没有被列入博士的分支。其中最著名的是《春秋》的另一个传——《穀梁传》。

《穀梁传》与《公羊传》一样，属于《春秋》"三传"之一，在最初时也是口头流传。人们传说它的源头也是孔子的弟子子夏，这一点与《公羊传》一样。很可能《公羊传》和《穀梁传》最初是《春秋》的同一种解释，但是，子夏将他的解释传给不同的弟子时，就产生了不同方向的扭曲。

子夏的弟子公羊高和他的家族位居齐地，这个家族喜欢强调"微言大义"，抠着每一个字看它背后的意义，流传到汉初，从口头落实到竹简，就形成了《公羊传》。

与此同时，子夏的另一个弟子穀梁赤并不在意每一个字背后的意义，只是想弄懂《春秋》都说了什么事，他的方向形成了另一个分支，这个分支流传到汉初，就形成了《穀梁传》。

现代符号学家安贝托·艾柯写过一本书《诠释与过度诠释》，其中提到，人们对于任何一本书，首先想到的都是弄懂它的意思，这个弄懂书的本意的过程就是诠释。可是,有的人却另辟蹊径,总是想解读原书没有的意思,甚至以这本书为幌子来发展自己的观点,这就成了过度诠释。但在现实中,往往这种过度诠释受到人们追捧,被认为是有学问的表现,而实事求是的诠释反而被看不起。

在《春秋》三传中,《左传》是诠释的最好例子,作者左丘明以丰富的史实让《春秋》从一本人们看不懂的书变成了能看懂的书。而《穀梁传》位于中间,穀梁赤的学术功底比左丘明差了很多,他的书也含混不清。《公羊传》则是过度诠释的最佳范例,作者学术功底同样不高,随意地将《春秋》解读为自己的人生观。

但在西汉,"三传"受到的待遇也恰好符合了艾柯的说法,过度诠释的《公羊传》是最受追捧的,而实事求是的《左传》则除了吸引像司马迁这样的历史学家之外,几乎没有得到其他人的重视。

且不说《左传》的情况,我们先把《公羊传》和《穀梁传》比较一番。《公羊传》大都在齐地流传,而《穀梁传》则主要在鲁地流传。齐地喜欢搞危言耸听,而鲁地则比较迂腐平实。这种区别在两本书中也有所体现。从表面上看,公羊、穀梁对经文的解释,大部分都是相同的,可以互相对照;但是,与《公羊传》动不动就自我发挥不同,《穀梁传》讲究"贴着地皮",以经文的本义解释经文。相比《公羊传》,《穀梁传》也很重视对于大义的弘扬,不过《公羊传》弘扬的大义总是与大一统、"通三统"等宏大主题相关,而《穀梁传》所说的大义则更多体现在"仁义""礼仪"等传统儒家修养上。

汉武帝时期需要人们接受汉家正统的观念,对于所谓的仁义却并不看重。加上《穀梁传》当时的传人瑕丘江公是个"不会说话"的人,与董仲舒、公孙弘等人相比显得笨拙无比,所以穀梁学被汉武帝抛弃,公羊学从此成为显学。《春秋》的博士也授予了公羊传人,公羊学的达官贵人层出不穷。而《穀梁传》却备受冷落,无人理睬。[4]

但是,瑕丘江公虽然因为木讷被冷落,却成功地吸引了一个人的注意,那就是汉武帝的太子刘据。刘据最初学习《公羊传》,但随后转向了《穀梁传》,认为穀梁的平实与朴素更优。[5]但随后,太子刘据因为"巫蛊之祸"受到了奸臣江充的陷害,被迫起兵身死,瑕丘江公就更受冷落了。

在公羊学派欢呼垄断了《春秋》的阐释权时,他们没有想到的是,太子刘据虽然身死,却留下了一个孙子在民间。汉武帝死后,小儿子刘弗陵继位为汉昭帝,汉昭帝死后无子,权臣霍光几经周折,最终确立刘据的孙子刘病已(后改名刘询)为帝,是为汉宣帝。[6]

汉宣帝继位后,听说祖父刘据喜欢《穀梁传》,便开始有意识地培养《穀梁传》的传人,穀梁学的春天到来了。[7]

汉宣帝之所以扶持《穀梁传》,还有另外的原因。当他继位时,汉朝的江山已经彻底稳固了,随着儒教控制了王朝的思想,已经没有人再

---

[4] 《汉书·儒林传》:"瑕丘江公,受穀梁春秋及诗于鲁申公,传子至孙为博士。武帝时,江公与董仲舒并。仲舒通五经,能持论,善属文。江公呐于口,上使与仲舒议,不如仲舒。而丞相公孙弘本为公羊学,比辑其议,卒用董生。"

[5] 《汉书·儒林传》:"于是上因尊公羊家,诏太子受公羊春秋,由是公羊大兴。太子既通,复私问穀梁而善之。"

[6] 见《汉书·昭帝纪》《汉书·宣帝纪》《汉书·戾太子传》。

[7] 《汉书·儒林传》:"宣帝即位,闻卫太子好穀梁春秋,以问丞相韦贤、长信少府夏侯胜及侍中乐陵侯史高,皆鲁人也,言穀梁子本鲁学,公羊氏乃齐学也,宜兴穀梁。"

质疑汉朝的正统性,当年的小流氓刘邦早已经成了人们思想中理所当然的天子,他的子孙们也成了上天的选择。

到这时,《公羊传》已经显得有些不合时宜。《公羊传》虽然强调大一统,却又加入了董仲舒的"天人合一",强调灾异、谶纬,甚至可以被人们用来反对朝廷。比如,后来的王莽就利用《公羊传》和董仲舒思想中强调王朝更迭、天命转移的思想,完成了改朝换代。

反而是笨拙的《穀梁传》,由于不随意发挥,只强调仁义、忠诚和礼仪,更有利于皇帝对社会的控制。汉宣帝已经不再需要《公羊传》所代表的齐学的诡异,而更需要《穀梁传》所代表的鲁学的平实。

正是在《穀梁传》的冲击下,以及内部观点越来越分裂,以五经博士为代表的既得利益阶层充满了焦虑。如何摆平不同意见,将他们同化掉呢?如果无法同化的话,又该如何让新势力分一杯羹,同时又将自己的损失最小化呢?汉宣帝时代学术界的新课题就成了关系重大的利益分配问题——汉朝的学者们从来不考虑学术成就,而是从利益的角度来考虑问题。

幸运的是,汉宣帝时期,西汉政权还有足够的活力进行调整,容纳一部分新的势力,而石渠阁系列会议就是这样的尝试。

这里也可以看出东西方的不同。西方基督教的历次会议都是以分裂和打击为目标的,罗马皇帝组织会议,就是为了树立一个统一的思想,而把其他的都打成异端,将其从思想甚至肉体上进行消灭。

而中国的会议并不是为了消灭一种思想,皇帝知道,《公羊传》已经成了一种理论基础,无法被完全废除,他追求的是在《公羊传》中加入《穀梁传》的成分,进行调和后,让二者都成为政权的基础。至于《穀梁传》和《公羊传》中不一样的地方,则由皇帝进行裁决,两家都服从皇帝的意见,形成另一次理论统一。

而两派的学者群并没有誓死捍卫理论的决心,他们把自己当成皇帝的臣民,随时做好服从皇帝裁决的准备。

汉宣帝甘露元年(公元前53年),汉宣帝召集了第一次会议。这次会议的目的是调和公羊学说和穀梁学说之间的区别,参加者一共有公羊学者五人、穀梁学者五人,还有以太子太傅萧望之为代表的五经名儒十一人。形式是公羊学者和穀梁学者对他们有分歧的三十余处理论进行辩论,而萧望之等人则评判双方的对错。

由于《公羊传》学派一直在朝,公羊学者们更乐于瓜分利益,而对经义研究不够,反而是穀梁学者们忍辱负重、厚积薄发。这次辩论下来,裁判们大都认为《穀梁传》学派的意见比《公羊传》学派的更靠谱,从而使得《穀梁传》学派获得了极大的名声。[8]

但汉宣帝的意图并非在扶持穀梁学说的同时打倒公羊学说,而是在保留公羊学说的同时,让穀梁学说也获得一定的地位。两年后,汉宣帝决定设立《穀梁传》博士。之前,《春秋》博士只设立《公羊传》一个,此后,双方各自设立博士,开展学术竞争并瓜分政权利益。

穀梁学说加入官方学术,并不是一个孤立的事件。由于双方的理论

---

[8] 《汉书·儒林传》:"刘向以故谏大夫通达待诏,受穀梁,欲令助之。江博士复死,乃征周庆、丁姓待诏保宫,使卒授十人。自元康中始讲,至甘露元年,积十余岁,皆明习。乃召五经名儒太子太傅萧望之等大议殿中,平公羊、穀梁同异,各以经处是非。时公羊博士严彭祖、侍郎申挽、伊推、宋显,穀梁议郎尹更始、待诏刘向、周庆、丁姓并论。公羊家多不见从,愿请内侍郎许广,使者亦并内穀梁家中郎王亥,各五人,议三十余事。望之等十一人各以经谊对,多从穀梁。由是穀梁之学大盛。庆、姓皆为博士。"

有差异，而同时五经之间的观点也有差异，皇帝决定一劳永逸地解决这些差异问题，于是汉宣帝时期成了学术会议最频繁的时期。

汉宣帝本人是一个严肃、兢兢业业的君主，一生都在考虑如何维持汉朝的统治。在位期间，任何能够维持大汉江山的理论都是要吸取的。皇帝并不喜欢公羊学，因为里面充满了大话和套话，但他仍然利用公羊学理论，不断地强调在他任上出现了各种各样的祥瑞，从天降甘露，到出现凤凰、黄龙，[9]他的年号也改来改去，元康、神爵、五凤、甘露以及黄龙，充满了祥瑞色彩。

在不舍弃老理论的同时，如何调和新理论呢？两年后，皇帝再次召集大臣和学者在石渠阁开会，这次会议的重点是调和五经当中的分歧。

这次会议形成了一系列文件，这些文件分别对五经进行了解读和规定，统一各家的分歧，形成了由皇家主持的正统的哲学体系。

除了统一"教义"之外，汉宣帝还在组织上尽量向各个派别的文人开放。在汉武帝时期，五经博士一共只有七个，其中《诗经》有三个，其余各只有一个。汉宣帝将《易经》《尚书》都一分为三，各立了三个博士，《春秋》除了原来的公羊学一家外，又立了穀梁学一家，只有《礼记》还是只有一个博士。这样，汉宣帝时期的五经博士就有了十二家。

通过扩充五经博士数目，汉宣帝造就了一个皆大欢喜的格局。由于汉宣帝时期的经济形势不错，官僚阶层一直处于扩张之中，学术扩军产生了双赢格局，每一家都感到满意。这时的西汉学术机构并不以学术研

---

[9] 《汉书·宣帝纪》："（甘露二年春正月）诏曰：'乃者凤皇、甘露降集，黄龙登兴，醴泉滂流，枯槁荣茂，神光并见，咸受祯祥。其赦天下。减民算三十。赐诸侯王、丞相、将军、列侯、中二千石金钱各有差。赐民爵一级，女子百户牛、酒，鳏、寡、孤、独、高、年帛。'"

究而骄傲，反而以出了多少官僚、获得了多少资源而著称，所有的老师几乎同时都是占有政府资源的商人，成了巨富。

然而，这已经是西汉时期的最后一次皆大欢喜。由于学术与官僚挂上了钩，当民间经济开始收缩，养不起这么多官的时候，学术门阀内部的争斗就会立刻显现。

与汉宣帝想的一劳永逸解决纷争不同，石渠阁会议还成了中国历史上影响力最小的宗教统一大会。根据《汉书》记载，会议后形成了一系列文件，被用作思想格式化的教材。据《汉书·艺文志》记载，这些文件包括：《尚书议奏》四十二篇、《礼经议奏》三十八篇、《春秋议奏》三十九篇、《论语议奏》十八篇和《五经杂议》十八篇。但可惜的是，这些书只是在汉朝有人看，之后就迅速失传了，只有《礼经议奏》中几个条款保留了下来，成为人们理解皇帝宗教统一大会的蓝本。

它们之所以失传，是因为从学术上来看，这些书籍都毫无价值。西汉时期的博士们由于过于听话，几乎没有任何学术造诣，他们自以为曾经叱咤风云，但汉朝还没有结束，就已经被新的学者们抛弃了。皇帝的话在他在世时显得无比重要，但放在历史之中，汉宣帝本人也只是茫茫时间之轴上一个不起眼的小黑点而已，谁还在乎他当年调停学术的努力？

西汉时期的皇家博士和学术之所以迅速过时，还在于又从外部传来了惊人的消息——他们的学术要遭受一次考古学的巨大冲击。根据西汉时期考古学的最新成果，市面上流传的六经课本都是假的，而孔子时期教学用的真课本正在被"考古学家"源源不断地发掘出来。他们把新发现的经文称为古文经,而将学术门阀们用的假课本叫作"今文经"。

汉朝进入了今文经与古文经的纷争时期。

发现古文经

秦朝的焚书坑儒几乎毁灭了诸子文化,到了汉朝进入和平时期之后,虽然找到了五经的一部分版本,却早已经不完整了,并且由于传播,文献中充满了错误。汉武帝把五经列入学官,这些错误也一并被接受了。

汉朝官方所用的版本中,《易经》《诗经》争议较小、文本较全,而其余的都只是残卷。由于当时找不到更好的版本,这些带着错误与偏见的本子就逐渐被树立成了万世不易的标准著作。

放在现在,一本书经过流传出现讹误是正常现象,但在汉朝,却是一个大是大非的问题。学者们对五经的文本逐字研究,深信每一个字都包含了宇宙的绝对真理。欧洲原教旨主义者对《圣经》虔诚无比,认为《圣经》里的每一个字都是上帝流传下来的,不可更动,汉朝的学者们对于五经的态度,就和这些欧洲人一样。如果有人告诉他们使用的版本有错误,会被他们当作无稽之谈予以指责。

如果没有人知道这些错误,那么也无所谓。历史如同在跟他们开玩笑,随着时间的推移,人们逐渐又找到了一批残存的更早的五经版本。这些版本是战国时期的原文,字都是几百年前写下的,当人们把这些本子与流传的本子进行比较,就发现了流传版本中的错误。

这些逐渐被发掘出来的经典是用秦朝之前的古文字写成的。在战国时期,各个国家除了地域不统一之外,就连文字也是不同的。大致说来,秦国和楚国有各自的文字系统，而山东其余五国的文字更加接近另一个系统。直到秦始皇时期，才统一了文字。

汉朝采取秦朝统一之后的隶书，官方承认的经典都是隶书写成，被称为今文经；而新发掘的战国文献由上述山东五国的古文字写成，被称为古文经。

最早的古文经是《左传》。到了汉宣帝时期，《春秋》的《公羊传》和《榖梁传》两部注释都被列入学官，成了官僚们进阶的工具，这两部注释被称为今文经。而当时的人们对《左传》这本书却几乎不提。实际上，在《公羊传》和《榖梁传》流传时期，《左传》已经出现了。

最早发现《左传》的是汉初的北平侯张苍。张苍曾经担任过秦朝的柱下御史，据《汉书·张苍传》记载，张苍是一个史官，也正因为这样，他可能在秦朝时见过《左传》。他将书献给皇帝，但没有引起重视，被藏于秘府之中，只有少数人阅读过这本书。司马谈和司马迁父子在写《史记》时需要博览群书，就曾经参考过这本书。在著名人物中，贾谊、张敞、张禹、萧望之以及翟方进等人也学习过《左传》，但是，与《公羊传》和《榖梁传》比起来，《左传》的影响小得多。直到汉末，刘歆才从萧望之等人处再次发掘出《左传》，并在秘府里捧起了这部沾满尘土的著作。[10]

---

[10]《汉书·儒林传》："汉兴，北平侯张苍及梁大傅贾谊、京兆尹张敞、太中大夫刘公子皆修春秋左氏传。谊为左氏传训故，授赵人贯公，为河间献王博士，子长卿为荡阴令，授清河张禹长子。禹与萧望之同时为御史，数为望之言左氏，望之善之，上书数以称说。后望之为太子太傅，荐禹于宣帝，征禹待诏，未及问，会疾死。授尹更始，更始传子咸及翟方进、胡常。常授黎阳贾护季君，哀帝时待诏为郎，授苍梧陈钦子佚，以左氏授王莽，至将军。而刘歆从尹咸及翟方进受。由是言左氏者本之贾护、刘歆。"

用现代人的眼光看，《左传》要比《公羊传》和《穀梁传》有价值得多。《公羊传》对《春秋》进行不准确的讲解和发挥，《穀梁传》更注重对字词和句子意思进行注释，而《左传》却是对《春秋》中记载的历史进行重新梳理和叙述。《春秋》写得极为简略难懂，而《左传》却声情并茂，将历史讲得栩栩如生。甚至有人认为，从文采和丰富性上来讲，连孔子都和左丘明不是一个级别的。

除了《左传》之外，还有大量的古文经书从孔子的宅邸被找到。汉武帝末年，汉景帝的儿子鲁恭王为了给自己修宫殿，要拆除孔子宅邸的部分房子。在打碎一堵墙时，突然从墙壁里出现了许多竹简，通过孔子后人孔安国的整理，发现这是一批用古文字书写的儒家经典。[11]经过释读，整理出《古文尚书经》《礼古经》《论语》《孝经》等著作。[12]

另一批书由河间献王刘德从民间征集，包括了《周官》《尚书》《礼》《礼记》《孟子》《老子》等著作。[13]

如此众多的古文书籍被发现后，人们有了对照和比较的机会。通过

---

11 《汉书·景十三王传》："恭王初好治宫室，坏孔子旧宅以广其宫，闻钟磬琴瑟之声，遂不敢复坏，于其壁中得古文经传。"
12 《汉书·艺文志》："武帝末，鲁共王坏孔子宅，欲以广其宫。而得古文尚书及礼记、论语、孝经凡数十篇，皆古字也。共王往入其宅，闻鼓琴瑟钟磬之音，于是惧，乃止不坏。孔安国者，孔子后也。悉得其书，以考二十九篇，得多十六篇。安国献之。"
13 《汉书·景十三王传》："河间献王德以孝景前二年立，修学好古，实事求是。从民得善书，必为好写与之，留其真，加金帛赐以招之。繇是四方道术之人不远千里，或有先祖旧书，多奉以奏献王者，故得书多，与汉朝等。是时，淮南王安亦好书，所招致率多浮辩。献王所得书皆古文先秦旧书，周官、尚书、礼、礼记、孟子、老子之属，皆经传说记，七十子之徒所论。"

比较，发现已经被官方神化的文字实际上佚失严重，还有不少讹误。

以《尚书》为例，行世的《今文尚书》是通过伏生流传下来的，包括二十九篇文字，但从孔府发现的文字却有四十六篇。

如果仅仅是缺少篇数，还可以认为是流传过程中的损耗，而更麻烦的是，《今文尚书》中的文字与《古文尚书》已经有了不同。按照刘向的统计，《今文尚书》中有脱简的情况，竹简少一根，就掉二十几个字。至于抄写和背诵过程中的错误则更多，文字差异一共有七百多字。[14]

如果仅仅是文字上的差异也无所谓，只要承认了就可。但许多博士已经把自己的理论建立在错误的文字之上，过度阐释，不好改变了。

今、古文经差别更大的是《礼》。高堂生传下来的《士礼》（即《仪礼》，当时又被称为《礼经》）残缺严重，只剩下十七篇。从孔子宅中所得的《礼古经》却有五十六篇，包括了今文经的十七篇在内。[15] 而这十七篇的文字差异也很大。

古文经和今文经之所以有差异，是因为今文经是四下流传的，特别是早期依靠背诵和记忆传授，更容易出错。当古文经面世时，如果今文经博士们承认这些差异，迅速改正，那么不失为一种明智的做法。

但现实却是：由于所处庙堂之高，博士们已经不愿意接受新的事物，当这些古文经被发掘出来时，他们根本没有理睬，继续按照原来的版本

---

14 《汉书·艺文志》："刘向以中古文校欧阳、大小夏侯三家经文，酒诰脱简一，召诰脱简二。率简二十五字者，脱亦二十五字，简二十二字者，脱亦二十二字，文字异者七百有余，脱字数十。"

15 《汉书·艺文志》："汉兴，鲁高堂生传士礼十七篇。讫孝宣世，后仓最明。戴德、戴圣、庆普皆其弟子，三家立于学官。礼古经者，出于鲁淹中及孔氏，与十七篇文相似，多三十九篇。"

开课授业。汉朝对于文字的神化，也让他们无法承认经文有错误。

在圈养的博士们不肯承认错误时，一批来自政权边缘的学者却注意到了古文经，开始学习古文经。

结果，古文经和今文经的研究者分成了泾渭分明的两派：官方的博士们靠今文经继续找饭吃，而在野的学者们在学习古文经的同时，又带着偏激的情绪讽刺那些官方博士不学无术，拿错误的东西欺骗皇帝。

这种态度的不同又造成了学术风格的不同。官方学者研究学问是为了给统治者寻找合法的理由，他们根据皇帝的需要对经文进行肆意解释。而在野学者由于看不起他们，提出了另外的观点。

古文经的学者认为[16]：所谓五经，并没有微言大义，所谓大一统、天人合一都是穿凿附会的。孔子编纂的五经，只不过是留下了一份来自古代的文献集，便于人们了解古代、研究古代。这就将五经的地位从与天相连的神秘天书，变成了普通的文献资料。

双方对于孔子的态度也有巨大的差异。由于董仲舒在今文经中加入较多的神学内容，今文经学普遍把孔子神化了，认为他是不在帝王之位，却有帝王之德的"素王"，是个大圣人。六经的所有文本也都是由孔子完成的，他的作品寄托了他的所有思想。古文经学却认为孔子是个人，是个学者，是个文化传承者。所谓六经，也并不是孔子的作品，而是在他之前就已经存在，只是孔子将其用作教材而已。

今文经学由于受《公羊传》影响最大，认为六经中最大的学问是《春秋》，其次是《易经》《乐》《礼》《尚书》《诗经》。古文经学则不这么认为，

---

16 以下观点叙述参考了吴雁南等人著作《中国经学史》第二章第一节。

他们对最古老的作品最为尊重，在六经中，最古老的作品是伏羲画八卦的《易经》。其次是《尚书》，《尚书》中的许多篇章都是夏商周时期流传的文献，《尧典》一章就被认为是三代之前的，是尧舜禅让的证据。然后是《诗经》，《诗经》中最早的《商颂》被认为出自商代。《礼》《乐》被认为是周公所制，也就是西周早期的。至于《春秋》，则是以鲁国视角写的东周时期的历史，被认为是最靠后，也最不重要的作品。

到底是今文经学的《春秋》《易经》《乐》《礼》《尚书》《诗经》（按照重要程度降序排列），还是古文经学的《易经》《尚书》《诗经》《礼》《乐》《春秋》，两家也都争论不已。

在许多具体的研究上，双方也持不同的态度，比如，双方都把周代的封建制度和官制当作理想范本，但是，对古代封建制度的内容却看法不一。

今文经学认为，古代封地分为五服，每一服五百里。[17] 分封的爵位分成三等，第一等是公爵和侯爵，封地方圆一百里；第二等是伯爵，封地方圆七十里；第三等是子爵和男爵，封地方圆五十里。王畿（王直接统治的地方）也可以分封给他国。作为天子要巡行天下，五年一次。作为天子的官员，有三公（司徒、司马、司空）、九卿、二十七大夫、八十一元士，一共一百二十人。这些官员是选举产生的，不是世袭的。

古文经学则认为，周代封地分为九服，每一服五百里，再加上王畿

---

17 这种说法以《尚书·禹贡》为代表：五百里甸服：百里赋纳总，二百里纳铚，三百里纳秸服，四百里粟，五百里米。五百里侯服：百里采，二百里男邦，三百里诸侯。五百里绥服：三百里揆文教，二百里奋武卫。五百里要服：三百里夷，二百里蔡。五百里荒服：三百里蛮，二百里流。

的一千里，一共一万里。[18] 分封的爵位分成五等，第一等是公爵，封地方圆五百里；第二等是侯爵，封地方圆四百里；第三等是伯爵，封地方圆三百里；第四等是子爵，封地方圆二百里；第五等是男爵，封地方圆一百里。土畿不能分封给他国。天子巡行十二年一次。作为天子的官员，有三公（太师、太傅、太保）、三孤（少师、少傅、少保）、六卿（冢宰、司徒、宗伯、司马、司寇、司空），再加上从属于六卿的大夫、士、庶人，一共一万二千人。这些官员是世袭的，不是选举产生的。

在经济政策[19]上，双方的看法也不一致。今文经学比较认同土地私有化原则，虽然也认同周代的井田制，但基本上把它看成税收模式，也就是天子从农户手中取十分之一的税收，只不过有的地方以种公田的形式代替，有的地方收实物。另外，除了耕地之外，还有许多山地和池塘等，今文经学也认为应该归属私人，而天子只收取十分之一的物产作为税收。

古文经学则更加偏向"公有制"，强调井田制的实质是公田，由天子根据距离王畿的远近，征收不同的税收，同时，山地和池塘都是公有的，不允许私人开采利用。

由于古文经学在考古方面做的工作更足，研究也更贴近客观，越来越多的人开始重视古文经。古文经学的学者们也逐渐意识到了自己的力量，他们开始不满足于汉朝的学术现状。在现有的框架下，不管古文经

---

18 这种说法以《周礼·夏官》为代表：乃以九畿之籍，施邦国之政职。方千里曰国畿，其外方五百里曰侯畿，又其外方五百里曰甸畿，又其外方五百里曰男畿，又其外方五百里曰采畿，又其外方五百里曰卫畿，又其外方五百里曰蛮畿，又其外方五百里曰夷畿，又其外方五百里曰镇畿，又其外方五百里曰蕃畿。

19 关于经济政策问题，参见本书作者的另一本书《财政密码》。

如何正确，朝廷的选官体系却由太学和博士们把持，而所有的博士都是今文经学的阵地。妒忌、嘲弄、不甘心，立刻在古文经学中扩散开来。今文经学出于防御的目的，为了保卫既得利益，也表现出了敌意，双方的冲突已经不可避免。

更致命的是，汉宣帝时期，由于社会经济的发展，皇帝权威的加强，皇帝仍然可以通过开会的形式重新划分势力范围，让新兴的学派加入利益集团，形成皆大欢喜的局面。但是，汉宣帝之后，随着汉朝政治以及社会经济的僵化，皇帝已经没有能力继续分饼了。

在这样的背景下，一位叫刘歆的人开始尝试着请皇帝主持公道，允许古文经学参与政治。但是，他能成功吗？

打不破的围城

汉哀帝时期，奉车光禄大夫刘歆做了一次努力，想调和今文经学和古文经学的矛盾，从而解决西汉政府的统治哲学问题。

在西汉后期，如果说还有真正的学者的话，那么非刘向、刘歆父子莫属。他们的祖先是汉高祖刘邦的小弟楚元王刘交。与刘邦的不喜儒学相比，刘交却是个读书坯子，汉朝最早的一批儒学图书就是由他发掘的，他任命了几位《诗经》学者当他的智囊，在汉初混乱的年代起到了保卫读书种子的作用。[20]

---

[20]《汉书·楚元王传》："元王既至楚，以穆生、白生、申公为中大夫。高后时，浮丘伯在长安，元王遣子郢客与申公俱卒业。文帝时，闻申公为诗最精，以为博士。元王好诗，诸子皆读诗，申公始为诗传，号鲁诗。元王亦次之诗传，号曰元王诗，世或有之。"

刘向生活在汉宣帝、汉元帝、汉成帝时期，这时的西汉王朝已经在走下坡路，政治逐渐僵化，权臣控制朝政，整个社会中充斥着一种无力感。他饱读诗书，是一个五经全才，同时又涉猎诸子，可谓当时最博学之人。中国第一份藏书文献《汉书·艺文志》，就是以刘向、刘歆父子整理的藏书目录为底本的。除了整理图书之外，刘向还做了许多编纂工作，比如，现在流传的《战国策》《说苑》《新序》《列女传》等，都是他编撰的。

刘向虽然涉猎诸子，却是个典型的今文经学家。他相信所谓的天地灾变，曾经写出了《洪范五行传》[21]，用灾异的眼光来解读政治，总结了历代书籍上记载的自然灾难，与政治进行比较，利用数学和逻辑学进行归纳，企图得到社会政治与自然天象的互动关系。

刘向所处的时代是权臣当道的时代。当时，外戚许氏和史氏在位弄权，而朝廷内又有太监弘恭、石显把持。据《汉书·刘向传》记载，刘向数次警告汉元帝：最近灾难频发，就是权臣当道的明证。然而，这样的说法并没有给刘向带来好运，反而三番五次地带来灾祸。

作为刘向的儿子，刘歆悲观地意识到，仅仅依靠前代人传下来的今文经学已经无力解释现实状况，"天人感应"、大一统学说都无法说明现实为什么这么无奈。而那些在台上的大儒除了个人利益以外，已经不在乎所谓的政治和学术。刘歆对于今文经学并没有像他父亲那样痴迷，反而借助父亲的藏书，接触了另一个世界：古文经学。

刘歆最感兴趣的是《左传》。他最初在汉朝的秘府中找到了《左传》，

---

21 《洪范五行传》在《汉书·五行志》中得以大量保留。

大受影响，正好当朝宰相翟方进对《左传》颇有研究，刘歆拜在他的门下，学通了这本书，并把它发扬光大。[22] 汉朝的人只在乎《春秋》中所传的大义，并不把《春秋》当作一本历史书，也不把《左传》当作《春秋》的解读。刘歆却认为，《公羊传》和《穀梁传》只不过是孔子的再传弟子的著作，而《左传》的作者左丘明却是孔子同时代人，相对而言，左丘明更了解《春秋》，比《公羊传》和《穀梁传》这种二手资料更加可靠。

除了《左传》之外，他还推崇古文经中的《诗经毛氏传》(《毛诗》)、《逸礼》《古文尚书》，认为这些著作更接近于原貌，比今文经更加可靠。

他从这些书籍中总结出一套更加复古的政治理念，认为汉朝从官制到政策都已经偏离了古代的方向[23]，而如果想恢复盛世，必须走复古的道路；而要走复古的道路，必须首先修改教科书，采用更加可靠的古文经典来代替今文经典，让人们了解正确的价值观。

汉哀帝时，刘歆终于走出了关键性的一步，他上书皇帝，要求根据汉宣帝时期的传统，新设立几个博士，包括《左传》《毛诗》《逸礼》《古文尚书》。由于今文经集团的根深蒂固，刘歆并没有要求废除今文经，而是希望今文经和古文经并置，都作为教科书。他相信依靠竞争和

---

22 《汉书·楚元王传附刘歆传》："及歆校秘书，见古文春秋左氏传，歆大好之。时丞相史尹咸以能治左氏，与歆共校经传。歆略从咸及丞相翟方进受，质问大义。初左氏传多古字古言，学者传训故而已，及歆治左氏，引传文以解经，转相发明，由是章句义理备焉。"

23 刘歆《移书让太常博士》："往者缀学之士不思废绝之阙，苟因陋就寡，分文析字，烦言碎辞，学者罢老且不能究其一艺。信口说而背传记，是末师而非往古，至于国家将有大事，若立辟雍、封禅、巡狩之仪则幽冥而莫知其原。犹欲保残守缺，挟恐见破之私意，而无从善服义之公心。或怀妒嫉，不考情实，雷同相从，随声是非，抑此三学，以尚书为备，谓左氏为不传春秋，岂不哀哉！"（全文见《汉书·楚元王传附刘歆传》）

学生自己的评价，更加稳重的古文经最终会击败华而不实、只知享乐的今文经。

与刘歆一样，汉哀帝也对当时的社会忧心忡忡，希望做出改变。他试图促成一次新的辩论，让刘歆与今文经的五经博士进行对质，来比较今文经与古文经的分歧。

但这次，皇帝的权威不奏效了。今文经博士们纷纷避战，根本不给刘歆同台竞争的机会。刘歆失望之余，写了一封信质问当时掌管文化的太常博士。[24] 这封著名的信就成了汉朝哲学论战的最高成果之一。在信中，刘歆回顾了古文经与今文经的来源，提出今文经经过这么多年的以讹传讹，实际上全都是汉朝的"三脚猫"理论，古文经才是真正的研究周代制度的著作。他斥责了各个今文经学者抱残守缺，为了利益和门派不肯弘扬大道，让汉朝的哲学走入了死胡同，也失去了政治和社会连接的能力，到最后损害的不仅仅是他们个人，更是整个皇朝。

这封著名的书信不仅没有给刘歆带来辩论的机会，反而让整个今文经学界（也就是大部分的官僚集团）对他都充满了愤恨。著名学者、光禄大夫龚胜立刻做出反应，以自责为名宣布辞职，要挟皇帝，同时大司空师丹更是大怒，上奏皇帝要治刘歆的罪。

刘歆为了避祸，不得不离开了中央，到地方任职。

这次刘歆以他的官运和身家性命为赌注，希望打破整个知识阶层对于现实的无知和对于利益的贪婪，却终遇失败。他仿佛面对着一个巨大的碉堡，这个碉堡里面整个朝廷的官僚系统盘根错节，已经不容许新的

24　刘歆《移书让太常博士》。

思想进入。

他不知道的是，一旦一个社会把一种思想树立成指导思想，由于路径依赖，就只能在这个思想的前提下腾挪，不可能再推倒重来。也许系统内的每一个人都不再相信这些理论，但是，又没有人有足够的力量去击碎理论本身，因为那会毁掉整个系统。于是，人们只能装模作样地继续做着无用的研究。在汉朝，人们只能顺着"天人合一"、谶纬、灾异的老路继续走下去，等待这个系统的崩溃。

心灰意懒的刘歆对西汉政权绝望了，虽然他是刘氏宗亲，但他对刘氏的汉朝已经不再留恋，并不介意用一个全新的系统来代替建筑在儒教今文经体系上的政权。

恰好此时，他的朋友王莽成了大司马，于是刘歆迅速地将希望寄托在王莽身上。

复古，复古

新莽始建国元年（公元8年），王莽称帝建立新朝。

王莽曾经与刘歆共事，对刘歆的才华了解得一清二楚，在他还没有当皇帝时，就开始重用刘歆。汉平帝元始四年（公元4年），王莽命令刘歆建造一个叫作明堂的建筑。

所谓明堂，指的是天子祭祀天地鬼神、举行大典的地方。这是古文经学中的一个概念，在今文经学中，人们更愿意使用的一个概念是太庙。所谓太庙，就是天子祭祀父辈祖先的地方，而古文经学更加推崇周代的制度，认为周天子不仅祭祀父母，还祭祀天地阴阳，这个祭祀的场所是明堂。[25]

现在的北京还存在一个巨大的明堂，就在北京城南的天坛，同时，明清时期也保留了太庙，位于天安门之后。这实际上综合了今文经和古文经两家的学说，兼而有之。

王莽建立明堂的举动被视为古文经学崛起的标志。实际上，所谓明堂属于三雍建筑群中的一个。按照古文经学的意见，皇家宗教性建筑分成三部分，分别是明堂、辟雍[26]和灵台[27]。明堂是举行大典、祭祀的场所；而辟雍则是周代所设的大学，也就是皇家教育机构；灵台则是皇帝观天象、预测国家命运的场所。

明堂、辟雍和灵台构成了王莽时期的国家宗教建筑群。国家宗教建筑群体现出的古文化，意味着皇帝对古文经的认可。

但是，王莽为什么要认可古文经呢？

原因在于，他要为自己的篡位进行理论储备。在古文经中，有一本书叫《周官》，是刘歆发现的一本记载周代礼仪制度的书籍，这本书后来改名叫《周礼》，成了儒家经典"三礼"中的一部。

《周官》曾经被认为是周公所制定的礼仪制度。王莽在篡位之初，希望把自己打扮成周公的角色。周朝灭亡商朝后，周武王很快就死了。由于继位的周成王年幼，周武王的弟弟周公摄政。王莽标榜自己是汉朝的周公，为年幼的汉天子摄政，所以被封为安汉公。作为"周公的继承

25　《周礼·冬官考工记·匠人》记载明堂为："周人明堂，度九尺之筵，东西九筵，南北七筵，堂崇一筵，五室，凡室二筵。"
26　《礼记·王制》："大学在郊，天子曰辟雍，诸侯曰泮宫。"
27　张衡《东京赋》："左制辟雍，又立灵台。"

人",王莽希望把制度都周公化,所以,《周礼》这本书就成了他的理论基础之一。

刘歆之所以帮助王莽,是为了推广自己的理论,促使王莽在政治上使用古文经。此刻他已经对汉朝社会的革新能力不再抱希望,因此投靠了王莽这个更加锐意改革的人。

刘歆的理论包括:在哲学上,推行周代的教育系统,也就是把古文经当作教材使用;在政治上,重新实行周代的官制,把汉朝的创造去掉,完全恢复周代的官名;在经济上,由于周代是井田制,皇帝应该重新实行土地国有制,并实行一套与周代理想合拍的货币制度。

刘歆并不热衷于帮助王莽登基。但他与同党甄丰、王舜为了改革汉朝制度,希望授予王莽足够的权力,帮助王莽当上安汉公,后来又帮助他获得"宰衡"的称号,这个称号也是周朝的周公、商朝的伊尹使用过的。

王莽为了报答三人,将他们升职。其他人看到他们高升后,纷纷效仿,为了讨王莽欢心,呼吁王莽当所谓的"摄皇帝"。摄皇帝就是代理皇帝,安汉公虽然权力大,但还不是皇帝,但代理皇帝基本就是皇帝了。据《汉书·王莽传》记载,帮助王莽当上摄皇帝的,是泉陵侯刘庆、前辉光谢嚣、长安令田终术等人。这些人的操守已经不如刘歆和甄丰。到这个时候,刘歆就已经是被局势推着走了,他原本只是想借助王莽推行改革,却被潮流裹挟着成了汉朝的叛臣。

但这还不是结束。当刘庆、谢嚣、田终术等人得手后,又有一些更不靠谱的人为了求官,不断地制造祥瑞和符谶,借助各种预言说王莽是奉天命当皇帝的。王莽就是在这一波波的浪潮下当上了真皇帝。

到最后，刘歆感觉到事情已经失控，却又无可奈何，只能指望王莽在当上皇帝之后，继续用自己的理论来治理国家。

王莽当皇帝后并没有忘记刘歆，任命他为国师——皇帝的头号智囊。新莽一代虽然只有短短的十几年，却成了中国历史上改革最频繁的朝代。但是，王莽又并没有全部采纳刘歆的观点，而是既使用今文经学的主张，又使用古文经学的主张。

比如，在官制改革方面，他把汉朝的官名全部改掉，但基本上还是使用今文经学的主张，按照今文经学对周代的理解改名。比如，设立大司马司允、大司徒司直、大司空司若三个官，把大司农更名为羲和，后来又更名为纳言，把大理更名为作士、太常更名为秩宗、大鸿胪更名为典乐、少府更名为共工、水衡都尉更名为予虞，与三公司卿一共九卿，分别隶属于三公。每一卿又设置了大夫三人，一个大夫设立元士三人，一共二十七大夫、八十一元士，分主中央官职。另外，把光禄勋改名为司中、太仆改为太御、卫尉改为太卫、执金吾改为奋武、中尉改为军正，又设立了大赘官，掌管皇帝的车马物件，以后还负责练兵，这些人都是上卿，称号六监。把郡太守改名为大尹、都尉改名为太尉、县令长改名为宰、御史改名为执法。

更重要的则是官名改变背后的意义。周代的官制是不分国家官员和皇家官员的，也就是说，所谓的官员，其实都是周王的私臣。而汉朝在官制上有一个巨大的进步，就是把内臣和外臣区分开来，外臣就是管理国家事务的官员，而内臣则是负责皇帝起居和家事的私臣。王莽的改变，把内臣和外臣又混为一谈，实际上是把权力更加集中在皇帝手中。

王莽这样做有野心的一面，也有迫不得已的一面。王莽还面临着改革悖论：要想改革，必须有足够的权力才能推动，所以要先集权，再改革；可是集权之后，又容易扼杀民间活力，导致没有人再相信所谓的改革。

官制上基本是今文经学的思路，但在土地改革、货币改革等经济类改革上，王莽则采用了古文经学的观点。他把土地都收归国有，并订立了一套复杂的货币系统，使用了金、银、铜、龟、贝五种材质，设计了二十八种货币。结果民间由于土地关系紊乱，金融秩序崩溃，最终导致了新朝灭亡。

王莽的试验也表明，不管是古文经学还是今文经学，它们作为一种哲学观念、一种学术思想是可以的，可一旦将它们现实化为政治政策，就会立刻引起巨大的社会失调。

不过，古文经学在王莽时期的确获得了与今文经学平起平坐的地位，《毛诗》《逸礼》《古文尚书》《周礼》都被列入学官，设置了新的博士，试图保持所有文化都繁荣昌盛的景象。

随着王莽改革造成的混乱，刘歆开始心灰意冷。他心中想的是一种纯粹的改革，得到的却是一堆糅合与妥协的杂货。随着改革的失败，新王朝也摇摇欲坠。他孜孜以求将古文经学列入学官，这个目标表面上是达到了，但一旦进入官僚系统，古文经学家并没有表现得比今文经学家更好，而是迅速同流合污，变成了食利阶层。实际上，任何学术只要沾上了官僚的气味，都会变成同样的货色。

当各地纷纷揭竿而起时，刘歆参与了刺杀王莽的行动，希望投靠东方崛起的刘秀，继续他的学术冒险。但这一次，政变失败了，他被迫自杀。他的死亡决定了汉朝经学的命运。经学家们认为自己掌握了宇宙真理，却无法改变哪怕一个小小王朝的命运。到了东汉，一切还都得顺着汉武帝创造的惯性继续走下去……

伪造大比拼

与刘歆同样悲剧的还有新朝唯一的皇帝——王莽。

王莽作为改革家,曾经试图统一今文经学和古文经学,利用宇宙真理制造一次巨大的繁荣。但现实又逼迫他最终投靠了所谓的谶纬,依靠各种方士和阴谋家制造的虚假预言来维持统治。这导致西汉末年到东汉初年成为中国历史上最迷信的时期。

王莽在登基之前,就造了一系列的祥瑞、符命和谶纬来给自己的篡位制造依据。汉平帝元始元年(公元1年),四川地区献上了白雉,让王莽当上了安汉公。汉平帝元始四年(公元4年),王莽开始为古文经学正名,同时获得正名的还有谶纬,他命令征集精通《逸礼》《古文尚书》《毛诗》《周礼》《尔雅》《史篇》的人,以及精通钟律、月令、兵法等的专门人才,而精通天文(观天象解读命运)、图谶等的人也被列为专门人才受到重用。[28]

谶纬受到重用之后,各种类型的超自然现象出现了爆发式增长。汉平帝元始五年(公元5年),有人挖井时得到了一块白石头,上面写着红字"告安汉公莽为皇帝",结果王莽当上了代理皇帝。随后,有人梦到老天爷的使者请王莽当真皇帝。而哀章则伪造铜匮劝进。这些人共同努力把王莽打造成真皇帝。王莽当皇帝后,也投桃报李,封官加爵,同时颁布了一本叫作《符命》的书,一共四十二篇,都是说王莽应该当

---

28 《汉书·王莽传》:"立乐经,益博士员,经各五人。征天下通一艺教授十一人以上,及有逸礼、古书、毛诗、周官、尔雅、天文、图谶、钟律、月令、兵法、史篇文字,通知其意者,皆诣公车。网罗天下异能之士,至者前后千数,皆令记说廷中,将令正乖缪,壹异说云。"

皇帝的。

除了皇家颁布的《符命》之外，各种各样的谶纬、符命书籍更是层出不穷。当时最热门的图书是算命书。这些书有一个特殊的名字，与五经等经书相对应，被称为纬书。

表3　纬书举例[29]

七纬	篇目	题　解
易纬六种	《稽览图》	把《易经》与历法结合起来，用六十四卦配合四季、十二月、二十四节气、七十二候，讲卦气，占验灾异吉凶，说明"天人感应"，以备帝王稽览，书中有图
	《乾凿度》	乾为天，度者路也。说明圣人凿开通向天庭的道路，勾通人神
	《坤灵图》	坤为地，指地之灵妙，有图配合
	《通卦验》	通过卦气来占验吉凶灾异
	《是类谋》	一作《筮类谋》，卜筮其可行之类，预为筹谋
	《辨终备》	占验灾祥，通过"天人感应"之理，辨其吉凶，而做充分的准备。纬中说："小辨终备无遗"。言无遗患之意
诗纬三种	《推度灾》	以阴阳五行、"天人感应"据天的行度，以推天意，占验灾异
	《汜历枢》	汜历枢说："《大明》在亥，水始也"。《诗纬》以三百篇配阴阳五行天干地支。午亥之际为革命，配《大明》，即武王伐纣"革命"之诗。历数的运行，贵在掌握关键时刻，即"革命"的时机。赵在翰说："泛览五际，其枢在水"。亥为水始，即革命之际，乃历数运行的关键时刻
	《含神雾》	谶纬是神学，认为天命人事，统于神灵，神灵下降，其气象是雾气茫茫的
礼纬三种	《含文嘉》	"礼"是区别文质、象征文明的，乃是嘉美的集中表现
	《稽命征》	考察天命，只有神圣才能征应，受命为王
	《斗威仪》	北斗在天中象征威仪。礼主容仪，取法北斗

29　本表引自任继愈《中国哲学发展史·秦汉卷》。

（续表）

七纬	篇目	题　　解
书纬 五种	《璇玑钤》	古代帝王制历明时，璇玑玉衡是古代观测天文的重要仪器，最为关键
	《考灵曜》	考察日月星辰的运行，测其光景
	《刑德放》	帝王政教，以德为本，刑以辅之。阳生阴杀，仿效天行
	《帝命验》	帝王历运，决于天命，朝代兴亡，随五行更替，各有征验
	《运受期》	帝王兴起，受命于天，随五行之运，各有应期
乐纬 三种	《动声仪》	歌咏舞蹈，雍容盛德
	《稽耀嘉》	顺乎天行，功成事举，光耀永嘉
	《叶图征》	制作灵图，以为征验
春秋纬 十四种	《演孔图》	孔丘端门受命，天降血书，中有作图制法之状
	《元命包》	圣人制命，统于一元，无所不包
	《文耀钩》	孔子修《春秋》九月成书，凡万八千字，文成光耀四布，钩治阴阳
	《运斗枢》	北斗七星的运动变化为记时之枢纽
	《合诚图》	"天人感应"，以诚想通，有图相配
	《感精符》	天降精气，圣人以生，天人相感，如合符契
	《考异邮》	天垂象，见吉凶。考其祯祥灾异，天人通邮，符应不爽
	《保乾图》	承天之命，应运受图，于时保之
	《汉含孳》	孔子以西狩获麟而作《春秋》，为汉制法，麟为汉受命之端。故作《春秋》孕育着汉的孳生
	《佐助期》	圣王兴起，必有神灵辅佐帮助，应期而至
	《握诚图》	诚为天道，王者所握，有图相配
	《潜潭巴》	阴阳灾异，其理奥秘，深潜难知，精微难言，其曲如巴
	《命历序》	帝王年世，有命自天，五运相承，历数有序
	《说题辞》	这等于《春秋纬》的序言，解说经旨，阐明纬理，宣扬圣意，以为题辞
孝经纬 二种	《援神契》	援引众义，阐发微旨，孝通神明，天人合契
	《钩命决》	孝通神明，以立情性，钩稽天命，以崇人伦

王莽没有想到的是，他可以借助伪造的符命、谶纬当上皇帝，别人也可以靠同样的手段来反对他。结果，在他执政时期，灾异层出不穷。王莽天凤二年（公元 15 年），有人宣称有一条黄龙在黄山宫摔死了，这件事一传十、十传百，形成了巨大的冲击波，王莽听了担心影响政权，连忙派人去查看这件事是怎么发源的，最终也没有找到谣言的出处。[30] 王莽地皇二年（公元 21 年），又有人预言王莽将被汉家取代。

这类谣言越传越广，当初怎么推王莽上台，后来就怎么让他下台。

然而，王莽带起来的风潮并没有随着他的死亡而结束。由于社会思潮已经被他和前人带入迷信的轨道，谶纬已经成了人们思考问题的出发点，到了刘秀起兵建立东汉时，也不得不继续利用谶纬来做文章，为自己寻找合法性。

在刘秀与四川军阀公孙述的战争中，双方都大打迷信牌，争相宣告正统地位。据《后汉书·隗嚣公孙述列传》记载，公孙述认为，孔子写《春秋》一共十二代，而西汉也已经传了十二代，到了历数终结的时候了。至于谁将继承汉朝，他四处翻书，在一本叫作《援神契》（见表 3）的纬书中寻找到了依据。这本书中有一句"西太守，乙卯金"。他把这句解释为，西方的太守（公孙述本人）应该终结刘氏的天下。另外，根据当时流行的五行理论，西方属金，颜色崇尚白色，而五德轮替中，王莽崇尚的黄色继承了红色，又会被白色所替代，公孙述认为自己西方所代表的白色应该替代王莽的黄色。

---

[30] 《汉书·王莽传》："讹言黄龙堕死黄山宫中，百姓奔走往观者以万数。莽恶之，捕系问语所从起，不能得。"

但刘秀并不这么看，他认为，所谓的乙卯金不是说终结刘氏，而是说在乙未那一年重新授权给刘氏。

公孙述还曾经引用另两处文字，在一本叫作《录运法》的书中找到一句"废昌帝，立公孙"，在另外一本叫作《括地象》的书中找到一句"帝轩辕受命，公孙氏握"，表明应该由公孙氏继承帝位。刘秀则反驳说，其实这两处文字早已经在西汉就应验了。这两句话预言的是当年霍光废黜汉废帝刘贺，重新立汉宣帝的故事。当年汉昭帝死后，权臣霍光首先立昌邑王刘贺为帝，可是刘贺当皇帝二十七天后，霍光不满意他，又把他废掉，立了另一个人为帝，这个人叫刘病已，是汉武帝废太子刘据的孙子，所以被称为公孙病已。

刘秀还发明了一套赤赴符。据《后汉书·光武帝纪》记载，他赤裸裸地宣称：刘秀发兵捕不道，四夷云集龙斗野，四七之际火为主。所谓四七之际，就是说汉高祖创立汉朝到刘秀称帝，时间为228年，而刘秀自称火德，认为继承了汉王朝的正统。

虽然最终的胜负是在战场上决定的，但刘秀对于谶纬的信奉，使得东汉继续顶着最迷信朝代的称号。

于是，从董仲舒发端的"天人合一"理论，虽然成功地抵御了古文经学的攻击，却最终变成了符谶的大杂烩，东汉的学者中充斥着各类迷信色彩，人人口言灾异，四处比附，至于真正的学问，却并不在他们的脑子里。从汉武帝开始的哲学系统已经成了严重拖累中国学术发展的紧箍咒。

第五章　文人打架与皇帝和泥[1]

东汉末年，当今文经、古文经两派学者斗得不亦乐乎时，他们却突然间双双变成了历史的注脚，被边缘化了。

今文经学之所以衰微，原因在于它已经不是学问，而是关系与帮派的综合体。失去了研究能力，最终必然失去它把持的权力本身。

古文经学衰微，来自它过分地想取代今文经学占据政治的中央，吸纳了太多的糟粕，失去了原本的锐度。

东汉时期的白虎观会议又做了一次综合今、古文经学的努力，取得了一些成果。东汉末年，综合今文经、古文经学的大儒终于出现，重新统一经学。但在经学统一之时，人们却悲哀地发现，不管是今文经学还是古文经学，其实都已经死亡。

在东汉，已经产生了一批试图跳出今文经、古文经学斗争思维研究问题的学者。其中，扬雄试图效仿儒教体系，创造一个类似于当时流行哲学却又有别于流行哲学的体系，但由于他的体系模仿性较强，也缺乏追随者，成了稍显滑稽的异类。

东汉也出现了一批反对谶纬的学者，最典型的代表是机械论者王

---

[1] 本章涉及的时间范围是公元36—200年。

充。但王充在质疑谶纬、破坏原有哲学体系的同时,却无法建立新的哲学体系。真正将汉朝哲学清扫干净的,是后来的玄学和舶来的佛教。

光武帝刘秀在得到天下之后不久,就受到一位郎中的嘲弄,这次嘲弄是东汉时期学术争论的缩影。

光武帝建武二年(公元 26 年),光武帝刘秀任命了一位儒生为郎中,这位儒生叫尹敏。这次任命反映了光武帝的政治抱负。他深知马上打天下、书本治天下的道理,掌握政权后,便迅速向儒术治国转变。他首先从西汉王朝在长安的秘府中寻找到了大量的图书,装载起来竟然有两千多辆马车,由于他把都城设在洛阳,这些图书都被装上车从长安送到洛阳,成了皇家馆藏。

在东汉历代皇帝的经营下,皇家馆藏又扩大了三倍。但是,光武帝也许永远想不到这些图书最终的命运。到东汉末年的董卓之乱时,由于士兵们不知道这些图书的价值,将竹简木椟劈了当柴烧,布帛的图册则被用来制作帘子和伞盖,几乎所有的图书都失散了。当董卓舍弃洛阳、迁往长安时,司徒王允四下搜集,只找到了原藏书的九牛一毛,装了七十多车,在路上又损失了一半。王允和吕布联合杀死董卓后,董卓的部将郭汜和李傕进攻长安,将关中地区变成了荒地,剩下的图书也在此次事件中失散。东汉末年的图书之灾并不亚于秦朝的焚书。[2] 汉朝之后,

---

2 《后汉书·儒林列传》:"初,光武迁还洛阳,其经牒秘书载之二千余两,自此以后,参倍于前。及董卓移都之际,吏民扰乱,自辟雍、东观、兰台、石室、宣明、鸿都诸藏典策文章,竞共剖散,其缣帛图书,大则连为帷盖,小乃制为縢囊。及王允所收而西者,裁七十余乘,道路艰远,复弃其半矣。后长安之乱,一时焚荡,莫不泯尽焉。"

历史不断地重复这一幕，大量的古代典籍藏于秘府，无法被民众利用，最终却遭付之一炬。

光武帝除了搜集图书外，更想像当年汉武帝一样，将王朝的整个学术界掌握在手中。随着王莽的灭亡，大量的读书人都逃进山中，光武帝将他们延揽到都城洛阳，授予一定的职位。尹敏就是这个时候投靠了光武帝的。

尹敏最初学习的是今文经中的《欧阳尚书》，后来又学习了几部古文经，包括《毛诗》《穀梁传》和《左传》，是一位兼修今、古文经学的大家。他来投靠光武帝，是希望发挥自己的特长，谁知，光武帝授予他职位后，却派给他一个荒诞的工作：整理谶纬书籍。

在当时，不管是王莽还是光武帝都深信所谓的谶纬、祥瑞和灾异。王莽往原来的谶纬图书中添加了许多有利于自己的内容，于是，对纬书的考据学正式成了一门学问。光武帝希望将王莽添加的内容去掉，恢复谶纬书籍的本来面貌。尹敏的工作就是校订这些书籍，去掉王莽的痕迹。

尹敏对于谶纬书籍毫不在意，他上奏说：谶纬书籍本来就不是圣人的作品，而是后人杜撰的，就算恢复了王莽之前的模样，它照样是伪书，整理这样的书籍会误人子弟。

光武帝并不这么看，他相信谶纬书籍与经书一样，同样是圣人留下的教导。尹敏闷闷不乐地开始了他的工作。

有一天，光武帝找来一本尹敏校订过的纬书翻阅，突然发现其中有一句：君无口，为汉辅。

所谓"君无口"，恰好是一个"尹"字，如果这句话是真的，就意味着应该请尹敏入阁辅政。据《后汉书·儒林列传》记载，光武帝连忙将尹敏叫来询问这是怎么回事。尹敏不慌不忙回答：我见前人伪造图书，也不自量力，伪造一把，万一成了呢？

光武帝知道尹敏这是在讽刺自己过于相信谶纬，便不再重用他，但也没有惩罚他。

尹敏的命大在于他碰到了性格宽厚的光武帝，如果碰到汉武帝，他肯定会因为欺君之罪而掉脑袋。不过，光武帝之所以宽厚，也反映了另一个现实：东汉时期的学术界已经不再像西汉时那样铁板一块。西汉时，皇帝的权力更加集中，学者的官运掌握在皇帝的手中，没有人敢于反抗，也没有人敢在皇帝面前卖弄学问。董仲舒的"天人感应"思想深深地根植在每一个人的脑子里，而各个博士的家法传承又养成了不容怀疑的精神。西汉的学者大都只从师傅手中接受知识，不准灵活变通，也不准融入其他家的说法。

但到了东汉，随着中央集权程度的减弱以及学问的庸俗化，学者为了获得真知灼见，势必要打破家法的束缚，抛弃掉那些成见，开始自我探索。另外，在东汉时期，古文经学、今文经学、谶纬之间的斗争也愈演愈烈，即便皇帝也很难摆平各派的偏见。

以光武帝时期为例，由于王莽大量使用古文经学人才，光武帝召回的学者中既有古文经学人才，又有今文经学人才。光武帝最初的意图是调和今文经、古文经学之争，但由于今文经学者的态度更加强硬，偏见更深，在他们的逼迫下，光武帝不得不取消古文经学官，只保留今文经学官，开始了另一个以今文经为主的时期。古文经学受到排斥，在民间反而形成了欣欣向荣的学术群体，结果，皇帝已经不能独占知识的阐释权了。

除了今、古文经学之外，谶纬也始终如影随形，成了皇家信仰的一部分。谶纬、今文经学、古文经学就在皇帝的面前斗来斗去，让皇帝无所适从。

东汉皇权的式微导致学术界进入一个失控的时期。学者们之间的斗争日益激烈，皇帝试图在其中寻找平衡，采取了和稀泥的态度。但最终，学者的争斗还是超出了政权的容忍程度，发展出了影响政局的大变动。

光武帝时期大辩论

据《后汉书·儒林列传》记载，光武帝建武四年（公元28年），尚书令韩歆的一份奏章引起轩然大波，并掀起今文经学与古文经学之间最激烈的争斗。

这场争斗可以追溯到两年前光武帝对儒家学者的大征召。在这场征召中，除了前面提到的尹敏之外，还有几个大学问家，他们是范升、陈元、郑兴、杜林、卫宏、刘昆和桓荣等人。在这七位中，有三位是今文经学家，另外四位是古文经学家。[3]

在光武帝的政治图谱中，最初，他希望采取不偏不倚的态度对待今文经学、古文经学和谶纬。西汉时期设立的五经博士都是今文经学家，将古文经学家排除在外。光武帝想对这种局面做出平衡，在征召诸位大家之后，接下来，就是重新设立五经博士的问题。

3　陈元、郑兴治《左传》，杜林治《古文尚书》，卫宏治《毛诗》。

这时，尚书令韩歆领会了皇帝的意图，乘机上奏，请求皇帝设立五经博士的同时，注意在今文经学和古文经学之间平衡，为属于古文经学的《费氏易》和《左传》设立博士。

在东汉初期，今文经学继续分裂，较为主流的已经有了十四个分支，分别是：《易经》四家，即施、孟、梁丘、京氏；《尚书》三家，即欧阳和大、小夏侯；《诗经》三家，即齐、鲁、韩；《礼记》二家，即大、小戴；《春秋》二家，即严、颜。

在十四家今文经学之外，再设立《费氏易》和《左传》两家古文经学，这既符合皇帝的和平意图，又是在政治上做出一定的平衡，避免今文经学一家坐大，也防止古文经学由于没有正规途径进入官场而变得极端。

韩歆的提议让光武帝大喜，但为了向臣下表明他的慎重态度，他下诏请群臣到云台议事，讨论此提议的可行性。在很多事情上，所谓讨论只不过是橡皮图章，但光武帝没有想到的是，由于设立新博士动了某些人的奶酪，这次议事变成了大规模的争吵。而争吵的主角们，就是当初他请过来的诸位大学问家。

由于王莽时期刘歆强行推广古文经学，与今文经学家们结下了梁子，今文经学家们拿出视死如归的气魄，坚决抵制古文经学。

首先跳出来的是范升。范升是光武帝所立的《易经》博士，学的是《梁丘易》。除了《梁丘易》之外，他还看过《论语》和《孝经》，同时还看过道家著作《老子》。作为今文经学博士的他听说皇帝要立古文经学博士，立刻表示反对，他把主要的火力集中在《左传》上，主要观点是：《左传》不是孔子著作，而是左丘明写的，不是圣人言；《左传》也没有合格的继承人来做研究；先帝们没有设立这个博士，现在也没有理由设立。

范升的说法引来了大量的辩驳，韩歆和太中大夫许淑对他进行诘难。在朝堂上没有吵出结果，范升退下来后愤愤不平，抓起笔来给皇帝写奏章。他着重强调了三条理由：第一，经学的各个分支太多，《易经》传承中，除了费氏之外，还有高氏，《春秋》传承中，除了《左传》之外，还有驺氏、夹氏，如果《费氏易》和《左传》设立博士，那么其他家都会争先恐后前来争取博士；第二，《左传》和《费氏易》传承关系不明，内容和其他家大都不一致，有违圣人之理；第三，由于刚刚建国，当务之急是打基本功，找到讲《诗经》《尚书》的人，而不是扩大基础，去寻找偏僻的《左传》《费氏易》传人。

据《后汉书·郑范陈贾张列传》记载，范升还列了《左传》中十四处他认为有违圣人的错误，由于司马迁喜欢引用《左传》，范升连带着把司马迁也批驳了一通，又列了《史记》里三十一处错误。

范升的奏章上去后，惹怒了当时的另一位大家陈元。陈元也是光武帝当初征召的文人之一，主修《左传》。他上奏皇帝，批驳范升。他对范升提出的《左传》和《史记》共四十五处错误一一进行了反驳，说明范升是小题大做，故意挑刺。随后，又继续说，即便先帝没有立博士，后来的皇帝也是可以立的，比如当初的《穀梁传》没有立博士，到汉宣帝时期才设立。皇帝应该根据政治需要来设立学官，网罗人才。

范升和陈元你来我往，进行了十数回合的"交战"，最终，由于光武帝本人对《左传》有好感，决定仍然设立《左传》博士。

但随后又发生了问题：在《左传》博士的四个候选人中，参与辩论的陈元排名第一。为了避嫌，光武帝只好选择排名第二位的司隶从事李封来担任《左传》博士。

但即便如此,今文经学的众多官员仍然感到《左传》博士触动了他们的利益,继续喧哗,试图影响皇帝。

到最后,光武帝不胜其烦,只好趁李封去世的机会,不再补充新的人选,从而废除《左传》博士。

这次争执以今文经学的胜利而告终,光武帝最终设立了十四个博士,全部为今文经学。古文经学经过王莽时期的曙光之后,再次被打入地下状态。

然而,就在今文经学家额手称庆时,想不到的是,他们的胜利显得如此短暂。因为从光武帝到后来的皇帝,都是在古文经学的熏陶下长大的,他们即便无法将古文经学立于学官,也总是在试图将之正常化。

到了汉章帝时期,古文经学的第二次机会到来了。

白虎观大和泥

光武帝去世后,经过汉明帝较为严厉的统治,今文经学、古文经学、谶纬三派的矛盾被搁置起来。然而,性格宽厚的汉章帝继位后,想再次撮合今文经学、古文经学,形成经学上的统一。

汉章帝本人爱好古文经学,特别是《左传》和《古文尚书》。在当时,研究这两门学问的大家是贾逵。贾逵的父亲直接师从于刘歆,他本人除了熟悉各种古文经学经典之外,对于今文经学经典也有涉猎,可谓最懂两种经典差异的人。

汉章帝一继位，就把贾逵召进北宫白虎观和南宫云台。与光武帝不同，汉章帝明白，如果只是泛泛地说要采纳《左传》，必然引起巨大的反弹。他必须找到《左传》优秀的地方，才能说服群臣。于是汉章帝命令贾逵总结《左传》和《公羊传》、《穀梁传》的区别，特别是《左传》比其他两传更优秀的地方。

贾逵得到命令后，从《左传》中选取了三十七个地方，都是强调君臣正义、父子纲纪的内容。由于东汉最缺乏君臣之间的互相尊重，《左传》显然可以帮助皇帝说话。而与《左传》相比，《公羊传》在这些地方则主要强调权变，对皇权有害，这是皇帝所不需要的。

除了这些区别之外，贾逵认为，《左传》与《公羊传》其余部分大都相同，相同的比例有六七成，即便有不同，区别也不大，对整体无害。

另外，贾逵还提出一个最重要的意见：东汉的皇帝自认为是火德，色尚赤，是尧的后代，可是，如果采用今文经学中五经的记载，黄帝之后是颛顼，按照五行迭代，传到尧时，不可能是火德。只有《左传》记载黄帝之后是少昊，图谶中将少昊称作帝宣，从这个世系来算，汉才是火德。

汉章帝拿到贾逵的奏章，感到很满意。既然《左传》关系汉朝的命运，那么应该不会有反对意见了。据《后汉书·郑范陈贾张列传》记载，汉章帝赏赐了贾逵，并命令贾逵从《公羊传》的学徒中选取二十位优秀学生教授《左传》。

到这时，皇帝还只是命令教授《左传》，没有将其列为博士。但即便是这样，今文经学家们仍然强烈反对，这次跳出来的带头人是公羊学专家李育。据《后汉书·儒林列传》记载，贾逵从《左传》中找了三十七处来证明《左传》比《公羊传》好，李育就找了四十一处证明《左传》比《公羊传》差。

双方仍然大打嘴仗。到最后，兰台校书郎杨终上奏，建议讨论一下[4]，汉章帝无奈，只好下令在北宫白虎观召开一次经学会议。这次会议可以视为学者们的一次"华山论剑"，参加的主体是各大学派的掌门人和官员。这是继汉宣帝时期召开的石渠阁会议后，第二次由皇帝主持的大会。[5]

与基督教召开的公会议相同，这次会议的目的还是辩论谁是真经。不过，由于皇帝持调解态度，会议不会证明谁是伪经，而是如何将各家学派综合起来，形成一套对汉朝皇帝最有利的学说。

会议的目的主要集中在两个方面：第一，由于汉儒们不善于学习，只善于注释，结果，五经文本原来极为简单，在他们的注释下却变得冗长乏味，有时候经文不过只有区区数万字，而注释却有上百万字，还不准学生随意发挥，学生学习时背得头大。如何简化注释（也就是所谓的章句），成了人们必须考虑的问题。

第二，各家学派本来都是为皇权服务的，但随着学问传来传去，就产生了许多不利于皇权的因素，各派之间的差异和矛盾也越来越多。如何把各派的经义重新统一起来，产生一个最有利于皇权的正解？

---

4 《后汉书·杨李翟应霍爰徐列传》："（杨）终又言：'宣帝博征群儒，论定五经于石渠阁。方今天下少事，学者得成其业，而章句之徒，破坏大体。宜如石渠故事，永为后世则。'于是诏诸儒于白虎观论考同异焉。"

5 《后汉书·章帝纪》："于是下太常、将、大夫、博士、议郎、郎官及诸生、诸儒会白虎观，讲议五经同异，使五官中郎将魏应承制问，侍中淳于恭奏，帝亲称制临决，如孝宣甘露石渠故事，作白虎议奏。"

在这个意义上,白虎观会议又是一场和稀泥的会议,就是要大家放弃分歧,重建共识,服务于朝廷。

与石渠阁会议相比,白虎观会议之所以幸运,在于会议的文集历经沧桑之后竟然保存了下来。在会议过后,皇帝叫人将会议要点记录形成一个统一的说法。这个记录人就是《汉书》的作者班固,他的记载形成一本叫作《白虎通德论》(或《白虎通义》)的书。通过这本书,我们了解了汉朝的"客观真理"。

与现代包揽一切的各种"客观真理"相同,《白虎通德论》上讨论天,下讨论地,中间讨论人,将围绕着政权和社会产生的所有问题都考虑在内,将科学、宗教、哲学都包括其中。

全书共四十三个专题,[6]可以分为以下三个方面。

第一,对于科学和自然的认识。书中讨论了天地、日月、四时都是什么,为什么形成。

什么是天?汉朝君臣认为,天就是居于高处统领天下的有意志的实体,代表着不变,而地则是万物的始祖,代表着变化。

在宇宙形成学上,如同现在的大爆炸理论一样,汉朝也有一套生成论。最早的世界叫"太初",就好像我们常常谈论的"奇点"。"太初"是没有形体概念的。"太初"又变成"太始",随后形成了形体,称为"太

---

[6] 分别是:爵、号、谥、五祀、社稷、礼乐、封公侯、京师、五行、三军、诛伐、谏诤、乡射、致仕、辟雍、灾变、耕桑、封禅、巡狩、考黜、王者不臣、蓍龟、圣人、八风、商贾、瑞贽、三正、三教、三纲六纪、性情、寿命、宗族、姓名、天地、日月、四时、衣裳、五刑、五经、嫁娶、绋冕、丧服、崩薨。

素"。"太素"虽然有形体，但仍然是混沌一片，看不见、听不见。之后世界开始分离，精气上升、浊气下降，精气形成日月星辰，而其余的形成五行。五行中生出万物和"情性"，"情性"中又生出"汁中"，"汁中"生出"神明"，"神明"生出"道德"，"道德"又生出"文章"。这样，自然的天地就和人世的道德、文章联系在了一起。天地之间的运转（天向左旋转，地向右旋转）则和人世间的君臣、自然界中的阴阳一样，是一组对应的概念。[7]

第二，对于人类社会的讨论。书中讨论了人类社会运行的各种事务，如商业、农业、法律、婚嫁以及丧事等，这些都是从天地运行中延伸出来的。

第三，从对于人类社会的讨论又上升到了对于政治的讨论，这就有一套符合君臣礼仪的规则出现。君臣之礼又对应于天地之礼，上升为一种所有人都必须遵守的规则。这些规则就将人类社会固定住了。一个人生下来是什么位置，他就必须遵从于这个位置来度过他的一生，因为这是符合天道的。

在这些礼仪中，"三纲六纪"是主要的道德标准。所谓"三纲"，就是君臣、父子、夫妇；所谓"六纪"，就是诸父、兄弟、族人、诸舅、师长、

---

[7]《白虎通德论·天地》："天者何也？天之为言镇也，居高理下，为人镇也。地者，易也。言养万物怀任，交易变化也。始起之天，始起先有太初，后有太始，形兆既成，名曰太素。混沌相连，视之不见，听之不闻，然后剖判清浊。既分，精出曜布，度物施生。精者为三光，号者为五行。行生情，情生汁中，汁中生神明，神明生道德，道德生文章。故《乾凿度》云：'太初者，气之始也。太始者，形兆之始也；太素者，质之始也。阳唱阴和，男行妇随也。'天道所以左旋、地道右周何？以为天地动而不别，行而不离。所以左旋、右周者，犹君臣、阴阳相对之义。"

朋友。[8]其中"三纲"效法天地人，也就是君臣关系根据天来设计，父子关系根据地来设计，夫妇关系根据人来设计，而"六纪"则主要根据"六合"，也就是上下、东西、南北六个方向来设计。

"三纲六纪"将中国人装入了一个包罗万象的大盒子，从天地到六合都被牢牢控制。一个人生下来就已经不是为自己生活，而是为了皇帝、父亲、配偶以及各种亲戚而活着，他必须努力劳动来维持这些关系，所谓发明和创造力，都是不需要的。

即便我们现在已经不再提所谓的汉朝的哲学，但"三纲六纪"仍然是每个人生活中抛之不去的阴影。君臣父子不再提，却变成了所谓家国情怀继续存在，而夫妇和六纪则变身为各种各样的人情，不断地占用着每一个人的时间。这些事情最终的目的，就是让他放弃自己的创造力和理想，生活在俗事之中无法摆脱。

从传承上来看，《白虎通德论》是一个综合的产物，这一点上，汉章帝和稀泥的目的达到了，它以今文经学的观点和内容为主，同时吸收了古文经学中的《毛诗》《周礼》《逸礼》的部分文字。另外，还引用了

---

8 《白虎通德论·三纲六纪》："三纲者何谓也？谓君臣、父子、夫妇也。六纪者，谓诸父、兄弟、族人、诸舅、师长、朋友也。故《含文嘉》曰'君为臣纲，父为子纲，夫为妻纲。'又曰：'敬诸父兄，六纪道行，诸舅有义，族人有序，昆弟有亲，师长有尊，朋友有旧。'何谓纲纪？纲者，张也；纪者，理也。大者为纲，小者为纪，所以张理上下，整齐人道也。人皆怀五常之性，有亲爱之心，是以纲纪为化，若罗纲之有纪纲而万目张也。诗云：'勉勉我王，纲纪四方。'君臣，父子，夫妇，六人也，所以称三纲何？一阴一阳谓之道。阳得阴而成，阴得阳而序，刚柔相配，故六人为三纲。三纲法天、地、人，六纪法六合。君臣法天，取象日月屈信归功天也。父子法地，取象五行转相生也。夫妇法人，取象人合阴阳有施化端也。六纪者为三纲之纪者也。师长君臣之纪也，以其皆成己也；诸父兄弟父子之纪也，以其有亲恩连也；诸舅朋友夫妇之纪也，以其皆有同志为纪助也。"

大量的谶纬学著作。

今人在研究哲学时，已经很少提到这本《白虎通德论》，原因在于它没多少原创内容，只是各派观点的一个大杂烩，选取了对皇帝最为有利的一方面。但是，它之所以重要，是因为它代表了东汉时期最流行的统治哲学，是东汉社会组织的基础性文献。它是东汉时期的语录，是打开一代王朝思想的钥匙。理解了这本书，就真正理解了东汉社会的精神面貌。

白虎观会议之后，古文经学在统治圈获得了某种程度的承认。但是，如果皇帝想要为古文经学专门设立博士，仍然困难重重。到最后，皇帝只好做出了妥协，他没有增加古文经学博士，却以诏书的形式命令各地的高才生必须学习古文经。[9]

表面上看，今文经学最在乎的官场之路仍然被今文经学博士们把持，但是学生们被要求必须在学习今文经的同时，学习一些古文经文献，这是今文经学和古文经学混合的第一步。

从此以后，今文经学者们也慢慢地研习古文经，熟悉了古文经的经文。汉章帝通过努力，终于将两派捏合在一起，二者从斗争走向了融合。

一个哲学异类的生存方式

今文经学和古文经学之所以出现如此反复的斗争，其原因在于，他

---

[9]《后汉书·章帝纪》："（建初八年冬十二月）诏曰：'五经剖判，去圣弥远，章句遗辞，乖疑难正，恐先师微言将遂废绝，非所以重稽古，求道真也。其令群儒选高才生，受学左氏、穀梁春秋，古文尚书，毛诗，以扶微学，广异义焉。'"

们争夺的是皇家资源。读书人追求的不是学问，而是成为皇帝身边的大臣，或者在各自的地方上当官称雄。他们内部虽然有斗争，但随着古文经学地位的上升，又共同反对更加边缘化的人群，防止被抢了饭碗。

随着古文经学列入官修课程，汉朝的官方教育体系也更加成型。除了中央的太学之外，地方上也有各级地方官设立的教育机构。学生们必须首先到州县的教育机构就学，然后才有可能被发现并被送往更高的教育机构。

还有很多人连官方教育机构都进不去，他们就被排斥在了升官道路之外。这些人的学问自成一家，不受经学门派的束缚，甚至可以自创门派。然而，这些人由于水平有限，又学不会各类学术术语，他们的研究能力和创造力到底有多强，是值得怀疑的。这些人的代表是一个叫扬雄的人。

扬雄是四川人，生活在王莽时代。对于读书人来说，王莽时代是一个好时代，只要肯出卖自己的立场，奉承几句皇帝，不管是今文经学还是古文经学都可以升官发财。扬雄的学问大都靠自学，没有师承，他也不屑于去揣摩五经的词句，只是了解大意就足够了。这样的人本来是跳出古文经学和今文经学传统的，也只有在王莽时期，他们才有可能受到不拘一格的任用。

但扬雄拒绝了奉承君主的诱惑，一辈子虽然做过小官，但整体上不得志。他淡泊名利，对于钱财不在意，而专注于文字创作。这样的人成为后世的楷模，的确不算过分。

但是，扬雄既然处于朝廷之外，又没有受到正规经学的腐蚀，是否就可能创造出独立的门派呢？答案却有些可悲。

实际上，由于受到当时流行观念的影响，扬雄的著述并没有摆脱五经的束缚，反而由于强烈的模仿而显得怪异。

在扬雄看来，汉朝的儒生是没有创造力的，只是不断地背诵经文，再生搬硬套运用到生活和执政当中，他希望自己摆脱其道，创造出真正的作品和独创的哲学思想。他不满足于对某一本书做注释，而是想写出与《论语》《易经》《离骚》等作品同等地位的杰作。这种理想已经超出汉儒们敢于设想的极限。

但是，扬雄想写出伟大作品的雄心壮志，却是靠模仿来实现的。比如，他认为《论语》是一部伟大的作品，他要写一本超越性的著作，于是，他模仿《论语》的格式写出了《法言》一书。但他不明白，当他模仿别人去写作时，就决定了他只是在别人的框架内打转，不可能超越了。

除了《法言》模仿《论语》之外，他还模仿《易经》写了一本叫《太玄》的著作。

《易经》以八卦为基础，采取了二进制的方法，产生了两仪、四象、八卦、六十四重卦、三百八十四爻，并以此为基础进行占卜。《太玄》则模仿性地创造了一个三进制的世界，它的基础符号不是阴和阳，而是"一、二、三"，分别用一长横、两短横和三短横来表示。它的复杂度也是按照三的级数来演化，分成三方、九州、二十七部、八十一首、七百二十九赞。然后再以这些数字为基础进行一定的比附，与天、地、人相配合，形成了一套新的宇宙论。

与《易经》的宇宙论一样，《太玄》的宇宙论也是扬雄拍脑袋想出来的，它最初的出发点只是一个头脑游戏，即利用三的级数创造一个图形，再对图形进行一定的解释。至于这些解释是否符合自然规律，则不在作者考虑之内。

扬雄认为他的体系足以比肩《易经》，但可惜的是，汉朝的人们偶尔会赞叹他设计的图形如何精妙，[10]但很少有人真的把他当回事。

除了《太玄》和《法言》，扬雄还模仿过别的作品。屈原的《离骚》在当时算是最流行的文学，扬雄又想着去超越，于是模仿《离骚》写了一篇《反离骚》，后来还不过瘾，写了一篇《广骚》，又写了一篇《畔牢愁》。[11]

他以为自己写得很好，是反抗当时流行思想的代表，却不知道正是这些模仿，证明了他仍然没有摆脱汉朝的流行哲学，只会用与流行哲学类似的语言来说话。

扬雄的事例说明，在汉朝，随着政府将哲学垄断，人们不管是在朝还是在野，都会不由自主地受到影响，无力摆脱，从而也无法进行独立的研究。即便到后来，汉朝的经学已经变质，甚至腐烂了，人们也无力拯救。直到社会崩溃后，读书人突然发现自己已经失去了进阶的可能，才痛定思痛，产生了一批背离经学的思想者，这就到了魏晋时期。

扬雄当年的大部头到了现代，也几乎被遗忘。但他的另一个成就却越来越多地被人提及，那就是对谶纬观念的反叛。

西汉末期和东汉时期，令学术界变得乌烟瘴气的还不是今文经学和

---

10 《后汉书·张衡列传》："常耽好玄经，谓崔瑗曰：'吾观太玄，方知子云妙极道数。'"
11 《汉书·扬雄传》："实好古而乐道，其意欲求文章成名于后世，以为经莫大于易，故作太玄；传莫大于论语，作法言；史篇莫善于仓颉，作训纂；箴莫善于虞箴，作州箴；赋莫深于离骚，反而广之；辞莫丽于相如，作四赋；皆斟酌其本，相与放依而驰骋云。"

古文经学的斗争，而是对谶纬的滥用。谶纬作为一种皇帝提倡的思想，已经变得不可救药，学者们开始了自发的抵抗。

扬雄不算反对"天人合一"的代表人物，他有时强调人力决定，有时候又透露出人力无法干预天命的思想。[12] 但在对待谶纬的态度上，却有着强烈的反对色彩，认为如《黄帝终始》这样的书根本不是圣人言，反而是伪造的。[13] 对邹衍这样受到经学家们崇拜的阴阳家，他也认为不可信。[14]

东汉初年，扬雄对于谶纬的态度被继承，越来越多的人开始反对谶纬。其中比较著名的，除了本章开头提到的尹敏之外，还有桓谭、郑兴等人。

在光武帝时期，由于皇帝喜欢图谶，几乎所有的大臣都言必谶纬，一时间整个朝堂之上弥漫着各种各样的预言和灾祥，桓谭[15]和郑兴[16]却当着皇帝的面宣称自己不相信。桓谭更是屡次上言，表示谶纬误国，但都没有效果。

从扬雄到桓谭、郑兴等人，对于谶纬的反对之声不绝于耳，但东汉

---

12 《法言·问明》："或问命，曰：命者，天之命也，非人为也。人为不为命。请问人为？曰：可以存亡，可以死生，非命也。命不可避也。"
13 《法言·重黎》："或问黄帝终始。曰：'托也。昔者姒氏治水土而巫步多禹；扁鹊，卢人也，而医多卢。夫欲仇伪者必假真。禹乎卢乎！终始乎！'"
14 《法言·五百》："邹衍迂而不信。"
15 《后汉书·桓谭冯衍列传》："其后有诏会议灵台所处，帝谓（桓）谭曰：'吾欲以谶决之，何如？'谭默然良久，曰：'臣不读谶。'帝问其故，谭复极言谶之非经。帝大怒曰：'桓谭非圣无法！将下斩之。'谭叩头流血，良久乃得解。"
16 《后汉书·郑范陈贾张列传》："帝尝问（郑）兴郊祀事，曰：'吾欲以谶断之，何如？'兴对曰：'臣不为谶。'帝怒曰：'卿之不为谶，非之邪？'兴惶恐曰：'臣于书有所未学，而无所非也。'帝意乃解。兴数言政事，依经守义，文章温雅，然以不善谶故不能任。"

的皇帝们由于政治的需要，继续推崇谶纬来维持自己的统治。

此时，王充出世的时候到了。

反对谶纬的机械论者

光武帝建国后不久，在东南方的会稽郡出生了一个童子，谁也没有想到，他会成为反对谶纬的主将。

王充出生于贫困人家，年幼失去了父亲。后来他来到京师进入太学机构，师从于当时的大儒班彪（就是《汉书》作者班固的父亲）。王充在仕途上一直不得志，虽然是太学出身，但脾气倔强，与其他的钻营之徒不合拍，最后退而写书。王充最著名的著作是《论衡》，流传至今。

由于深受唯物主义影响，当今的学者对王充总是持拔高态度，认为他是东汉时期唯物主义的旗手，与唯心主义做斗争。但实际上，王充也许并不符合当下人给他贴的那么多标签。

首先，把哲学史当成唯物主义与唯心主义做斗争的历史，但这是错误的。在历史上，唯物主义只是人类思想中的一个分支，几乎所有的民族都相信神灵、灵魂，即便到了现在，相信神和上帝的人也不在少数。

人类历史上哲学的对立，在不同时候也有不同的主题，有时候表现为唯实论和唯名论的争论，有时候表现为唯理论与经验论的对立。而在中国的汉朝，在哲学上则主要是汉朝儒教所代表的宇宙论（强调人依附于天，建立一个试图解释一切的理论体系）与战国哲学强调的心性论（试图弄明白人如何认识世界，但不主张建立包容一切的理论体系）之间的争执，在组织上主要是今文经学、古文经学、谶纬之间的"合纵连横"。

所谓唯物主义，其实并不在人们争论的焦点之内。

其次，说王充是唯物主义者，也是有问题的，他并不完全否认天和命。如果找一个更合理的标签，人们可以将他称作"机械的经验论者"。

所谓机械的经验论，是从他的主要观点来看的。他的主要观点是：我只相信我看到的东西，其余的一切都是虚妄的。[17] 他的出发点是从经验中寻找真相，并不是一个自动站队的唯物主义世界观。

由于在仕途上郁郁不得志，他对当时的一切流行看法都看不惯，所以针对流行的观点进行一一批判，写了一本愤世嫉俗的书。由于汉朝时谶纬流行，谶纬也就成了王充批判的对象。而现代唯物主义者以破除迷信自居，自然也就把王充划归了同类。

在哲学上，王充的价值并不大，原因也在于他擅长批判，却极少构建。哲学上最伟大的人物往往是创造型的，他们或者构建一套自洽的理论（如柏拉图、笛卡儿和牛顿），或者研究出一种方法（如亚里士多德和培根）。

王充的批判也大都从机械经验出发，如果放在现在，他会否定万有引力和电磁波的存在，原因是"我看不到"。

但在质疑王充唯物主义标签时，不能否定，王充的质疑很多是有道理的。总结起来，他对当时的几个流行观点提出了以下质疑。

第一，对汉朝的灾异观进行了批判。汉朝儒生认为，天人之间是有感应的，所以，人世出了问题，老天爷就会降下灾异来惩罚人类。王充

---

[17] 《论衡·佚文》："论衡篇以十数，亦一言也，曰：'疾虚妄。'"

并没有完全否认人类的命运,而是认为老天爷太大了,不可能对人类的事情随时进行干预。[18] 从这个角度出发,他认为所谓的天降灾异都是假的。他对于天的认识,反而更接近道家的天,认为天道自然。

但在另一方面,由于受汉朝儒教的局限,他对天的认识又停留在董仲舒的意志天上,认为天是一种拥有意志的实体存在。

除了天之外,他也相信命,认为人的命运是绝对的,人的生死、福祸、贵贱,无不是命造成的。

更有甚者,他在否定灾异的同时,为了迎合皇帝,又在某些文章中赞扬所谓的瑞符。这些互相矛盾的看法,表明他并没有一个体系,只是想到什么说什么。

第二,对于鬼神观念的批判。汉朝流行厚葬,认为人死后会去往另外的世界,而王充不仅对这种传统不满,同时还否定鬼的存在。[19] 那么,人死后去了哪儿?王充认为,人是阴阳二气交汇的结果,阴气形成人的形体,阳气形成人的精神。阴阳二气弥散在空中,是没有感觉、没有意识的。直到阳气的精神附着在阴气形成的实体上,才有感觉和意识。当人死后,阴阳二气分离,阳气又回到了空中,感觉和意识也随之消灭。[20]

需要说明的是,王充对于阴阳二气的看法同样来自汉朝儒教体系。

---

18 《论衡·变动》:"夫天能动物,物焉能动天?何则?人物系于天,天为人物主也。""故人生天地之间,犹蚤虱之在衣裳之内,蝼蚁之在穴隙之中。蚤虱蝼蚁为逆顺横从,能令衣裳穴隙之间气变动乎?蚤虱蝼蚁不能,而独谓人能,不达物器之理也。"
19 《论衡·论死》:"人死血脉竭,竭而精气灭,灭而形体朽,朽而成灰土,何用为鬼?"
20 《论衡·论死》:"人未生,在元气之中,既死,复归元气。元气荒忽,人气在其中。人未生,无所知,其死,归无知之本。"《论衡·订鬼》:"夫人所以生者,阴阳气也。阴气主为骨肉,阳气主为精神。"

以阳为天、阴为地，所以阳气代表了天，是人死后精神去往的地方；阴气代表了地，是人死后身体腐朽之地。

第三，针对汉朝神化孔子，将儒家五经奉为神圣的做法，王充也感到不满。他写了《问孔》《刺孟》等篇，认为圣贤也会犯错，不需要将他们无限制地拔高。所谓五经，在王充看来也不是不能更改的圣典，因为在汉朝儒教传播的过程中，不知道错过多少了。[21] 这个看法又和当年刘歆的看法类似。

第四，除了上述三点之外，王充还花了大量的篇幅对当时的种种迷信做法进行驳斥，如神仙方术、占卜忌讳等。

整体而言，王充的书代表了汉朝学者对于汉朝思潮中不良观念的较高水平批评，也表明在他的时代，已经有了一个较为清醒的阶层，开始反思当时的各种谶纬观念。并不是王充一个人粉碎了谶纬，而是这个时代已经感觉到了谶纬的荒谬性，这才会出现王充。

到此时，董仲舒所建立的"天人合一"体系也进入了垮台的节奏。一方面，它已经成了整个社会观念的基础，但另一方面，人们开始不相信它。果然，随着东汉哲学的崩塌，魏晋知识分子抛弃汉朝儒教的"天人合一"之后，建立了另一套玄学体系，希望尽早地摆脱汉朝的影响。

但在汉朝哲学崩塌之前，由汉章帝开始的今文经学和古文经学的合并，也即将完成。

---

21 《论衡·正说》："儒者说五经多失其实。前儒不见本末，空生虚说，后儒信前师之言，随旧述故，滑习辞语，苟名一师之学，趋为师教授，及时蚤仕，汲汲竞进，不暇留精用心，考实根核。故虚说传而不绝，实事没而不见，五经并失其实。"

合并时,已临近死亡

汉章帝要求儒家知识分子也学习古文经学,但没有单独设立古文经学博士,这导致东汉时期哲学界出现了一种奇怪的特征:今文经学由于把持着通往官场的渠道,输送了大量的官员,古文经学虽然在野,却逐渐成了哲学的主角。到了东汉后期,今文经学再也出不来大学问家,而古文经学却人才辈出,他们大都不是当权派,靠著书立说成为一代宗师。

这样的格局看上去相安无事,但随着今文经学丧失了研究能力,合并的机会终于来临。

东汉由于皇权较弱,是一个对知识分子较为优厚的时代。汉明帝时期,皇帝要亲自到辟雍去尊养三老五更,以示对学问的尊重,并亲自参加讲课,听众如云,《后汉书》中用"亿万"来形容当时的听课人数。对于功臣子孙、大姓都要设立单独的校舍,甚至匈奴都派子孙来学习。[22]

学校的规模到了汉顺帝和汉质帝时期达到顶峰,皇帝修建了二百四十房、一千八百五十室的大校舍,人数则达到了三万余人,略少于东汉

---

22 《后汉书·儒林列传》:"明帝即位,亲行其礼。天子始冠通天,衣日月,备法物之驾,盛清道之仪,坐明堂而朝群后,登灵台以望云物,袒割辟雍之上,尊养三老五更。飨射礼毕,帝正坐自讲,诸儒执经问难于前,冠带缙绅之人,圜桥门而观听者盖亿万计。其后复为功臣子孙、四姓末属别立校舍,搜选高能以受其业,自期门羽林之士,悉令通孝经章句,匈奴亦遣子入学。济济乎,洋洋乎,盛于永平矣!"

总人口的千分之一。[23]青年人已经形成了游学的风气，以上学为借口到京城游荡，建立关系网。[24]

但东汉又是一个分层的社会，读书人虽然多，进阶的机会却大都被世家大族把持，许多读书的青年并没有明确的出路，皇帝也没有这么多官位留给他们。结果是，一方面读书人数众多，但另一方面，真正乐于去读书的却是少数，特别是在官方举办的学校之中，混日子的人很多。汉安帝时期，由于皇帝突然间松懈下来，结果，博士们占据了职位却不讲课，学生们也懒散惯了，学校荒芜成了菜园。[25]汉顺帝虽然增加了人数，却无法让他们更加重视学业，反而成了朝廷的财政负担。

今文经学走到这一步，与它成为当官的工具有着必然的联系，看上去这可以鼓励人们学习今文经学，但实际上，随着求学目的的庸俗化，反而产生了大量的学阀，他们的教科书充满了错误，又不允许学生自由发挥，致使学术僵化。与人们的理解相反，任何与官运挂钩的学术机构到最后都会走到这一步，从汉代的太学到明清的科举，莫不如此。

今文经学走向僵化的同时，古文经学获得了官方的认可，因没有参

---

23 《后汉书·儒林列传》："顺帝感翟酺之言，乃更修黉宇，凡所结构二百四十房，千八百五十室。……本初元年，梁太后诏曰：'大将军下至六百石，悉遣子就学，每岁辄于乡射月一飨会之，以此为常。'自是游学增盛，至三万余生。"东汉总人口根据《后汉书·郡国志》："至于孝顺，凡郡、国百五，县、邑、道、侯国千一百八十，民户九百六十九万八千六百三十，口四千九百一十五万二百二十。"

24 《后汉书·儒林列传》："自光武中年以后，干戈稍戢，专事经学，自是其风世笃焉。其服儒衣，称先王，游庠序，聚横塾者，盖布之于邦域矣。若乃经生所处，不远万里之路，精庐暂建，赢粮动有千百，其著名高义开门受徒者，编牒不下万人，皆专相传祖，莫或讹杂。至有分争王庭，树朋私里，繁其章条，穿求崖穴，以合一家之说。"

25 《后汉书·儒林列传》："自安帝览政，薄于艺文，博士倚席不讲，朋徒相视怠散，学舍颓敝，鞠为园蔬，牧儿荛竖，至于薪刈其下。"

与官位的分配，反而产生了一大批立志于学的大家。东汉时期，古文经学人才辈出，杜林、郑兴、卫宏、贾逵、许慎、马融、服虔、卢植、郑玄等人相继主导了经学的发展。

最初，这些大家还以与今文经学辩论为己任，到后来他们已经不再满足于简单的争吵，而是遍读书籍，开创自己的体系去了。

今文经学由于壁垒森严，一个学者往往只学一本书或者几本书，而古文经学家到了后期几乎要把所有的经典都读一遍，再统统进行注释。

以古文经学大儒马融为例，在他漫长的一生（他活到八十八岁）中，仅仅他注释过的书籍就有《孝经》《论语》《诗经》《易经》《三礼》《尚书》《列女传》《老子》《淮南子》《离骚》，他曾经还想注《左传》，但看到贾逵和郑众的注释后，最终放弃了，只写了一部《三传异同说》。

由于他的学问扎实，受到世间称赞，他的学生常常有数千人，其影响力已经远超那些官方的博士。

对于整个经学界影响最大的，是一位叫郑玄的经学家。在流传中，由于古文经学和今文经学对于经典的解读并不相同，甚至意思上都会出现巨大的差别，大部分古文经学家在注疏时，会严格地按照古文学派内部流传的解释来注释。但郑玄是一个例外，他不仅精通古文经学，还对今文经学有着透彻的学习，这使得他成了统一古文经学和今文经学的不二人选。

郑玄年轻时曾经进入太学，学习《京氏易传》《公羊传》等今文经学著作，以及《三统历》《九章算术》的历数方法。后来，又师从东郡的张恭祖学习《周礼》《礼记》《左传》《韩诗》《古文尚书》等古文经学著作。

他把在洛阳所能学到的学问都掌握后,感慨整个中原地区已经没有什么可学的了,又过函谷关前往陕西地区,投在马融门下学习。学成后继续游学,共花了十几年时间在游学上。这与太学生们只守在京师等待升官发财是完全不同的两条路。由于郑玄的学问好,其弟子有了"数百千人"之多。北海相孔融由于尊敬他,专门在高密县(今山东高密)设立一个乡,叫"郑公乡"。郑玄的名声甚至传到了反叛者的耳中,黄巾贼乱时,郑玄从徐州去往高密县,路上遇到数万黄巾军,这些叛乱者不仅不敢动他,还对他下拜,主动避开他所在的高密县。

郑玄曾与今文经学唯一还拿得出手的学者何休展开过论战。其原因是何休写了三本反对古文经学的书,分别是《公羊墨守》《左氏膏肓》《穀梁废疾》。郑玄利用何休的章句进行回击,破掉了何休的说法。何休感慨地说:这是进我的房间,拿我的矛来打我。[26]

这也是今文经学与古文经学的最后一次斗争。之后,经学将进入另一个时期。

虽然与今文经学论战,但郑玄并没有马融等人的门派之见,他的目标是超越今文经学和古文经学的对立,为现存的所有经典都寻找一个权威的解读。在今文经学和古文经学中,对于同一本书的解读大部分是相同的,不同的部分中,有的是今文经学说得对,有的是古文经学说得对。但在双方长期的争吵中,由于门派之见,即便知道对方说对了,也不能采纳,只能全盘性地接受某一方的理论。

郑玄正是在将各家的观点拿在一起进行比较之后,择善而从,形成

---

26 《后汉书·张曹郑列传》:"休见而叹曰:'(郑玄)康成入吾室,操吾矛,以伐我乎!'"

一个新的版本。[27] 汉朝的大儒并不以著述出名，而是以注释经文为傲，郑玄用一生的时间将儒家经典的大部分都重新进行了注释，包括《周易》《尚书》《毛诗》《仪礼》《礼记》《论语》《孝经》《尚书大传》《中候》《乾象历》。除了这些注释之外，还写了《天文七政论》《鲁礼禘祫义》《六艺论》《毛诗谱》《驳许慎五经异义》《答临孝存周礼难》等书，加起来一共百余万言。另外，他的学生根据他解读五经时的问答，又依照《论语》的格式整理了八篇《郑志》。

在对于经典的注释中，郑玄大部分选用古文经学版本为底本，又加入了大量今文经学的研究成果，甚至有的进行对校，或者将双方的说法并行排列。比如，对《诗经》的评注，采用了古文经学版的《毛诗》为底本，但也用了今文经学的齐、鲁、韩三家的评注来进行校正。注《仪礼》则并存今文经学、古文经学，按照今文说法记录的，就在注里写出古文经学，按照古文经学的说法，则在注里标出今文经学。注释《论语》，则以鲁论为底本，用齐论和古文经学进行考证。

在所有这些著作中，整本流传到今天的一共四部，分别是"三礼"（《周礼》《仪礼》《礼记》）的注释，以及《毛诗》的注释。后人总结的儒家经典"十三经"[28]中，有四部用的就是郑玄的注本。

郑玄的著作一出，不管是今文经学派还是古文经学派都被边缘化

---

27 《后汉书·张曹郑列传》："自秦焚六经，圣文埃灭。汉兴，诸儒颇修艺文；及东京，学者亦各名家。而守文之徒，滞固所禀，异端纷纭，互相诡激。遂令经有数家，家有数说，章句多者或乃百余万言，学徒劳而少功，后生疑而莫正。郑玄括囊大典，网罗众家，删裁繁诬，刊改漏失，自是学者略知所归。"

28 包括《周易》《尚书》《毛诗》《周礼》《仪礼》《礼记》《左传》《公羊传》《穀梁传》《论语》《孝经》《尔雅》《孟子》。

了。在他之前，每一个博士都有自己的课本。郑玄之后，博士们的书没人看了，不管谁家的弟子只要拥有一套"郑玄全集"，就可以了解整个儒教系统了。可以说，郑玄的课本成了孔子之后又一次统一的教科书。

东汉末年和曹魏初年，郑玄的弟子们在政府中逐渐升任高官，"郑学"也成了一门显学，正式取代两汉的今文经学。当年横行一时的各大学派逐渐衰亡，被人遗忘，最终失传了。[29]

郑玄统一经学本来应该是学界的一件大事，但实际上，他的统一又是微不足道的。今文经学与古文经学斗争，为的是进入朝廷，掌握政权，影响社会。在东汉的整个繁荣期内，文人之间的斗争愈演愈烈，不仅没有成为政权的好帮手，还不停地制造麻烦。由于政权机器运行不畅，皇帝不能靠文人治理，逐渐倒向宦官和外戚，引起东汉政治的腐败和崩塌。

直到东汉已经不行了，汉朝的经学才归于统一。时局的动荡已经把对社会的控制权从文人转到武夫手中，依靠学问控制社会的时代结束了。

众多儒家弟子不仅没有为经学统一而欣慰，反而体会到了社会的幻灭。于是，他们不仅把今文经学抛弃，甚至连儒家的理想也都抛弃了。董仲舒创建的今文经学和谶纬两大系统，躲过了文人的攻击，最终在武夫的冲击下崩溃了。

两汉经学刚刚统一，就被抛弃，埋入了坟墓。取而代之的，是一个叛逆和玩世不恭的哲学嬉皮士时代。

---

29 参见皮锡瑞《经学历史·经学中衰时代》："于是郑易注行而施、孟、梁丘、京之易不行矣；郑书注行而欧阳、大小夏侯之书不行矣；郑诗笺行而鲁、齐、韩之诗不行矣；郑礼注行而大小戴之礼不行矣；郑论语注行，而齐、鲁论语不行矣。"

第二部

哲学嬉皮士：以自然的名义反叛教权

（公元166—316年）

第六章　乱世文人抱脚难[1]

东汉末年的党锢之祸，彻底扒下了文人的尊严外衣。宦官集团的胜利将文人分享权力之路堵死，也预示着汉朝的权力哲学迎来了大变局。

东汉也是文人最喜欢拉帮结派的时代，由于私学发达，大的学者可以有上万的徒子徒孙，对权力形成了绑架。文人集团虽然有正义的一面，但党锢之祸也是权力本身对于文人绑架政权的不满与反抗。

皇帝禁止文人集团参与政治之后，为了解决官僚不足的问题，试图绕过原有的学术架构，另立学校，培养人才供应朝廷。但由于学术能力不足，无法填补官僚真空。

文人集团脱离政治后，也导致了一批"闲云野鹤"的出现，他们开始思考哲学问题，从而启动了对于玄学的探索。

汉灵帝建宁元年（公元168年），汉灵帝刚刚继位不久，东汉大将

---

[1] 本章涉及的时间范围是公元166—220年。

军窦武就卷入一场与宦官的生死争斗。[2]

窦武的女儿是汉桓帝的皇后,汉桓帝死后无子,窦武和窦太后商议立十二岁的解渎亭侯刘宏为皇帝,是为汉灵帝。既然窦武是皇太后的父亲,又兼任大将军录尚书事,本来应该是东汉最具实力的实权派。更何况与他一同在尚书台的太傅陈蕃是他的同党,他的儿子渭阳侯窦机担任侍中,侄子鄠侯窦绍担任步兵校尉,掌管北营五军中的一军,窦绍之弟西乡侯窦靖也是侍中,监管羽林左骑。

窦氏一门都在权力中枢,又有谁能和他挑战呢?

答案是:宦官。当时的宦官是中常侍曹节、王甫等人。与东汉历代宦官相比,曹节、王甫在窦武之前并没有显示出大恶的迹象,实际上,东汉宦官虽然权柄较大,但更多原因是皇帝和行政工作的需要。由于政治结构不合理,皇帝的许多"打手"工作找不到合适的人选,只能让宦官去做,时间长了,他们自然有了一定的权力。

汉灵帝初期,由于窦武等人的节制,宦官权力并没有大到不可收拾。曹节之所以有权,只不过是他奉命迎接灵帝入宫继位。而王甫也是个知是非的人,曾经在审判名士范滂时,被范滂的凛然所感动,主动帮他解开枷锁。[3] 可见,作为政权机器零件的宦官,也并非全部都是十恶不赦,

---

2　本段史实见《后汉书·窦何列传》。
3　《后汉书·党锢列传》:"桓帝使中常侍王甫以次辨诘,滂等皆三木囊头,暴于阶下,余人在前,或对或否,滂、忠于后越次而进。王甫诘曰:'君为人臣,不惟忠国,而共造部党,自相褒举,评论朝廷,虚构无端,诸所谋结,并欲何为?皆以情对,不得隐饰。'滂对曰:'臣闻仲尼之言,见善如不及,见恶如探汤。欲使善善同其清,恶恶同其污,谓王政之所愿闻,不悟更以为党。'甫曰:'卿更相拔举,迭为唇齿,有不合者,见则排斥,其意如何?'滂乃慷慨仰天曰:'古之循善,自求多福;今之循善,身陷大戮。身死之日,愿埋滂于首阳山侧,上不负皇天,下不愧夷、齐。'甫愍然为之改容,乃得并解桎梏。"

只是皇帝的工具而已。

但窦武在陈蕃的鼓动下,决定彻底铲除当权的宦官集团,并换上自己的、听话的新人。

然而,窦武的性格中有一个要命的弱点:犹豫不决。这个弱点又遇到了另一个障碍——窦武的女儿窦太后。窦太后认为,宦官集团是朝廷的一部分,代表着一定的行政功能,不可能全部不要;即便要诛杀某个具体的人,也需要合法的借口。窦武只好从长计议,从针对整个宦官阶层改为针对某些具体的个人。他首先请求太后杀了中常侍苏康和管霸,汉桓帝去世时,窦太后曾想把汉桓帝的诸位妃子都杀掉,是这两个人苦苦劝谏,阻止了窦太后,[4] 因此,对于杀这两个人,窦太后是没有意见的。接着窦武又找借口要求诛杀曹节,这次窦太后认为理由不够,没有同意。但窦武已经下定决心要把曹节除掉。

到了这年八月,由于天象不好,窦武决定提前动手。他首先把司隶校尉、河南尹、洛阳令都换成自己的心腹,然后又奏免黄门令魏彪,换上了另一个听话的宦官山冰。接着,他逮捕长乐尚书郑飒,将其关进北寺狱审问,利用他来牵连曹节、王甫等宦官。

准备工作完成后,窦武决定,不仅对曹节、王甫动手,还要将前朝的宦官群体一网打尽,重新换人。但在这时,消息泄露了。

消息之所以泄露,是因为窦武在诛杀宦官时不得不利用宦官。当窦武离开官府回家后,执掌文书的小宦官立刻上报长乐五官史朱瑀(也是宦

---

[4] 《后汉书·皇后纪》:"太后素忌忍,积怒田圣等,桓帝梓宫尚在前殿,遂杀田圣。又欲尽诛诸贵人,中常侍管霸、苏康苦谏,乃止。"

官)。朱瑀看到窦武的奏章后,大骂窦武不近人情,认为他可以诛杀那些放纵的宦官,怎么可以把所有的宦官都杀灭!朱瑀立刻行动起来,一面大声宣扬窦武谋逆想废皇帝,一面找了十七个人,共同起誓要杀掉窦武。

消息也传到了曹节耳中,他迅速将皇帝、太后软禁,伪造诏书到北寺狱把窦武的同党尹勋、山冰杀掉。同时下令在南宫设防,关闭禁门,进行殊死抵抗。最后,又派人去抓捕窦武。此时,窦武诛杀宦官的计划已经失败了。

当宦官去抓捕时,窦武逃到兵营,召集他能控制的北军五校士数千人屯扎在都亭,号令军士杀掉黄门宦官。与此同时,宦官也借助皇帝的诏书,命令少府周靖率领人马进攻窦武,双方进入战争状态。由于宦官不得人心,窦武与宦官即便发生战斗,也并不落下风。

但这时,另一个人决定了双方的实力对比。东汉著名将领、护匈奴中郎将张奂恰好从边疆归来,身在洛阳。张奂一生为人正直,不肯侍奉权贵,对宦官也没有好感——常常被宦官告黑状剥夺赏赐。但因为他刚回来,并不知道都城发生了什么事,曹节等人决定以皇帝的名义下诏,让张奂前往攻打窦武。

不明就里的张奂接到诏书后,立刻领兵前往都亭。身经百战的他显示出了极强的号召力。窦武的士兵越来越少,他被迫自杀身亡,其宗亲、姻属和宾客都被诛杀,就连窦太后也被软禁。[5]

窦武铲除宦官集团的图谋以其死亡而告终,东汉末年的宦官专权也

---

[5]《后汉书·皇甫张段列传》记载,张奂知道真相后后悔不已,虽然宦官因为感激升了他的官,但他总想找机会为窦武申冤。最后,不堪忍受迫害的他回乡闭门不出,著书立言去了。

愈演愈烈。在窦武死前，曹节、王甫等人还有所忌惮，不敢为所欲为，窦武死后，没有了制衡的他们变得专断跋扈，东汉的政治就彻底倒向宦官集团。

窦武之死不仅仅是东汉政权崩溃的前兆，还是东汉文人的超级劫难。窦武不仅仅是个普通的外戚，他还被当时的读书人尊奉为文人之首。与窦武合谋的太傅陈蕃则是另一位文坛领袖。当窦武死时，陈蕃已经七十多岁，白发苍苍的他一听说消息，立刻率领下属和学生八十多人，拔刀闯入皇宫的承明门，大呼：大将军是忠义为国，是黄门在造反，怎么反说窦氏大逆不道！

王甫出来与陈蕃争论一番，最后下令逮捕陈蕃。据《后汉书·陈王列传》记载，七十多岁的老人拔剑厮杀，抓他的人围了数十重，才把他送往北寺狱，当天就将其杀掉。

窦武、陈蕃死后，宦官们开始制造"党锢"，将二人的同党一网打尽，杀害的杀害，剩下的被禁止为官。二人的门生、故吏遍布天下，这使得几乎整个知识圈都被禁绝。这就是著名的"党锢之祸"。[6]

党锢之祸给文人带来的冲击是巨大的，除了被禁止当官之外，他们也发现了所谓的文人是多么脆弱，他们所相信的原则在暴力面前是多么不堪一击。在反思中，东汉的哲学体系走向了崩溃。

但是，党锢之祸的发生又是一种必然，即便没有这次灾难，东汉已经失控的文人圈也必然导致另一次祸患。从这个角度说，东汉的哲学体系之所以崩溃，又可以理解为是其内部的原因。

6　具体而言，这是第二次"党锢之祸"，第一次是汉桓帝时期宦官逮捕李膺等二百余人的事件。

夹缝中的文人结派

与西汉的酷烈相比，在历史上不声不响的东汉却是文人的"白银时代"。皇帝对文人更宽容，也较少对他们进行直接的迫害。

但文人生活悠闲的同时，权力却比西汉时期小了。西汉大儒可以升任宰相，东汉的权力更多地被分给一个封闭的小圈子，这个小圈子由一些大家族把持，文人虽然受到了皇帝的优待，权力却不大。

结果，东汉的读书人形成了不同于西汉的习惯：他们生活悠闲，喜欢拉帮结派、评论政事，却缺乏实际的政务经验。

在集结小团伙方面，东汉人的群聚性可以让后世各朝代都甘拜下风。除了皇帝制造了三万人的太学供读书人交游之外，各地的地方学校以及私学都极其发达，私下开门授徒的学者不下万人，且每个人的学生都很多。

《后汉书·儒林列传》记载了一帮儒者的事迹，这些文人大都有大量的徒子徒孙，最多的几个，每人有弟子上万人，少则数千人。这些徒子徒孙不仅学知识，而且在任何时候都可以搭把手。

老师辞世是检验徒子徒孙规模的最佳时机——各地的弟子都要赶赴老师的葬礼，葬礼不仅仅是哀悼，还是炫耀的好时机。汉灵帝中平四年（公元187年），著名学者陈寔死亡，除了大将军何进派人吊唁之外，各地的徒子徒孙倾巢出动，一共三万多人参加葬礼，披麻戴孝的就有数百人。[7]

这个巨大的读书人群体有着学富五车的自负以及怀才不遇的感慨，他

---

[7] 《后汉书·荀韩钟陈列传》："中平四年，年八十四，（陈寔）卒于家。何进遣使吊祭，海内赴者三万余人，制衰麻者以百数。共刊石立碑，谥为文范先生。"

们对东汉的政局虎视眈眈，并不时地拉帮结派对皇帝的政策品头论足，构成了巨大的清议压力。他们没有足够的实务经验，却是政治提案的制造者。

到了汉灵帝时期，随着王朝政治的恶化，文人的拉帮结派运动也达到高峰期，这时，全国性的文人网络已经形成，在这个网络顶部的，是被人们奉为"三君""八俊""八顾""八及""八厨"的三十五个人。这些人中，有的身居高位，有的只是普通的学者。身居高位的需要普通学者们拥戴，普通学者们则需要高官的撑腰。在文人官员的领导下，读书人突然有了参政议政的归属感，并死心塌地地成了政治斗争的工具。

表4　东汉灵帝时期的名士[8]

名称	意　义	人　　名
三君	君者，言一世之所宗也	窦武、刘淑、陈蕃
八俊	俊者，人之英也	李膺、荀翌、杜密、王畅、刘祐、魏朗、赵典、朱寓
八顾	顾者，言能以德行引人者也	郭林宗、宗慈、巴肃、夏馥、范滂、尹勋、蔡衍、羊陟
八及	及者，言其能导人追宗者也	张俭、岑晊、刘表、陈翔、孔昱、苑康、檀敷、翟超
八厨	厨者，言能以财救人者也	度尚、张邈、王考、刘儒、胡母班、秦周、蕃向、王章

对读书人参政形成阻碍的，在东汉后期主要有以下两个集团。

首先出场的是外戚集团。比起西汉来，东汉的皇帝更加依靠内部人统治，最大的内部人就是妻子的娘家人。西汉时期还屡屡有平民皇后出

---

[8]　材料来自《后汉书·党锢列传》。

现[9]，东汉光武帝之后，皇后默认只能出自几个大家族。

由于光武帝对中央权力系统进行了改造，丞相所代表的外官体系被边缘化，把原本属于外官的权力交于宫内的尚书台，尚书台又控制在几个外戚大族手中，中央政府慢慢地变成几个大族的战利品。

到了东汉中期，皇帝与外戚的冲突已经愈演愈烈，于是又引进了另一个集团，这个集团在正规的儒家经典上是没有地位的，没有圣人教导要怎么处理他们，但是皇帝十分需要他们。这就是宦官集团。

汉和帝永元四年（公元92年），宦官郑众帮助皇帝干掉外戚窦宪。这是宦官势力得势的开始。

皇帝之所以不得不利用宦官，是因为宦官是最无法培养自己嫡系势力的。与外戚时常利用读书人不同，宦官大都缺乏儒家训练，对于儒家提出的各种仁义道德也不在意，他们唯皇帝马首是瞻，且没有后代，不会形成庞大的家族势力。

之后，宦官与外戚发生了数次冲突。比如，汉安帝死后，宦官孙程诛杀外戚阎显，拥立汉顺帝；汉桓帝时期，宦官单超诛杀外戚梁冀。

到了汉桓帝末年和汉灵帝初期，汉桓帝的岳父、外戚窦武决定铲除宦官集团。出于需要，他开始与文人集团联合，并得到文人集团的认可。在文人集团的推动下，窦武成为"三君"之首、文坛领袖。

除了窦武之外，对于铲除宦官呼声最强的是太傅陈蕃，据《后汉书·窦何列传》记载，二人联合后，窦武又借助皇帝把志同道合的尹勋封为尚书令，刘瑜为侍中，冯述为屯骑校尉。还有曾经被废黜的名士前

9　如汉宣帝的许皇后、汉成帝的赵皇后等。见《汉书·外戚传》。

司隶李膺、宗正刘猛、太仆杜密、庐江太守朱寓等,都被窦武找来列于朝廷,前越巂太守荀翌成了从事中郎,颍川陈寔作为下属。

外戚与文人的联合,是文人集团试图更深入参与政治的表现。由于文人本身距离皇帝较远,通常依附于外戚或者宦官。与宦官相比,外戚还是较为名正言顺的集团。毕竟在白虎观所代表的哲学体系中,能够找到外戚的位置,却没有给宦官留下合法的空间。

窦武联合文人集团,准备对宦官集团动手时,文人集团内部的拉帮结派现象也达到了高峰,进入了所谓"结党时期"。

儒教理想的终结

文人们在汉桓帝和汉灵帝时期第一次有记载的结派运动,可以追溯到汉桓帝刚上台之时。汉桓帝未当皇帝之前是蠡吾侯,曾是一个叫周福的人的学生。周福是甘陵[10]人,与当时的河南尹房植是同乡。

汉桓帝当上皇帝后,为了报答恩师,将周福提拔为尚书。汉朝人有利用歌谣嘲讽政治的习惯,此时,甘陵本地人就造出一首民谣,"天下规矩房伯武,因师获印周仲进",大意是在肯定房植的同时,嘲讽周福依靠皇帝的裙带关系升官。这两家宾客互相嘲讽,各自树立朋党,在甘陵号称南北部。这就是汉桓帝时期党人的开始。

另一个朋党事件出现在汝南和南阳——都是都城洛阳附近的重镇。

---

10 甘陵现位于河北邢台清河县,在东汉时期地属清河国。汉安帝刘祜在当皇帝前,是清河王刘庆的儿子,为帝后,他为刘庆在清河造的陵墓称为甘陵。

这两个地方的太守都委任了一个特别能干的功曹，汝南太守宗资任命的是"八顾"之一的范滂，而南阳太守成瑨委任的是"八及"之一的岑晊。二人刚正不阿，用人严厉，得罪了不少人，他们提拔了一批官员来推行自己的政策。那些嫉恨他们的人乘机说这是结党营私。[11] 民间又出现了歌谣，嘲笑两个太守不管事，权力被两个功曹把持。[12]

范滂、岑晊的名声传到都城的太学之中，成了太学生们的榜样。当时的太学生领袖是郭泰和贾伟节，这些人又和官员李膺、陈蕃、王畅互相往来，共同抬高身价，再结交范滂、岑晊等，形成了更大的朋党群。这个朋党群遍及整个学术圈，学者们大都属于清议一派，他们对时政进行毫不留情的贬斥，构成巨大的舆论集团。朝廷的达官贵人、宦官外戚，莫不对这个巨大的清议集团侧目，害怕被他们议论。

在清议集团中，又以已经获得了官职的陈蕃、李膺和王畅三人更加活跃。其中李膺由于担任河南尹（大都城行政圈的最高官员）而备受推崇，他执法时刚正不阿，甚至过于严厉。

在他当河南尹时，有一个叫羊元群的人离开北海郡的职位时，带走了大量的赃物，李膺控告他的罪状，却被羊元群行贿宦官先告了状，李膺被反坐了。好在在朋友的帮助下，李膺不仅没有被判罪，反而当上了司隶校尉。吃过宦官亏的李膺对于宦官群体更是深恶痛绝。

11　《后汉书·党锢列传》："太守宗资先闻其名，请署功曹，委任政事。（范）滂在职，严整疾恶。其有行违孝悌，不轨仁义者，皆扫迹斥逐，不与共朝。显荐异节，抽拔幽陋。……郡中中人以下，莫不归怨，乃指滂之所用以为'范党'。"

12　《后汉书·党锢列传》："汝南太守范孟博，南阳宗资主画诺。南阳太守岑公孝，弘农成瑨但坐啸。"

当时一个有名的宦官叫张让，其弟张朔是野王县令，张朔为人残暴无道，甚至有过杀孕妇的恶行。当张朔听说李膺要惩罚他时，连忙逃回都城，藏在哥哥张让的房子里。房子里的柱子是可以打开的，张朔就藏在柱中。李膺打听到了这个消息，率领士兵进入张让的宅子，把柱子打碎，把张朔揪出来带走了。到了洛阳的监狱，先记录了他的供词，随后将他处死。大为震惊的张让连忙向皇帝告发李膺，李膺在皇帝面前侃侃而谈，最后，皇帝只好对张让说：那是你弟弟的错，怪司隶什么事？自此以后，宦官们不敢出宫门，害怕碰到李膺。

但李膺总有遇到麻烦的时候。汉桓帝延熹九年（公元166年），有一个叫张成的术士与宦官集团交往甚密，有一次，他通过占卜得知（更可能是得到内部消息）皇帝即将大赦，就乘这个空闲教唆自己的儿子报私仇杀了人。杀人之后，果然大赦，也就是说杀人者被赦免了。这件事却让李膺感到愤怒，他不允许自己的辖区内出现这种事，于是不理睬所谓的大赦，照样杀了张成的儿子。

由这件事作为导火索，张成借助宦官的力量游说皇帝，一是告李膺不理睬皇帝的诏令私自杀人，二是趁机告李膺等人拉帮结伙、树立朋党、诽谤朝廷、疑乱风俗。皇帝大怒，下令各地逮捕所谓的党人，首先把李膺捉拿归案，之后抓了二百多人，还有很多人逃走后被悬赏。这就是所谓第一次"党锢之祸"。

当文人集团受到第一次打击时，把文人集团从混乱中救出来的，就是外戚窦武。窦武此时还没有当上大将军，但作为外戚，又是文人，为了拉拢清议集团，他上书请求赦免这些党人。窦武和其他人的求情起了作用，皇帝下令将他们释放，但不再让他们当官。

这一次党锢之祸持续时间不长，但文人出狱后，由于失去了上升空间，更加拉帮结派，议论朝政。外戚窦武也就成了这帮人的首领，并且被奉为"三君"之首，俨然是最有影响力的一位。

但是，当文人集团与外戚绑在一辆战车上时，也就成了最危险的时刻。

汉灵帝建宁元年（公元168年），窦武在与宦官的斗争中失败被杀，东汉读书人最后的转折点到了。窦武和陈蕃死后不久，针对党人的大锤再一次落下。

这一次，出头的是张俭的一位同乡。张俭位列"八及"之首，其同乡在宦官侯览的授意下，上书状告张俭和其他二十三位同乡拉帮结党，其中张俭是首领。此人又造了一个新的"八俊""八顾""八及"的名单，把这些同乡都编派进去，这和老的名单是完全不同的。汉灵帝下令抓捕张俭，大长秋曹节接到命令后，趁机下令逮捕"八俊""八顾""八及"，司空虞放、太仆杜密、长乐少府李膺、司隶校尉朱㝢、颍川太守巴肃、沛相荀翌、河内太守魏朗、山阳太守翟超、任城相刘儒以及太尉掾范滂等百余人也被逮捕，最后死于狱中。没有被捕的人要么逃走，要么被禁止当官。

据《后汉书·党锢列传》记载，李膺被捕前，其乡人劝他逃走，他说：出了事不要躲避，有了罪不要逃刑，我已经六十岁了，死生有命，逃又能逃到哪里？

于是他大义赴死，最后被拷打致死。

据《后汉书·党锢列传》记载，范滂待在乡下的家里，逮捕他的督邮吴导来到县上，抱着诏书，闭上驿馆的门，伏在床上大哭，范滂一听就知道是冲着自己来的。他自投县上的牢狱，县令郭揖大惊，把印绶一解,要跟着他逃走。范滂拒绝了,他死时只有三十三岁。

第二次党锢之祸持续了十六年,后来因为黄巾起义,朝廷急需人才而解禁。东汉文人最大的问题是缺乏实务经验,动不动就回到儒家经典中去吵架。党锢之祸爆发前,由于朝廷花钱养着他们,同时又有一定的上升通道,即便无法上升,也因为是文人受到尊敬,他们可以四处游荡、悠然自得。但党锢之祸断绝了他们的上升通道,甚至被朝廷抓捕、驱赶。流离失所之后,有人开始痛定思痛,不再寄希望于朝廷。

在文人对于治国、平天下失去兴趣之后,皇帝也陷入没有文人拥戴的困局。皇帝在治理国家方面,已经离不开宦官的帮助,但如果只有宦官,整个政权腐败的速度就会加剧,必须有文人监督。当文人集团离开后,皇帝只好想方设法地重新塑造一个文人集团。

在汉武帝时期,由于皇帝有足够的权威,这种塑造也可能有效,甚至可能创造出另一个体系。但在东汉时期,皇帝已经没有权威了,他们的做法就成了笑柄。

皇帝想塑造的新的文人集团分成两个团体,一个叫鸿都门学,一个叫宣陵孝子。所谓鸿都门学,是汉灵帝试图取代太学机构设立的学校,地址在洛阳的鸿都门下,所以称之为"鸿都门学"。所谓宣陵孝子,则是自愿为汉桓帝陵墓(宣陵)守陵的一帮人,由于东汉强调孝道,汉灵帝就把他们提出来做榜样并封了小官。[13]

---

13 《后汉书·马融蔡邕列传》:"初,帝好学,自造皇羲篇五十章,因引诸生能为文赋者。本颇以经学相招,后诸为尺牍及工书鸟篆者,皆加引召,遂至数十人。侍中祭酒乐松、贾护,多引无行趣势之徒,并待制鸿都门下,憙陈方俗闾里小事,帝甚悦之,待以不次之位。又市贾小民,为宣陵孝子者,复数十人,悉除为郎中、太子舍人。"

我们暂且不论更加低级的宣陵孝子，仅看鸿都门学。与教授儒家经典的太学不同，鸿都门学主要是教授辞赋、书画以及一些当官时用到的实用性技巧，学生毕业后直接派去当官。[14] 从培养人才的角度看，废弃虚学，提倡实学，倒也不失为一种正确的方法。但问题在于，当最优秀的文人群体被排除在政权之外时，鸿都门学受到人们普遍的抵制，只有那些投机分子和品行不端的人才会进入鸿都门学学习，这导致了人才质量的低下，无法填补因党锢之祸造成的真空。

失去文人支持的皇帝与失去皇帝支持的文人双双成了东汉末年的输家，即便是曾经翻云覆雨的宦官们也没有笑到最后。当中央王朝已经没有凝聚力，粗暴的武人上台时，延续数百年的儒教学术也就被埋葬了。

经学葬处，玄学萌发

党锢之祸将许多优秀的人才排除在政权之外，但并非所有的人都感到难过。即便在党锢之祸之前，也已经有越来越多的人对政治感到失望，他们或者如同郑玄那样著书立说，或者开始了另一种更加悠闲的生活。

汉朝哲学强调的是与政权的捆绑，但到了东汉后期，人们开始远离政权，过上一种悠然甚至放浪的生活。一条路已经走到了死胡同，如此众多的文人死节时，其他人却发现了一条通往鸟语花香的道路。

在党人中位于"八顾"之首的郭林宗，从某种程度上说，可以被称

---

14 《后汉书·马融蔡邕列传》："光和元年，遂置鸿都门学，画孔子及七十二弟子像。其诸生皆敕州郡三公举用辟召，或出为刺史、太守，入为尚书、侍中，乃有封侯赐爵者，士君子皆耻与为列焉。"

为玄学的早期代表。郭林宗，名泰，山西晋中介休人。他年轻时就显现出不为五斗米折腰的气质。由于家贫，父亲又死得早，母亲让他到县衙打工，他拒绝了，认为"大丈夫焉能处斗筲之役乎"！他三年就通习了典籍，然后开始了全国性的游学。

在当时，河南尹李膺是人人都希望结交却结交不上的名士，同样很有名气的荀爽求见时，帮李膺赶了一通车，立刻高兴地四处炫耀：今天我给李君赶车了！

但郭林宗去见李膺时，李膺立刻引为知己。李膺的器重让郭林宗名震京师，他离开时，送他的人有上千辆车之多，到了黄河，李膺和郭林宗一同乘船离开，其余的人只能看着，以为他们是神仙。

郭林宗气质独特，史书上称他"身长八尺，容貌魁伟，褒衣博带，周游郡国"。他四处游荡，又具有很强的正义感。郭林宗在母亲去世时极尽孝道，在陈蕃身死后痛哭流涕，不久也辞世。虽然他有正义感，但由于他从不危言耸听，即便那些制造党锢之祸的宦官也奈何不得他。

郭林宗最擅长的是品评人物。所谓品评，不仅仅是评头论足，而是如同伯乐一般将异人从凡人中寻找出来，鼓励他，帮助他成才。在郭林宗的传记中，列出他发掘的人才带姓名的就有二十几个，没有姓名的有几十个[15]。

在后来的魏晋玄学中，一个分支就是评价人物的才性。这个渊源可以追溯到班固的《汉书》，班固在书中专门列了一张表，叫《古今人物

---

[15] 《后汉书·郭符许列传》记载的人物有左原、茅容、孟敏、庾乘、宋果、贾淑、史叔宾、黄允、谢甄、王柔、王泽、张孝仲、范特祖、召公子、许伟康、司马子威、郭长信、王长文、韩文布、李子政、曹子元、周康子、王季然、丘季智、郝礼真等。

表》，将从太昊到吴广之间的名人分成九等。由于缺乏标准，这张表也是《汉书》争议最大的篇章之一。但班固的精神到了东汉末年和魏晋时期却成了一种风尚，人们习惯于对人物进行评级，甚至曹魏建立的人才选拔制度"九品中正制"也带着这样的痕迹，要求把人才分成九等，便于任用。而郭林宗对于人物的品评显然起到了推进作用。

郭林宗表现的出世感已经有了很强的魏晋之风，可是，他本人虽然脱离了政治，但关注点仍然在政治之中，所以在陈蕃身死后，他因伤心而故去。

在东汉时期已经有了更加远离政治的人士。这个人叫徐稚，字孺子。他完全断绝了一切与政治的联系，过着隐士般的生活。更重要的是，他彻底放弃汉朝儒教所推崇的礼仪观念，而采取与道家类似的人生态度。

曾经对他有知遇之恩的太尉黄琼死后，徐孺子背着粮食徒步到江夏，买了只鸡，摆上薄酒，哭了几声就离开了，连姓名都没有通报。此时郭林宗也在当地，听说后立刻知道就是徐孺子，连忙派人去追，追上之后，徐孺子与来人吃了一顿饭，临走托他带话给郭林宗：大树快倒了，一条绳子根本拉不住，不如找个安宁的地方待着。[16]

即便他的好友郭林宗母亲去世，他也只是带一束草放在对方屋前就离开了。

由于儒教讲究"礼"，所以汉朝人讲究厚葬。到了徐孺子这里，已经彻底摆脱了儒教思想对人的束缚。

---

[16] 《后汉书·周黄徐姜申屠列传》："为我谢郭林宗，大树将颠，非一绳所维，何为栖栖不遑宁处！"

《后汉书》还记载了许多人的事迹。周䚡从小喜欢玄虚，学习老子的清净，但该玩的时候又能游晏自如，随心所欲。戴良在母亲去世时照样喝酒吃肉，只是在悲哀到极致时才偶尔哭泣，这和礼法要求的必须一直哭泣已经有了天壤之别，戴良却毫不在意流俗。向栩也深受老子影响，不修边幅，喜欢长啸，如同学道，又如同癫狂。袁闳在党锢之祸时披散头发，想与世隔绝投入森林，却由于老母在不能远行，就在家旁盖了间土房，每天隔墙拜母亲，但又不和母亲见面。[17] 这些人或疯或癫或狂，共同构成了东汉末年知识分子挣扎的形象。

　　但是，此时的知识分子又和魏晋玄学有距离。玄学除了行为学之外，还有着背后的理论基础，这就要从汉朝的儒教哲学中闯出去，建立新的理论基础和世界观。而东汉末年的人虽然已经开始亲近老子，从道家寻找精神寄托，却没有独创的思想来支撑他们这么做。他们之所以这样，只不过是因为政权不接纳他们，或者他们不信任政权。这是经学哲学瓦解的一个过程，而不是玄学哲学建立的时刻。要想建立玄学，必须等到人绝望够了的时候，才会想到建立另一套。

　　这就像我们现代一样，人们开始四处寻找新的信仰，有的人回到儒家，有的人找到民族主义，有的人回到宗教，而宗教又有基督教、佛教和伊斯兰教等，但仅仅在现成的理论中寻找答案，最终是无法满足人们需要的。于是，接下来的一个阶段，就是创新。

　　玄学诞生的时候到了。

17　这四人的事迹来自侯外庐《中国思想通史》第二卷。事迹分别见《后汉书》各自本传。

第七章 一切都是"无"[1]

汉朝哲学讲究的是灌输和盲从，不要求学者们去追问为什么，只是将"天人合一"的理论灌输下去，要求人们必须相信。魏晋哲学的本质却是思辨，要求人们从"什么都不相信"出发，运用自己的理性和逻辑，去寻求应该相信什么。

玄学的萌芽来自学者们对政权的不满。他们认为政权和皇帝是无知的，分不清人才，开始探讨建立一套更科学的人才鉴别标准。品评人物就成了玄学的第一个主题。通过品评人物，发展到对人的"才华"和"天性"关系的讨论，试图用逻辑来论证才性问题，这就拉开了思辨的序幕。

玄学的成熟期，是两个嬉皮士利用思辨的力量来解决宇宙的本源问题，并提出不同于"天人合一"的另一套理论：整个宇宙不是诞生于"天人合一"，而是"无"这个抽象概念。

汉朝哲学认为功名利禄也是天道的一部分，而玄学的贵无论则认为，人们生活的目的是回归自然。

---

[1] 本章涉及的时间范围是公元 220—260 年。

曹魏甘露元年（公元 256 年），魏国皇帝曹髦与群臣的几次辩论，让我们从形式上看到了玄学的影子，但其内容又带着浓重的经学特征。他所处的时代，恰好是经学向玄学转变的初期。

曹髦当皇帝时已经进入了魏国末期。三十多年前，魏王曹操[2]的儿子曹丕在父亲去世后，终于抑制不住篡权的冲动取代了汉朝。群臣的劝进，曹氏的扭捏推辞，汉献帝的配合，如同王莽取代西汉一样重复了一遍。此时，汉朝经学的作用只剩下一个：给统治者找借口进行统治。

然而，经历了魏文帝曹丕和魏明帝曹叡之后，曹魏的政权被司马氏掌控，到最后，司马师废除了皇帝曹芳，将帝位授予年轻的高贵乡公曹髦。

曹髦深知这个皇帝是司马氏的玩物，他不甘心当傀儡，开始了反抗。在京城之外，镇东将军毌丘俭、扬州刺史文钦也先后发动了针对司马氏的起兵，却不幸失败了。

与在外将领的武力反抗不同，在都城的皇帝曹髦根本调不动军队，只能做橱窗里的小丑摆个姿态，于是，和身边文臣的辩论就成了皇帝表达不满的舞台。

第一次辩论发生在曹魏甘露元年（公元 256 年）。二月，当时皇帝在太极东堂大宴群臣，随后，与侍中荀𫖮、尚书崔赞、袁亮、钟毓，以及给事中中书令虞松等人讲述礼典。曹髦之前的皇帝曹芳年号叫正始，一般认为，魏晋玄风就是从正始年间正式开始的，而玄学一个重要的特

---

[2] 曹操有能力篡权，却把机会留给了儿子。《三国志·魏书·武帝纪》裴松之注引《魏氏春秋》："夏侯惇谓王曰：'天下咸知汉祚已尽，异代方起。自古以来，能除民害为百姓所归者，即民主也。今殿下即戎三十余年，功德著于黎庶，为天下所依归，应天顺民，复何疑哉！'王曰：'施于有政，是亦为政。若天命在吾，吾为周文王矣。'"

征就是品评人物。曹髦与群臣谈着谈着，自然也进入了品评人物的节奏，这次他们评论的人物是夏朝的君主少康以及汉朝皇帝刘邦。

少康是夏朝著名的君主，他之前的君主叫太康，太康时期，夏朝开始衰落，结果被东夷（位于现在山东）灭国。少康则聚集了夏朝的残众，击败东夷，完成复国，这就是"少康中兴"。汉朝皇帝刘邦则属于开国皇帝。这次争论的题目，翻译成现代人能理解的话就是：开国之君和中兴之主，谁更伟大？

群臣大都支持刘邦，认为开国之君要比中兴之主更伟大。而曹髦则认为开国往往是乘着前朝的衰弱顺势而为，而中兴是将已经衰落的势头逆转过来，难度上要大得多，所以，少康优于汉高祖。群臣为了照顾皇帝的面子，最终不得不同意了他的观点。[3]

这场辩论已经流露出曹髦的志向，他认为自己当皇帝后，曹魏的政权实际上已经被司马氏篡夺了，而他要做一个中兴之君，将国运逆转。

第二次辩论发生在同一年的四月，皇帝到太学和众儒家辩论。这次辩论，形式上是玄学式的，主题却是经学。

在曹髦时期，经学学者中突然出现一位叫作王肃的人，将东汉末年本来已经被郑玄统一的经学又强行分裂。

实际上，从曹魏开始，经学已经衰微到寒碜的地步。魏文帝曹丕虽然恢复了太学，又恢复了部分考试制度，但此时的太学已经和东汉鼎盛时期有了天壤之别。表面上看，太学生人数从最初的数百人达到最多近千人，但这些人大都是因为天下战乱跑到太学里来避难的，至于学习则

---

3 《三国志·魏书·三少帝纪》，裴松之注引《魏氏春秋》。

谈不上。到了皇帝曹芳时期，朝堂上的公卿百官有四百多人，能够操笔写作的还不到十人，大部分人都只是为了吃饱饭。至于郎官和司徒领吏更是达到两万多人，能够用文章来回答皇帝问题的也没有多少。[4]

经学已经微不足道时，王肃却是个例外。魏晋时期王肃的解经曾经一度压倒了郑玄，人们称他的学问是"王学"。他曾经做过《尚书》、《诗经》、《论语》、"三礼"、《左传》的注，并把其父写的《易传》进行了整理和刊行。这些书都成了魏国后期经学的教材。

王学与郑学的区别是：郑玄综合今文经学和古文经学，谁说得对，就选择谁的经义；而王肃精通的是古文经学家贾逵和马融的理论，他主要从这两家来寻找理论上的"弹药库"，一旦这两家无法提供足够的支持，他就伪造一部分书籍来说明自己的观点。魏晋历史上有不少伪托古人做的伪书，其中儒家伪书多和王肃有关。[5]

在魏晋时期，王肃对于经义的注解超过了郑玄，成为逐渐缩小的儒教群体的精神支撑。魏国大臣中仍然有儒教修养的人大都跟从了王肃，但是曹髦是王学和郑学兼修，并且更加偏向于郑学。

那么，王肃为什么能够垄断曹魏时期的经学解释呢？这和他的身份

---

[4] 《三国志集解》卷十三，《魏志·王肃传》引鱼豢《魏略·儒宗传序》："太学始开，有弟子数百人。至太和、青龙中，中外多事，人怀避就。虽性非解学，多求诣太学。太学诸生有千数，而诸博士率皆粗疏，无以教弟子。弟子本亦避役，竟无能习学，冬来春去，岁岁如是。又虽有精者，而台阁举格太高，加不统经其大义，而问字指墨法点注之间，百人同试，度者未十。是以志学之士，遂复陵迟，而末求浮虚者各竞逐也。正始中，有诏议圜丘，普延学士。是时郎官及司徒领吏二万余人，虽复分布，见在京师者尚且万人，而应书与议者略无几人。又是时朝堂公卿以下四百余人，其能操笔者未有十人，多皆相从饱食而退。嗟夫！学业沈陨，乃至于此。"

[5] 如《孔子家语》和伪《古文尚书》，有人认为多和王肃或其弟子有关。

有关。他的第一个身份是重臣王朗的儿子。在《三国演义》中，司徒王朗是被诸葛亮骂死的，但在真实的历史中，据《三国志·魏书·钟繇华歆王朗传》记载，王朗是位兼有品德和文采的重臣，并且得以善终。但是，仅仅这个身份还无法说明王学为什么如此受人推崇，王肃的另一个身份是司马昭的岳父，[6] 群臣们不给王肃面子，也必须给权臣面子。

司马氏掌权后，王肃的学问在整个魏国政坛受到推崇。但是到了高贵乡公曹髦上台后，皇帝反司马氏的情绪就给群臣带来了新的困扰：是支持王学还是支持郑学，成了群臣们站队的选项。

这天，曹髦视察太学时，首先和学者们讨论了一通《易经》的问题，从三代以上的圣人到孔子和郑玄，皇帝都提出了疑问，表现出他的质疑精神。

讨论完《易经》之后，开始讲《尚书》时，才真正展现了皇帝的思想。皇帝抓住《尚书·尧典》中的一句话，其中郑玄和王肃给出了不同的解释。《尧典》是尧舜禅让的故事，由于司马氏掌权，曹氏衰弱，所以尧舜禅让的故事被赋予了额外的意义。曹髦自然站在尧的立场上，而许多人为了讨好司马氏，恭维司马氏是舜，要通过禅让获得尧的王位。

皇帝和学者们的冲突发生在"若稽古帝尧"这一句，对于"稽古"这两个字，王肃和郑玄有着不同的解释。郑玄认为："稽古"就是"同天"的意思，是说尧和天一样伟大。王肃认为："稽古"就是"顺考古道而行之"的意思，是说尧考察了古代的做法，决定跟着做。这就给后来的禅让做了铺垫。

---

[6]《晋书·皇后列传》："文明王皇后，讳元姬，东海郯人也。父肃，魏中领军、兰陵侯。"

皇帝赞同前一种说法，是为了给自己的地位做辩护；学者们支持后一种，则是给司马氏做铺垫。皇帝和学者中的代表人物博士庾峻你来我往地辩论起来，直到庾峻承认自己"愚见"而不能答复，才告一段落。[7]

曹髦虽然依靠权威压制了群臣的辩论，但手无军队的他无法在事实上战胜司马氏，后来在一次冲动中送了性命。

我们之所以对曹髦与群臣的辩论这么感兴趣，是因为这场辩论恰好反映了经学向玄学的过渡：两汉经学到了曹魏时期，已经失去了活力，除了给参与政治斗争的人群找个借口，已经没有了其他功用。

即便是用到经学的地方，在辩论上也已经玄学化了。曹髦和群臣品评少康和刘邦，就是典型的早期玄学做法。这一派叫"才性派"，以品评人物为乐，不仅品评当代人物，还在古人之间、古人与当代人之间比来比去。流传下来的最著名的品评人物的书籍——刘劭的《人物志》甚至专门讨论如何划分人物的才性，对人物分门别类，俨然认为这是一门管理科学。

而在辩论《尧典》时，双方所用到的辩术也是玄学的。特别是皇帝曹髦，由于他的地位与司马氏冲突，更加借重于玄学的辩论技术与学者争论。

在唐朝之后，人们把教学总结为"传道、授业、解惑"，通俗的说法，就是老师给学生"填鸭式"教学，而在魏晋，学生们却更看重技巧。玄

---

[7] 《三国志·魏书·三少帝纪》："讲易毕，复命讲尚书。帝问曰：'郑玄曰稽古同天，言尧同于天也。王肃云尧顺考古道而行之。二义不同，何者为是？'"具体辩论的内容参见原书。玄

学最重要的技巧是辩论,双方寻找一个题目,并施展各自的手段进行辩论,其中的逻辑力量并不亚于现代。

魏晋玄学在现代也被赋予了特殊的意义,代表着人们的自由精神被压抑了数百年后,又获得了一次释放的时机。于是,它脱离了当初的政治含义,成了一种彰显人类自由的运动。我们要追寻的,除了什么是玄学之外,还有它是如何在政治中产生的,又如何跳到了政治之外,成了一种象征。

何谓玄学

所谓玄,最早出现于《老子》的"玄之又玄,众妙之门"。这里的"玄",与"道"同义,就是天地之间总的规律。最著名的玄学家之一王弼在《老子指略》中将玄解释为深远。[8] 所谓玄学,就是深远、深邃的学问。

这样说还是太深奥了,用现代语言总结来说,所谓玄学,不是一个像汉朝儒教一样体系化的东西,而是故意将原来的体系否定。玄学其实是一种质疑精神、一种方法论,对五花八门的现象提出疑问、辩论,恢复人的思考能力,这种态度就是玄学。它其实更多的是教会人们如何思辨地看待世界。

当你看到有的人品格很高但才能很低,有的人满肚子坏水却很有能力时,会突然想到,这和圣人教导的"人的天赋与道德是统一的"不是

---

8 《老子指略》:"'玄'也者,取乎幽冥之所出也。……'玄',谓之深者也。"

矛盾了吗？于是经过思考，提出了人的"才干"和"品德"是分离的。这个理论虽然小，但你思考的过程其实就是玄学。

当你思考万物的背后有什么、是不是老天爷，并且最后得出结论：不是老天爷，而是"无"或者"空"，是有点类似于大爆炸理论的奇点时，这样的思考也属于玄学。

当你读到孔子不喜欢郑国和卫国的音乐，说它们是"淫声"时，你提出疑问：声音还有什么好坏？然后论证这个质疑，得出结论：声音没有悲哀和欢乐。这个论证过程就是玄学。

当你思考"语言到底能不能把客观世界全都表达出来"，并想出一个巧妙的论证，这就是玄学。

玄学包含的内容五花八门，看上去各不相干，但它们有一个共同的特点，就是用思辨的逻辑去分析问题，不要人云亦云。这个特点让玄学成了打破旧有观念的最好武器。

玄学为了发展思辨性，也有着一定的理论储备作为"弹药库"。这个"弹药库"包括三本书：《周易》《老子》《庄子》。这三本书被称为"三玄"，其中《周易》是儒家经典，《老子》《庄子》是道家经典。玄学更偏向于道，之所以对《周易》重视，是因为这本书与其他的儒教经典有所不同。

其他的儒教经典强调的是一个"礼"字，周代是一个最尊重礼的朝代。但在礼之外，周代也从夏商两代继承了另一个特征：占卜文化。《周易》就是一本关于占卜的书，与其他书强调"礼"不同，《周易》强调的是"变"，与其说是周代文化，不如说是更早文化的残留。

秦始皇焚书时，将其他儒家经典都烧了，却保留了《周易》，因为他根本不觉得这本书是儒家的，只认为它就是一本占卜书。

《周易》的变还不是特殊的变，而是千变万化。由于占卜是一种高度不确定的行为，因此对《周易》的解读也是五花八门，莫衷一是。这种自由度让《周易》成了历代术士的宝库，人们可以对它进行随心所欲的解读，即便到了现在，算命先生们也总宣称是利用《周易》来算卦的。

道家、玄学、阴阳学都看上了《周易》的千变万化，当需要找古书来证实自己的理论时，总是将这本最含糊的书揪出来。

虽然有了三本经典，但是玄学的出现，还要等一段漫长的时间。

让我们再次回到东汉末年。随着党锢之祸以及东汉社会的崩塌，大量的学者离开圈养的知识圈，他们突然间意识到社会的残酷并不符合所谓的天道规律。

董仲舒说，天人是合一的，天的运行反映了人间的状况，而人也影响着天的征兆。只要人们遵从皇帝的领导，皇帝又遵从天道，那么世界就会和谐、和平与和睦，不会有天灾人祸，也不会有朝代更迭。

但到了汉末，董仲舒的假设却严重背离了人们的感受。人们突然发现，即便自己再守规矩，也仍然免不了成为鱼肉，甚至连皇帝的性命都掌握在别人的手里，又怎么去"替天行道"？到底怎么解释这种现象呢？那所谓的"天人合一"在人们最需要的时候，跑到哪里去了？

于是，学者们发生了两个方向的转向。

第一个方向：他们的学问从儒家的"五经"转向"三玄"。在他们看来，汉朝经学利用"五经"做的那些牵强的比附已经无法解决现实问题了。反而是"三玄"所代表的精神与现实更合拍。"三玄"中，人们首先选择的是《周易》。世界之所以如此乱套，是因为它太复杂了，其中的变化需要《周易》这样的复杂系统进行解释。其余四经讲的都是一个确定的世界，信服度不够。对典籍研究的变化，决定了学者的思维已经逐渐跳出了汉朝的天人合一和谶纬。

第二个方向：由于无法被政权吸纳，因此学者们哪怕处江湖之远，仍然不忘讽刺一下朝廷和皇帝的无知。于是，与皇帝选人标准不同的另一套标准建立了。既然皇帝无法识别人才，那么江湖自有标准，在文人的世界里，谁是第一、谁是第二，以及谁的品格优秀、谁的学问更好，都另有公断。

这种与皇帝不同的品评人物的做法，成就了玄学萌芽期。

最初品评人物，还只是笼统地评价，但后来人们开始制定标准。比如，对两个人比较时，人们可能说，甲的天赋高，但乙的造诣深。其中"天赋"和"造诣"就是不同的标准。品评人物集大成者刘劭在他的《人物志》中，就把人才分成了十二种。[9] 品评诗歌的著作《诗品》则把诗人们分门别类，试图排列出他们的优劣顺序。[10]

如果说，对人物的品评还是文人对社会的一种反应和行为的话，为品评人物设立标准，就已经表明文人开始寻找理论了。

在寻找理论的过程中，人们发明了一种划分方法，即"才"和"性"

---

[9] 《人物志·流业第三》："盖人流之业，十有二焉。有清节家，有法家，有术家，有国体，有器能，有臧否，有伎俩，有智意，有文章，有儒学，有口辨，有雄杰。"

[10] 钟嵘《诗品》将五言诗的源流分成国风、小雅、楚辞三派，并对一百多位诗人进行分级，分成了上中下三品。比较典型的名人中，王粲、曹植、阮籍、陆机、潘岳、左思、谢灵运等入上品，曹丕、嵇康、何晏、石崇、郭璞、顾恺之、陶渊明、江淹、沈约等入中品，班固、曹操、曹叡、嵇绍、傅玄、杜预、范缜等入下品。

的二元划分。所谓"才",就是一个人能力的外在表现;所谓"性",就是一个人的内在品质。这和我们现在所说的"现象"(对应于才)和"本质"(对应于"性"),就有点儿接近了。

当人们开始对现象和本质的关系问题进行探讨时,就已经将其上升为哲学问题了。这也可以看出魏晋玄学和汉朝经学的区别。两汉时期的哲学匠人很像以前的某些小学老师,他们只告诉你,官方规定的静止的世界是什么样的,不准怀疑,只准全盘接受,一个人没有怀疑的权利,只能按照传授的规矩生活。

可以说,汉朝经学首先创造一种天人合一的宇宙观,再用它来解释一切,是由"大"(宇宙)到"小"(社会、家庭、个人)的思路。而玄学最初研究的就是"小"的,研究人的问题,然后从"小",再研究到"更小"(微观),也就是人的才和性的问题,二者的研究对象是迥然不同的。

才性问题的研究以魏国的正始年间为盛。正始是魏国皇帝曹芳的年号,对应时间是公元240—249年。这段时间恰好是司马氏篡权时期,上一个皇帝曹叡死后,权力掌握在大将军曹爽和太尉司马懿手中。在接下来的斗争中,司马懿用计策铲除曹爽的势力,基本上控制了曹魏的政权。[11] 这一段时期是政治上变动最为剧烈的时候,也是许多人政治梦想幻灭的时候。政治上的幻灭催生了哲学上的发展。所以,这一段时间也被称为玄学哲学化形成的时间。玄学的出现,也被称为"正始玄风"。

关于才性问题,正始时期的人们看法各个不同,但基本上有四类。第一,"才性同"。才和性这两种东西,其实是相同的。也就是说,一个

---

11 见《三国志·魏书·诸夏侯曹传》《晋书·宣帝纪》。

人外在表现出的才能，和他的内在品质是一样的，看不出什么区别。第二，"才性异"。外在才能和内在品质并不相同。一个人的品质可能很好，但外在之才也许并不佳；另一个人看上去很有才，但实际上资质并不行。第三，"才性合"。才性虽然不一定完全相同，但整体趋势是一致的。第四，"才性离"。才与性之间本来没有必然的联系，什么情况都可能发生。

上述关于才和性的四种观点，总称为"四本"。[12] 才性问题本来是非政治性的，但在魏国，因为不同的人持不同的观点，而不同的人又属于不同的政治集团，所以才性问题就和政治派别结合起来。

在汉朝，虽然没有明确提出，但是统治者在心里认为才和性是一回事，有品格、有道德的人才会有才华。可是，到了曹操时期，由于天下的读书人已经不多，曹操也更重视实务经验，所以，他主张把一个人的才和性分开，即便这个人道德上有缺陷，但如果他有才华，能够胜任官府中的具体事务，那么也应该受到重用。

曹操之后的魏国皇帝大都继承了这个思路，认为才和性不是一回事。不过他们之间也有分歧，有的认为才是第一位的，有的认为性是第一位的。

司马氏崛起后，他们对才性问题采取了更为保守的看法，为了打击忠于曹魏的人，往往借助人品问题做文章，所以司马氏就开始强调才和性是合的。还有一部分人处于中间骑墙的位置，谁也不想得罪，就主张

---

12 《世说新语·文学》注引《魏志》："（钟）会论才性同异，传于世。四本者，言才性同，才性异，才性合，才性离也。尚书傅嘏论同，中书令李丰论异，侍郎钟会论合，屯骑校尉王广论离。"

才性是离的，没有什么必然联系。[13]

才性问题是玄学作为理论哲学寻找到的第一个问题。而第二个问题就是所谓的名理问题。

才和性基本上是针对人来说的，如果扩大到整个世界，就是所谓"名"和"理"的问题。名，指的是人类对事物的认识，以及事物具体的个体属性；理，指的是事物的实质属性，或者事物的总体属性。

从才性到名理，又是一个从小到大的过程，也就是把研究对象从人扩展到整个自然界。汉朝经学是从自然到社会，而玄学则是首先考虑人，再到人的品质，最后扩大到自然界，其中的人文关怀也就在这里。

在研究名理问题时，玄学的哲学性发展到了最高峰。这时候，玄学与汉朝经学中的另一大区别显现了。汉朝经学是比附式的，也就是首先创造一个理论，再根据这个理论构造一个固定的世界，把一切现象都比附进去。一旦打雷，不是去考虑雷是什么，而是立刻想到雷是老天爷在警告人类做错了事情，惶惶然不可终日。这是一种生搬硬套。玄学却是思辨式的，它强调一个理论之所以成为理论，要禁得起推敲，禁得起质疑，禁得起反复的辩论。如果说，汉朝经学和西方的宗教很相似，只允许相信，不允许质疑，那么魏晋的玄学就和真正意义上的哲学很类似了。

在思考名理问题的时候，产生了几个流派，第一个就是正始时期何晏和王弼的贵无派。所谓贵无派，是研究名理问题时，认为万物的实质，归根结底都是一个"无"字。这个"无"不是一无所有，而更像佛教的

---

[13] 参见侯外庐《中国思想通史》第三册第二章。

概念"空"。

以后，魏晋的玄学就围绕"无"这个概念做文章，并从各个角度来辩论，希望揭示名理之间的关系，或者找到万物的"名"和"理"。

魏晋玄学除了理论之外，还有两个很强烈的特点。第一个特点是在形式上强调辩论。人们不分师承、不分背景和身份，在辩论时都是平等的。一场辩论有一个题目，再由双方各自摆出自己的观点，然后互相寻找对方的矛盾所在。而其余的人都是听众，并且用公论的形式来评定辩论双方的优劣。公论很像现在的投票制度，谁的支持者多，谁就胜利了。有时候双方并没有辩出胜负，听众们却大呼过瘾，因为他们听到了最好的辩论技巧，以及最出乎意料的论点和论据。

第二个特点是，由于玄学题目脱离了政治题目，人们更加关注自己的内心，表现在生活上，就是放诞不拘、惊世骇俗，脱离了儒家社会的教导。不论是嵇康临刑前的从容不迫，还是阮籍、刘伶的嗜酒如命，或是郭象、葛洪的神仙气质，都让人惊叹。

正因为这两个特点，玄学吸引现代人，不是因为它研究的题目（才性、名理），而是那些人物的作风、个性和生活方式，至于他们对于政治的蔑视，则更让人神往了。

阴阳、五行与才性

品评人物的最主要代表人物叫刘劭，他写的一本《人物志》流传至今，成为我们研究魏晋早期玄学的经典文献。

据《三国志·魏书·王卫二刘傅传》中记载，刘劭生卒年不详，受过正统的经学教育,他死时已经是魏国正始年间。他曾经做过许多和文化有关的工作,比如搜集五经群书并将其分门别类,之后又写了《都官考课》七十二条。所以,刘劭对于评价和分类学颇有研究。

而他所写的《人物志》最能代表他在品评分类上的功力,分析其内容,也有助于我们理解魏晋时期是怎么品评人物的。

由于受过经学教育,刘劭的思想还有汉朝的特点,一定要从大到小叙述。所谓从大到小,就是说出发点一定要回到宇宙论上去。他认为,人作为带血气的物种,可以分成三个方面:第一个方面叫"质",也就是人类最根本的属性,所有的人都是相同的;第二个方面叫"性",也就是人的性格,每个人是不同的;第三个方面叫"形",也就是人的形体,是人的外在表现。

从宇宙学上来讲,人的这三个属性是从不同的源头得来的,人的"质"来自"元一",也就是天地间最基本的气或者元素,是万物的根本。"元一"作为根本的气分化后,轻气上升形成了"阳",浊气下降形成了"阴",于是就生出阴阳,而阴阳则是生成人的"性"的源头。从阴阳继续变化,生出五行,而五行就是构成人的"形"的源头。

刘劭通过区分质、性和形,就与元一、阴阳和五行联系了起来。

阴阳对人的困扰是它决定了人的品性,比如,阳气重的人好动,明白通达,但是不善于深思熟虑;而阴气重的人正好相反,动作慢,但是善于思考。不过,与董仲舒认为"阴是坏,阳是好"不同,刘劭的阴阳并不区分好坏,只是不同特点罢了。到底是动作快好,还是善于思考好,答案或许是都好,但又都有缺陷。决定人的好坏的,在于五行。

金、木、水、火、土五行,对人的影响是在身体上的。木对应于人的骨头，金对应于人的筋，火对应于人的气息，土对应于人的肌肉，水对应于人的血。除了生理上，五行同样影响着人的性格，木对应着人的"仁"，火对应着人的"礼"，土对应着人的"信"，金对应着人的"义"，水对应着人的"智"。所以，人的仁、义、礼、智、信"五常"是因为五行而生的。再进一步分析性格，"仁"的外在表现叫"弘毅"；"礼"的外在表现叫"文理"，即气质清朗；"信"的外在表现叫"贞固"，即体质端庄诚实；"义"的外在表现叫"勇敢"；"智"的外在表现叫"通微"，也就是通达精微。

这样，通过阴阳、五行，就把人的优劣决定了。而通过分析人的相貌、姿态、性格，就可以得到这个人由阴阳、五行决定的品质。这就是当时品评人物背后的理论基础。

那么，如何通过观察人物来知道他们的品格呢？刘劭给出了九种特征，这就是所谓"九征"，也就是观察人的九种指标、九种征候。《人物志·九征》说："平陂之质在于神，明暗之实在于精，勇怯之势在于筋，强弱之植在于骨，躁静之决在于气，惨怿之情在于色，衰正之形在于仪，态度之动在于容，缓急之状在于言。"

通过这九种征候，就可以决定一个人的优劣了。一一对应九个指标，如果人能做到平澹、中睿、外朗、筋劲、植固、声清、色怿、仪正和容直，就是最高境界，是纯粹的德行。如果无法全部达标，只有一部分合格，就是所谓"偏杂型人才"。

根据一个人能达到多少指标，又可以把人分成以下五类。

第一类是达到所有标准的，这样的人有个名字，叫作"中庸"，也叫作"圣人"。

第二类是几乎达到了所有标准，但又差一点儿，这种人叫作"德行"，或者"大雅"。

第三类是至少达到了一类标准，其他的没达到，但也没有违反，这种人叫作"偏材"，也叫"小雅"。

第四类是都没有达到，但有一征似乎还算可以，这种人叫"依似"，也叫"乱德"。

第五类是达到了某些标准，但又彻底违反了另外一些，这种人叫"无恒"，也叫"间杂"。

但作者对于偏才也并没有歧视，他总结了十二种偏才，分别是：清节家、法家、术家、国体、器能、臧否、伎俩、智意、文章、儒学、口辨和雄杰。这些偏才虽然不能成为圣人，但都有作为人臣的潜质，所以，要有圣人来学会利用他们。

通过这种框架，刘劭完成了自己的伯乐术。之后的人们虽然在理论上大同小异，但是有一点是共通的——他们相信人才是可以看出来的。所以，魏晋时期也就成了一个品评人物的高峰时期。

所谓高峰，是指从政府到私人都以发现人才、品评人才为乐趣。政府制定了如同相马一样的人才选拔术，叫九品中正制。[14]

所谓九品中正制，是一种人才选拔机制。汉朝时依靠察举选择人才，各郡的太守每年要负责向中央举荐人才，由中央检查合格后，予以任用。但后来，察举失实了，官员们举荐的人才都是自己亲朋好友的儿子，甚

---

[14]《三国志·魏书·桓二陈徐卫卢传》："文帝在东宫，深敬器焉……及即王位，封群昌武亭侯，徙为尚书。制九品官人之法，群所建也。"

至还送上来不少酒囊饭袋。到了魏国,推出九品中正制,制定了选拔人才的标准,避免官员们随便乱报。

这个标准把人分成九个等级,最高等级的是圣人。由于人们认为世上很少有圣人,所以这个等级其实是空缺的,而次高等级的人才就已经是最了不起的。至于如何评价人的等级,很可能采取的是与刘劭所著《人物志》一书中类似的方法。

但是,九品中正制实行了没多久就失败了。原因在于,人才实在太难量化了,也许这个人在甲看来是上中等,也就是第二等,而在另一个人看来,只不过是下中等、倒数第二等,所以最终选拔的人才仍然都是官员亲朋好友的后代。

虽然朝廷选拔人才失败了,但在私人和民间,品评人物的做法仍然非常普遍,他们不需要进行量化,只是给一个评价就足够了。

在南朝宋临川王刘义庆编撰的《世说新语》中,有许多篇幅都和品评人物有关。比如,《世说新语》中有专门的两卷,叫作《赏誉》和《品藻》,通篇都是对从东汉末到南朝的人物的评价,前者偏重于评价个人,后者偏重于对比。比如它谈到,在汉末名士中有两个人叫陈蕃(党锢"三君"的最后一位)和李膺(党锢"八俊"的第一位),当时人们认为他们水平相当,无法定夺孰优孰劣。《品藻》中说,这时一个叫蔡伯喈的人评价说,陈蕃强在他敢于犯上,而李膺强在他严于对下,比起对下来,犯上还是更难一点。就因为他的一句话,陈蕃就排在了李膺之前。

再如,人们对诸葛瑾、诸葛亮兄弟和他们的从弟诸葛诞的评价,这三个人分别在吴、蜀、魏三国担任大臣,认为"蜀得其龙,吴得其虎,魏得其狗"。

《世说新语》的其他篇章，也都是对于人物的品评。比如，《容止》写"竹林七贤"之中，山涛评价嵇康，"嵇叔夜之为人也，岩岩若孤松独立，其醉也，傀俄若玉山之将崩"，将嵇康身材修长伟岸，风度翩翩又桀骜不驯的神情表达得淋漓尽致。而《赏誉》中王戎则评价山涛是"如璞玉浑金，人皆钦其宝，莫知名其器"，正好点出了"竹林七贤"的特色，他们有着深厚的才华，却又不事雕琢，傲物独立。

魏晋时期评价人的名句妙语辈出，其背后的评价逻辑，正是玄学的一大特色。

另外，对人物的品评还有一个好处，虽然官方的人才选拔评价极其失败，但是私人的评价却总是能够闪光。一个男子如果能够在一场聚会、一次活动中脱颖而出获得赞誉，他就有了走向仕途的资本，被名士引荐，甚至成为名士的女婿。正是通过这样的非正式评价体系，魏晋维持统治阶层稳定性的同时，又可以吸纳一定的新鲜血液，保证人才不会匮乏。

嬉皮士的"贵无论"

品评人物只能算玄学的一个偏门的小分支。人们也许不会料到，魏晋玄学的正门，却是由两个嬉皮士踹开的。

这两个嬉皮士是中国式纨绔子弟的典型，他们生活腐化、沉湎情色、滥用药物，与正人君子的形象毫不沾边。

与古代印度和阿拉伯世界拥有大麻不同，中国历史上一直没有代表性的植物毒品，但古人发明了一种矿物性的替代品——五石散。五石散是用矿物（丹砂、雄黄、白矾、曾青、慈石）配制的一种药剂，据说吃了可以长生不老，实际上的服用效果则是浑身燥热，出大汗，长期服用可能要人命。魏晋时期的人们寿命短，除了战乱之外，富人文士们的早夭可能就与这种药有关。

服用五石散的风气，就是由一位叫何晏的人倡导的，他就是本节的主角之一。在魏晋时期，可能是因服用五石散致死的名单中，我们可以找到本节的另一位主角：王弼。王弼二十四岁就死了，人们有理由怀疑他是死于药物中毒。在这短短的二十四年间，他创立了玄学的第一个代表性理论——贵无论。

魏晋时期的人们不热衷于背诵经文，而是更看重思辨和灵性。汉朝儒生的形象是白发鸡皮的老头子，因为他们要先花大半辈子背书，才能出人头地。但魏晋时期许多年轻人凭着论辩的智慧，在十几岁、二十岁就已经成了名士。

王弼[15]，字辅嗣，出生于曹魏建国之后的魏文帝黄初七年（公元226年），死于齐王嘉平元年（公元249年）。他出生于世家，当时著名的文学家、"建安七子"之一的王粲是他的继祖父（本来是族中祖父辈）。

三国时期，各个地方的学术界是不同的，玄学主要在魏国发生，但在吴国和蜀汉两个国家内部，也没有遵从汉朝经学的教导，同样发生了偏离。

在东吴，由于社会秩序更加安定，东吴的君主更加倚重于江东的世家大族，虽然表面上没有提，君主实际上采取了无为而治的道家思想，回归了黄老之术的传统。

---

15 《三国志·魏书·王毌丘诸葛邓钟传》对王弼有简单介绍。

而在蜀汉，诸葛亮代表的官僚集团采取法家的思想进行统治，同样抛弃了儒教。

曹魏的统治者虽然仍尊崇儒教的地位，但由于曹氏并非出自东汉时期的世家大族，而是出自较小的庶族家庭，他们也更多地借鉴了刑名和法家传统，将碎片化的社会强行捏合在一起。但随着社会上玄学的兴起，不管是刑名还是法家都无法抵抗玄学的力量。

除了笼统地说几个国家的统治思想之外，有一个地区值得专门提出，那就是荆州。荆州位于现在的湖北西部，从地理位置上说是中国的中心部位，东汉末年属于军阀刘表，随后被魏、蜀汉和吴三国瓜分，魏国占了北部，蜀汉、吴国瓜分南部，后来，吴国赶走了蜀汉，杀掉守将关羽，获得整个荆州南部。可以说，荆州是一片四分五裂的土地。

在刘表统治时期，由于其余地方都处于战乱之中，荆州反而成了一片安静之地，聚集了一批著名的文人。刘表本人就曾经师从王畅，王畅就是著名的"八俊"之一。王畅有两个孙子，分别是王粲和王凯，其中王粲就是著名的"建安七子"之一。刘表以貌取人，嫌王粲太丑了，于是把女儿嫁给他的兄弟王凯，生下王业。王粲曾经获得大文学家蔡邕送的上万卷图书，这些书最后都给了王业，王业的儿子就是王弼。所以，王弼从小就受到荆州学派的耳濡目染，又有一定读书量的积淀，因此他在小小的年纪就创立了自己的学说。

贵无派嬉皮士的另一位代表何晏则是大将军何进的孙子，也是曹操的养子。曹操接纳了他的母亲。他后来又当了曹操的女婿。到了司马氏掌权时期，何晏由于参与政治，和曹爽一起反对司马懿，被司马氏杀死。

就是这样一位官宦子弟，加上一位毛头小子，他们到底发明了什么理论呢？

在金庸的小说中，面对一个围棋的残局，所有的高手都束手无策，一位不通围棋的人却可以无意中找到解法。这是因为当局面过于复杂的时候，也许最简单的人能够找到出路，而考虑过多，只会陷入更加混乱的境地。

汉朝的经学就是一片关系错综复杂的沼泽地，谁陷入其中，都再也无力挣脱出来。如果要开创新的哲学，就不能陷入这片沼泽，而是必须从另外的地方找一条干路通过。

何晏和王弼没有太多的经学包袱，他们抛弃了儒家的大部分经典著作，只选择了三本小书：道家的《老子》和儒家的《易经》《论语》。他们认为，除了《易经》之外的其他五经都只是对社会的烦琐描绘，距离根本性的问题很远。而真正能够描绘根本问题的是《老子》和《易经》。

至于《论语》，在汉朝并不受重视。《论语》要一直到宋朝确立"四书"时，才被提高到经典的地位。在汉朝，它只被认为是一本谶纬书，里面都是孔子的预言，在未来会一一应验。

一直到了何晏，才将其当作一本哲理语录，恢复了其真实身份。

首先创造"贵无论"的就是何晏。何晏在读书时，发现了一个问题：按照《老子》和《易经》的说法，万事万物的缘起都是"道"，也就是说，"道"是万物之母。万物都是有形的，每一个物体的形状都是不同的，作为万物共同母亲的"道"又该是什么形状的呢？

这个问题很有现代哲学的气味，比如，鸡和鸭都是鸟类，所以"鸟"这个概念应该既包括了鸡，也包括了鸭，我们可以总结为"鸟是带翅膀的活物"。而鸟和兽都是动物，动物这个概念应该既包括鸡、鸭，也包括其他兽类，我们就不能说动物有翅膀，只能把动物定义成"活物"了。概念越往高级走，就越泛化。按照何晏的想法，所有的动物、植物、石头、水等，都属于一个最高的概念，就是"道"。"道"也必须是最泛化的一个概念，它具有的性质是最普遍的。

可是，什么是最普遍的呢？所有可以说出来的性质都不是最普遍的，都必然能举出反例来。比如，如果我们说"道"是有体积的，那"道"就不包括思想这种东西，就称不上是最高概念；如果我们说"道"是没有体积的，那么就无法包括"实物"这种概念。不管怎么说，总会遗漏掉一些东西。

何晏得出结论："道"要想包括万物，就必须抽象成"无"。万物有形，他们是"有"，"道"必然是无形的，只有"无"才能无所不包。而"有"是从"无"中"生"出来的。

何晏的作品流传下来一本《论语集解》，此外还有他的三段话，这三段话表明了他关于"无"的理论。

第一段是他在《道论》里的话，大意是：有之为有，要靠无才诞生，而事物也是靠无而成就。事物的本源是说不出来，无法命名，看不见形状，听不见声音的，只有这样才是完整的道。[16]

后两段是他在《无名论》里的话，大意是讲"无"和"有"的辩证

---

16 《列子·天瑞》注引《道论》："有之为有，恃无以生，事而为事，由无以成。夫道之而无语，名之而无名，视之而无形，听之而无声，则道之全矣。故能昭音响而出气物，包形神而章光影。玄以之黑，素以之白，矩以之方，规以之圆。圆方得形，而此无形，白黑得名，而此无名也。"

关系:"道"是无所有的,无名的,只有这样,才能成为众有之有,众名之名。而真正的圣人,是那些不在乎自己名声(无名)的人,但只有这样,反而能够得到人们的交口赞誉,成就有名。[17]

《论语集解》中也已经带有贵无的思想,但没有明确提出。让何晏获得声誉的,主要就是这三段话。

虽然何晏先提出了贵无的观点,但是,不管在当时还是在现在,人们往往把王弼的才华和作用放在何晏之上。那么,王弼又做了哪些突破呢?

王弼与何晏的不同在于:何晏是从一个问题出发,创造了一个概念。而王弼是从一个系统出发,创造了整个体系,使得玄学成了如同佛学那样自洽的理论,人们可以不离开这个体系,就创造出千变万化来。

王弼的体系基础是:将纷纭复杂的世界回归原点。

由于汉朝经学体系过于复杂,陷入具体现象之中无法自拔,妄图

---

[17]《列子·仲尼》注引《无名论》:"凡所以至于此者何哉?夫道者,惟无所有也。自天地已来,皆有所有矣。然犹谓之道者,以其能复用无所有也。故虽处有名之域,而没其无名之象;由以在阳之远体,而忘其自有阴之远类。夏侯玄曰:天地以自然运,圣人以自然用。自然者,道也。道本无名,故老氏曰,强为之名。仲尼称尧荡荡无能名焉,下云巍巍成功,则强为之名,取世所知而称耳,岂有名而更当云无能名焉者邪?夫惟无名,故可德遍以天下之名而名之,然岂其名也哉?为民所誉,则有名者也;无誉,无名者也。若夫圣人,名无名,誉无誉,谓无名为道,无誉为大;则夫无名者,可以言有名矣;无誉者,可以言有誉矣。然与夫可誉可名者,岂同用哉?此比于无所有,故皆有所有矣。而于有所有之中,当无所有相从,而与夫有所有者不同。同类无远而相应,异类无近而不相违。譬如阴中之阳,阳中之阴,各以物类自相求从,夏日为阳,而夕夜远与冬日共为阴;冬日为阴,而朝昼远与夏日同为阳;皆异于近而同于远也。详此异同,而后无名论可知矣。"

对每一个现象给出解释。比如，发现了白雉，意味着什么；出现了流星，意味着什么。这个世界上有数不完的变化，不可能每一个变化都给一个说法。

如果把如此众多的问题回归原点，王弼给的答案是：从多回到一，从一回到无。也就是寻找事物的本源。

再比如，汉朝的经学家为皇帝寻找合法性依据，说皇帝之所以合法，是因为他是老天爷派下来的代表，老天爷掌管了人世的运转，每一个人以及整个社会都要符合老天爷的意志。但战乱之后，老天爷没有干预人间的屠戮，结果这个世界观崩溃了。王弼又是怎么解决政权的合法性问题呢？

王弼认为，皇帝和政府的合法性不是所谓的"天人合一"，而是他们能否治理好国家。而要治理好国家，就必须"崇本"，也就是抓住问题的根本。什么是世界上最根本的呢？王弼认为，就是"无"，以及从"无"发出的各种变化规律。对于政权来说，主要就是要"无为而治"。

为什么"无"是根本？因为世界上的东西都是从根本而变化来的。万物可以归结为金、木、水、火、土这五种物质，而金、木、水、火、土也是从根本变化来的。可是，金、木、水、火、土是完全没有共同特征的五种物质，要有一种根本性的概念能够生出这五种截然不同的物质，同时包容五种物质，只有"无"是符合条件的。无生有，有生一，一生二，二生三，三生万物。

之所以要从《老子》和《易经》两本书出发寻找根本，也是有其的逻辑性的。首先，《老子》是描写"无"的书，告诉人们什么是世界的根本问题，只有把握了"无"，才掌握了"道"，有了"道"，才能统治好国家。国家统一后,最重要的政策是无为,不要破坏自发秩序的稳定。

但是,《老子》只阐述了基本问题,却没有提供方法。方法问题就由《易经》来提供。《易经》在玄学中的作用,是告诉人们,当"无"生出万物之后,万物是怎么变化的。当"无"变成"有",进而变成丰富多彩的物质世界和社会时,其中的变化规律就由《易经》来概括。

比如,国家统一时,要使用无为,但在国家没统一之前的混乱时期,就需要使用《易经》的理论,强调军事上的有为。一旦完成了统一,又要根据《易经》的变化,适时地转移到无为的轨道上。

对于人来说,最重要的无为是与自然合一,因为自然就是从"无"变化出来的。这导致了魏晋时期人们对于自然的喜爱,不管是真隐士、假隐士,都以自然田园为憧憬。

王弼认为,在玄学的体系中,《老子》是一本归纳性的著作,把万事万物归纳成一个"无"的概念,而《易经》则是一本演绎性的著作,告诉人们,从"无"怎么生出万事万物。

所以,总结而言,王弼的思想是可以概括为如下几点的。

第一,万事万物可以由众归结为寡,由动归结为静,最后归结为"道"。这是研究事物的根本,抓住这个根本,就可以更清楚地了解事物的变化。[18]

第二,"道"这个根本,继续追究,又可以追究为"无"。万物的开

---

18 王弼《周易略例·明彖》:"夫众不能治众,治众者,至寡者也。夫动不能制动,制天下之动者,贞夫一者也。故众之所以得咸存者,主必致一也;动之所以得咸运者,原必无二也。物无妄然,必有其理。统之有宗,会之有元,故繁而不乱,众而不惑。"

端是没有名字、没有形状的,并且无所不在,一旦得了形状和名字,就已经无法做到无所不在,也就不是根本了。[19]

第三,天地自然,都是"无"的创造,所以,我们的生活最终必须与自然合一。与自然合一的做法,就是对社会和人有利的。[20]

就这样,一个年轻人,一个轻浮子,发现了通往新哲学圣殿的道路。与汉朝经学进行对比,人们就会发现玄学是多么具有思辨性。经学创造了一个体系,却不允许人们怀疑,到了玄学时,人们却突然发现,经学体系中原来有这么多漏洞,每一个概念如果细细追究,都经不起推敲。玄学就是要对这些概念一一进行考究,重新确定根本性的问题,重新解释世界。

在这一番重构中,汉朝的"天人合一"就变成了玄学的"一切都是无"。

但不幸的是,由于开创玄学的人太年轻,也太轻浮,当他们找到了道路之后,却无法将思辨精神贯彻到底。玄学比起汉朝儒教来是进步多了,但是与佛教、基督教、伊斯兰教比起来,它又过于浅薄了。它过于

---

[19] 王弼《老子道德经注》第一章:"凡有皆始于无,故未形无名之时,则为万物之始。及其有名有形之时,则长之、育之、亭之、毒之,为其母也。言道以无形无名始成(万物),以始以成而不知其所以(然),玄之又玄也。"《论语释疑》引邢昺《论语正义》:"道者,无之称也,无不通也,无不由也。况之曰道,寂然无体,不可为象。"《老子注》第三十四章:"言道汜滥无所不适,可左右上下周旋而用,则无所不至也。"

[20]《老子道德经注》第四十二章:"万物万形,其归一也。何由致一?由于无也。"第二十五章:"自然者,无称之言,穷极之辞也。"第五章:"天地任自然,无为无造,万物自相治理,故不仁也。……天地之中,荡然任自然,故不可得而穷"。第二十九章:"万物以自然为性,故可因而不可为也"。

倚重"无"这个概念，缺乏更深厚的内涵，因而很快地转向玄谈和辩论这个方向。

玄学本应该沿着事物的"名"与"理"、本质与现象更深入挖掘下去，如果这样的话，将成为一门更加深入的哲学。但是发掘到了"无"这个概念后，就没有人继续顺着这条路走下去了。以后有的人赞成"无"；有的人反对"无"，说世界不是"无"而是"有"；还有的人说既不是"无"又不是"有"，而是"独化"；等等。这些名词又由于政治的变化而变化，最终，人们已经无力去探究事物的本质问题了。

在文学里，最简单的作品是玄幻作品，作者不用对社会现实有任何了解，在脑子里转一转，就可以天马行空地做任何想象。玄学的发展如同玄幻作品，人们不再需要钻研学问，只需要坐在椅子上喝着茶，就可以云里雾里地构造什么是"无"，"无"如何生"有"了。

它的简单性让它很快风行天下，但它缺乏深度，又让它在像一阵风一样掠过之后，无法形成更实用的成果。

但毕竟，它将"名教"（功名利禄）与"自然"（终极规律）统一起来。魏晋时期的人们已经隐隐约约地认识到，除了汉儒们说的那种和人世间存在感应的"天"，更存在一个独立于人间的"自然"。"自然"与汉朝的"天"的区别在于，自然是独立运行的。

当然，由于认识不彻底，魏晋时期的人们也有多种看法，王弼和何晏等人认为"自然"虽然独立运行，但人世仍然可以寻找到它的规律，并与之契合，只是人世不能再影响"自然"，不存在所谓的感应一说。而他们之后的嵇康等人更加彻底，认为自然就是和人世彻底脱离的，人们应该越名教而任自然。

另外,何晏和王弼的哲学还是享乐主义,甚至带着点儿乐观主义。他们相信规律的可行性,也相信可以既有功名利禄,也有自然享受。这和他们的生活方式分不开。

但是,曹魏正始十年(公元249年),作为曹家女婿的何晏因为参与曹爽对抗司马懿的活动,被司马懿杀死。王弼也在这一年得病死去(可能与他服用五石散有关)。两位代表人物的离世,加之改朝换代带来的政治环境恶化,让魏晋的玄学之风骤然转向,变成了放诞世俗的幽愤主义和悲观主义。

第八章　放诞俗世做酒仙[1]

玄学发展到嵇康与阮籍时期，已经成了人们反抗政治的武器。而政治对玄学的镇压，让这个时期最著名的两位哲学家即使选择了放诞于世俗之外，也仍然无法躲避政治的迫害。

嵇康和阮籍将思辨的力量指向政治本身，将政治的荒谬用逻辑来展示，将名教排除在自然之外，彻底否定了政治对哲学的干预。

在嵇康时代，对于人的才华和本性的讨论已经上升为政治问题，持不同立场的人，分别代表了不同的政治派别，让即便想远离官场的人，也不免卷入其中。

阮、嵇之后的哲学家已经开始分道而行，但即便最贴近政权的人，亦不免在政治的旋涡中颠沛流离。

玄学的思辨力量，在论证三个主题——"声无哀乐""养生""言尽意"时，发展到高峰。

---

[1] 本章涉及的时间范围是公元249—316年。

在三国时期，如果评选最虚伪的人，那么魏国的钟会至少可以进入候选名单。

钟会是曹魏太傅钟繇的幼子，钟繇则是当时最著名的书法家，他的书法深受后来"书圣"王羲之的推崇。钟会也和他的父亲一样，以书法闻名当世，而且从他小时候，在魏国君臣之间就传颂着他如何聪明。

比如，他和哥哥钟毓跟随父亲第一次去见魏文帝曹丕时，钟毓吓得大汗淋漓，而他却无事一般从容不迫。魏文帝问钟毓：你脸上怎么这么多汗？钟毓回答：战战惶惶，汗出如浆。魏文帝又问钟会：你怎么不出汗？钟会回答：战战栗栗，汗不敢出。

两兄弟又喜欢趁父亲睡觉时偷药酒喝。一次父亲装睡，看二人的反应。钟毓偷了酒之后，喝之前要先学着大人行礼的样子拜一拜，然后再喝，而钟会拿起来就喝。父亲问钟毓为什么要拜，钟毓回答：根据礼法，喝酒是一种礼仪，所以喝之前不敢不拜。父亲又问钟会为什么不拜，钟会回答：偷本来就不符合礼仪，所以不用拜了。[2]

这两件事反映了钟会的聪明才智和很强的功利心态。

到了青年时期，钟会更是与提出了贵无论的王弼齐名。钟会曾经学习过道家言说，并把刑名家的思想融合进道家。

当时，曹魏文人讨论最多的是才性问题，即一个人的才华和他的本性之间的关系。由此衍生出四种说法，分别是才性同、才性异、才性合、才性离。

曹操之后的曹魏君主们大都认为才与性是不同的，一个人有才，但

---

[2] 两故事均见《世说新语·言语》。

不一定品格高尚，而君主重用某人，只要看到他的优点就可以忽略其缺点。司马氏崛起后，为了镇压忠于曹魏的大臣，强调品格和才华是关联的，把不忠于司马氏的人都划归到品格不好的行列中予以贬斥。

钟会本人是一个品格和才华分家的最好例子，他的品格低下，却有很高的才华。为了投奔司马氏，他提出的观点却是"才性合"，也就是才和性是同步的。为此，他写了一本专门的著作，叫《四本论》，对上述四种观点都进行了论述，并着重谈了自己认为的"才性合"。

写好这本书后，他决定把它送给当时最著名的学问家嵇康，请他来评判一番，于是带着这本书去找嵇康。从年龄上说，嵇康只比钟会大一岁，却早已是文坛领袖，性格又桀骜不群，喜欢辩论，绝不谬赞。钟会心怀忐忑地揣着书来到嵇康门外，却不敢进去，只好把书往屋里一扔，扭头就走。

《世说新语·文学》中说，他之所以这么怕嵇康，一方面是因为自己心虚，为了迎合司马氏，违心地提出"才性合"，嵇康如果看出他的投机行为，一定会嘲笑他；另一方面，是因为嵇康的观点更接近于"才性离"，如果二人辩论一番，他也不是对手。

不过，钟会在嵇康面前显得渺小，在司马氏眼中却是很好的帮手。司马氏掌权后（篡位之前），曹魏旧臣有许多心怀不满的，其中位于淮南地区的毌丘俭开始反抗。大将军司马师决定率军亲征，他的弟弟卫将军司马昭则紧跟在后，钟会就在司马师军中。这次反抗虽然被镇压，但司马师也得病死了。这时，洛阳朝廷里出现了一个反对司马氏的阴谋：皇帝派遣尚书傅嘏前往司马昭军中，以淮南刚刚平定为借口，请求司马昭留在许昌稳定局势，而把大军交给傅嘏带回洛阳。这实际上是要剥夺司马昭的兵权。

钟会立刻看出了其中的门道,他和傅嘏谈话把傅嘏争取了过来,请求傅嘏上书皇帝,要求和司马昭一起回洛阳。司马昭率领大军回到洛阳,以兵权胁迫,让皇帝任命他继任大将军,继续把持朝政。

随后,淮南再次发生诸葛诞的反抗,又是钟会的计策让司马昭击败吴国前来帮助诸葛诞的将领,从而赢得战争。

钟会在得宠后,成为司马氏集团不可缺少的人物,不时地参与政策制定和人事任免,拥有打击政敌的权力。

而真正让他扬名天下的,是魏国灭蜀汉的战争。在战争发生前,大部分朝臣是不主张灭蜀汉的,认为风险太大,只有钟会是极少数主战派之一。司马昭最终支持了钟会,给了他十几万大军,让他作为主将大举伐蜀汉。

然而,事情却向着对钟会不利的方向演进。他虽然借着蜀汉防守汉中(秦岭以南的小盆地,四川和陕西的交通要道)的薄弱攻克汉中,但在继续向四川推进时,却屡屡不利。从汉中进入四川的关键通道是金牛道,而金牛道上最重要的关口是剑阁,在这里,蜀汉大将姜维千里跃进,堵塞了钟会的进路。钟会的背后还有蜀汉军队的据点,魏军很有可能会被包夹。

在作战中,钟会的虚伪狡诈也暴露无遗,给军队造成了困扰。除了钟会,还有一支军队由诸葛绪率领,从甘肃赶过来。钟会为了获得指挥全权,密奏诸葛绪畏葸不前,导致其被抓并用囚车送回魏国,于是钟会接管了诸葛绪的军队。

内斗加上姜维的阻挡,这次远征看来要以失败告终。

但就在这时，著名将领邓艾却打开了一条被传颂千年的道路，捷足先登了。当两国大军僵持在剑阁时，邓艾率领三万人马开山辟路，从甘肃的阴平起，在大山里硬是开出一条路，进入四川盆地，并逼迫蜀汉皇帝刘禅投降。

蜀汉投降后，邓艾采取仁政争取人心，同时等候魏国大部队的到来。而阻挡钟会的蜀汉将领姜维听说成都失陷，选择了投降。钟会兵不血刃地率领大军进入成都。

但谁也没有想到，他在成都做的第一件事，就是针对伐蜀汉的最大功臣邓艾。他利用司马昭害怕将领擅权的心理，密奏邓艾谋反，在得到司马昭的命令后，将邓艾关进囚车。

更让人没有想到的是，其实真正谋反的是钟会本人。除掉邓艾后，钟会不满足于当臣属，决定以恢复曹氏权力为幌子，向司马氏开战。

可惜这一次，钟会碰到了更大的对手。司马昭在向钟会发布命令逮捕邓艾的同时，就亲率大军向长安移动了。一旦司马昭占领长安，不让钟会出川，钟会的计谋就失败了。最终，钟会只好仓促起兵，但士兵不听号令，起事将钟会杀死。[3]

在伐蜀汉途中的两次密奏，加上最后的谋反，这些将一位伪君子的形象昭于天下。作为伐蜀最大功臣的著名将领邓艾却含冤而死，直到历史进入了西晋时代，邓艾才得以昭雪。

---

[3] 《三国志·魏书·王毌丘诸葛邓钟传》记载，钟会的谋反尽在司马昭掌握之中。司马昭认为，蜀国刚刚平定，处于丧胆状态，而魏国的军队又纷纷思归，这种状态下，即便有人谋反，也没有成功的可能性。他率军前往长安时，认定不管钟会是否谋反，大军到达长安之时，蜀地已经尘埃落定。果然，当他到达长安时，钟会已经死亡。

然而，邓艾并非钟会谋反的唯一受害者。钟会伐蜀汉之前，还害死了他认为的另一个仇人，原因同样是妒忌。如果说，在军功上，邓艾超乎钟会之上，那么在哲学和文学上，钟会与嵇康更是判若云泥，钟会又怎能忍受？

除了钟会第一次向嵇康献书，历史还记载了二人的另一次相会。[4] 由于家境贫穷，嵇康常常和朋友向秀打铁糊口。一次，年少得志的钟会终于鼓起勇气，穿着时尚的衣服，赶着肥马拉的车，带着如云的宾客，一起去拜望嵇康。

当他们来到嵇康的住处时，却发现嵇康正坐在地上打铁。钟会恭恭敬敬地等着嵇康，嵇康既不说话，又不抬头，继续干他的铁匠活儿。钟会在众多的随从面前等待良久，感觉大丢面子。钟会正准备离开时，嵇康终于开了口，问道："何所闻而来？何所见而去？"钟会不怀好意地回答："闻所闻而来，见所见而去。"

如果说第一次拜访失意是因为钟会的胆怯，那么第二次拜访，则是嵇康对他直接的侮辱。嵇康一向对自己看得起的人热情似火[5]，但对于他看不起的人，连一个字也懒得说。

这次拜访给钟会的心灵造成了永久性的伤害，他记住了嵇康这位不

---

4 《晋书·嵇康传》："初，康居贫，尝与向秀共锻于大树之下，以自赡给。颍川钟会，贵公子也，精练有才辩，故往造焉。康不为之礼，而锻不辍。良久会去，康谓曰：'何所闻而来？何所见而去？'会曰：'闻所闻而来，见所见而去'。会以此憾之。及是，言于文帝曰：'嵇康，卧龙也，不可起。公无忧天下，顾以康为虑耳。'因谮'康欲助毌丘俭，赖山涛不听。昔齐戮华士，鲁诛少正卯，诚以害时乱教，故圣贤去之。康、安等言论放荡，非毁典谟，帝王者所不宜容。宜因衅除之，以淳风俗'。帝既昵听信会，遂并害之。"另见《世说新语·简傲》。

5 《晋书·嵇康传》："东平吕安服康高致，每一相思，辄千里命驾，康友而善之。"

给权贵面子的狂人。当司马昭逐渐掌握权力，排斥忠于曹魏的人时，钟会不失时机地说：嵇康是一条卧龙，你驾驭不了他；但他言论放荡，诋毁圣贤，又有大批的追随者，是个心腹大患。

司马昭听信了钟会的话，开始制造冤狱，杀了嵇康。

司马昭找的理由是一个花边新闻。嵇康有个好友叫吕安，吕安的哥哥吕巽奸淫了吕安的妻子徐氏，为了防止吕安打击报复，吕巽先发制人，污蔑吕安不孝。司马氏提倡儒教精神，不孝是大罪。吕安为了脱罪，引嵇康做证，嵇康作为朋友义不负心，将吕巽如何奸淫弟媳和污蔑弟弟的事情都说了出来。但既然司马昭决定除掉嵇康，就不会听信他的证词，吕安不承想自己不仅没有脱罪，反而将嵇康也牵连在内。[6] 二人双双被判死刑。

在临刑前，嵇康望着地上的日影，要了一把琴，弹奏一曲《广陵散》，并叹息这个曲子要从此绝迹了。据《世说新语·雅量》记载，三千名太学生请求当嵇康的学生，希望保下他的性命，但铁了心的司马昭还是除掉了这位才华绝世的高士，只是在事后，才假惺惺地表达了后悔。

也许钟会没有想过，他害死的是魏晋时期最具反抗精神的哲学家，这个人代表着魏晋玄学最自由、最独立的精神。在这个时期，哲学家和文人们大都带着反叛的影子，反抗汉朝以来形成的名教对人的压迫。但是，几乎所有的人在反抗的同时，都给自己留了一条后路，既享受名教带来的荣华富贵，又对名教采取嘲弄的态度。还有的人则寄希望于将名

---

[6]《三国志·魏书·王卫二刘傅传》引《嵇康传》："初，康与东平吕昭子巽及巽弟安亲善。会巽淫安妻徐氏，而诬安不孝，囚之。安引康为证，康义不负心，保明其事，安亦至烈，有济世志力。钟会劝大将军因此除之，遂杀安及康。"

教和自然打通，享受政权好处的同时，也不放弃对自由的追求。只有嵇康以一种决裂的态度来看待名教问题，告诉人们守着这玩意儿毫无用处，只会妨碍自己对自由的追求。

但是，嵇康的死让人明白，集权的笼子里不会有自由的鸟儿，只要你在中央王朝的控制之下，就不会找到真正的自由，哪怕你想回归山林，不问政事，但只要你有足够的才华，这个政权就会自动把你当作敌人。

嵇康死后，哲学虽还保留着反叛之名，却再无反叛之实。文人们那种故作超然的姿态，实际上是一种犬儒主义的表演，既要彰显独立性，又总是在谄媚权力。

那么，嵇康的哲学包含了哪些内容？他为魏晋这个动荡却反叛的时代做出了哪些贡献，才让现代人把他当作魏晋玄学最伟大的代表人物予以纪念呢？

非汤武而薄周孔

大约在曹魏景元元年（公元260年），一个当官的机会突然出现在嵇康的面前。这个机会是由他的朋友山涛举荐的。这一年，山涛从尚书吏部郎迁任大将军从事中郎，留下来的职位需要有人填补，他立刻想到了好朋友嵇康。

嵇康，字叔夜，年幼时就失去了父亲，跟着哥哥嵇喜长大。他身长七尺八寸，换算成现在的尺度，身高超过一米八[7]。他言谈举止优雅，却

---

7 一魏尺大约二十四厘米。

又土木形骸，不加修饰，人们称之为"龙章凤姿，天质自然"。他性格恬静寡欲，含垢匿瑕，宽简有大量。在学问上他是当时的文坛领袖，却不讲究师门，博览群书，而尤其喜好老庄。

山涛之所以想到嵇康，除了他的才华，还有一个非常重要的原因：嵇康娶了魏国曹氏的宗室女子，是曹魏的女婿。他还因此官拜中散大夫，只是随着对政治的失望，才放弃职务，远离政坛。

但是，随着司马氏掌握曹魏大权，司马氏取代曹氏已成定局，作为曹氏姻亲的嵇康就成了司马氏忌惮的人物，甚至有生命危险。如果这时候嵇康能够出山接受司马氏提供的一个官职，就相当于投靠司马氏，也就获得了安全。山涛举荐嵇康，是想保护这位最好的朋友。

嵇康的哥哥嵇喜就很懂得这样的道理。他也是当时的名士，论做官，比嵇康更胜一筹，担任过扬州刺史、太仆、宗正等职位，自然也保证了安全。[8]

令山涛没有想到的是，他的一片好心被嵇康直接拒绝。不仅拒绝，嵇康还专门写了一封信与他绝交。这封著名的《与山巨源绝交书》成为魏晋时期少有的好作品，也是解读魏晋风流人物的一个窗口。

在信中，嵇康首先表示他和山涛不再相知，之后，转入对历史人物的总结，评论了十一个历史人物，认为人应该根据自己的性格，各安本命。而他本人则仰慕那些不为官的人士，这样的志气不可夺。他把自己

---

[8] 魏晋时期的人们都喜欢评头论足，兄弟两人也不能避免。《世说新语》记载了一则故事，一次，吕安去拜访嵇康，却只见到其哥哥嵇喜在家。嵇喜热烈欢迎吕安，但吕安不进门，只是在门上写了个"鳳"字，就离开了。嵇喜大喜过望，以为吕安在夸奖自己。嵇康回来后，笑着告诉哥哥，所谓"鳳"，拆开就是"凡鳥（鸟）"两个字。

描写成一个懒散、孤傲、不喜约束的人，懒到常半个月甚至一个月不洗头、不洗脸，更不通人情礼仪。[9]

随后，这封信转入最著名的段落，提出嵇康不适合当官的九个理由，这九个理由又分为"七不堪"和"二甚不可"。所谓"七不堪"还简单，指的是生活上的七种习惯与做官格格不入，比如起得晚、不喜人跟随、爱动且不喜欢向上级行礼、不喜欢写字、不喜欢应酬、不喜俗人、不耐烦俗世。而"二甚不可"则显得离经叛道了，这是指他喜欢"非汤武而薄周孔"，以及说话直言不讳、绝不替人掩饰。[10] 而"非汤武而薄周孔"一项，更是对自汉朝形成的儒教文化的彻底否定。

从孔子开始，整个儒家的哲学体系就是建立在周代礼法体系之上的，特别是周公这个人，更被认为是周代礼法体系的鼻祖。"非汤武而薄周孔"表明的是嵇康的生活态度，但在时人看来，却是他的政治宣言。因为如果周公失去了合法性，在当时受打击最大的就是司马氏。因为司马氏在篡权之前，总是以周公自居，这与当年王莽以周公自居，到最后却篡夺了汉朝政权是一样的。如果周公没有了合法性，那么司马氏搞摄政就成了乱臣贼子，而不是功臣了。

"非汤武而薄周孔"还不是嵇康态度的终点，他除了否定这些人，

---

[9] 《与山巨源绝交书》："少加孤露，母兄见骄，不涉经学。性复疏懒，筋驽肉缓，头面常一月十五日不洗，不大闷痒，不能沐也。每常小便而忍不起，令胞中略转，乃起耳。又纵逸来久，情意傲散，简与礼相背，懒与慢相成，而为侪类见宽，不攻其过。又读庄老，重增其放，故使荣进之心日颓，任实之情转笃。此犹禽鹿，少见驯育，则服从教制；长而见羁，则狂顾顿缨，赴蹈汤火；虽饰以金镳，飨以嘉肴，愈思长林而志在丰草也。"

[10] 《与山巨源绝交书》："又每非汤、武而薄周、孔，在人间不止，此事会显，世教所不容，此甚不可一也。刚肠疾恶，轻肆直言，遇事便发，此甚不可二也。"

还要替被周公镇压的人翻案。周公有两个同胞弟弟管叔鲜和蔡叔度，二人在儒教写成的历史上一直是反派角色。西周灭商后，他们最早被周武王派到崤山以东原来商朝的土地上帮助周朝维持秩序，周武王死后，年幼的周成王即位，周武王的弟弟周公成了摄政，这时管叔、蔡叔二人发动叛乱反对周公。他们的叛乱最终被镇压，二人也被打成将近三千年的恶人，是冒犯中央王朝的罪犯。

《管蔡论》中，嵇康认为，管叔、蔡叔不是罪犯。首先，他们是周武王任命的，帮助维持了中原地区的秩序，如果不是他们，地处陕西的周朝是无法控制广大中原地区的。其次，按照儒教的看法，圣人不会犯错，而周武王就是个圣人，如果管叔、蔡叔是坏人，就证明周武王的任命是错误的，这和周武王是圣人相矛盾。最后，从情理上讲，一个小孩子当了王，而另一个成年人虎视眈眈地摄政，自然会让人疑心这个成年人要篡位。所以管、蔡的叛乱不是叛乱，而是在勤王。

最后这条理由更是直刺司马氏。魏明帝曹叡死后，大将军曹爽和太傅司马懿摄政，随后司马懿发动政变，处死曹爽，开始其专政生涯。在司马氏专政之后，发生了著名的"淮南三叛"：淮南地区的三位将军（扬州刺史文钦、镇东将军毌丘俭、征东大将军诸葛诞）先后叛乱。他们之所以起兵，是不满司马氏的专政，试图恢复曹魏的政权，赶走司马氏。嵇康对管、蔡的辩护，就仿佛是在歌颂三位将领的反叛。

嵇康这样的观点绝不会被司马氏容忍，却让他成了文坛领袖。实际上，司马氏篡夺皇位之前的那段时间，是中国历史上最混乱的时期之一，大量的人敢怒不敢言，有的人被杀害，有的人被迫投降，而嵇康的态度则成了当时不屈服的标志。

在司马氏辅政的那段时期，文坛最著名、最具特色的是一个叫作"竹林七贤"的松散群体。这个群体中最年长、最具组织才能的是山涛，而最核心的人物有两位，除了嵇康，还有一位叫阮籍的人。除了这三人，还有向秀、刘伶、阮咸、王戎，这七人常在竹林中游宴，号称"竹林七贤"。除了"竹林七贤"，还有一个他们的朋友圈，而在朋友圈中最显著的就是嵇康的朋友吕安，也就是间接导致他死亡的那位挚友。

"竹林七贤"代表了一种倾向。当文人们对政治不满时，就会寄情于山水之间，流连于诗酒之中。虽然后来七人的结局不同，但在某个时期，他们都对政治有着强烈的不满。而在七人中，又以阮籍和嵇康最为纯粹，二人兴趣相似，互相钦慕，成为双璧。嵇康善于论理，而阮籍长于写诗。有后人品诗将阮籍列在上品，而将嵇康列在中品，大概因为嵇康不注重文采，写诗时，只是用极其冷峻的笔调记录自己的感想而已。

二人的作品中，都流露出对于现实的巨大不满。

比如，阮籍最著名的非诗体作品叫《大人先生传》，就是对现实的批评。阮籍和嵇康都认为，古代的制度是一种无为而治的制度，所以人们相安无事，和平幸福。但是到了当世，由于皇帝推崇名教治国，强调人的德行和君王的有为，大量的赏赐和严苛的刑法不仅无力治理国家，反而让社会乱了套。而所谓的名教，实际上是"竭天地万物之至，以奉声色无穷之欲，此非所以养百姓也"。[11]

---

[11]《阮步兵集·大人先生传》："今汝尊贤以相高，竞能以相尚，争势以相君，宠贵以相加，趋下以趣之，此所以上下相残也。竭天地万物之至，以奉声色无穷之欲，此非所以养百姓也。于是惧民之知其然，故重赏以喜之，严刑以威之。财匮而赏不供，刑尽而罚不行，乃始有亡国、戮君、溃败之祸。此非汝君子之为乎？汝君子之礼法，诚天下残贼、乱危、死亡之术耳！"

阮籍对那些儒家君子最精辟的嘲讽，就是把他们比作一群裤裆里的虱子，追求功名利禄自以为安全，就像虱子在裤裆里，躲在棉絮里以为是大宅子，行动在布缝里以为找到了正确的道路，动不动就吸人血，以为找到了享用不尽的美味佳肴。但是，一把火袭来，这些虱子就被烧死在裤裆里了。[12]

嵇康对现实鞭笞最深的文字则来自《太师箴》，认为以前治国是为了天下，今天则是为了一个人而已。结果导致臣下仇恨皇帝，皇帝猜忌臣下，四处丧乱，国家倾亡。[13]

正因为司马氏统治的残忍，嵇康和阮籍对政权彻底失去了信心，才有了中国哲学史上的一次大转折：彻底放弃人们热衷的名教，彻底地拥抱自然。

越名教而任自然

在中国古代历史上，永远是政治压过科学，入世压过出世，名教压过自然。所谓名教，一般指功名利禄和儒家礼法，而自然则指政治之外

---

[12] 《阮步兵集·大人先生传》："且汝独不见乎虱之处乎裈中，逃乎深缝，匿乎坏絮，自以为吉宅也。行不敢离缝际，动不敢出裈裆，自以为得绳墨也。饥则啮人，自以为无穷食也。然炎丘火流，焦邑灭都，群虱死于裈中而不能出。汝君子之处区内，亦何异夫虱之处裈中乎！"

[13] 《嵇中散集·太师箴》："季世陵迟，继体承资。凭尊恃势，不友不师。宰割天下，以奉其私。故君位益侈，臣路生心。竭智谋国，不吝灰沈。赏罚虽存，莫劝莫禁。若乃骄盈肆志，阻兵擅权。矜威纵虐，祸蒙丘山。刑本惩暴，今以胁贤。昔为天下，今为一身。下疾其上，君猜其臣。丧乱弘多，国乃陨颠。"

的江湖之远。走得最远的人，也只能说要兼顾名教和自然，不敢将自己彻底置于传统的对立面。

发明了贵无论的王弼本人也采取了这样的态度，他认为名教和自然是调和的，不管是名教还是自然，它们的最终特征都是"无"，把握了"无"，既可以理解名教，也可以理解自然。而理解了无之后，可以把自然界的无、无为等理论运用到政治实践之中，实现名教和自然的统一。

和王弼相比，嵇康的思想可以分为以下两个阶段。

第一阶段，他出生于曹魏黄初四年（公元223年），比王弼还要大三岁。在王弼与何晏的思想占据主流时，嵇康也秉持与他们同样的观点，认为通过掌握自然的规律，就可以过一种将名教与自然调和的生活。

他甚至认为，中国的三皇五帝时代，是因为有人根据自然规律，制定了正确的生活准则，才让当时的人们幸福地活着。

他生活在曹魏统治时期，曹氏并不是东汉的大家族，其统治虽然强调法家和刑名思想，但主要是为了将社会捏合在一起。而在实际的统治中，却对士大夫阶层相对宽松。加上曹氏统治集团中许多人本身就是文人，于是曹魏政权创造了一个文人的黄金时代。

最能反映嵇康此阶段思想的作品是《太师箴》，嵇康甚至在此叙述了他的宇宙观，认为宇宙中最原始的物质是太素，从太素生阴阳，随后生出天地万物和人伦社会。人伦社会刚刚形成时，没有善恶、羞耻，也不担心未来、不经营财产，处于自然状态，是最"仁"的时期。之后，随着人们的物欲打开，忧患意识形成，才有了人世间的各种祸患。所以，圣人不是要打开人们的欲望，或者限制人们的生活，而是要让他们回归自然。所谓"君道自然，必托贤明"[14]。

从"君道自然"可以看出，嵇康当时仍然相信可以把名教和自然结合起来，也就是皇帝采取"自然无为"的方式进行统治，就可以做到人事与自然和睦。

然而，嵇康的想法在现实中却无法实现。

曹魏景初三年（公元239年），魏明帝曹叡去世，将太子曹芳托给司马懿、曹爽等重臣辅佐。十年后，司马懿发动政变，杀死曹爽。从司马氏掌权到篡位的十几年中，司马氏祖孙三代四人镇压、淘汰不服从的人，曹魏时期文人的黄金时代成为过去。嵇康的思想也就进入第二阶段。

第二阶段，嵇康不参与、不认同司马氏党同伐异的做法，开始对政治失望，他不再相信所谓人既可以享受功名利禄，又可以遵循自然的说法，而是把自然和名教对立起来。

他开始仇视名教，认为人之所以受到束缚，是因为脱离了自然，而坠入了名教织成的网中无法自拔。如果想恢复自由，必须挣破这个名教之网，到自然中去寻找真正的自由。如何挣破名教之网呢？他认为所谓挣破，不是说人要到山上隐居，再也不见人，而是要做到对名教无视。哪怕你身处闹市之中，甚至朝堂之上，只要做到无视眼前的人，将功名利禄之徒视为粪土，不追求、不参与、不恭维，就已经挣破了这张名教之网。

这个时期他的思想主要反映在另一篇文章《释私论》中。

他在《释私论》中写道，所谓君子有两个标准：第一个标准是心里

---

[14] 《嵇中散集·太师箴》："浩浩太素，阳曜阴凝。二仪陶化，人伦肇兴。厥初冥昧，不虑不营。欲以物开，患以事成。犯机触害，智不救生。宗长归仁，自然之情。故君道自然，必托贤明。"

根本不在意人世间所谓的礼法、是非等观念；第二个标准是减少自己的欲望，不放纵自己的感情和行为。当做到第一点的时候，就能够"越名教而任自然"，做到第二点，就可以"审贵贱而通物情"。[15]

后人常说"大隐隐于市"，与嵇康的观念就有相似之处。一个真正的君子既要在思想上超脱于俗世之外，又要甘心在行为上做一个普通人，对自己的境遇毫不在意、毫不强求。

"越名教而任自然"的提出，代表秦代之后中国文人第一次要摆脱集权王朝的束缚，寻找真正的自由。嵇康将自然看成通往大道的途径，而把俗世的名教看成通往大道的障碍。

与此同时，阮籍也提出类似的观点，阮籍的观点反映在他的作品《大人先生传》里，他塑造了一个叫作"大人先生"的角色，其原型可能是嵇康和阮籍都认识的孙登，也是一位隐士。

在文章开头，"大人先生"和一个名教中人辩论，这个名教中人认为，所谓君子，应当注重礼仪，忠于朝廷，束身修行，钻营官职。而"大人先生"乘机反驳，将名教所说的君子礼法说成残贼乱危死亡之术，而真正的君子要超乎天地之外。[16]

---

15 《嵇中散集·释私论》："夫称君子者，心不措乎是非，而行不违乎道者也。何以言之？夫气静神虚者，心不存乎矜尚；体亮心达者，情不系于所欲。矜尚不存乎心，故能越名教而任自然；情不系于所欲，故能审贵贱而通物情。物情顺通，故大道无违；越名任心，故是非无措也。"

16 《阮步兵集·大人先生传》："是以至人不处而居，不修而治，日月为正，阴阳为期。岂吝情乎世，系累于一时。乘东云，驾西风，与阴守雌，据阳为雄，志得欲从，物莫之穷，又何不能自达而畏夫世笑哉？"

这一段的辩论基本上符合了嵇康所说的第一个标准：心里根本不在意人世间所谓的礼法、是非。

"大人先生"的话自然引来了叫好声，这次叫好的是一位隐士。这位隐士立刻把"大人先生"当作同类，骂了一通社会之后，邀请他一同去隐居。

而"大人先生"随即又把隐士教训了一通，他认为，隐士所骂，只不过是出于激愤，别人说"是"，他就一定要说"非"。而真正的君子是超脱于世事之外的，不会为了这些事激愤，也不会专门去隐居，他可以处于任何地方而又对一切身外之物视而不见。

"大人先生"和隐士的辩论，恰好与嵇康所说的第二个标准暗合。

嵇康和阮籍的思想也由此达到中国文人的反叛极致。在此前后，中国也有数次对政治不满的思想反抗运动，但除了嵇康、阮籍，文人们虽然对政治不满，却并不否认有一种理想的名教系统，只是现在的统治者做得不够好而已。只有嵇康、阮籍认定，名教本身就是与大道相矛盾的，如果要追求大道，就必须放弃名教本身，去追求心灵和思想的彻底解放。其他人也有游山玩水不问政治的，但他们大都采取犬儒主义的态度，比如陶渊明。嵇康却是以完全敌视的态度来对待政治的，采取了极端的否定态度。

嵇康、阮籍等人抛弃名教逃到自然之后，又能做些什么？他们二人的境遇也有所不同。

嵇康注重的是"养生"，所谓养生，除了为长命百岁，也是为了与自然合一。嵇康由此成了养生学的专家。只是司马氏对他的迫害，切断了他的养生之路。

与嵇康相比，阮籍的心没有那么沉，他更多的是靠喝酒发泄苦闷，却仍然无法避开世事的纷扰。史书中记载了许多阮氏喝酒的故事，比如阮氏家族喝酒用大缸喝，有时猪也走到大缸前喝一通，人们对此毫不在意。[17]

但不管怎样，到最后，这群放纵诗酒的人仍然无法躲过名教的迫害。司马氏在夺取曹魏政权的过程中，不允许有不站队的人。特别是嵇康、阮籍这样的文坛领袖，他们的一举一动都影响太多的人，当他们宣称"非汤武而薄周孔""越名教而任自然"时，就是对中央王朝最大的威胁。

最终，不肯合作的嵇康被杀。嵇康就刑后，阮籍又多活了一段时间，过着醉生梦死般的生活，直到离开人世。

司马氏为了拉拢阮籍，想和他结亲，为了避免和司马氏成亲家，阮籍大醉六十天，让保媒的人没有机会说话，才躲了过去。[18]

害死嵇康的钟会也曾经想对阮籍下手，他数次向阮籍请教问题，试图找到他的把柄，也被阮籍用喝醉酒的方式躲避了过去。

但即便这样，阮籍也不可能完全逃避掉。司马炎篡位时，要完成一系列的仪式：魏国皇帝要先给司马炎加九锡，而司马炎要推辞，这时再由群臣写劝进表，请司马炎接受。写劝进表的任务推给了阮籍。阮籍还是以喝醉推脱，但这次他没有这么幸运，司马炎派人去取时，发现他趴在案上醉了，什么都没有写，于是把他摇醒，让他在醉中强行写一篇。

阮籍只好抓起笔完成了任务。在如此高压的政治环境下，他也很快去世了。到底是因为酒，还是因为政治？也许只有死亡能让他们摆脱名教的迫害。

嵇康的《琴赋》中暗藏了一首歌，这首歌仿佛是他提前为自己的结

---

[17] 《世说新语·任诞》："诸阮皆能饮酒，仲容至宗人间共集，不复用常杯斟酌，以大瓮盛酒，围坐，相向大酌。时有群猪来饮，直接去上，便共饮之。"

[18] 本则和以下数则皆取自《晋书·阮籍传》。

局所写的:"凌扶摇兮憩瀛洲,要列子兮为好仇。餐沉瀣兮带朝霞,眇翩翩兮薄天游。齐万物兮超自得,委性命兮任去留。"

一句"委性命兮任去留"道出了他对生命的旷达态度,他相信,所谓生和死,只不过是两种自然的形式。在他死后,人们也乐于相信,他不是死去,而是进入了另一种"齐万物兮超自得"的境界,继续以他高冷的姿态嘲笑世人的蝇营狗苟。

分道扬镳的贤人们

嵇康和阮籍的先后死亡,彰显司马氏对魏国朝政的控制权,从而为其取代魏国做好准备。此时,战场上的反抗早已经消失,都城文化圈的领袖人物已经除去,没有人再敢发出对司马氏统治不利的声音。

曾经的"竹林七贤"是最活跃的思想发源地,其中又以阮籍和嵇康的成就最大,失去了他们之后,这个松散的群体中剩下的人又将如何?

事实证明,他们本来就只是因一定的共同兴趣而聚合在一起的人,当政治压力逐渐加大时,这个群体就分崩离析了。

在"竹林七贤"中,山涛的年龄是最大的,比阮籍大了五岁,比嵇康更是大了将近二十岁。他的社会交游更广,可以视为这个群体的组织者。他虽然也读老庄,但对所谓的名教并没有很排斥。他当初之所以弃官,更多是出于自保,避开司马氏与曹爽的争斗。也是在弃官期间,他和嵇康、阮籍等人过从甚密。

司马氏一胜利,山涛便意识到必须投靠司马氏,就再次进入了官场。他的一个姑祖是司马懿的岳母,凭着这层关系,他很容易就融入了司马氏集团。在司马昭率军西进，防止在四川的钟会作乱时，山涛被留在后方监视曹魏的宗室。司马炎被立为太子，也有山涛的功劳。

作为"竹林七贤"之一，山涛具有一双辨识人才的慧眼，他向西晋举荐了大量人才，人们甚至将他推荐的人才列成花名册，称为《山公启事》。到最后，山涛官封司徒，达到顶峰，并安然善终。

不用怀疑，如果嵇康和阮籍为人更加灵活，都会被山涛一一发掘出来，成为达官贵人，甚至位居《山公启事》的榜首。

虽然由于山涛推荐嵇康，导致二人决裂。但嵇康死后，山涛义无反顾地承担了抚养嵇康未成年儿子（嵇绍）的责任，并且把他培养成与其父亲完全不同的人。嵇绍后来在晋朝为官，也是山涛鼓励的。

山涛死时家无余财，只有十间旧屋而已。这个人是中国士大夫的榜样，一个合格的大臣、好官员。竹林的经历只是他一次短暂的休息而已。

除了嵇康、阮籍、山涛这三大主将，"竹林七贤"中还有四个名气稍微小一点儿的人，分别是向秀、刘伶、阮咸和王戎。

这四人中，刘伶的才华并不算突出，却是"竹林七贤"之中的死硬派。他有过几次短暂的入朝和参军经历，但在军队仍然举止邋遢，后来晋武帝司马炎把他召去策问，他仍然坚持宣扬无为而治，与皇帝对着干，结果被赶走了。

后来他放诞到光着身子喝酒，当别人指责他时，他就说：天地是我的房子，屋子是我的裤子，你跑到我裤子里干吗？刘伶就这样在酒坛子里度过了一生，算是保留了在竹林时期的气节。但是刘伶的创造力不足，除了留下"酒仙"的名声，在思想上无法与阮籍和嵇康比肩。

比刘伶灵活一点儿的是向秀。在"竹林七贤"中，嵇康对阮籍非常尊重，但最亲近的是向秀。嵇康喜欢打铁，在住处支起铁匠炉子，而为他拉风箱的大都是向秀。在学问上，嵇康与向秀的交流也最多，特别是在养生的问题上，二人还有过交锋，但这只是学术上的探讨。

嵇康死后，作为嵇康密友的向秀也成了目标，为了避开司马氏的迫害，他不得已应召担任了一些闲职。但他选择了做官不做事，以消极抵抗的方式渡过危机，保留了自己的气节。

最能体现向秀心情的是他写的《思旧赋》。[19] 中国历史上有几首著名的纪念亡人的诗歌，其中纪念亡妻最悲切的是苏轼的《江城子》，而纪念朋友最深切的则是向秀的《思旧赋》，其中几乎每一句都能榨出人的眼泪来。

四人中最得阮籍真传的，是他的侄子阮咸。阮咸生性放达，无拘无束。虽然也和阮籍一样挂着散官官职，实际上却远离官场，过着自己的日子。他爱好音乐，认真钻研，真正做到了"越名教而任自然"，完全不去考虑官场的钩心斗角，只做自己喜欢的事情。

"竹林七贤"中的王戎年龄较小，他比嵇康整整小了十岁，但在"竹林七贤"中官瘾最大的也莫过于王戎。他参加与嵇康、阮籍的宴游时仍然是年轻人，随着司马氏的得势，他很快就放弃了自然，回归名教。

---

19 《思旧赋并序》："余与嵇康、吕安居止接近，其人并有不羁之才。然嵇志远而疏，吕心旷而放，其后各以事见法。嵇博综技艺，于丝竹特妙。临当就命，顾视日影，索琴而弹之。余逝将西迈，经其旧庐。于时日薄虞渊，寒冰凄然。邻人有吹笛者，发音寥亮。追思曩昔游宴之好，感音而叹，故作赋云：将命适于远京兮，遂旋反而北徂。济黄河以泛舟兮，经山阳之旧居。瞻旷野之萧条兮，息余驾乎城隅。践二子之遗迹兮，历穷巷之空庐。叹黍离之愍周兮，悲麦秀于殷墟。惟古昔以怀今兮，心徘徊以踌躇。栋宇存而弗毁兮，形神逝其焉如。昔李斯之受罪兮，叹黄犬而长吟。悼嵇生之永辞兮，顾日影而弹琴。托运遇于领会兮，寄余命于寸阴。听鸣笛之慷慨兮，妙声绝而复寻。停驾言其将迈兮，遂援翰而写心。"

山涛虽然为官，但是私心不大。而王戎与山涛不同，有着很强的私心，是个财迷，购置了大量的田产和水碓。在当时，水碓作为捣米的设备，是一种重要的工业资源，购买水碓，就像拥有磨坊一样。

王戎本身的能力又很出众，除了做京官，还做过河东太守、荆州刺史、豫州刺史，担任过建威将军，参加过灭吴战争，后来还封了侯（安丰县侯）。

王戎和山涛一样，也做到了司徒，晋身于西晋的最高官员行列。

但是，在西晋的政治制度下，虽然做官可以风光无限，却总不能避免政治斗争和战乱。王戎曾经因为"八王之乱"，为了避祸而游山玩水，不问政事，因为派系之争而失去官位。最后，又由于战乱而颠沛流离。

晋惠帝永兴二年（公元305年），王戎去世。在他去世之前，西晋王朝已经被"八王之乱"折腾得元气大伤，王戎本人也逃出京城，在跟随皇帝逃亡的途中去世。

王戎死前一年，嵇康的儿子嵇绍为保护晋惠帝而身亡。"竹林七贤"的下一代，也进入了凋零之年。

王戎可以说是"竹林七贤"中的异类，他只是暂时与嵇康、阮籍等人接触，很快便禁不住诱惑，选择离开自然，返回名教。有一次，已经当上尚书令的王戎乘车经过一家酒馆，这是当年他和嵇康、阮籍痛饮的所在地，只是此时他却发现，酒馆就近在眼前，却仿佛隔着无数的山河。当年的竹林精神已经变成了一场梦境。[20]

---

20 《晋书·王戎传》："尝经黄公酒垆下过，顾谓后车客曰：'吾昔与嵇叔夜、阮嗣宗酣畅于此，竹林之游亦预其末。自嵇、阮云亡，吾便为时之所羁绁。今日视之虽近，邈若山河！'"

玄学思辨的精华

历史倏忽间已到晋元帝建武元年（公元 317 年）。这一年，东晋的开国皇帝晋元帝登基，在北方，匈奴人刘曜正横扫这片土地。

在辅佐晋元帝开国的元勋中，有一对兄弟的功劳最大，他们是王戎的族人王导和王敦兄弟。兄弟二人一个管文，一个管武，帮助司马睿稳固了东南江山，并建立起领导班子。可以说，如果没有王氏的努力，就没有东晋的江山，所以当时才会有"王与马，共天下"的说法。

王导作为当时文人的代表，也深受魏晋玄学的影响。他到了江左之后，文人贤士更是云集四周。人们发现，在谈玄论道时，王导总是由三个主题出发，再由这三个主题发散出去，变得无所不入，无所不能谈。

这三个主题是"声无哀乐""养生""言尽意"。[21] 在王导看来，这"三论"代表了当时哲学的最高成就，他把它们称为"三理"。

在"三理"中，《声无哀乐论》和《养生论》都是嵇康的理论文章，而《言尽意论》则是西晋时期哲学家欧阳建的文章。从王导的推崇也可以看出嵇康在当时人心目中的地位。那么，这"三论"都说了什么？为什么会如此受推崇？

如果用现代的观点进行评价，《声无哀乐论》和《言尽意论》代表了魏晋时期思辨玄学的最高成就，特别是《言尽意论》，已经接近了西方哲学的热门题目之一：概念与事物的对应关系，这是唯名论与唯理论

---

21 《世说新语·文学》："旧云王丞相过江左，止道声无哀乐、养生、言尽意三理而已。然宛转关生，无所不入。"

的争执焦点。

而《养生论》则是魏晋时期人们追求自然的一种具体表现，也是从古至今追求长生的自然延续。由于《养生论》研究的题目过于具体，这里只对更具思辨性的《声无哀乐论》和《言尽意论》进行讨论。

首先看《声无哀乐论》。在两汉时期的儒教哲学体系中，音乐是一个重要的道具，当时的人认为，音乐是一种等级礼仪的表现，也有好坏之分。比如，孔子对郑国和卫国的音乐就有过严厉的批评，认为那是靡靡之音、亡国之音，而庄重的音乐则适合在国君的朝廷中演奏。到了汉朝，音乐更是成了宇宙体系的一部分。比如，司马迁在《史记·乐书》中就说："乐者，天地之和也；礼者，天地之序也。"将音乐和礼等同起来，又和天地关联在一起。

汉朝在甘泉宫祭祀太一的时候，要找童男、童女七十人唱着歌完成祭祀。

而叔孙通替汉高祖制定的庙乐规矩更是繁复，当皇帝的神官迎接神灵时，必须在庙门口演奏专门请神的音乐，叫《嘉至》。等皇帝进了庙门，要演奏《永至》，这首歌是有行步节奏的。等上了祭祀品，要奏《登歌》，这是一首人声歌曲，不能用乐器伴奏。《登歌》完了，要演奏《休成》，请神明享用美食。然后皇帝在东厢房摆酒坐定，演奏《永安》，表示礼仪已经完成。另外，汉高祖的唐山夫人还写了一首《房中祠乐》，简称《房中乐》，也被用来演奏。

据《汉书·礼乐志》记载，汉高祖死后，祭祀他的高庙里要演奏《武德》《文始》《五行》这三种舞乐，因为这三种乐代表了汉高祖的盖世功绩。汉文帝死后，文庙里演奏《昭德》《文始》《四时》《五行》。汉武帝死后，武庙里演奏《盛德》《文始》《四时》《五行》之舞。

这一切都是说，音乐是一种与天地合拍的礼仪，同时，音乐也分好坏，有神圣的，也有淫邪的。

但这种说法到了嵇康那里，却受到怀疑。嵇康试图用客观的考察来戳破神话。由于嵇康将自然和名教彻底割裂开，认为自然是人类追求的极致，而名教只是障碍，这种二分法让他认为，所有自然之物和人类之物是没有必然关联的。他试图把这种二分法贯彻到一切领域。最典型的思想体现在他的两篇文章中，一是《明胆论》，二是《声无哀乐论》。《明胆论》讨论的是人的才性问题，而《声无哀乐论》讨论的是音乐和人的感情之间的关系。

嵇康认为，音乐是自然之声，和人类没有必然的关系，自然声音的发出不是为了取悦人类，也不是为了惩罚人类，所以，音乐本身是没有喜怒哀乐的。但是，为什么人们听了声音之后会产生喜怒哀乐的情绪呢？这是因为，人本身就已经有了情绪，只是当听到音乐后，借助音乐而激发出了情感。由于每个人心情不同，听见同样的音乐，有的人会高兴，有的人会悲伤，这就是明证。

嵇康的《声无哀乐论》实际上打破了汉朝的宗教教条，让音乐重新回到欣赏的角度，不再带有任何的政治色彩。他本人也因为对乐理的理解，成了当时最著名的音乐家。

《言尽意论》则是针对魏晋时期人们经常讨论的另一个牵扯到语言和现实的关系的话题。即便现代人也会有这样的体会：相对于自己丰富的感情而言，语言总是不够用。不管是想赞美别人，还是作家想描绘一个丰富的场景,人们都会感到语言的贫乏,突然间不知道该说什么、写什么。

那么,语言是否能够把自然、社会或者感情百分之百地描绘出来呢?有的人认为做不到,这就是"言不尽意";另一些人认为做得到,这就是"言尽意"。到底哪一种更正确?

如果再升华一点儿,语言问题其实是人类认知过程中最重大的问题之一,人类如何从客观世界获得认知?又如何把这些认知组织成语言?再通过文字记录语言,将认知变成知识传授给没有这类认知的其他人?这些都是西方哲学研究的重大主题,在魏晋时期,这些主题已经进入了中国的玄学。

对这个问题最好的思辨性探讨,来自西晋时期的欧阳建。

欧阳建是西晋大富豪石崇的外甥,担任过冯翊太守、顿丘太守,在"八王之乱"时和赵王司马伦有矛盾。司马伦的亲信孙秀图谋石崇的宠姬绿珠,向石崇讨要,石崇没有送给他。当司马伦篡位后,孙秀借机杀掉了石崇和欧阳建的全家。在死前,欧阳建写了一首《临终诗》,表达了对游于世外的向往,以及对自己身陷名教的无奈。[22]

在《言尽意论》中,欧阳建首先虚拟了两个人物——雷同君子和违众先生。雷同君子持"言不尽意"的观点,并说世间大部分人都认为"言

---

22 欧阳建《临终诗》:"伯阳适西戎,孔子欲居蛮。苟怀四方志,所在可游盘。况乃遭屯蹇,颠沛遇灾患。古人达机兆,策马游近关。咨余冲且暗,抱责守微官。潜图密已构,成此祸福端。恢恢六合间,四海一何宽。天网布纮纲,投足不获安。松柏隆冬悴,然后知岁寒。不涉太行险,谁知斯路难。真伪因事显,人情难豫观。穷达有定分,慷慨复何叹。上负慈母恩,痛酷催心肝。下顾所怜女,恻恻心中酸。二子弃若遗,念皆遘凶残。不惜一身死,惟此如循环。执纸五情塞,挥笔涕汍澜。"

不尽意",为什么你偏偏认为"言能尽意"呢?

违众先生先是总结了一下那些认为"言不尽意"的人的观点。那些人之所以认为言不尽意,是通过比附的方法来论证的。比如,老天爷不说话,但是一年四季照样运行;圣人不说话,但是心中对人和事物的评价都已经有了;形状不用说出来,方圆已经现成摆着呢;颜色不用称呼,黑白早已分明。这样看来,不用说话,事物的性质已经确定了。[23]

那么,违众先生怎么来反驳这些人的看法呢?他认为,"不说"和"不能说"不是一回事。比如,圣人不说话,但是心中已经清楚善恶对错。实际上,圣人只是不说,并不代表他说不出,他想说的时候自然可以说出来。"形不待名,而方圆已著",但实际上,方圆是有名字的,不管你名还是不名。

违众先生认为,名称相对于物体、语言相对于事理,就如同回声相对于声音、影子相对于物体一样,是现成的、不可分离的。

对于人来说,要想辨识物体,就必须给它们不同的名字;要阐述你的意思,就必须给它们不同的表达。物体和意思有多少,名称和语言就有多少,这样,最终必然能做到言尽其意。[24]

欧阳建以他高度的思辨性获得了人们的赞赏。正是这种思辨的方法

---

23 《言尽意论》:"夫天不言,而四时行焉;圣人不言,而鉴识存焉。形不待名,而方圆已著;色不俟称,而黑白以彰。"
24 《言尽意论》:"诚以理得于心,非言不畅;物定于彼,非言不辩。言不畅志,则无以相接;名不辩物,则鉴识不显。鉴识显而名品殊,言称接而情志畅。原其所以,本其所由,非物有自然之名,理有必定之称也。欲辩其实,则殊其名;欲宣其志,则立其称。名逐物而迁,言因理而变,此犹声发响应,形存影附,不得相与为二,苟其不二,则无不尽,吾故以为尽矣。"

让王导可以举一反三，用这几个有限的命题来解释一切。

　　魏晋时期所开辟的思辨哲学，也终结了两汉时期的机械宇宙论，让人们开始关注对具体问题的分析，而不是死记硬背什么灾异对应什么样的社会现象。当思辨的大门打开后，外来的佛学才容易"占领"这个东方的中央王朝，继续注入更具思辨性的哲学体系。

第九章　被收编的嬉皮士[1]

嵇康死后，玄学的思辨性被用来为政治服务，由于无法再像汉朝一样靠灌输让人相信，有人试图在逻辑上做文章，证明政治的必然性。

裴頠提出的"崇有论"表面上是驳斥贵无论，实际上却是想唤起人们对政治的热情，重新回到功名利禄的轨道上。不过裴頠本人最终却死于政治。

向秀和郭象提出的"独化论"，想将功名和自然重新统一起来，是一种和稀泥的理论。但西晋和平时代的过去，让统一成为不可能。

乱世时期，嬉皮士们最终没有找到名教，却倒向享乐主义的怀抱。玄学退化成"今朝有酒今朝醉"的理论依据，进入尾声阶段。它的逻辑主义倾向，也被更具思辨性的佛教所取代。

晋武帝泰始元年（公元265年），刚刚篡夺了曹魏政权的晋武帝司马炎决定算一卦，看他新建立的政权能够传多少代。他屏气凝神抽出一

---

[1] 本章涉及的时间范围是公元265—316年。

卦，打开一看，上面写着的是个"一"字。如果按照字面意思，就是晋王朝只有一位皇帝便到尽头。

在旁边观看的群臣突然间都傻了眼，一言不发，不知道该如何收场。皇帝心中的震惊无以言表。

这时，从群臣中突然走出一个人，朗声说道：恭喜陛下！

众人一看，这人是侍中裴楷。大家正纳闷为什么他敢如此大胆地恭喜皇帝，就听见他说：臣听说"一"是万物之本，天得到"一"就变得清明，而地得到"一"就变得安宁，王侯得到"一"就可以让天下忠贞不贰。

听裴楷说完后，皇帝哈哈大笑，群臣也都松了一口气，赞叹裴楷的灵活机智。[2]裴楷实际上利用了《老子》中"一"的概念，置换了数字"一"的概念，将晋武帝从尴尬中解救了出来。

西晋王朝开始了它雄心勃勃但是颠沛流离的命运。晋武帝不知道，虽然西晋的帝位名义上传了不止一代，但除他之外也只有三代，到了后两代晋怀帝和晋愍帝时期，天下已经大乱，所谓皇帝，只不过是流窜的囚犯而已。这样算来，除了司马炎本人，西晋的帝位事实上只传了他的傻儿子晋惠帝司马衷一代。

晋武帝称帝之后有过一段雄心勃勃的时期，他希望将晋朝打造成如同两汉一样的统一王朝，并长期维持下去，于是在军事、经济、文化上，都推行了许多改革措施。

---

[2] 《世说新语·言语》："晋武帝始登阼，探策得一。王者世数，系此多少。帝既不说，群臣失色，莫能有言者。侍中裴楷进曰：'臣闻天得一以清，地得一以宁，侯王得一以为天下贞。'帝说，群臣叹服。"

在军事上，由于疆土刚刚统一，各地（特别是原本吴和蜀汉的领地）对晋朝没有形成向心力，司马炎派出许多司马氏的子孙分布到全国担任诸侯王，希望依靠血缘的力量来维持统一。同时，他解散了全国郡县的地方军，授予诸侯国兵权，最大规模的诸侯王可以组织五千人的部队。[3]

在经济上，晋武帝试图推行一套全新的财政制度，其主要目标是：摸清王朝的人口数量，并把耕地平均分配给广大的人口，让他们安居乐业的同时，为政府提供可靠的财政收入。[4]

经过清查，晋朝的人口为一千六百余万人[5]，比三国时期总人口多了一倍。除了太平时期人口自然增长的因素，也有战争中流民重新回归家乡，被纳入户籍之中的原因。

查明户籍之后，晋武帝规划了更具革命性的土地改革。每一个男丁可以占田七十亩，女丁可以占田三十亩，一个家庭（一夫一妻）正常的土地是一百亩。再根据土地的数量、人口、户籍的多寡，进行收税，一方面做到人人有田种，另一方面做到税收充足。

晋武帝还规定了许多税收减免措施。从方案的详细程度来看，皇帝的改革充满了诚意，想全心全意打造一个新的盛世王朝。

---

[3] 《晋书·职官志》："大国中军二千人，上下军各千五百人，次国上军二千人，下军千人。其未之国者，大国置守土百人，次国八十人，小国六十人，郡侯县公亦如小国制度。"
[4] 经济政策参见本书作者的另一本书《财政密码》。
[5] 《晋书·地理志》："太康元年，平吴，大凡户二百四十五万九千八百四十，口一千六百一十六万三千八百六十三。"根据《通典·食货七》，三国时期人口数，魏国（公元263年）大约是4 432 881人，蜀国（公元263年）大约是1 082 000人，吴国（公元280年）大约是2 300 000人。

而在文化上，晋武帝也继承了两汉的正统，重新捡起了儒教，试图利用儒教标准统一人们的思想，取代那些张牙舞爪的玄学思想，完成一次礼法的复兴。

在晋武帝的主张下，针对嵇阮何王等人的批判也逐渐展开，而最要紧的工作，是制定一套新的理论体系，针对何晏、王弼的贵无论和嵇康、阮籍的自然论进行大批判，从理论上论证他们是错误的。于是文人们纷纷寻找理论，进行大批判。

在所有的批判者中，做得最成功、理论上最成熟的，就是裴楷的同族人裴頠。他提出的崇有论将玄学题目的争论引向了又一个高峰。但人们没有料到的是，即便批评贵无论的人，也必须利用玄学的工具进行论证，这也从侧面反映了晋武帝试图恢复儒教的努力有多么苍白。

回归正统，死于正统

裴頠出自著名的河东（现山西境内）裴氏家族，他的父亲是大名鼎鼎的裴秀，中国已知最早的历史地图集《禹贡地域图》就出自裴秀之手。前文所说的裴楷则是裴頠的堂叔。

在西晋时期，随着政权再次儒教化，司马氏政权希望将更多的读书人吸纳到政治之中，而不是让他们游山玩水。嵇康、阮籍倡导的"越名教而任自然"，是司马氏的第一大敌。当文人对政治不再抱希望，彻底脱离政治怀抱时，反而是统治者最恐惧的时候。中央王朝的权威需要所有的人都围着它转，不管爱它还是恨它。

第二个敌人则是何晏、王弼等人的贵无论。作为大有为的皇帝，"无为""静"这些观念都意味着主动放弃权力,这是皇帝不愿见到的。司马炎认为,当前社会是一个大一统的盛世,是一个需要人们行动起来、变得有为的时代,人人都应该参加建设强大国家的大业,为此,必须将前两者祛除掉。

裴頠作为西晋的高官,意识到问题的严重性。与政府的步调一致,他认为最大的敌人是嵇康对名教的敌视,它引起整个文化圈对朝廷的不信任,朝廷的高官们"口谈浮虚,不遵礼法,尸禄耽宠,仕不事事"[6],其次是王弼的贵无论。

为了对抗上述两大学说,他必须从理论上进行回击,于是提出崇有论。这个理论表面上是直接反驳王弼,但深层次暗含的却是针对嵇康。

裴頠的崇有论包含如下几层意思。

第一,贬斥《老子》和道教,将儒教恢复到正统地位。他认为《老子》里的确有对的地方,比如强调"一"这个概念。但这些对的地方其实是和儒教经典《易经》暗合的,《易经》也强调"一"和阴阳。同时,裴頠认为《老子》里错误的地方更多,比如对"无"的强调,这些虚无性的东西不应该被当作真理,只应该被当作一家之言。[7]

第二,从理论上,他提出事物的本源并不是无。王弼认为,事物总要有个本源,比如,世界上有无数张实际存在的桌子,最终都可以追溯

---

[6] 《晋书·裴頠传》:"深患时俗放荡,不尊儒术,何晏、阮籍素有高名于世,口谈浮虚,不遵礼法,尸禄耽宠,仕不事事。"

[7] 《崇有论》:"观老子之书虽博有所经,而云'有生于无',以虚为主,偏立一家之辞,岂有以而然哉!人之既生,以保生为全,全之所阶,以顺感为务。若味近以亏业,则沈溺之衅兴;怀末以忘本,则天理之真灭。"

到一个叫作"桌子"的抽象概念,而"桌子"又可以归结到更大的概念之中,比如"物体",每一次归纳都让概念变得更加笼统、更加大而化之,到最后,如果把普天下的事物都归结成一个概念的话,这个概念就应该是最笼统、最大、包容性最强的。它不能带一点儿具体的特性,因为只要带具体的特性,就会把不符合这个特性的一些概念排除出去,它也就不是那个终极概念了。所以,这个终极概念只能是无,因为无不具有任何特殊性,可以包容一切。

但裴頠认为,无并不是最终的本源,因为所有这些概念都是存在的,而无是不存在,所以无不能生有,而有只能是有生出来的。这就像人不能凭空生出来,必须有父母,才能有子女一样。

那么,有是怎么被创造出来的呢?有是被其他的有创造出来的。比如,器物是匠人创造出来的,器物是有,如果没有匠人,就无法创造这个有,而匠人就是另外的有。所以,各种有之间形成了一种复杂的联系,每一种有都可能参与创造了其他的有,这就有了"群有"的概念。

通过对有和群有概念的塑造,裴頠就提出了一种积极的人生观。比如,如果去打猎,依靠无为等待是打不到猎物的,必须积极行动起来,选择有而不是无,选择动而不是静,才能打到猎物。

到这里,裴頠的有主要是针对王弼的无。接下来,裴頠就把对有的概念应用到了政治之中,批判嵇康等人的出世哲学。认为这些人忘记了礼法,从而扰乱了政治。[8]

---

8 《崇有论》:"阐贵无之议,而建贱有之论。贱有则必外形,外形则必遗制,遗制则必忽防,忽防则必忘礼。礼制弗存,则无以为政矣。"

由于有形的东西容易考察，无形的无却看不见、摸不着，不容易检验，结果反而能够糊弄更多的人。这些人聚集起来一唱一和，形成风气，结果造成了礼法废弛，人们不喜欢功名，反而去追求虚无之理。到最后，聪明人都满口玄理，笨蛋只知道交口称赞。说一句俏皮话就当成玄妙，当官的不务正业叫作雅远，修身不注意操守，反而被称为旷达。[9]

通过批判虚无，裴頠树立了另一种价值观。但这种价值观并不是新的，而是旧有的，或者说，按照司马氏政权的期望，回到汉朝儒教传统中去寻找解药，回到功名利禄的轨道上去。

但是，裴頠也许永远不会明白，思辨的魔盒一被打开，人们就已经无法回归汉朝儒教了。汉朝儒教是建立在一系列的盲目相信上的，要求人们放弃思考，只是死记硬背一些条条框框，再加上一些比附，以及伪造的谶纬。当人们已经学会思考更抽象的问题时，思想就只能继续向下发展。

实际上，裴頠批评贵无论，建立崇有论，使用的也是思辨哲学和逻辑学，这些学问都是依靠玄学发展起来的，而他的文章如果拿给汉儒们看，对方根本就无法看懂。

除了在理论上反驳嵇康、阮籍、何晏、王弼等人，裴頠还是个朝政上的行动派。晋惠帝司马衷时期，晋国的朝政最初由贾后贾南风把持，朝野混乱，作为尚书的裴頠与司空张华、侍中贾模商议将贾后废掉，另立更加贤惠的谢淑妃为皇后，后来事情不了了之。

---

[9] 《崇有论》："是以立言藉于虚无，谓之玄妙；处官不亲所司，谓之雅远；奉身散其廉操，谓之旷达。故砥砺之风，弥以陵迟。放者因斯，或悖吉凶之礼，而忽容止之表，渎弃长幼之序，混漫贵贱之级。其甚者至于裸裎，言笑忘宜，以不惜为弘，士行又亏矣。"

贾后继续执政,与赵王司马伦勾结。但赵王是个有野心的人,掌握朝政后,就逼迫晋惠帝把皇位让给自己。作为显臣的裴頠成了赵王篡位的障碍,被赵王杀死。

裴頠在写《崇有论》时,可能永远想不到,他所推崇的有和名教是如此险恶,就连像他这样信心满满的人都无法控制。他所推崇的动把他打造成行动派,却始终没有别人行动迅速。

裴頠死后,崇有派继续存在,但西晋的政局让那些试图恢复名教的人心寒,最后不了了之。两晋南朝的士大夫们仍然回到王弼、嵇康所指引的轨道上,并且变得越来越颓废,陷入享乐主义的泥沼。

独化:最后的调和派

当裴頠无法找到一条现实的出路时,还有两个人提出了另外一套理论,试图将名教和自然结合起来,同时把有和无的问题也结合起来。之所以说是两个人,是因为这牵扯到一桩文人公案。

在历史上,中国文人向来不重视版权问题。在西晋时期有一部流行的书籍,到底作者是谁,人们一直争论不休。这部书就是《庄子注》。在"三玄"中,《老子》和《易经》早就有了较好的注本,但是《庄子》却一直没有好的注本。阮籍写过《达庄论》,嵇康也一直推崇《庄子》,但真正对之做出全面注解的却是"竹林七贤"之一的向秀。

然而,向秀在死前并没有注完,死后他的稿本零散,被另一个人郭象拿到后接着完成,就形成了今天最流行的《庄子注》。后世一千多年来,争论的焦点,就在于向秀和郭象到底谁的贡献大。

根据《晋书》记载，《庄子》三十三篇中，向秀没有完成的只有《秋水》和《至乐》两篇。郭象为人轻薄，窃取了向秀的文字，自己只做了这两篇的文字，又把《马蹄》一篇的注释替换掉，剩下的几乎原封不动照搬了向秀的注解。[10]

但这种指控是否属实，现在仍然有争议。向秀死于晋武帝篡位后、西晋灭亡吴国之前，恰逢西晋政治上的上升期，但在注释中却深深地带着社会崩溃之后的沧桑感。比如，书中谈道，很多人聚集在一起，必然要以一个人为主，这个人就是皇帝。没有皇帝，或者有多个皇帝，都会引发社会的巨大混乱。[11]

这种说法显然是针对西晋的"八王之乱"，八个诸侯王争相控制朝政，造成了西晋政治的彻底失衡。向秀本人没有经历"八王之乱"，他对"君"也没有这么深的感情，反而是轻薄的郭象会说出这样的话。

在无法分清二者贡献的情况下，只能将《庄子注》看作两人共同的作品。

《庄子注》虽然名为注释《庄子》一书，但实际上是以《庄子》为由借题发挥，阐述新的思想。《庄子》的特点本是狂放恣肆、天马行空，是"越名教而任自然"的好工具，注释却反其道而行之，将它解读为名

---

10 《晋书·郭象传》："先是，注《庄子》者数十家，莫能究其旨统。向秀于旧注外而为解义，妙演奇致，大畅玄风，惟秋水、至乐二篇未竟而秀卒。秀子幼，其义零落，然颇有别本迂流。象为人行薄，以秀义不传于世，遂窃以为己注，乃自注《秋水》《至乐》二篇，又易《马蹄》一篇，其余众篇或点定文句而已。其后秀义别本出，故今有向、郭二《庄》，其义一也。"
11 《庄子注·人间世》："千人聚，不以一人为主，不乱则散。故多贤不可以多君，无贤不可以无君。此天人之道，必至之宜。"

教与自然结合的书，充满了调和精神。

在《庄子注》中，最引人注目的是所谓的"独化"。要谈独化论，首先必须谈作者引入的"天然"这个概念，要谈"天然"，又要从作者同时否定王弼的无和裴頠的有谈起。

作者首先认为，世界的本源绝对不是无，因为无生不出有来。那么，有又是什么生出来的呢？他也不认为像裴頠所说的，是由其他的有创造出来的（就像鞋匠这个有，把鞋这个有创造出来），而是认为，每一个具体的有，都是自己生出来的，是"自生"的，不是"他生"的。这种"自生"，就是自然，自己而然，也叫"天然"。[12]

需要注意的是，虽然《庄子注》和裴頠都否定了无，但是裴頠所说的有是动的，是他生的，是被别的有创造的；而《庄子注》却认为不是他生的，而是静的，天然就有的。

所谓静的、天然就有的，就叫作"无待"，也就是不依赖于别的东西而天然存在。能够保持无待，保持天然存在的，就是"独化"。[13]

"独化"这个概念很像现代物理学中的概念，一个物体如果不受外力，就会保持静止或者匀速运动，无始无终。而独化也是，一个物体如果不被其他物体干扰，就会一直保持下去，无始无终。

---

12 《庄子注·知北游》："谁得先物者乎哉？吾以阴阳为先之，而阴阳者即所谓物耳。谁又先阴阳者乎？吾以自然为先之，而自然即物之自尔耳。吾以至道为先之矣，而至道者乃至无也。既以无矣，又奚为先？"《庄子注·齐物论》："无既无矣，则不能生有；有之未生，又不能为生，然则生生者谁哉？块然而自生耳。自生耳，非我生也。我既不能生物，物亦不能生我，则我自然矣。自己而然，谓之天然。"

13 《庄子注·齐物论》："若责其所待，而寻其所由，则寻责无极而至于无待，而独化之理明矣。"

从独化又可以引出另一个概念：逍遥。所谓"逍遥"，就是无待，就是独化。比如，鲲鹏展翅九万里，看上去很逍遥，但是，它要依赖风才能飞翔，这就不是无待，也就算不上逍遥。

可是怎样才能无待（不依赖外力）呢？不依赖外力的物体所处的状态，就叫"玄冥之境"，也就是人们应该追求的最高境界。

在政治上，也应该以"玄冥之境"作为标准，所谓"神器独化于玄冥之境"。"神器"一般指的就是政治。要想达到"玄冥"，就不要随便施加外力，不要干扰人们的自我运动，让他们自己决定生活方式，这又回到了无为的概念上。

《庄子注》一书通过一系列的论证，回到了道家的无为概念。但它本身又是有为的，希望参与政治运行。这样，一方面否定了贵无派的无，调和了名教和自然的关系，让人们最后还是回到名教中来，参与政治建设。但另一方面，政治建设的手段就是无为而治。这就既做到了不要出世，又做到了无为而治。

魏晋玄学从无开始反对汉朝儒教的天人合一，后来人为了反对无，提出了有，最后又有人同时反对无和有，提出了独化，再次回到对政治的参与中去。这些理论都有社会背景，也都有一定的道理。到现在，人们已不会单独相信某一个理论。玄学真正流传下来的，反而是那些思辨性的论证过程，以及人们对独立思考的坚持。从玄学之后，对权威的盲目服从已经土崩瓦解。即便到了隋唐时期，人们已跳出了玄学主题，思辨精神也保留了下来，直到元明时期，中国的学术才再次被权威所笼罩。

《庄子注》作为一部调和的作品，已经是玄学最后的高峰，当它出现时，天下已经大乱。西晋短暂的和平时代结束，进入了烽火连天的战争状态。这个时候，无论怎么提倡无为而治，都毫无用处了。

倒向享乐主义

西晋王朝的崩溃，意味着玄学理论的创造活力最终消失。人们疲于奔命时，不再考虑思辨性的玄学问题，等恢复和平之后，佛教已经逐渐取代了玄学，继续思辨性的游戏。

事实证明，晋武帝的改革完全以失败而告终。不管是军事上，还是经济、文化上，改革措施要么不到位，要么产生了巨大的副作用，不仅没有加强皇帝的统治，反而摧毁了王朝。

对王朝影响最大的是军事改革。晋武帝册封了许多司马氏的诸侯王，又授予他们兵权，本来是想让他们帮助控制全国的，但司马氏的诸侯王们热衷于争权夺利，在晋武帝死后不久，就发动了"八王之乱"。八个诸侯王互相仇杀、控制朝政，让中央政府彻底瘫痪，也给了北方游牧民族的刘渊、石勒机会。他们起兵叛乱，推翻了西晋。郡县裁兵的措施又让西晋缺少足够的兵源对付游牧民族的反抗。[14]

经济改革也在士族的阳奉阴违中失效，没有土地的人照样没有土地，大土地主照样拥有大量的土地。

文化改革同样没有效果。裴頠等人试图建立另一套理论来取代王弼、嵇康等人建立的脱离世俗、尊崇自然的风气，把人们引回到名教

---

14 西晋裁撤士兵，遭到过大臣的反对。《晋书·山涛传》记载："吴平之后，帝诏天下罢军役，示海内大安，州郡悉去兵，大郡置武吏百人，小郡五十人。帝尝讲武于宣武场，涛时有疾，诏乘步辇从。因与卢钦论用兵之本，以为不宜去州郡武备，其论甚精。"

中来。但是，政治和社会的现实告诉人们，在名教中的日子越来越不好过。

不管是做官还是富贵，到最后都不能保证善终。石崇是巨富之人，可一旦得罪了权贵，立刻遭到杀身之祸。即便贵为皇帝，在贪婪的诸侯和勇武的游牧民族面前也显得软弱无力。在"八王之乱"中，晋惠帝逃出京城，在路上只剩下两块布和三千文钱，想吃一只鸡都不可能。晋怀帝被匈奴刘曜围困，文武百官都饿着肚子，城里一点儿炊烟都见不到，人们饿得只好吃人。晋愍帝被刘曜困在西部，一斗米被炒到两斤黄金的价格，死者大半，君臣除了哭之外什么都做不了。[15]

在这样的背景下，中国的哲学思想不仅没有像皇帝期望的那样回归儒教，反而变得更加难测。如果说，嵇康、阮籍、刘伶等人虽然放浪形骸，可心中仍然有他们的"道"，那么，西晋时期产生的另一种思潮，就是纯粹为了放浪而放浪，为了享乐而享乐了。

我们可以将其和希腊哲学进行对比。希腊哲学中有一个著名的伊壁鸠鲁学派，这个学派最初的出发点是物质论（按照现在人的说法，有点儿接近唯物主义），也就是否定人类的灵魂，认为人死魂灭。既然人死之后没有灵魂，那么人们所能追究的就只剩下此生的欢乐。所以，这个学派很容易引出一种"得欢乐处且欢乐"的主张，变成彻头彻尾的享乐主义。

---

15 《晋书·食货志》："惠后北征，荡阴反驾，寒桃在御，只鸡以给，其布衾两幅，囊钱三千，以为车驾之资焉。怀帝为刘曜所围，王师累败，府帑既竭，百官饥甚，比屋不见火烟，饥人自相啖食。愍皇西宅，馁馑弘多，斗米二金，死者太半。刘曜陈兵，内外断绝，十饼之曲，屑而供帝，君臣相顾，莫不挥涕。"

魏晋后期也产生了一种类似于伊壁鸠鲁学派的看法。当人们发现所谓的因果报应、天人感应都是虚假的，老天爷没有随时盯着人间，当人们看到作恶的人不受惩罚，而善良的人反而在乱世中丧命时，及时享乐的想法就自然而然地出现了。

代表这一思潮的作品是《列子》。在秦朝以前，确实有个列子写过一本书，但这本书到魏晋时期已经失传。晋人假托列子的名义（或者借鉴了原来的某些材料）写了一本新的《列子》并流传至今，成了我们了解魏晋享乐主义思潮的最佳资料。

这本书一共八篇，其中最让人无法接受却又感觉说出了事实的，是《杨朱》和《力命》两篇。其中《杨朱》的主要论点是：人应该及时享乐，不要管死后会怎么样。没有天人合一，各种教条的目的都是让你听话，从而丧失享乐的本能。如果你听从这些教条，那么你就进入了罗网；如果你挣脱了这些教条，他们拿你也毫无办法。这就彻底打碎了儒教礼法约束人的种种理论。

《力命》则成了一种对好人有好报的反思，认为命运是绝对的，不是每个善良的人都有好报，也不是每个恶人都会受惩罚。所以，弱者总以为那些欺负自己的人在未来会遭报应，这种想法只是像鸵鸟一样，把头埋进土里就自以为安全而已。对命运的绝对化的看法，又让人们转而追求享乐主义，放弃那些渺茫的希望。

魏晋时期的人比战国时期更善于讲故事和论理，所以《列子》的阅读快感比起诸子作品来要高得多，也更容易鼓动人们的情绪，接受其中的观点。

比如，在《杨朱》篇中，作者借助齐国的管仲和晏婴（两个人并非同一时代的人）来讨论养生态度的问题，从而引出享乐主义的主张。

晏婴首先问管仲养生之道。历史上的管仲本人就是一个喜欢富贵享乐的人，他回答：养生之道就是随心所欲，不要试图压抑。

他接着提出了如何随心所欲：放任耳朵听想听的，放任眼睛看想看的，放任鼻子闻想闻的，放任嘴巴说想说的，放任身体去想去的地方，放任意愿干想干的。[16] 这六条已经达到了人类享乐的极致。只要能做到这些，就可以乐呵呵地等死了，即便能这样活上十年、一年、一月、一天，都挺满足的。如果做不到这些，而是陷入礼法之中无法自拔，那么即便悲戚戚地、毫无乐趣地活上百年、千年、万年，也没有什么意思。

谈完养生之后，管仲反问晏婴如何看待死的问题。晏婴本人生性淡泊，不惧死亡，倒是谈死的正确人选。他说：死有什么可谈的？我又控制不了死亡。遗体放火烧了也可以，沉到水里也可以，用土埋了也可以，扔到野外也可以，拿草遮住丢到沟里也可以，穿着好衣服装进石头棺椁也可以。碰到什么算什么。[17]

管仲最终总结说：我们两个人加起来，就把生死之道都看透了！

在同篇的另一处，作者借杨朱的口把儒教最崇拜的舜、禹、周公、孔子四个人与历史上臭名昭著的亡国之君夏桀、商纣进行对比。儒教的传统推崇尧、舜、禹的禅让，又把周公当成周代礼仪等级制度的起点，至于孔子，则是儒教的教主。但在《列子》的作者看来，他们的做法却

---

16 《列子·杨朱》："恣耳之所欲听，恣目之所欲视，恣鼻之所欲向，恣口之所欲言，恣体之所欲安，恣意之所欲行。"
17 《列子·杨朱》："既死，岂在我哉？焚之亦可，沈之亦可，瘗之亦可，露之亦可，衣薪而弃诸沟壑亦可，衮衣绣裳而纳诸石椁亦可，唯所遇焉。"

并不值得效法，反而是桀、纣的做法更有价值。为什么？

舜的一生"四体不得暂安，口腹不得美厚；父母之所不爱，弟妹之所不亲。行年三十，不告而娶。乃受尧之禅，年已长，智已衰。商钧（儿子）不才，禅位于禹，戚戚然以至于死"，所以，舜是一个苦难深重的人。

而禹的父亲因为治水无功被杀，禹为了治水，家里生孩子连名字都来不及起，"过门不入，身体偏枯，手足胼胝"。虽然舜禅位给了他，但是他自己住得很差，却要给鬼神准备美丽的祭祀服装，最后戚戚然以至于死，可以说禹是个忧苦的人。

至于周公和孔子，一个过得担惊受怕，一个活得凄惨窘迫，都没有什么好羡慕的。

这四个人虽然死后获得了万世之名，可这些名和他们没什么关系了，因为他们死了，变成了草木土块，什么都不知道了。

反而是桀、纣，高居帝位，受人尊敬，为所欲为，放情纵欲，快快乐乐地过了一辈子，即便死亡也是须臾之间的事情，相比于一生的快乐，并没有什么了不起的。至于死后的名声，他们反正不知道了。

在《力命》篇中，还给出了享乐主义的理论基础：人的命运并不掌握在自己手中，即便采取苦修的态度，或者行善积德，也并不能真的积来德。比如，有的人省吃俭用一辈子，好不容易积累了一点儿家业，可一旦战争到来，反而成了掉脑袋的事情。

作者虚构了两个角色，分别是"力"和"命"，代表着人力和命运，他们之间发生了一次对话，争论谁的功劳大。

人力认为：寿与夭、穷与达、贵与贱、贫与富，都是我人力可以决定的。

但命运并不同意,他举了许多好人没好报、坏人得长寿富贵的例子,[18] 最后总结说,如果你人力可以决定,为什么会有这么多圣人穷、坏人达、贤人贱、愚人贵、善人贫、恶人富的例子呢?

人力只好认输说:这么看来,我是决定不了,可是你命运为什么做这么多乖张的事情,让好人没好报呢?

命运说:这你就不懂了,既然叫作命,就是说没人能决定。我最多也就是对顺利的事情稍微推动一下,对曲折的事情听之任之。至于每个人的命,都是早就定了的,我也认识不了啊!

这种看似诙谐的小故事,透露的却是魏晋时期深深的无奈。一方面,人们对政权并不抱太大希望,认为朝廷做事如同掷骰子,胡乱地决定每个人的命运,已经不具有确定性;另一方面,朝廷在失去了控制力之后,虽然有心恢复统一的哲学,却已经无能为力。结果,魏晋哲学从最初的思辨、积极,发展成了最后的消极,丧失了活力。

到这时,另一股更加活跃、更具思辨性的哲学力量逐渐占据了主流,将玄学这种相对简单的哲学形式排挤到历史的角落之中。

佛教来了。

---

18 《列子·力命》:"彭祖之智不出尧舜之上,而寿八百;颜渊之才不出众人之下,而寿四八。仲尼之德不出诸侯之下,而困于陈蔡;殷纣之行不出三仁之上,而居君位。季札无爵于吴,田恒专有齐国。夷齐饿于首阳,季氏富于展禽。"

第三部

当皇权遭到拒绝：三教的竞争与妥协

（公元 317—960 年）

第十章　长不大的道教，思辨的佛教[1]

在中国哲学史上，道教一直是一个奇特的存在。作为哲学的道家是一个出世、崇尚自然和简朴的学派，但作为宗教的道教却是一个与政权关系密切的宗教。

中国历史上第一个政教合一的政权就信奉道教，这就是位于陕西汉中地区的五斗米道。著名的天师道就是从五斗米道发展而来的。

在对世俗政权的崇拜和利用上，道教和儒教是等同的。它不仅不反对人间统治，还总是试图加入它。道教与儒教的不同，更多表现在对于丹药和修炼的痴迷，符咒、仙药、修炼、阴阳、五行成了道教的特征，持续到现在仍然是这一套。

从印度传入的佛教，是一个比玄学更具思辨性的体系，在玄学衰落之后，继承了中国哲学中的逻辑力量。

印度早期的上座部佛教，其理论核心是所谓的"四谛"，即"集、苦、

---

[1] 本章涉及的时间范围是公元前2—公元420年。

灭、道"四种真理。人类在轮回中承受着一切苦难,如"生、老、死、愁、苦、忧、恼、怨憎会、爱别离、求不得"等。这些苦难之所以产生,是因为贪、嗔、痴三毒,也就是集谛。如果要消灭痛苦,就必须消灭贪、嗔、痴三毒,跳出轮回,即灭谛。道谛,就是跳出轮回的方法和修行。

佛教发展到大乘阶段,将上座部求解脱、跳出轮回的目的称作"解脱道",也就是只注重自己脱离苦海。大乘佛教同时提出"菩提道",即帮助众人共同脱离苦海。所谓菩提道,就是成为佛陀那样的"佛",是更高级的解脱。

大乘佛教根据修行理论的不同,又分为中观、唯识和真常三支。前两支流行于印度,并传入中国。后一支发源于印度,在印度却并不流行,反而在中国找到了最佳土壤,发展出了不少中国本土原创的分支。

在三国正在形成之际,人们很少注意到,在如今的陕西汉中地区形成了中国历史上第一个政教合一的地方政权,这个"教"不是佛教,也不是儒教,而是道教。

汉中的地理位置在秦岭之南的汉江上游,翻过秦岭,就是陕西著名的关中平原和长安。从汉江向东而下,到达湖北的襄阳盆地,这里已经接近楚文化的中心地带。从汉中向南,则是著名的蜀道入口,千百年来,这里是从内地进入四川的首选道路。

汉中本身就是一个小盆地,有丰富的资源,汉高祖刘邦被项羽封为汉王时,最初的都城就设在这里。到了汉末,一个奇怪的宗教群体在这里发展起来。

最初在这里发展宗教的，是一位叫作张脩[2]的人。当全国各地都尊孔子时，张脩却反其道而行，独尊老子。他虽然尊崇老子，但其最具有号召力的把戏却是治病。如果谁生病了，他就叫这个人进入一间安静的房间清修，再派人为他祈祷。祈祷的方式是制作三份咒符，写上病人的名字，一份放到山上，另一份埋到地下，最后一份则沉到水里。为病人祈祷的人有一个名字，叫"鬼吏"。另外，还有一种人叫作"奸令"，所谓"奸令"，不是一般人能做的，必须是能够背诵《老子》的文化人。他们要帮助病人学会背诵《老子》。这些文化人平常被授予"祭酒"的职位，也就相当于组织里的官僚阶层，在帮助病人学习时就被称为"奸令"。

当然，治病是要收费的，每一个病人要出五斗米作为治疗费，所以此教又被称为"五斗米教"。张脩时期，这个组织还比较粗糙，不能算是一种政教合一的政权。

在东汉末年、三国之前的乱世时期，各路诸侯都忙着收编各地豪强，张脩也被位于四川的益州牧刘焉收编，被赐予别部司马的官职。但是他并没有官运，很快就被另一个觊觎汉中的人张鲁所杀。

张鲁也是刘焉封的官，官职是督义司马。刘焉死后，张鲁和刘焉的

---

2 关于张脩和张鲁的关系，人们有不同的说法。注《三国志》的裴松之认为，张脩和张鲁的父亲张衡应该是一个人。而《三国志·魏书·二公孙陶四张传》记载："张鲁字公祺，沛国丰人也。祖父陵，客蜀，学道鹄鸣山中，造作道书以惑百姓，从受道者出五斗米，故世号米贼。陵死，子衡行其道。衡死，鲁复行之。"而在注中又引《典略》记载："光和中，东方有张角，汉中有张脩。"后来张鲁杀死张脩，取代了张脩。综合考虑，本书作者认为，张鲁取代张脩更符合逻辑，而张鲁的祖父和父亲是否存在，仍然值得怀疑，很可能是张鲁为了推行五斗米道而伪造的世系。

儿子刘璋闹崩了。刘璋杀了张鲁的母亲和家室，导致张鲁割据汉中，成了一方军阀。

正是张鲁借助张脩打下的基础，在汉中开始了第一个政教合一地方政权的试验。要建立政权，第一要务就是建立组织。张鲁自称"师君"，也就是宗教导师和政治君主的合体。刚刚加入组织的人被称为"鬼卒"，经过训练后，已经皈依了教门的就被称为"祭酒"，祭酒可以建立支部，如果其支部规模很大，权力也就很大，这样的人被称为"治头大祭酒"。

至于张脩的传统节目——治病，也被放在了宗教的审视之下。如果人病了，必然是他不诚实，或者做了坏事，这时就需要在祭酒的指引下进行忏悔，只要忏悔得当，病自然就好了。如果病没有好，证明这人不可救药。

组织化之后，张鲁率领着他的人马做了不少好事。比如，祭酒有责任设立一些义舍，相当于慈善性质的机构，有的设在驿站，有的设在县里，人们路过时饿了，就可以进去免费吃喝一顿。但如果一个人贪得无厌，吃得太多，张鲁就会命令小鬼让他生病。

根据教主的教导，人们还应该诚信、不欺诈，检验的标准也是看他是否生病。另外，如果犯了法，也要原谅三次，第四次才惩罚。

由于有了祭酒这个集团，张鲁也就不再设立正规的行政官员，利用祭酒来管理这片地方。这样，祭酒们就成了这个政教合一体制的核心，他们负责控制人们的思想，也负责规范人们的行为。

张鲁的政权让我们第一次认识了政教合一在中国的魅力。虽然汉王朝也可以说是政教合一的，但毕竟它还有正规的官僚系统，官僚们虽然利用儒教治国，但由于国家很大，很难纳入一个严密的政教体系中。而在汉中地区实行的政教合一是绝对化的。

张鲁为了宣扬自己的正统性，宣布他的爷爷叫张陵，父亲叫张衡。他还宣称五斗米教是他爷爷在四川游历时创建，并在汉中实施的。这也许并不是真的，只是为了消灭张脩的痕迹而已。但是，民间却相信他所造的神话，张陵也被民间授予了另一个名字——张道陵，他被封为道教的祖师，又称张天师。

人们在谈论道家时，往往会认为所谓道家，就是主张天马行空，无拘无束，从而以为道教也必然符合这个主张。但实际上，早期的道教是世俗性的、功利性的，以控制人为目的，而不是实现最大化的自由。

张鲁后来被曹操收编，得以善终。汉中地区也恢复了世俗生活，但是，张鲁所创造的五斗米教却以天师道的形式存在下来，塑造了中国两千多年道教的形态。

作为宗教的"道"

什么是"道家"？什么又是"道教"？这是两个完全不同的概念。

所谓"道家"，是指一个学术流派，这个流派以《老子》《庄子》，以及后来的《列子》为经典进行学术探讨。但是，他们的学术并不与政治和社会直接挂钩，最多只是有一定的指导作用。

而所谓"道教"，则依托于一个社会化的组织，设计了一套"万有理论"，对人身设定了一系列的准则，要求信徒们必须执行。同时，这套"万有理论"也是无所不包的，希望能够指导人们从生下来到死亡期间发生的任何事情，不管是生病，还是养生，或是参与社会活动，都在它的指导范围之内。

人们普遍认为，道教的产生是对儒教的一种反抗，但实际上，道教是依托于儒教才产生的。

在汉朝，随着儒教深入人们思想的各个方面，所产生的新教派也必然是儒教的变种，这时出现的道教也不例外。

汉朝道教和儒教的区别仅仅在于，他们用老子取代了孔子，用《老子》取代了《公羊传》。至于组织化的一切，则都是类似的。又由于组织化的类似性，老子取代孔子也是不彻底的。

道教的诞生，和一本叫作《太平经》的书有关。

大约在汉顺帝时期，市面上出现了一本伪托仙人所作的神书[3]，这本书中谈了许多虚无缥缈的事情，并承诺按照这本书的指引，不仅可以治理国家，还可以修身养性、成仙得道。这本书号称《太平清领书》，共一百七十卷，后人将之称为《太平经》，传世的有五十七卷。

《太平经》是一本什么样的书呢？简单地说，它是一本融合了儒教谶纬、政治观、养生、神仙、符水等内容的大杂烩，并点缀了一点儿道家的宇宙观，杂凑而成的书。这种书之所以出现，是深受董仲舒天人合一的影响，又想做出点儿特色，所以取道家的理论糅合进去。

这本书和儒教观点相合的地方主要在于以下两点。

第一，天地阴阳生成说。关于天地万物的化生关系，书中大部分观点都和儒教相通，只是在数字的解读上稍有区别。儒教认为太一生两仪，

---

[3] 《后汉书·郎顗襄楷列传》："初，顺帝时，琅邪宫崇诣阙，上其师干吉于曲阳泉水上所得神书百七十卷，皆缥白素朱介青首朱目，号太平清领书。其言以阴阳五行为家，而多巫觋杂语。有司奏崇所上妖妄不经，乃收臧之。后张角颇有其书焉。"

两仪生四象，四象生八卦，所谓"一、二、四、八"的数列，而《太平经》根据道家传统，从《老子》里说的"道生一，一生二，二生三，三生万物"中，强调"一、二、三"的数列，除了"一"代表"太一"之外，"二"则代表天地、阴阳、雌雄等，而且进一步把"一"当作阳数，而"二"当作阴数，从而推断出一系列的结论。为什么一个皇帝要有很多大臣？因为君是阳，而阳是"一"，臣是阴，而阴是"二"（表示"多"）。另外，书中还由此主张两女共侍一男，因为男是阳，女是阴，等等。[4]

《太平经》对于"三"这个数字也很重视，认为元气有三名：太阳、太阴、中和，"形体有三名，天、地、人。天有三名，日、月、星，北极为中也。地有三名，为山、川、平土。人有三名，父、母、子。治有三名，君、臣、民"。

第二，关于阴阳灾异的学说，继承了儒教的天人合一理论，并将它变得更加复杂化，从而设计一套"人法天地"的政治制度。这个制度与儒教制度并没有本质的区别。从这里也可以看出道教和道家的区别，道家是反制度的，对一切人为制度充满了警惕，而道教并不反制度，反而劝说人们遵从政治，这一点和儒教的目的是相同的。

除了与儒教的相同点，《太平经》中也有一些儒教理论较少涉及的领域。这些领域并不来自老子，也不来自孔子，而是来自神话中的另一个传统：萨满。

---

[4] 《太平经》："天法，阳数一，阴数二。故阳者奇，阴者偶。是故君少而臣多。阳者尊，阴者卑，故二阴当共事一阳，故天数一而地数二也，故当二女共事一男也。"

所谓萨满教，指的是相信万物皆神的一种原始宗教。它一般出现在人类早期，或者发展较慢的游牧、山林部落之中。到后来演化成一种多神教体系，与更具思辨性的一神教相对立。中国文明和其他文明一样，一直有万物皆灵的传统，并持续到现在。

《太平经》中由此设计了一套多神教的体系，也就是神仙体系，并由此演化出一套修仙成道的理论。要修仙，有两种方式，一种是使用符水，靠画符来获得功力；另一种是炼丹，吃丹药成仙。

关于《太平经》和儒教的不同，可以列为如下几点。

第一，它设计了一个六等的神仙体系，这个体系中包括了神人、真人、仙人、道人、圣人、贤人。其中道人以下就回到了人间，前三种则升到天上。所以，儒教所推崇的圣贤（如周公、孔子），在道教看来，只不过是最后两等而已。至于普罗大众，则不在这个体系之内。

第二，一个普通人如何才能进入这个体系呢？这就要修行。修行的方法主要包括：首先，要遵守社会规则，做一个良民，比如，忠君、孝敬等都被说成是一种功德；其次，要从理论上参悟，主要是要学会静，要学会守一等；最后，要服药，或者使用符水。

当然，道教的符水也不是它的特色，这是从儒教的谶纬变化而来的，而且更加具有功利性。

《太平经》成书后，最初由于内容芜杂难信，并没有受到重视。但到了东汉末年，它突然间引爆了一个大事件，这就是黄巾军起义。

黄巾军的领导人张角曾经得到这本书，被它的理论所吸引，打出了"苍天已死，黄天当立"的大旗，开始了对东汉政权的反叛。张角的组织号称"太平道"，该名就来自此书，而他和他的两个弟弟分别号称"天公将军""地公将军""人公将军",就来自《太平经》对数字"三"的解读。[5]

张角最初的特色是以符水咒来治病,相当于对人实施信心疗法。与张鲁的五斗米道一样,张角的符水也不包好,而是教病人叩头思过,如果病人好了,就说因为他信道了;如果没有好,就说他不信道,活该生病。[6]

随着人们将张角传得神乎其神,他开始建立组织,并招兵买马,对抗朝廷。他的组织更多是军事化的,缺乏更紧密的宗教性联系。被镇压之后,太平道也随之进入低潮。

汉中的五斗米道则和太平道不同,通过把人变得社会化和组织化,建立了一套政教合一的体制,成为道教的开端。

被曹操收编后,五斗米道虽然不再是政教合一的教派,但其作为一种宗教却被保存了下来。

道教和佛教的区别在于,佛教是思辨性的,可以独立于政治;但道教出生于汉朝,汉朝是中国历史上最缺乏逻辑能力的时代,这导致当时的道教不喜欢思考问题,只习惯于用一系列的比附和符咒,动不动就跳神,失去了进化的能力。

---

[5] 《后汉书·皇甫嵩宋儁列传》:"初,钜鹿张角自称'大贤良师',奉事黄、老道,畜养弟子,跪拜首过,符水咒说以疗病,病者颇愈,百姓信向之。角因遣弟子八人使于四方,以善道教化天下,转相诳惑。十余年间,众徒数十万,连结郡国,自青、徐、幽、冀、荆、杨、兖、豫八州之人,莫不毕应。遂置三十六方。方犹将军号也。大方万余人,小方六七千,各立渠帅。讹言'苍天已死,黄天当立,岁在甲子,天下大吉'。以白土书京城寺门及州郡官府,皆作'甲子'字。"

[6] 《三国志·魏书·二公孙陶四张传》引《典略》:"太平道者,师持九节杖为符祝,教病人叩头思过,因以符水饮之,得病或日浅而愈者,则云此人信道,其或不愈,则为不信道。"

儒道从来是合流

道教的定型还和另一个人有关：两晋时期的道士葛洪。他给道教提供了两方面的营养。第一，外儒术，内神仙。一个人外在表现要采用儒教的仁义道德标准，而内在要修长生不死的神仙学。第二，炼丹。中国历史上轰轰烈烈的长生不老丹药运动，就从这里发端。前者决定了道教实际上是和儒教合流的，而后者决定了道教只在长生不老的丹药里打转。

《晋书·葛洪传》记载，葛洪的祖父是东吴的高官，父亲则在西晋灭吴后，入晋做官。葛洪父亲早逝，葛洪经历过贫穷，但这并没有妨碍他博览群书。他读书的起点，是儒教的经典著作，[7]之后进入杂家，这也决定了葛洪的思想并未脱离儒家的窠臼。

葛洪年轻时，恰逢西晋的石冰作乱，他参与过镇压。之后由于天下大乱，南行到广州，投靠了广州刺史嵇含（嵇含的爷爷叫嵇喜，是嵇康的哥哥）。

但他去后不久，嵇含就遇害了。葛洪在广州逗留许久，开始系统地钻研他的神仙理论。东晋建立后，葛洪回到了江南，在晋元帝朝廷混官，但并不得意，最后又返回广州，著述文章，最终死在那里。

从葛洪的经历可以看出，他并不是一个静心的人，对于功名的追求，表明他离不开儒教的立场。他对于"道"的理解也是功利化的，就是为了长生不老。

---

[7] 《抱朴子·外篇·自叙》："年十六，始读《孝经》、《论语》、《诗》、《易》，贫乏无以远寻师友，孤陋寡闻，明浅思短，大义多所不通。"

正因为这样,他对于之前的"道"都持批评态度。比如,东汉末年的早期道教,葛洪就认为他们只不过是一些奸邪逆乱之徒。[8]

而在他生活的时代,五斗米道信仰仍然在民间保留着,不管是反叛者还是顺从朝廷的人,都有五斗米道的从众。比如,东晋王朝的反叛者孙恩家族就信奉五斗米道。[9] 王羲之所在的琅琊王氏,也有许多五斗米道的信徒,他的儿子王凝之在孙恩打过来时,不仅不做军事准备,还去祈祷请鬼兵,结果王凝之的五斗米道不如孙恩的五斗米道,王凝之最终被杀。[10]

葛洪认为,这些以前的道教分支都不够听话,他要进行改造,让信众更听话,不要反抗。

甚至对于道家的老子、庄子,他也缺乏尊重。对于老子,他的评价是:老子的五千言只是泛泛之谈,过于简略,让人无法找到当神仙的步骤。他认为庄子也只是说了大概,距离真理还远得很。[11]

那么,葛洪认为的真理又包括什么呢?大致可以总结如下。

第一,他继承了道家的一些词汇,提出世界的本源是"元"(也就

---

[8] 《抱朴子·内篇·道意》:"曩者有张角、柳根、王歆、李申之徒,或称千岁,假托小术,坐在立亡,变形易貌,诳惑黎庶,纠合群愚。进不以延年益寿为务,退不以消灾治病为业,遂以招集奸党,称合逆乱。"

[9] 《晋书·孙恩卢循谯纵传》:"孙恩字灵秀,琅琊人,孙秀之族也,世奉五斗米道。"

[10] 《晋书·王羲之传》:"王氏世事张氏五斗米道,凝之弥笃。孙恩之攻会稽,僚佐请为之备。凝之不从,方入靖室请祷,出语诸将佐曰:'吾已请大道,许鬼兵相助,贼自破矣。'既不设备,遂为孙所害。"

[11] 《抱朴子·内篇·释滞》:"又五千文虽出老子,然皆泛论较略耳。其中了不肯首尾全举其事,有可承按者也。但暗诵此经,而不得要道,直为徒劳耳,又况不及者乎?至于文子庄子关令尹喜之徒,其属文笔,虽祖述黄老,宪章玄虚,但演其大旨,永无至言。"

是"玄")、"道"、"一",在他看来,这几个词都是一个意思,就是世界的本源。

第二,人类的目的就是要"守一"成仙。只有成仙才能长生不死。为此,他花了大量的篇幅憧憬成仙之后的各种妙处。当然成仙也是很难的,不是所有人都能成仙。"成仙很好,成仙很难",此类的话反复说了很多遍。

第三,不仅成仙很难,而且成仙也有等级。《抱朴子·内篇·论仙》中说,有的人有仙骨,有的人没仙骨。而且成仙也不一样,有的人整个身体升入太虚,叫作"天仙";有的人在名山大川中游荡不死,叫作"地仙";有的人要先死掉,然后得以解脱,叫作"尸解"。有人认为,葛洪本人也只混了个尸解仙。[12]

第四,绕来绕去,终于到了不可避免的问题:如何才能成仙?步骤是什么?葛洪还真的列出了不少成仙的法子,具体到让人感动。其中最大的法子就是服用仙丹。

如何炼制仙丹?他给出了不少药方。比如,黄帝当年成仙时服用的九鼎神丹,一共有九种丹,分别叫作丹华、神丹(也叫神符)、神丹(原书如此,与第二丹同名)、还丹、饵丹、炼丹、柔丹、伏丹、寒丹。

这些丹如何做?他有的没有具体说,有的给了方子。比如,《抱朴子·内篇·金丹》记载,九鼎神丹中第一丹的药方如下:"当先作玄黄,用雄黄水、矾石水、戎盐、卤盐、礜石、牡蛎、赤石脂、滑石、胡粉

---

[12] 《晋书·葛洪传》:"(洪卒)时年八十一。视其颜色如生,体亦柔软,举尸入棺,甚轻,如空衣,世以为尸解得仙云。"

各数十斤,以为六一泥,火之三十六日,成,服七之日,仙。又以玄膏丸此丹,置猛火上,须臾成黄金。又以二百四十铢合水银百斤火之,亦成黄金。金成者药成也。金不成,更封药而火之,日数如前,无不成也。"

当然,没有人能根据这个药方炼出丹来,因为这个方子并没有写出各成分的重量与配比,而且耗时动不动就是几十天,来来回回折腾到死,也不可能找到"正确"的配比。所以,即便给了方子,所谓炼丹,也不过是人们在漫长的一生中打发时间时玩的游戏而已。[13]

除了九鼎神丹,慷慨的葛洪在书里还给出了许多其他的方子。不仅仅是药方,还有其他修身养性的大法,同样可以达到长生不死的效果。除了成仙,还有炼金银的方子,这就又走上了致富的道路。

但整体而言,葛洪之前,特别是东汉时期,信奉道教的人们使用的大都是符水,也就是画个符、弄个咒,给人治病;葛洪之后,画符诅咒已经成了小打小闹,只保留在底层的民间信仰之中,而高级道士们纷纷开始开炉炼丹了。到了唐朝,人们嫌炼丹麻烦,于是兴起了炼内丹,也就是不再炼实体的丹药,而是通过养性修身,让丹药自动在体内形成,实现长生不老。

除了修仙,葛洪还定义了道教的另一个特点,就是"儒道双修",或者"内神仙,外儒术"。

在他的心目中,儒和道都是"大道"的一个方面,只是道是"本",

---

13 到了唐朝,又有好事者将九种丹的药方都补全了,写了一本《黄帝九鼎神丹经诀》,各丹的方子繁复到令人哭笑不得,自然也没有人能够真的炼出来。

而儒是"末"。[14] 虽然有所差别，但葛洪认为神仙之术更加高贵。他主张的人生哲学是：在人世里规规矩矩遵守礼法，暗地里炼丹成仙，不和社会对抗，也不违逆世俗的社会规则。

在他的观念里面，天道、君道、臣道、人道，都是等同的。比如，人们认为伊尹和霍光是贤臣，因为他们废掉了昏君；又认为商汤和周武王是圣王，因为他们讨伐无道昏君，建立了新的王朝。但在葛洪看来，这都是错误的，因为这鼓励了大家叛逆。在《抱朴子·外篇·良规》中，他认为，君就是天，是父，如果君主都可以废弃，就好像天也可以改，父亲也可以拿掉一样。

太平道和五斗米道时代，道教做的是群众运动，这是皇帝最害怕的。葛洪把道教关于群众运动的内容去掉了，变成了只和上层打交道、出入于皇庭的宗教，这实际上有利于道士们提高地位，又扫除了皇帝的戒心。

在这样的理论下，当时的道教走的是一条妥协的路，服从中央王朝权威的管理，不做任何让政权不高兴的事情。到了后世，这已经成了一种交易，即政权默许甚至支持道教的存在，而道教一方面炼自己的仙丹，另一方面则帮助政权稳定局势。经过了改造的道教几乎从来不闹事，反而是闷声大发财，甚至和佛教争权，希望获得更多的政治资源，其原因就在于葛洪对道教的改造。

在葛洪的影响下，东晋南北朝的道教终于脱离民间，形成一个上层集团和文人参与的宗教，他们越来越不重视民间的信仰者。这时的道

14　《抱朴子·内篇·明本》："道者儒之本也，儒者道之末也。"

教分成了如下几个支派：在北朝，是道士寇谦之建立的天师道；在南朝，则分成了两支，分别是道士陆修静代表的灵宝派和道士陶弘景所代表的上清派（也叫"茅山派"）。

据《魏书·释老志》记载，所谓"北朝天师道"，是寇谦之在五斗米道基础上建立的教派，这个教派抽去了五斗米道的群众基础，却建立了复杂的上层架构。寇谦之创造了一个新神"太上老君"，又创造了一个职位"天师"。他宣称最早的天师是五斗米道的名义创始人张道陵（张陵），而现在则是他寇谦之。除了这个职位，他设立了道坛，又模仿政治制度创立了道教的各种仪规。更重要的是，天师道是直接和皇帝打交道的，其成员热衷于当皇帝的谋臣，并希望天师道能成为国教。

所谓"灵宝派"，是奉《灵宝经》（相传为葛洪所作）为经典的一派，也和五斗米道有瓜葛。陆修静也热衷于建立组织，讲究排场规矩，重视符箓，这些都和天师道类似，所以被称为"南天师道"。

而上清派则尊奉《上清经》，这是一本伪托真人所作的经书，这一派相对出世，注重个人的修道，继承了葛洪神仙修行的一脉思想。

但总体而言，这三派要么热衷于成为国师，要么热衷于成仙得道，都以皇帝的好帮手自居。

在道教被改造成顺从的宗教，希望能够获得政权支持时，另一支外来的宗教却以更快的速度席卷了全国，成了皇帝的座上宾，它就是佛教。

浮屠真义

公元前六世纪的一天，一位印度的王子（迦毗罗卫国的国王净饭王的太子）乔答摩·悉达多[15]离开王宫，去寻找心中的"道"。在前半生，他享受着无忧无虑的王子生活，荣华富贵唾手可得。但在二十九岁那年，一次出行改变了他的命运。他在路上看到了人的死亡、病困和衰老，开始意识到王宫内的一切虽然值得留恋，却显得那么虚幻，掩盖了真相。他开始考虑人之为人的意义，既然人们都要死，为什么还要活过来？如果妻子、孩子、王国都是如影旋灭的东西，那么什么是永恒的呢？

最终他选择了离开王宫，去寻找答案。这次寻找，带来了一个世界性的宗教。

那么，佛教都说了些什么呢？在佛教之前，印度其实已经有了婆罗门教，而佛教的许多理论就脱胎于其中。可是，现有佛教理论中，哪些是从印度的婆罗门教继承的？哪些是新创的呢？

如今人们一谈到佛教，就要谈到轮回观念，但这并不是佛教的发明。印度的原始人口是达罗毗荼人，后来来自亚欧草原的雅利安人入侵印度，成了统治阶层。为了便于统治底层的达罗毗荼人，雅利安人制造了种姓制度，将人口分成了四种姓，分别是：婆罗门（教士阶层）、刹帝利（国王和武士阶层）、吠舍（商人阶层）、首陀罗（底层人口），另外还有不入等级的贱民阶层。

为了保持血统的纯净，这些阶层之间没有婚姻流通渠道，不能通婚，一个贱民也永远没有机会上升到高等级的阶层。

社会如此板结，必然引起下等人的反抗。为了避免这种反抗，婆罗

---

[15] 本书作者曾遍访印度佛教遗迹，并写出了《印度，漂浮的次大陆》一书，关于佛陀生平、教义的叙述均选自该书。

门教制造了轮回观念。人死后灵魂会再次托生，开始另一个循环。如果一个人在此生表现良好，安守种姓的本分，不违规，不逾矩，那么，到了下一次轮回的时候，将升入高的种姓。如果他表现不好，到了下一次轮回，就会降入低种姓，甚至不再是人，变为畜生。

轮回观念通过给人虚无缥缈的"下辈子"希望，避免了下等人在"这辈子"进行反抗。

但是，这种信仰到了悉达多时代，受到了冲击。他处于印度的十六国时代，也就是战争最频繁的阶段，世界过于惨烈，使得人们感觉来生也没有了希望。

悉达多要解决的问题，就是在轮回的基础上再创立一种学说，给人以新的希望。当然，他不能把希望寄托在来生，因为来生的社会同样混乱，打打杀杀，来了也是受苦。所以，他设想了另一种可能性：跳出轮回。通过修行，人们可以跳出轮回，就不用再回到这个混乱的世界。在新的理论下，跳出轮回是比下一辈子晋升高种姓更令人羡慕的事情。这样，佛教就给了下等人和上等人平等的地位，因为不管是谁，只要生活在轮回之中，就是受苦，而且谁都能通过修行跳出去。

悉达多（我们应该称他佛陀了）的理论可以用"四谛"来概括，所谓"四谛"，就是"集、苦、灭、道"四种真理。

苦谛，指的是轮回之中的一切苦难，如生、老、死、愁、苦、忧、恼、怨憎会、爱别离、求不得等，都是人生必须经受的苦难。

这些苦难之所以产生，是因为贪、嗔、痴"三毒"，也就是集谛。所谓"集"，就是人类欲望的集合体。

如果要消灭痛苦，就必须消灭贪、嗔、痴三毒，消灭了三毒，也就跳出了轮回。这就是灭谛。

而道谛，也就是跳出轮回的方法和修行。佛教弟子修行的行为规范，一般来说是指八正道，"正见、正思、正语、正业、正命、正精进、正念、正定"。这些正道帮助人们消灭三毒，跳出轮回之苦，从而达到其活着的意义和死后的永恒。

后世的佛教基本上都承认这个"四谛"，特别是在"集、苦、灭"三谛上，大乘、小乘、金刚乘都没有什么分歧。但是对于"道"谛，后世的发挥却层出不穷，因为"道"是跳出轮回的方法，每一个派别提供的方法都是不一样的，而看待世界的理论也各个不同，所以，各个派别的争执主要都是争谁的"道"才是正道。

在争执中，主要又分成了几个派别，分别是小乘佛教（即最早形式的派别——上座部）、大乘佛教和密教（也叫金刚乘、密宗）。

佛陀死后，他的言论和戒律被弟子们记录下来，这些记录就是《巴利三藏经》。小乘佛教的经典是用巴利文（这是一种类似于梵文的语言，与正式的梵文比起来，巴利文是更加通俗的民间用语）记录的，所谓"三藏"包括了律藏（佛教戒律和规范）、经藏（记载佛陀言行）、论藏（后来弟子的解释性教义）。

与《巴利三藏经》对应的，是小乘佛教，由于现在的上座部主要通过斯里兰卡传入东南亚，也被称为南传佛教。

中国早期也曾经选择性地翻译了一部分上座部经典（主要从经藏部分翻译），这些经文统称为《阿含经》，而《阿含经》又包括了《长阿含》《中阿含》《杂阿含》《增一阿含》几部分。

上座部基本上继承了佛陀的理论，认为人的修行，就是为了跳出轮回，得到解脱。它又做了一些细化工作，增加了以下几个概念。

第一个概念是"业"。所谓"业"，是一个数学概念。上座部讲修行是持续许多个轮回的，由于修行很难，一个人一生可能只修行了50%，还达不到脱离轮回的标准，那么他下一辈子再修行20%，第三辈子又修行了30%，加起来达到了100%，就可以脱离轮回了。"业"就是衡量一个人修行成果的计量指标，我们可以将它看作比例。有了"业"的概念，一个人就不用急着在这辈子解脱了，他只要坚持不断修行，总有一辈子能够达到目标。

第二个概念是"十二因缘"，也就是把"四谛"里面的"集谛"继续细化，总结了人类的十二种活动，由低到高排列，分别是无明（最初的浑浑噩噩的状态）、行（从最初状态开始有了行动）、识（行动之后有了辨识能力）、名色（有了辨识能力之后，对事物开始分门别类）、六入（通过各种感官获得认知材料）、触（接触外界事物）、受（感受外界事物）、爱（感受之后，对外界事物做出评价）、取（有了评价之后，主动获取喜欢的事物）、有（占有主动获取的事物）、生和老死。

第三个概念是修行的细化，即修行要从戒（遵守戒律）、定（禅定）、慧（对教义的领悟）三方面入手。关于遵守戒律，并没有太多值得探讨的，而修行的功夫主要在于禅定和领悟。

比如，本书作者曾经参与过南传佛教的禅修。所谓禅修，并非仅仅打坐，而是要求在打坐的同时，好好体会呼吸的每一个步骤，感受气流在身体中的运行，并从中体会到人体与宇宙的合一。另外，一个修行者每天要花大量的时间在走路上，走路时必须将每一步都进行无限分解，体会到每一个动作、每一块肌肉的运动，并与天地融合，体会到无穷智慧。

南传佛教的信徒们就这样花一辈子去体会人体与宇宙的合一，然后又一辈子，再一辈子……不断地积累着"业"。

第四个概念是对"四谛"的总结，提炼出三句话，号称"三法印"："诸行无常，诸法无我，涅槃寂静。"即人生没有常态，人生都是受苦，以及"我"并不是独立的实体，只是因缘之中的一个被动的受体而已。

通过上述概念，小乘佛教建立了一套修行体系，信徒用毕生修行，希望积累他的"业"，等"业"积累够了便得到解脱。而修行的内容主要是禅定、戒律，加上一定的教义探讨。与后来出现的大乘佛教相比，小乘佛教更加原始、更少理论化、更强调行动、思辨性更少。

除了小乘佛教，佛教的第二个分支是密宗，主要流传于西藏等地区。

在修行方法上，密宗和小乘佛教是两个极端。小乘佛教讲究业，一个人要通过许多轮回的积累，才能最终脱离轮回。而密宗则忍受不了这么长时间的禅定修行，而是讲究高效。它提出，除了这样年复一年、生复一生的修炼方式（这种方式也叫"渐悟"），还有一种更加迅速的方式，叫作"顿悟"。

所谓顿悟，就是在一瞬间，人的业从 0 突然增加到 100%，立刻脱离轮回成佛。而且业还可以传授，通过一个人瞬间传给另一个，让他的业也从 0 增加到 100%。

密宗之所以出现，是两种因素的产物：一种是人类的心急，等不了太久的修炼；另一种是受更加原始的宗教，比如萨满教、苯教的影响，相信自然界有超能力，并认为超能力可以传授。

我们经常会看到密宗的信奉者们四处游荡，要么给别人传授某种法门，要么接受别人的法门，寄希望于顿悟，这一辈子赶快得道。即便不能立刻得道,也多增加点儿特异功能,让人刮目相看。

在中国历史上,密宗对哲学的影响并不大。

对中国哲学影响最大的,是大乘佛教。那么,什么是大乘佛教?它又说了些什么呢?

普度众生的大篷车

大乘佛教和小乘佛教的信仰基础是相同的,都信奉佛陀提出的"四谛"。但在这个基础之上,两派又有着不少差异,这些差异又经过组织化之后,变得不可调和,造成根本性的分裂。

大乘佛教又分成许多分支,如空宗(中观)、有宗(唯识)等。大乘佛教内部的分野没有那么敌对,却仍然由于组织化的加强,形成了一个个分裂竞争的僧团。

在大乘佛教诞生之前,小乘佛教主张通过自我修行来脱离轮回,目的相对简单,修行也以个人经验为主。这种修行方法更接近于佛陀的本意,却由于过于朴素,缺乏号召力。

于是,有人提出了另一种思路:所谓修行,不是仅仅修自己的行,而是要帮助天下人都获得道。

为了区分自己修道和为天下修道,他们提出了两个名词,这两个名词导致大乘佛教和小乘佛教的根本性分歧:解脱道和菩提道。

所谓解脱道,就是小乘佛教的修行方式,追求的是个人解脱。而所谓菩提道,指的是更宏伟的目标:不仅要个人解脱,还要像佛陀一样帮助他人解脱。他们把只修解脱道当作小家子气,所以叫"小乘",而把修菩提道当作康庄大道，称为"大乘"。

菩提道要求人们像佛陀一样帮助他人，修菩提道者的最终目标不是解脱轮回，而是成为佛陀（立地成佛）。到这时，人们会发现，对于"佛"的概念，大、小乘佛教也有了区别。小乘佛教认为佛陀只是一个导师，来指引人们脱离轮回之苦。而大乘佛教则把佛陀神化成了一个无所不能的神。神还不止一个，世界上有许多佛，释迦佛只是其中之一，大乘佛教给这些佛一一起了名字和定了意义，这花了不少工夫。

从定义可以看出，小乘佛教基本上还是按照佛陀去世前的教导来修行，没有脱离这个框架。而大乘佛教已经超越了佛陀生前的教导，变得天马行空，甚至又创造了无数的佛陀。

大乘佛教在自然修行方法上也不能满足于小乘佛教的方法，所以，除了"戒、定、慧"和"八正道"，又增加了许多修菩萨道的方法，比如"六度"和"四摄"。所谓"六度"，是指布施、持戒、忍辱、精进、禅定和智慧六个要素；而"四摄"，是指日常生活中要布施、爱语、利行和同事。

只有六度、四摄还不行，大乘佛教又设立了五十二个等级[16]，按照这些等级次第修行，才能达到菩提道。

16　这五十二个等级是：十信（信心、念心、精进心、慧心、定心、不退心、回向心、护法心、戒心、愿心），十行（欢喜行、饶益行、无嗔恨行、无尽行、离痴乱行、善现行、无著行、尊重行、善法行、真实行），十住（初发心住、治地住、修行住、生贵住、具足方便住、正心住、不退住、童真住、法王子住、灌顶住），十回向（救护一切众生离众生相回向、不坏回向、等一切佛回向、至一切处回向、无尽功德藏回向、随顺平等善根回向、随顺等观一切众生回向、如相回向、无缚无著解脱回向、法界无量回向），十地（欢喜地、离垢地、发光地、焰慧地、极难胜地、现前地、远行地、不动地、善慧地、法云地），等觉，妙觉。

而从众多的概念、名词和意义中，自然会产生出无数的变化，让每个人究其一生，都不可能研究完。所以，大乘佛教的理论是无穷无尽的，人们学会修行方法之前，就要持续研习。

也正由于概念众多，大乘佛教又分成了无数支派，每个支派都有自己的看法，他们凑在一起吵来吵去，辩论充满了思辨性，使得佛教骤然间复杂化，成了世界上最难懂的宗教。大乘佛教进入中国后，立刻让玄学的思辨成了小儿科，相形见绌，被淘汰了。从此以后，思辨哲学的代表被佛教取得。

任何宗教都一方面是戒律，另一方面是理论化的教义。我们可以把佛教的教义理解为对世界的解读。世界到底是怎么构成的？只有理解了世界的构成，才能找到通往菩提的道路。

大乘佛教的教义主要发展出三个分支，分别是中观、唯识和真常。

中观[17]一支最早出现，也是魏晋南北朝时期在中国最流行的一支，又叫般若宗、空宗或三论宗。这一支最核心的观点是一个"空"字，只要理解了"空"，就理解了世界，也就找到了通往菩提的道。

所谓"空"，是指万事万物都不是实在的，而是"空"的。我们看到的事物只是一种幻象，只是一个名字，没有实物，这个名字叫假名。既然是幻象，我们又怎么能够触摸到一张桌子，亲吻到爱人的嘴巴呢？因为事物之间的关系（因缘）也不是实在的，是另一种幻象，我们认为触摸到了、亲吻到了，只是被欺骗的幻觉，如果不破掉这种幻觉，就无法达到菩提道。

17　代表人物为龙树和提婆，代表著作为《大般若波罗蜜多经》《中论》《大智度论》。

不仅仅世间的实物是幻觉，就连修行的佛教理论也不是实在的，是幻觉、假名。所以，任何认为找到了修行大道的人，实际上都是掉入了幻觉，只有跳出修行的执念，才能理解空的含义，无意之间理解修行之道。

当然，这里的空不是一无所有，既然有幻象，就不等于完全不存在。所谓空，是说事物不是实在的，只是一种虚托的关系，是没有主体性的。所有的世界和所有的道都处于"不生亦不灭，不常亦不断，不一亦不异，不来亦不去"的状态。

我们把中观派的空和魏晋玄学里的无进行对比就会发现，无的观念和空有很大相似之处，都强调不是空无一物，而是可以有千变万化，但它又不与任何实体相联系。

正因为空和无的相似性，当中观派进入中国时，当年信奉玄学的人毫无障碍地转到了"空"的概念上。

但中观派的空的概念是有缺陷的，这个缺陷被大乘佛教的另一个分支唯识派[18]发现了。于是，我们就转入对唯识派的讨论。

唯识派认为，中观派说所有的佛法也都是空，可是它自己却定义了一个法，叫"所有的佛法都是空"，至少这句话应该是实在的吧？如果这句话都不实在了，那么中观派就陷入了悖论之中。

在古希腊有一个说谎者悖论，哲学家艾皮米尼得斯说：所有的克里

---

18 代表人物有弥勒、无著、世亲，代表著作有《解深密经》《入楞伽经》《密严经》《菩萨藏经》《摄大乘论》《十地经论》《唯识三十论》等。

特人都是撒谎精。艾皮米尼得斯本人就是克里特人，如果人们认为他这句话是真的，那么艾皮米尼得斯本人也是撒谎精，他说的这句话就肯定是假的；如果人们认为这句话是假的，那么克里特人就会说真话，作为克里特人的他说的这句话就是真的。

中观派"佛法是空"的结论也掉入说谎者悖论之中。为了解开这个悖论，唯识派设立了三种例外，认为有三种道理不是"空"的，而是"有"的，只是这种"有"和普通的"有"不一样，叫"妙有"。所谓"妙有"，就是它是"有"，但又不同于普通的"有"，人们知道它是"有"，但又不会执着地把它变成一种执念。

三种妙有情况被称为"三自性"，即遍计所执性、依他起性和圆成实性。

遍计所执性，是指人们浸泡在经验的世界里，会把本来为空的事物当成是实有的。

依他起性，指的是事物本来是空的，这在佛教用语里叫没有"自性"，但事物可以有"他性"，也就是说可以进入人们的经验，但保持为空。

圆成实性，指的是当所有的妄念都被破解掉之后，真实的佛法却可以保留下来。有了这个圆成实性，就解决了中观派的说谎者悖论，因为破妄之后的佛法是可以保留下来的妙有。

这三自性针对的，都是人类的意识活动，讨论的是人类经验世界的妙有。一切佛法都只存在于人类的意识之中（即"一切法唯识"），这就是"唯识"这一派名字的来历。

唯识派在提出了"一切法唯识"之后，就开始对"识"进行划分。它把"识"当作人类的感觉、思维和下意识，提出人类一共有八种"识"，即"眼""耳""鼻""识""身""意""末那""阿赖耶"。

这些识其实就是现代人所说的意识。现代人认为,除了普通的五种感官(五感)之外,还有第六感存在,叫"直觉"。有的人足够大胆,还提出第七感。在唯识派中,早已超越了现代理论,提出了有八种识。

在"八识"中,前六识与现代的六感对应,而最重要的却是第七识和第八识。

第七识叫"末那",指的是"我执",也就是产生自我意识的那种感觉。第八识叫"阿赖耶",则被定义为"藏识",也就是隐藏在人们心中、通向菩提道的那种智慧。这一识虽然早已在人们心中,但绝大部分人说不清道不明甚至觉察不到它的存在,一旦你的第八识被激发出来,你就成佛了。

所以,唯识派绕到最后,实际上就变成了"认识你心中的第八识"的问题。只要开发出了第八识,你就是佛,觉察不到你就是凡人。

围绕着第八识的性质,唯识派又分成了三派,分别是摄论宗、地论宗和唯识宗。

摄论宗认为,"阿赖耶"还不是尽头,它也不是完全纯粹的,人类心中还有一个第九识"阿摩罗识",这一识才是最纯粹的智慧,要想成佛,必须利用第八识唤醒第九识,才达到了证果。

地论宗认为,"阿赖耶"就已经是最纯粹的智慧,只要打开它、激发它,就可以证果。

唯识宗则认为,"阿赖耶"既不是纯粹,又不是不纯粹。它本身是普通的,但在"阿赖耶"之中蕴含着通往佛法的种子,人们不仅要打开"阿赖耶",还要让"阿赖耶"里的真理种子(学名叫"无漏种子")生根发芽，才能证果。

虽然唯识派的理论已经发展到如此繁复的高度，但历史发展到现在为止，还没有一个人找到"阿赖耶"，更别提什么第九识和"无漏种子"了。

除了中观派和唯识派之外，佛教的真常[19]一支出现得更晚，也更适合中国人的口味。

真常和中观、唯识两支的区别在于：中观认为一切皆空，即便佛法也是空的；而唯识认为，一切皆空，只有蕴含着佛法的"识"是有（实体性）的，他们把这种"有"称为"妙有"；而真常则认为，一切皆空，只有佛和佛性是有（实体性）的，他们把佛性称为真常。

最初，小乘佛教认为人类修行是为了脱离轮回（解脱道），而大乘佛教认为人要修菩提道，但并没有否定解脱道。到了真常一支，则认为没有所谓解脱道，世界上只有一种道，就是修成佛性。所谓"众生皆能成佛"，没有其他的道。这样，大乘佛教和小乘佛教就彻底决裂了。

另外，不管是大乘佛教还是小乘佛教，都认为世界上存在一种不具备佛性的人，称之为"一阐提"，这种人不论怎样修行，都无法修成正果。但是真常一支却认为，所有的人都有佛性，即便是"一阐提"也可以修佛法。

由于人人具有佛性，那么，人类的目的就是发掘出自己的佛性，找到真我，而这个真我就不能是"空"的，必须是"有"，这就是真常。

19　代表著作有《法华经》《华严经》《大般涅槃经》。

人人有佛性的说法很符合中国人的口味，所以，虽然最初中国人大都采用中观论，但到了唐朝，最著名的几家都是从真常论出发来发展自己的哲学的。至于唯识论，由于它的理论过于复杂，不符合中国人的胃口，虽然经过玄奘的大力弘扬，却仍然免不了落寞的命运。

西域舶来，落户中原

在耶稣出生前两年（汉哀帝元寿元年，公元前 2 年），西汉的汉哀帝派遣一位叫景卢的博士弟子前往大月氏使者的住处。景卢怀着一个特殊的使命：向使者学习一种在中国没有人见过的经文——浮屠经。所谓浮屠经就是佛经。而景卢也成了较早见于记载的、接触过佛经的中国人。[20]

在这之前，印度的佛经已经传到西域的大月氏之中，又经过西域来到中原。不过，汉朝人由于不了解佛经，认为佛经和《老子》大概是差不多的理论，甚至传说这是老子出函谷关之后去往西方，教给印度人的。

到了东汉时期，佛教正式登场。最早的信奉者包括汉光武帝的儿子楚王英。[21] 不过，楚王英时期，仍然仅仅把佛教徒当作方士的一种，关注的是佛教的形式，而不是教义。

汉明帝永平十年（公元 67 年），汉明帝派出使者迎来第一批僧人到

---

20 《三国志·魏书·乌丸鲜卑东夷传》注引《魏略·西戎传》："昔汉哀帝元寿元年，博士弟子景卢受大月氏王使伊存口受浮屠经，曰复立者其人也。浮屠所载临蒲塞、桑门、伯闻、疏问、白疏间、比丘、晨门，皆弟子号也。浮屠所载与中国老子经相出入，盖以为老子西出关，过西域之天竺，教胡。浮屠属弟子别号，合有二十九，不能详载，故略之如此。"
21 《后汉书·光武十王列传》："英少时好游侠，交通宾客，晚节更喜黄老，学为浮屠斋戒祭祀。"

洛阳，为他们建立了著名的白马寺。[22] 佛教开始在中国缓慢传播，到东汉末年，已经形成了一定的规模。但这时，上到皇帝，下到百姓仍然只把佛教当成一种法术的教门而已。

东汉时期，传播佛教的大都是西域人士，他们本来属于月氏人、安息人、康居人等，所以，来到中国后以"支""安""康"为姓。至于印度（天竺）来客，则以"竺"为姓。比如，东汉最著名的小乘佛教僧人安世高、大乘经的译者支娄迦谶，以及安玄、竺朔佛等人。

东汉末年恰好是印度大乘佛教出现时期，中国正好赶上头班车，较早接受了大乘佛教，受小乘佛教的影响比其他地方小。

到了三国时期，僧人继续源源不断地进入中国。由于旅行线路的问题，佛教主要在曹魏和东吴传播。到曹魏传播的大都走陆路，从西域进来，比如昙摩迦罗、昙无谛等人；而到东吴传播的则走海路，比如支谦、康僧会等人。

曹魏甘露五年（公元260年），一位中国僧人终于踏出国门，前往西域取经，他的名字叫朱士行。[23] 朱士行为了取得大乘真经，从雍州出发，到达陕西、甘肃，再西渡流沙，走丝绸之路南线到达于阗（也就是今新疆和田），在那儿得到了经书。朱士行之后，宗教旅游就成了热门，培养出法显、玄奘等忠实的追随者。

朱士行的出现，也说明中国人已经不满足于只知道佛教的只言片

22　《魏书·释老志》："后孝明帝夜梦金人，项有日光，飞行殿庭，乃访群臣，傅毅始以佛对。帝遣郎中蔡愔、博士弟子秦景等使于天竺，写浮屠遗范。愔仍与沙门摄摩腾、竺法兰东还洛阳。中国有沙门及跪拜之法，自此始也。"

23　见《出三藏记集·卷十三·朱士行传》《高僧传·义解一·晋洛阳朱士行》。

语，而是想从义理上进行更深入的了解。此时，中国的玄学正盛，佛教仍然依附于玄学，借助玄学的概念来传播佛教精神。

西晋时期最重要的僧人是竺法护，他翻译了大批的大乘佛经，为"空"的概念的传播起到了积极的作用。

到了东晋，国家开始分裂，北方陷入一片混乱，但是南方保持了文化的稳定。曹魏和西晋时期，佛教在北方更胜，而到了东晋，佛教则开始南移，南方取代混乱的北方成了学术中心。此时玄学已经接近尾声，人们需要更新的理论作为谈资，前面的译经和传经活动终于开花结果，佛教大肆传播的同时，人们对于义理的讨论也越来越多样化。

首先进入中国的是大乘空宗，也就是中观派。大乘空宗的传播形成了所谓的"六家七宗"，中国佛教也进入般若学时期。所谓般若学，是围绕着《大般若波罗蜜多经》的教理，讨论"空"的学问。而此时中国人仍然离不开玄学的"无"，所以大都将"空"理解成"无"，由此形成六家，而其中第一家又分成了两宗，构成了"六家七宗"。

这"六家七宗"分别是：本无宗、本无异宗、即色宗、识含宗、幻化宗、心无宗、缘会宗。本书不对这些宗进行详细解释，仅仅说，它们都围绕着"无（空）"这个概念进行发挥，所以都属于般若学的变种。

在般若学的热潮中，最著名的人物是释道安。据《高僧传·义解二·晋长安五级寺释道安》记载，释道安生于西晋末期，长于东晋时期，他的主要活动地仍然在北方，但是他的影响力遍布南北。他本人持本无宗的观点，这是比较正统的一派，认为一切法都是空的，由于时人分不清空和无，所以叫本无宗。

释道安真正的贡献不仅仅是发明了一家之言，他的功劳还在于推动大乘佛教的传播。他一方面推动佛教理论的传播，尽最大可能地区分佛教和玄学；另一方面，又在制定佛教仪规、将佛教组织正规化上做了很多工作。他的弟子遍天下，不仅北方有，南方也有，这更是加速了佛教的扩张。由此佛教已经穿越了政治的边界，成了沟通南北的纽带。

释道安死后，他的弟子慧远在南方成了一代宗师。据《高僧传·义解三·晋庐山释慧远》记载，慧远虽为大乘般若学，却鼓励一切形式和内容的佛教发展。在他的努力下，佛教不仅成了普遍信仰，更是征服了东晋皇族，成了贵人和富人的座上宾。

慧远在南方开疆辟土时，北方的龟兹人鸠摩罗什也寻找到机会。北方经过西晋末年以后的大混战，在前秦王苻坚的手中再次统一，但随后，苻坚在淝水之战中被东晋击溃，北方第二次陷入混乱。在陕西地区，取代苻坚的是羌族人姚苌建立的后秦王朝。后秦时期的陕西、甘肃一带暂时保持了稳定，据《晋书·鸠摩罗什传》记载，鸠摩罗什最初被从西域抓到了甘肃凉州（武威），后来又到长安译经。鸠摩罗什翻译了大量的经文，并带来佛教最正宗的义理，使得西北再次成了佛教中心。之后，虽然北魏取代了其他政权，统一了北方，但北魏采纳佛教后，让北方再次成为佛教的领地。

鸠摩罗什有一个弟子叫竺道生，据《高僧传·义解四·宋京师龙光寺竺道生》记载，他从北方来到南方，脱离了一般的般若学，建立了另一个学派：涅槃宗。他所持的观点与般若学不同的地方在于：第一，般若学认为不是所有的人都能得法，比如被称为"一阐提"的人就没有佛性，而竺道生却认为任何人都有佛性；第二，把"佛"这个概念抽象出来，认为"佛"是一种最高的道，而不是某个具体的人；第三，认为人们可以顿悟得道，也就是某人某天突然间就成佛了，不一定需要持续的修行。

竺道生的观点很符合中国人的胃口，实际上，后来的禅宗基本上继承了他的观点。

涅槃宗的建立，让东晋南朝的般若学进入了尾声。而另一个从东南亚来的僧人真谛则带来了摄论宗。不管是涅槃宗还是摄论宗，都是真常一支的学问。

之前的各大门派虽然热闹，但理论上大都是舶来品，由印度人发明理论，再由中国人接受、探讨。而真常一支却是另一种情形，这一支在印度并不发达，反而在中国落地生根后，发展出许多新的理论，这些理论不属于印度，只属于中国。真常论逐渐占据主流，就意味着中国佛教慢慢度过了学习和模仿的阶段，开始要发展出真正的北传佛教了。

第十一章　南朝：政治资源争夺战[1]

佛教进入中国后，为了争夺政治资源，与儒教和道教展开大量论战。在南朝，佛教逐渐取得政治优势，成为统治者最宠爱的思想体系。

佛教传入中国后，首先面对的是作为人间权威的皇帝。在僧人需不需要跪拜皇帝的问题上，僧人与皇帝的大臣们展开论战，并最终获得不拜皇帝的特权。

佛教与儒教的论战还包括"华夷之辨""中国特殊论"，以及著名的"神灭神不灭"，最终依靠皇帝的权威压制住质疑的声音。

最宠信佛教的中国皇帝是南朝梁的梁武帝，皇帝数次舍身入寺院，为佛教换取大量的特权和财富。佛教特权引起的政府财政失控和政治失调，最终摧毁了南朝的繁华，让中国再次统一在北朝手中。

梁武帝天监三年（公元504年）[2]，梁武帝萧衍做出一个惊人的决

---

[1] 本章涉及的时间范围是公元420—589年。

[2] 此日期依据《广弘明集》，此时仍然是梁武帝执政早期。但根据梁武帝崇佛的历史来看，梁武帝最初仍然推崇儒教，在执政中后期开始倒向佛教，所以，这个事件发生的时间也有可能推后二十年到三十年。

定：他下了一道诏书，将佛教定为唯一的"正道"，而将老子代表的道教，周公、孔子代表的儒教都斥为"邪道"。他宣称，人间的"道"有九十六种之多，但是，只有佛教才是对的，而道教和儒教都属于其他九十五种歪门邪道。皇帝敦促王公百官们从"邪道"返回"正道"。[3] 这道诏书的出现，确定了南朝佛教的国教地位。

梁武帝为人雄才大略又文采非凡，是整个南朝难得的明君。在他的治下，南方不仅经济出现了巨大的发展，人们的生活条件完全盖过了北方，同时也是一个文化艺术的高峰时期。

梁武帝最初是南朝齐的将领，因为武功得到提拔。他曾经击退过北魏孝文帝的进攻，当其他将领出现战略失误，在战场上失利时，是他率军稳住了阵脚，巩固了国防。他为了铲除昏庸的南齐皇帝萧宝卷，发动内战占领了建康（现江苏南京），最终夺得帝位。

在文化上，梁武帝的长子昭明太子萧统选编了著名的文学作品集《文选》，而萧衍本人在学问上也造诣颇深。最初，他编撰有《周易讲疏》《春秋答问》《孔子正言》等儒学书籍，又主持编撰过一个巨大的史书工程——六百卷的《通史》。同时他在佛学上也造诣深厚，写过《涅槃》《大品》《净明》《三慧》等佛学著作。他还是当时著名的诗人、音乐家和书法家，在当皇帝之前，就以文学和武功同时受人称赞。

萧衍的统治从南齐和帝中兴二年（公元 502 年）持续到梁武帝太清

---

[3] 《广弘明集》记载了梁武帝的《舍事李老道法诏》："道有九十六种，唯佛一道是为正道，其余九十五种皆是外道。朕舍外道以事如来，若有公卿能入此誓者，各可发菩提心。老子、周公、孔子等虽是如来弟子，而为化既邪，止是世间之善，不能革凡成圣。公卿百官侯王宗室，宜反伪就真，舍邪入正。"

三年（公元549年），在长达将近半个世纪的统治中，他的疆土如同一片歌舞升平之地，不仅让南朝的人们保持了优越感，也让北朝的人们羡慕不已。就连东魏的掌权人高欢也曾经说：江东有一个老头儿萧衍，专事衣冠礼乐，北方中原的士大夫认为那儿才是正统。[4]

就在这样的歌舞升平之中，萧衍却突然转向，抛弃了中国的儒教传统，采纳了佛教。他对于佛教的宠信是如此彻底，甚至荒废了政治。

除了上面提到的那道诏书之外，他还曾经数次将自己"卖到"寺庙里。这里所谓"卖"，就是舍身。佛教词汇中，舍身指的是舍去肉体，根据佛教经文记载，释迦牟尼佛在他的前身之中，有一身叫萨埵王子，王子曾经为了养活遇到的几只老虎，将自己的身体贡献出去给老虎吃了。之后，佛教徒们将舍身用在更广泛的意义上，比如，将自己送入寺院为奴也称为舍身。梁武帝就是在这个意义上使用了舍身的方法。[5]

梁武帝大通元年（公元527年），梁武帝在皇宫旁边建设了一座皇家寺庙——同泰寺，又在同泰寺方向的宫墙上开了一个门，叫大通门，便于皇帝进出。这个寺庙就是他舍身的主要场所。同年，梁武帝进入寺庙舍身。他剃掉头发，穿上僧袍，像僧人一样吃斋念佛。这次舍身持续了三天，随后他返回皇宫，改元"大通"，并大赦天下。

---

[4] 《资治通鉴·梁纪十三》："行台郎中杜弼以文武在位多贪污，言于丞相欢，请治之。欢曰：'弼来，我语尔！天下贪污，习俗已久。今督将家属多在关西，宇文黑獭常相招诱，人情去留未定；江东复有吴翁萧衍，专事衣冠礼乐，中原士大夫望之以为正朔所在。我若急正纲纪，不相假借，恐督将尽归黑獭，士子悉奔萧衍，人物流散，何以为国！尔宜少待，吾不忘之。'"

[5] 关于梁武帝舍身的次数，有不同的说法，根据《南史》记载，梁武帝曾经四次舍身，而《梁书》记载的则是三次。本书根据《南史》的记载还原当时的现场。

两年后的九月,梁武帝在同泰寺举行了一次"四部无遮大会"。所谓"四部",指的是僧、尼、善男、信女;而"无遮大会"是佛教专用名词,指的是没有阻隔,没有门槛,谁都可以参加,只要是教义都可以探讨。在这次无遮大会上,梁武帝再次舍身,他穿上僧袍,住在僧舍里,素床瓦器,乘坐小车,取消了宫廷卫士。他亲自向四部大众讲解《涅槃经》。据《南史·梁武帝纪》记载,由于皇帝总是不回宫里,群臣着急了,只好与僧人们协商,由群臣凑了一亿钱为皇帝赎身。僧人们默许之后,群臣来到了同泰寺东门上表,请皇帝回宫,皇帝又推辞了三次,他声称自己不是皇帝,而是佛徒,在回答群臣的书信中也谦卑地写"顿首"(这是人们给皇帝上书才用的词),之后才勉为其难地答应了。

这件事一直拖到了十月,为了庆祝皇帝还宫,又举行了一次无遮大会,邀请五万僧人和俗人参加。大会结束后,皇帝脱掉僧袍,登上御车回宫。梁武帝回宫后,又是一次改元,改为"中大通",并大赦天下。

中大同元年(公元546年)的三月,梁武帝再次来到同泰寺。他先是讲解了《金字三慧经》,随后又开始舍身。一个月后,皇太子出钱将他赎出,出来之前又是法会,出来后大赦天下,改元。

但梁武帝出来的当晚,同泰寺就发生了火灾。为了冲掉不吉利,第二年,梁武帝再次进入修缮好的同泰寺,同样是无遮大会。梁武帝住在五明殿,穿着僧衣,睡素木床,挂葛帐,用土瓦器,私人执役。随后,皇帝在光严殿讲授《金字三慧经》。讲授完毕,皇帝正式舍身入寺。

一个月后,群臣再次出钱一亿将皇帝赎出,又是三请三辞的旧规矩。回到皇宫后,皇帝如同新即位一样举行了典礼,并宣布改元"太清",大赦天下。

这四次舍身到寺庙，花费了大量的钱财不说，整个王朝的官僚机构几乎陷入瘫痪状态，不仅仅是失去了皇帝，群臣还要跟着皇帝转，凑钱的凑钱，请神的请神，搅得人鸡犬不宁，却毫无办法。

那么，梁武帝为什么会如此虔诚地笃信佛教，不惜花费钱财和消耗王朝的气运呢？

实际上，佛教成为中国的正统宗教并非是从萧衍开始的，当历史从西晋进入东晋之后，佛教的地位就逐渐上升，并最终成为主流。

西晋皇帝们最初的选择是重归儒教，但随着社会的动荡和政治的高风险，人们逐渐走向犬儒主义和享乐主义的道路。他们诗酒流连，专注于谈玄说理，对于政治和儒教理念并不感兴趣。

魏晋时期的玄学过于专注几个简单的概念，缺乏扩充性，人们的研究越深入，就越能看到佛教更加具有思辨性和博大的特点，这就是佛教扩张的前奏。此时的佛教也有意向玄学靠拢，利用玄学的概念来推广自己，并把佛教与儒教、道教等同起来，认为是同源的，或者是殊途同归的。

自东晋开始，皇帝和王公贵族都逐渐变成佛教徒。比如，东晋的晋明帝、晋哀帝、晋简文帝、晋孝武帝、晋恭帝，都在某种程度上是佛教徒。特别到了后期，随着权力逐渐被权臣剥夺，皇帝们纷纷投身于信仰，试图从这里寻找解脱。比如晋恭帝就曾经为铸造巨大的金佛像投入巨资，并亲自到寺庙去迎接。

皇帝的投入最初是一种无奈和解脱，但他们带起来的风气又影响了社会，反过来推动人们更加相信佛教。这时，掌握局势的权臣们也发现佛教是个好东西，当人们专注于谈论佛理时，就忽视了现实政治的不公平。当人们相信那虚无缥缈的来生和涅槃时，就不再在意此生的痛苦。

随着南朝宋取代了东晋，皇帝们也从信仰变成了利用佛教，宋武帝和宋文帝、齐高帝等君主都有着雄才大略，虽然没有完全倒向佛教，仍然利用儒教的理念作为政权基础，但对于佛教的崇信已经越来越深。

梁武帝取代南齐之后，最初也在儒教上下功夫，他本人就是当时著名的经学家。但梁武帝同时发现，即便宣扬儒教，也不可能像汉朝儒教那样只要求比附和死记硬背，必须在谈理的基础上进行改造，仅仅靠权威是没有用的，而最能谈理的宗教就是佛教。

所以，梁武帝实际上致力于寻找一条改造的道路。一方面，儒教礼仪仍然是皇帝必须使用的规矩，但必须加入佛教的因素，让人们从理论上认可；另一方面，要把佛教政治化，佛教本身是出世的，但大乘佛教中带有入世的借口，让统治者以普度众生的名义进行统治。

皇帝宠信佛教意味着另外一拨人的失宠，他们是信奉儒教和道教的人。这两个产生于中国本土的宗教本来处于激烈的斗争之中，儒教处于在朝的地位，而道教是在野的，道教最初希望通过民间组织来对抗中央王朝，随后又采取了与政权妥协、补充儒教的方式来蚕食儒教的正统地位。

佛教的兴起让他们感受到巨大的威胁，这个外来的宗教由于受到人们普遍的尊崇，大有取代内生宗教的趋势。于是，儒、道暂时放弃了争执，开始研究佛教的问题，寻找击破它的可能性。

在南北朝，佛、道和佛、儒的斗争，是当时学术界的主旋律。后来人们总结当时的斗争，将对佛教的质疑集中在六个方面，分别是：第一，经说迂诞，大而无征；第二，人死神灭，无有三世；第三，莫见真佛，无益国治；第四，古无法教，近出汉世；第五，教在戎方，化非华俗；第六，汉魏法微，晋代始盛。

这些质疑贯穿南北朝的始终，成了宗派斗争的焦点。

不拜皇帝的僧人

最初对佛教的攻击来自儒教。

儒教对佛教的攻击，更多是两种政教理念的碰撞。儒教是一种政教合一的系统，佛教从印度传入后，却更接近政教分离的理念。

在古代中国，如果说一句类似"我不爱皇帝，不爱皇帝建立的政权，不爱这个政权统治的国家"的话，就是一种叛国大罪。

但是，在中世纪的欧洲，如果有人说这样的话，并不会被认为出格。比如，公元 1245 年，神圣罗马帝国的皇帝腓特烈二世时期，皇帝由于和教皇英诺森四世的冲突，被革除教籍。教皇宣称，任何人都不要服从已经成了异教徒的皇帝，甚至任何人都应该帮助教皇反对皇帝。这时，即便是神圣罗马帝国的人民，如果他深信天主教，也会出于信仰认为反对皇帝是天经地义的，因为这个皇帝不配当皇帝。

政教分离后，皇帝就无法对人民行使权力，甚至人民可以宣称不爱俗世的"君主""国家"。

在印度，政教分离虽然没有欧洲那么强烈，但是印度教的婆罗门（教士阶层）和刹帝利（国王和武士阶层）这两个种姓也是分离的。而佛教更是强调出世，与政权离得很远。在这样的环境中，佛教的僧人与世俗的国王形成区隔，僧人不需要对国王行礼，而国王即便供养了僧人，也管不了僧人的具体事务。如果国王想插手，必定引起巨大的反抗。

佛教传入之前的中国，是典型的政教合一模式。皇帝就是教主，拥有着宗教阐释权，他接受人们崇拜，是因为自己是权力的象征，更是老天爷的象征。

而佛教传入后，僧人们把不服从世俗政权的传统带了进来，就形成了第一次冲突。冲突的排头兵，则是充当思想卫道士的儒教。

双方的焦点放在了一个充满仪式感的动作上：以前任何人见了皇帝都要下跪行礼，而从印度和西域来的僧人却拒绝这么做。

僧人们拒绝拜皇帝，在最初被容忍，因为他们大都是外国人，不懂礼法，而皇帝对他们也充满了好奇心，当作宠物养，赦免了他们的轻慢。可当佛教中国化之后，越来越多的中国本地僧人出现了，他们按照以前的传统，对皇帝也不行跪拜之礼，这时，儒教徒们就找到了第一个攻击佛教的口实。

东晋成帝时期，刚刚经历了苏峻、祖约之乱的东晋在南方站稳脚跟后，就开始整顿政教问题。当时辅政的车骑将军庾冰是一个正直的儒教信徒，他一眼就看到了政教不统一的危害，提出"王教不得不一，二之则乱"，认为僧人不敬拜皇帝，就破坏了礼治的统一，损害了皇帝的权威。所以，必须让僧人和佛教进入中国政教合一的体系之中，如果佛教要存在，必须将皇帝当成宗教体系的中心，而皇帝成为中心的第一步，就从僧人对皇帝行敬拜之礼开始。[6]

6　见《弘明集·卷十二》，庾冰的《代晋成帝沙门不应尽敬诏》和《成帝重诏》两篇。

庾冰没有想到的是，当时和他一同辅政的大臣何充却持有另外的观点。何充是一个佛教爱好者，在佛教上投入了无数的金钱，却对亲友吝啬得一毛不拔。[7] 由于对佛理更加了解，他对庾冰提出了反驳，认为佛教是一种淡泊的宗教，有着种种的清规戒律，这些戒律实际上是有利于控制民间反抗的。皇帝与其改变它，不如把它养起来，允许它有一定的小脾气。所以，既然不拜皇帝已经成了佛教的传统，就不要因为这些细枝末节的小问题，引起一个阶层的普遍反抗。据《弘明集》记载，在何充的反对下，庾冰的提议最终没有成为现实。

但这个争论到底是庾冰对，还是何充对呢？答案也许是都有道理，但都没有看清全盘。

何充想利用佛教控制人们思想的做法是有道理的，但他没有看到，政教合一的体系必须是放弃一切独立思考的体系，一旦有了裂缝，就不可能保持完整。佛教就是这样的裂缝，一旦允许僧人不拜皇帝，就会引起社会对于皇帝权威的淡化，并最终开始质疑，到那时，这个思想的火花迟早会带来政教合一的解体。

但是庾冰试图压迫僧人跪拜皇帝，从而消灭他们的独立性，也同样是做不到的。因为这种压迫只能激发出僧人们更多的反抗，他们会从理论上继续质疑对皇帝的崇拜。

一句话，无论同意或不同意，只要佛教出现过，只要政教分离的体系有了萌芽，就必然会继续发展，不管皇帝怎么做，都是没有用的。

---

7 《晋书·何充传》："性好释典，崇修佛寺，供给沙门以百数，糜费巨亿而不吝也。亲友至于贫乏，无所施遗。"

第一次"拜不拜皇帝"的争论之后，又过了几十年，到了东晋晚期的晋安帝时期，权臣桓玄掌握了政局，并试图取代东晋自己称帝。在他主政下，僧人是否应该跪拜皇帝的问题第二次被提了出来。

　　桓玄与那些佛教的支持者开始了另一场辩论。桓玄的理由除了和庾冰类似，还基于当时的一些新情况，由于佛教此时和政权的关系已经很密切，许多佛教徒都接受了皇帝和高官的供养，已经失去了出世的精神。桓玄认为，僧人们已经享受了皇帝的恩宠，就应该敬拜皇帝。另外，他还提出了几点理由：一是"夷夏论"的前奏，也就是从外国传来的佛教不如本国的儒教；二是根据儒教传统，皇帝比老师更重要，佛教尊重老师，就更应该尊敬皇帝。

　　反驳者的意见与何充类似，仍然强调佛教的理论是尊重皇帝的，是皇帝的好帮手，不要因为细枝末节得罪佛教徒。

　　桓玄最后将这些往来的书信交给佛教界的权威——僧人慧远，请他作答。慧远立刻意识到敬拜皇帝的危险性，于是说出僧人不拜皇帝的新理由。他把佛教徒分成两类：一种是在家的居士（在俗的教徒），另一种是出家的僧人。他认为，在家的居士都应该遵守世俗的法则，而出家人则必须用另一套标准来看待，因为他们出家后，已经禁欲、剃发、穿僧袍，不再理俗事，而是以修行大道为己任。一旦大道修成，则可以泽流天下，这是至德至孝的事情，不应该用俗世的礼节来要求僧人。

　　桓玄最终经过掂量，认为如果强迫僧人敬拜，代价太大，不利于他在政治上的作为，最终维持原状。

　　据《弘明集·卷五》记载，慧远除了答复桓玄之外，还写了一组系统的文章叫《沙门不敬王者论》。在这组文章中，他把自己的理论系统化，也成了后世僧人和皇帝关系的基准。在文章中，他在宗教和政治之间做了一定的妥协，也就是宗教不对抗政治，但政治也容忍宗教。这种妥协的结果是中国再也出不来西欧式的政教分离，即便最具独立性的佛教，也以不给政府找麻烦作为理念，当然前提是政府也别管佛教的事情。

慧远规定，佛教的新信徒应该首先尊奉亲情、礼敬皇帝，这是信仰的起点。如果一个人要出家，也必须首先征得君亲的同意，如果他们有疑问，就不能出家，只能退而追求在家修行。只有在出家之后，才拥有了更大的自由度，不需要拜父母，也不需要拜皇帝。

慧远的这种妥协到了唐朝被利用起来，形成一套度牒制度，皇帝同意人们当僧人，但是有名额的，而这个名额是可以买卖的，有数量限制。皇帝就通过控制度牒，限制了佛教的发展。

除了需不需要跪拜皇帝之外，儒教和佛教的冲突还发生在许多方面，比如服饰问题、孝敬父母的问题以及报应问题。特别是孝敬父母的问题，更是争论的另一焦点。

由于僧人不奉养父母、不结婚生子，这违背了儒教关于孝道的理论，也是人们对佛教诟病的最深之处。佛教则认为，修"道"是更大的"孝"，比起奉养父母和传宗接代都重要得多。

佛家信奉报应，但在魏晋南北朝时朝，人们很少看到报应，反而看到好人没有好报。在这个问题上，慧远也加入争论，提出了所谓的"三报论"，将报应分成现报、生报、后报，即立刻有报应、此生有报应、来生以及无穷后世才有报应。这样就把报应拉长到虚无缥缈的无限未来，解决了这个问题。

华夷之辨与中国特殊论

南朝宋武帝永初元年（公元420年），东晋权臣刘裕取代司马氏，建立新的刘宋政权。宋武帝一生戎马倥偬，南征北战。在称帝之前，他先后击败篡位的权臣桓玄，消灭与东晋敌对的南燕、西蜀和后秦，讨平了卢循的内部叛乱，又镇压了与之争权的刘毅和司马休之。在政治上，他有意提拔有才能的寒门子弟，抑制大土地主，实行户籍改革，整顿税赋制度。在他的努力下，南方政权再次出现欣欣向荣的气象。

刘宋也是佛教迅速发展的时期。刘裕出身于行伍，文化水平不高，在他这代，这个问题还没有显现。到他的儿子宋文帝时，佛教已经被皇帝认可。皇帝把佛教提升到了可以取代儒教的地位上，儒教之所以需要，是因为它可以帮助皇帝禁锢人们的思想，减少反抗，宋文帝认为，人们相信佛教，同样不会反抗政权，所以它具有替代功能。

皇帝对佛教的认可激起另一批人的巨大担忧。于是，从刘宋时期开始，佛教与儒教的争吵也上了一个台阶，从"拜不拜皇帝"的简单礼仪，进入理论争锋的复杂明理。这个时期最著名的三次争论，分别是"白黑论"、"达性论"和"夷夏论"。

所谓"白黑论"是由一位僧人主动提出的。这位僧人叫慧琳[8]，他虽然出家为僧，实际上却是个外佛内儒、儒道释兼修的人，他除了著有《白黑论》，还注释过《庄子》和《孝经》。《白黑论》虚构了一位白学先生

---

[8] 《宋书·夷蛮列传》："慧琳者，秦郡秦县人，姓刘氏。少出家，住冶城寺，有才章，兼外内之学，为庐陵王义真所知，尝著均善论（《白黑论》）。"

代表儒教，一位黑学道士代表佛教，二人之间展开辩论。

辩论双方的题目主要有两个：一个是佛教所说的"空"，另一个是佛教的"无欲"。白学先生批驳佛教的空是无意义的，黑学道士讲了一通空的真义，比如，所谓空，指的是事物的本性是空的，虽然它可以有"事用"，但是"性理"却是空的。而白学先生讽刺说：不管你说一棵树有多"空"，也无法伤害它浓厚的树荫；不管你说一个房子有多"虚"，也损害不了它美轮美奂的外表。

对于佛教的放弃欲望，白学先生也找到了其理论的漏洞：不管佛教怎么声称要"无欲"，但是所有的佛教徒都有一个最大的欲望：修炼成佛。所以，佛教徒不仅有欲望，而且胃口很大，又怎么能说是"无欲"呢？

《弘明集·卷三·宗居士炳答何承天书〈难白黑论〉》中说，慧琳的《白黑论》提出的问题，成了当时人们辩论的焦点，吸引大批的人参与。辩论越扯越远，已经不再限于"空"和"无欲"这两个主题，而是延伸到因果报应、形神等无数领域。

在因果报应领域，还出现了何承天的《达性论》。在这篇文章中，何承天试图利用儒教的"三才论"对抗佛教的"三报论"。[9]

所谓"三才"，指的是天、地、人三才，也是《易经》中提到的。其背后的意义，则是和佛教的众生观相对。佛教认为，众生都是有灵的，都是大的轮回体系之中的一部分，所以众生也是平等的。儒教却认为，人和天地是联系的，而其余的动物并不能和人并列，是低于人

---

9 《弘明集·卷四·达性论》："夫两仪既位，帝王参之，宇中莫尊焉。天以阴阳分，地以刚柔用，人以仁义立。人非天地不生，天地非人不灵，三才同体，相须而成者也。"

的生物体。

从佛教众生理论出发，就可以得到因果报应的三报论。三报论由东晋的慧远僧人提出，认为报应分成三种，分别是现报、生报和后报。运用到众生之中，则是每一种生物都有着报应轮回，很可能眼前的一只鸡，就是前世的某位熟人。所以，人不能随便杀生，而杀生就意味着新的报应要在你的身上显现。

针对杀生问题，何承天举了两种鸟类为例子，[10]一种是鹅，另一种是燕子。鹅以春草为生，是植食动物，又呆头呆脑，与人为善，但几乎世界上所有的鹅都死于人类的屠刀。而燕子以飞虫为食，是肉食动物，但人们都很喜欢燕子，还让它们在屋里筑巢。这两种鸟类的不同待遇就说明了不杀生不见得有好报，而杀生也不见得有恶报。

对何承天的反驳其实也容易，何承天仍然把报应放在当世，认为鹅不杀生，此生就应该受到好报。但实际上，三报论却可以把报应放到遥远的来生，甚至数次的来生。所以，这样的吵架必然不会有什么结果，评价到底谁在理，要看评价人持有什么立场。由于现代中国大部分人都是无神论者，会认为何承天说得在理，但在佛教徒看来，何承天的批评则是虚妄的。

刘宋时期影响最大的争论，是一位道士顾欢所写的《夷夏论》。据《南齐书·高逸列传》记载，顾欢是一名隐逸的道士，却参与了佛教与

---

10 《广弘明集·报应问》："夫鹅之为禽，浮清池咀春草众生蠢动弗之犯也，而庖人执焉鲜有得免刀俎者。燕翻翔求食，唯飞虫是甘，而人皆爱之，虽巢幕而不惧。非直鹅燕也，群生万有往往如之，是知杀生者无恶报，为福者无善应。"

儒教的辩论，这已经带上了宗教辩论的色彩：在后期，儒教已经退居次席，而佛教和道教的辩论成了主流。

顾欢的《夷夏论》也主要针对佛教和道教的比较。在他看来，佛教和道教都是好的，只是每一个宗教都是地域性的，佛教既然产生在外国，就只能适用于外国，它并非不好，而是在本地不适用。道教作为本土宗教，却是最适合国人的。由于选择佛教还是道教都带有了很强的政治意味，当时的夷夏之论很吸引人。

当然，每一派都认为自己掌握了真理，这使得争论变成一种信仰之争，而无关对错了。

顾欢理论的批评者大都采用普适的观点，比如，谢镇之认为，人类的本性不管是中国人还是外国人都是相同的，只是在服饰、丧葬、音乐等细枝末节的世俗礼节上有所不同。与佛教教义的博大精深相比，道教的教义显得过于粗糙、简陋，而且大都是借鉴，甚至借鉴了许多佛教的内容。既然是借鉴，自然是承认佛教的教义也适用于道教中国。[11]

还有的人认为，佛道本来就是一家，[12]采取了调和的态度。佛教在早期为了便于传播，曾经借用了许多道家和玄学的词汇。但此刻的佛教已经羽翼丰满，不仅不再和道家搅在一起，还反对别人将两教联系起来，所以这种调和态度并不能吸引真正的佛教徒。

"夷夏论"并没有很深的哲学道理，但是自古及今，从来不缺乏信奉者。

---

11 《弘明集·卷六》载有《与顾道士书》和《重书与顾道士》两篇。
12 《弘明集·卷七》载有朱广之《疑〈夷夏论〉谘顾道士》。

形存则神存，形谢则神灭

历史前进到南朝的齐梁时期，佛教与儒教、道教的争论逐渐白热化。此时，佛教对于社会的控制力增强，大部分王公贵族都成了佛教的信奉者，不相信佛教的人已经凤毛麟角。在这样的背景下，却诞生了现代人最为推崇的"神灭神不灭"的争论。

在古代人，特别是佛教信奉者看来，范缜的"神灭论"只是佛教辩论的主题之一，并非最高主题，和前面提到的"夷夏论""拜不拜皇帝""白黑论""佛道是否同门""报应论"等是并列的，并不值得专门提出来。而到了现代，由于人们更推崇无神论，因而突然发现范缜的神灭论与无神论差不多，这才使他的地位更加突出。

不管是在当时还是现在，相信有灵魂还是没灵魂都只是一种信仰，而不是实证科学。科学研究的范围是人们可以观察的世界，可以用测量和观察来进行证实或者证伪的世界。但是，灵魂迄今为止是无法测量和观察的，所以，它并不属于科学研究的范围，只是一种信仰。一个人说世间没有灵魂，但另一个人可以反驳说：不对，世间有灵魂，只是我们看不到，也测量不到，因为它是无重量、无形体、感知不到的。当把灵魂定义为无法用现有仪器测量的东西时，它就变成无法证伪的信仰了。

人们研究其他科学问题时，不管是相信有灵魂，还是相信没灵魂，都不妨碍在科学上的研究成果。范缜坚称没有灵魂，也不是现代科学意义上的，而只是信仰上的辩论而已，没有所谓的对错。另外，范缜所采取的辩论方式大都是求助于直接感受，这种方式在辩论"神不灭"问题上是有用的，但在研究另一些问题上却可能成为阻碍，比如，如果放在

十九、二十世纪，他可能也并不相信电磁波，也不会相信爱因斯坦的相对论以及量子理论，因为这些理论在获得证实之前，在构造时要求很高的思辨性。

范缜出生于宋文帝后期，一生经过了宋、齐、梁三朝，而他活跃的时期，恰好是佛教变成国教的初期。范缜出身贫寒，朴质直爽，看不惯士族出身的权贵阶层，这造成了他喜好辩论的性格，却又让他的辩论带有很强的局限性，缺乏思辨能力。他从小学习的是儒教经典，从而有了反佛的思想，也有着维持儒教社会的保守性，所以，他不是革新的，而是守旧的。

虽然齐、梁时期，佛教已经成为主流，但社会并没有对其他宗教群体封闭，而是具有很大的宽容性。这使得范缜一方面持有反佛立场，但另一方面还能受到统治者的善待，一直位居朝堂之上。他在南朝宋时期并不得意，到了南齐时期，投靠了竟陵王萧子良。萧子良是一位佛教徒，又礼贤纳士，吸引了各方的人才，后来的南朝梁武帝萧衍、写《宋书》的沈约，都出自他的门下。

在竟陵王门下，范缜展开了他喜爱辩论、反佛的性格，与竟陵王和其他宾客吵翻了天，但这并没有妨碍他继续升官，他担任过领军长史和宜都太守。一面争吵，一面升官，也说明范缜和竟陵王之间的争吵最多算是学术探讨，不影响感情，更与所谓的战斗性和反抗性无关。

到了萧衍篡夺南齐政权的时期，由于范缜和萧衍曾经都是萧子良的门下，范缜在母丧的情况下，穿着丧服出迎萧衍，结果获得了晋安太守的任命，随后又担任了尚书左丞。在这时，范缜和信佛的梁武帝萧衍再次对上，开始大辩论，皇帝亲自作书反驳，但他仍然没有屈服。这次辩论似乎也并没有影响到他的仕途。

到了晚年，影响仕途的反而是另一件和佛教无关的事，他受尚书令王亮的牵连而被贬往广州。[13]到了广州，他也还被追封为中书郎、国子博士，说明皇帝对于他学问的认可。可以说，范缜的一生说明当时的学术宽容精神，一个有个性的人即便持有与官方不同的观点，仍然可以被善待。

关于《神灭论》本身，需要追溯到范缜在南齐竟陵王萧子良手下时的一件小事。当时的范缜已经宣扬不信佛和因果，萧子良乘机问道：你不信因果，可是怎么解释贫富贵贱？范缜说：人生下来，就像是一棵树上的花。虽然同根生，可是随风落下之后，有的落到锦席上，有的落到茅坑里，殿下就落在锦席上，而我则落在茅坑里。[14]

萧子良竟然找不到反驳的理由，也就认了。随后，有许多同门的人开始和范缜辩论，最后，萧子良又找了一些僧人来辩论，仍然谁也不服谁。而这些辩论的成果，就成了范缜的《神灭论》一文。

《神灭论》最主要的论点是什么？用四个字概括，就是"形灭神灭"，即人的身体死了，精神（灵魂）也就没有了。范缜在谈论这个论点时，形成了许多名句，比如，"神即形也，形即神也，是以形存则神存，形谢则神灭也！""形者神之质，神者形之用；是则形称其质，神言其用；形之与神，不得相异也。"他举了一个很著名的例子来论证为什么形体

13　《南史·范缜传》："迁尚书左丞，及还，虽亲戚无所遗，唯饷前尚书令王亮。缜在齐时，与亮同台为郎，旧相友爱。至是亮摈弃在家，缜自以首迎武帝，志在权轴，而所怀未满，亦怏怏，故私相亲结，以矫于时。竟坐亮徙广州。"

14　《南史·范缜传》："子良问曰：'君不信因果，何得富贵贫贱？'缜答曰：'人生如树花同发，随风而堕，自有拂帘幌坠于茵席之上，自有关篱墙落于粪溷之中。坠茵席者，殿下是也；落粪溷者，下官是也。贵贱虽复殊途，因果竟在何处。'子良不能屈，然深怪之。"

是精神的本质，而精神是形体的效用：这就像"刀子"和"锋利"这两个概念一样，形体就是"刀子"，而精神就和"锋利"一样，只是一种效用，离开了刀子，就谈不上所谓锋利，离开了形体，也谈不上精神。[15]

范缜的神灭论遭到有神论者无数的批判，而其中又以范缜的内兄萧琛的文章最为深入，萧琛对范缜的理论进行了逐条批驳，该文可见于《弘明集·卷九·难神灭论》。从辩论的角度上来看，二者不相高下。用现代人的语言来总结萧琛的反驳，可以归纳为以下几点。

第一，你说神形相即，不能分离。可是，就像我没有证据说神、形可以分离一样，你也没有证据说神、形不可以分离。毕竟灵魂是不可见的。所以，"神形不可分离"只是一种无法验证的假说，你相信它，只是因为你相信它，却没有证据。

第二，你说人的形体和精神，就像刀子和锋利。可这个比喻是否恰当，仍然是未知的。我同样可以举出一些比喻，来证明形体和精神是可以分离的。比如，人的形体就像干柴，精神就像烈火，干柴可以烧完，但烈火却可以从这根干柴传到下一根干柴。到底是你的比喻有道理，还是我的比喻有道理，仍然是见仁见智。

有了这两点，就能看出萧琛和范缜的本质区别：范缜是把人的身体当作精神的"体"，也就是"精神"只是"形体"的一个属性；而萧琛则是把人的身体当作精神的容器，也就是"精神"居住在"形体"这个容器之中，可以从这个容器转移到下一个容器。至于谁的说法更正确，仍

---

15 《神灭论》："神之于质，犹利之于刀；形之于用，犹刀之于利；利之名非刀也，刀之名非利也。然而舍利无刀，舍刀无利。未闻刀没而利存，岂容形亡而神在？"

然只关信仰，无关科学。

这样的辩论也反映了当时逻辑学的不足。亚里士多德的逻辑学以三段论为基础，设大前提和小前提，最后必然能得出确切的结论。比如，人是要死的（大前提），亚里士多德是人（小前提），必然得出结论：亚里士多德是要死的。

但当时的逻辑学缺乏这种确定性的范式，结果辩论起来只好使用比附的方法，人的"形"和"神"，就像"刀子"和"锋利"，或者就像"干柴"和"烈火"。但是到底谁的比附更恰当，却成了扯皮的事情。所以，中国式的辩论不会产生对错观念，只会产生信仰的碰撞，你信什么，吵到最后还是你信什么。没有人能说得服范缜，也没有人会被范缜说服。

不屈服的范缜继续坚持自己的理念，到了南朝梁时期，他的好辩性格已经影响了皇帝。这个皇帝曾经是范缜的朋友，现在不得不出面平定这个争论。

皇帝相信佛教，于是亲自作答，写了一篇《敕答臣下神灭论》。这篇文章很简短，实际上是以皇帝的名义阻止继续闹下去，算是为神灭论之争画上句号。

皇帝认为，三教中都有许多经典是说人是有灵魂的。范缜对佛教的敌视，最初是从捍卫儒教的立场来的，他本人精通"三礼"，为了捍卫礼法，才与佛教争论。既然如此，皇帝就从《礼记》中寻找了两个例子，证明《礼记》也是说有灵魂的。[16] 范缜既然信任《礼记》，就听《礼记》

---

16 《弘明集·卷十·大梁皇帝敕答臣下神灭论》："《祭义》云：'惟孝子为能飨亲。'《礼运》云：'三日斋，必见所祭。'若谓飨非所飨，见非所见，违经背亲，言诚可息。"

一句劝，接受"人是有灵魂的"这个观点吧。

皇帝写了答复后，又把自己的答复发给臣下。为了向皇帝表示忠心，一共六十多个臣下纷纷上表，表示赞同皇帝的意思。

臣下的回答有两层含义：第一，大部分人都是相信灵魂的；第二，这些人赞同皇帝，只是礼节性的，并不意味着对范缜的迫害。

最终，神灭论作为一种理论被记录下来，范缜也因为这篇文章而名传于世。但是，佛教仍然在南朝大行其道。

梁武帝：垮于佛教

不管范缜的《神灭论》说了什么，但至少有一点，他抓住了当时的社会本质，那就是：佛教已经占用过多的社会资源，显得太庞大了。现代人在讨论古代西藏的政治结构时，往往被它过于庞大的僧侣团所震惊，在高峰时期，僧侣竟然占西藏劳力人口的三分之一，也就意味着有三分之一的劳力被抽走，无缘生产性活动。然而，西藏当时是一个封闭性的社会，依靠天险足以保证土地安全，这样的代价似乎还可以承受。但对于南朝社会来说，其边界并非封闭，北方的强敌虎视眈眈，如果僧侣团过于庞大，必然影响整个社会的生产和备战。

佛教对社会资源并非没有节约作用，比如，由于汉朝的儒教传统，人们喜欢厚葬。2016年挖掘的海昏侯墓中，黄金灿烂，铜钱以吨计量，表明王侯之死需要耗费大量的钱财。但是，到了魏晋之后，人们开始了薄葬的风气。其中原因之一是汉末大部分皇帝的墓葬都被盗掘，人们认识到越厚葬越是给自己找麻烦，为了获得死后的安宁，宁肯少点儿陪葬品；而另一原因则是佛教的传播，佛教不重视人的皮囊而重视人的精神，所以对于死后的身体也不关心，甚至想将其烧掉。

但是，佛教又的确浪费了大量的社会资源。范缜对此有着清晰的认识，并从儒教的角度批评佛教。他说：佛教伤害政治，蛀空了风俗，我之所以反佛，是为其弊端感到哀伤，想着把社会从对佛教的溺爱中拯救出来。

他批评那些宠信佛教的人，把财产全送给了僧人，直到自己破产为止，却从来不去体恤自己的亲戚，更别提那些真正需要帮助的穷苦人。

当然，他这样的批评，和当时的政治体制有关。

在如今的东南亚，佛教本身就带有慈善的性质。由有钱人施舍到寺院，再由寺院去帮助那些需要帮助的人。寺院起到财富转移的作用，类似于西方的慈善机构。但当时中国的佛教走的却是上层路线，寺院本该有这样的慈善功能，却很少发挥作用，反而是仪式典礼的铺张浪费更加突出，很少有人去钻研真正的佛理。所以，范缜的批评是有道理的。[17]

---

[17] 《神灭论》："问曰：'知此神灭，有何利用邪？'答曰：'浮屠害政，桑门蠹俗。风惊雾起，驰荡不休。吾哀其弊，思拯其溺。夫竭财以赴僧，破产以趋佛，而不恤亲戚，不怜穷匮者何？良由厚我之情深，济物之意浅。是以圭撮涉于贫友，吝情动于颜色；千钟委于富僧，欢意畅于容发。岂不以僧有多稌之期，友无遗秉之报，务施阙于周急，归德必于己。又惑以茫昧之言，惧以阿鼻之苦，诱以虚诞之辞，欣以兜率之乐。故舍逢掖，袭横衣，废俎豆，列瓶钵；家家弃其亲爱，人人绝其嗣续。致使兵挫于行间，吏空于官府，粟罄于惰游，货殚于泥木。所以奸宄弗胜，颂声尚拥，惟此之故，其流莫已，其病无限。若陶甄禀于自然，森罗均于独化；忽焉自有，恍尔而无，来也不御，去也不追，乘夫天理，各安其性。小人甘其垄亩，君子保其恬素；耕而食，食不可穷也；蚕而衣，衣不可尽也；下有余以奉其上，上无为以待其下，可以全生，可以匡国，可以霸君，用此道也。'"

不过，范缜的批评倒和梁武帝本人无关。《南史》记载的梁武帝几乎是一个帝王的最高标准，说到他的孝道，六岁母亲去世时，他哭得比成人都惨痛，滴水不进达三日之久；父亲去世时更是一哭就吐血，前后加起来达到数升。

说到学问，梁武帝即便日理万机，仍然卷不离手，每天伴着烛光读书。他写的书除了《通史》六百卷之外，还有《金海》三十卷。儒教方面，有《制旨孝经义》《周易讲疏》《六十四卦》《二系》《文言》《序卦》等义，《乐社义》《毛诗》《春秋答问》《尚书大义》《中庸讲疏》《孔子正言》《孝经讲疏》，加起来一共二百余卷。在他统治的时期也没有忽略儒教，重新设立五经博士。在礼仪方面，他主持编纂《吉凶宾军嘉五礼》一千余卷。登基后，作为皇帝写的赞、序、诏诰、铭、诔、说、箴、颂、笺、奏诸文有一百二十卷。此外，他会的技艺有：围棋、阴阳、纬候、卜筮、占决、草隶、尺牍、骑射等。佛经方面，他写有《涅槃》《大品》《净名》《三慧》诸经义记一共数百卷，还不断地去同泰寺讲学，每次都有数万听众。

梁武帝本人还非常节俭，身穿布衣，不着绫罗绸缎，一顶帽子戴三年，一床被子用两年。晚年每天只吃一顿饭，而且吃素。五十岁之后就不再亲近女人，不喝酒，只有在大宴群臣或者做法事时才会听音乐。

梁武帝在处理政务上也极其严格，冬天四更就起床，借着烛光看奏章，持笔写字，甚至手都冻裂了。

在他过着几乎严格的苦行僧式生活时，南朝恰好进入繁荣期。在这个时期，社会经济因和平而迅速恢复，人们的文化和修养都处于南朝的黄金时代。刘宋时期，皇帝的修养一般。萧齐时期过于短暂，而且还出了一些性格古怪的皇帝。只有萧梁时期，皇帝的品位和社会的繁荣都达到了高峰。梁武帝认为，社会之所以如此精彩，和他尊奉佛教有关。

但是，他忽略了一点，梁朝之所以繁荣，是因为内部的稳定与外部的和平。而外部之所以和平，是因为北方的魏国处于衰落期。在刘宋和萧齐时期，北方的北魏正好强大，而梁朝时，北魏历经了"六镇之乱"，朝政随后又被尔朱荣把持，最后高欢、宇文泰的崛起使得北魏分裂成东魏和西魏。两个魏国征战不止，没有人腾得出手来入侵南方，南方才保持了一定时期的和平。

而梁武帝过分注重发展内部文化，却忽略了对边境的防守。于是，一旦两魏腾出手来对付南方，就是灾难的开始。

就在梁武帝最后一次舍身入寺的时候，危机已经到来。据《南史·贼臣列传》记载，他还在寺庙时，突然有消息传来，东魏一位叫侯景的将领要投降梁朝。梁武帝听后大喜，派遣司州刺史羊鸦仁率土州刺史桓和之、仁州刺史湛海珍等人接应侯景。下令完毕，他继续在寺庙里开他的大会。

梁武帝没有想到，这件看起来不经意的事情，却决定了梁朝和他本人的命运。在中国历史上，侯景将会以少见的乱臣形象被记入历史。他是北方的羯族人，曾经在北魏权臣尔朱荣手下效命，当高欢征讨尔朱氏时，他又改换了门庭，效命于高欢。到高欢的儿子高澄即位后，他又叛变率军向南方投诚。

侯景投降南方后，由于不得志，再次叛乱。这次他没有逃走，而是突然间向梁朝的都城建康进攻。进攻出其不意，梁朝的军队在几十年的安乐中早已丧失作战能力，根本无力抵抗侯景的部队。

两年后，他被围困在建康，而建康城投降了侯景，八十六岁的梁武帝被饿死在宫中。

梁武帝去世后，侯景之乱虽然被镇压，但梁朝的盛世再也没有回来。梁武帝建立的"南朝四百八十寺"，再也没有恢复到当年的繁华顶峰。

第十二章　北朝：入笼之鸟[1]

与南朝的佛教发展规模失控相比，北朝对于佛教虽然也极为推崇，却从来没有放弃控制。一旦佛教发展规模失控，皇帝就发动灭佛运动，将佛教资源重新收入政府手中。

在北朝，佛教和道教在理论上发生了多次论战。双方论战的焦点始终是：佛教是不是产生于道教？佛陀是不是老子的化身或者学生？

老子化佛是由道教编造的故事。但在佛教传入中国初期，由于人们不了解佛教，僧人们默许了这个故事的存在。一旦佛教羽翼丰满，就开始与道教拉开距离，双方的辩论随即展开。

与佛教的思辨相比，道教的逻辑能力相对不足，在辩论中屡战屡败。

在北周武帝的灭佛行动中，发生了中国历史上对皇帝的最大胆攻

---

[1] 本章涉及的时间范围是公元386—589年。

击，僧人慧远直斥皇帝要下地狱，这成为佛教不屈从权威的最典型事例，也是绝响。

当南朝的佛教享受着皇帝的恩宠和无限荣华时，在遥远的北方，佛教却正经历一场劫难。

这场劫难来得非常突然。在几年前，北魏皇帝太武帝拓跋焘对僧人还恩宠有加，毕恭毕敬，但几年后的太平真君五年（公元444年），政治风向标突然转向，佛教瞬间成了皇帝进攻的目标。

这一年正月，太武帝突然下了一道诏书，发起了一场"清理思想垃圾"运动，其针对的目标几乎包括一切官方不喜欢的思想，其中既涉及巫术、谶记、阴阳、图纬、方伎这些古代中国传统思想中的灰色地带，又包括佛教这样的宗教团体。皇帝几乎没有对它们进行区分就一网打尽了。

为了铲除这些"思想垃圾"，太武帝规定：不管是老百姓还是王公贵族，一概不准私自奉养僧人、巫师以及金银匠人，凡是已经有的，必须送到官府，不能私藏。太武帝给了一个月的期限，如果过期不报，巫师与僧人身死，主人也要被灭门。[2]

过后，太武帝又下了第二道谕旨，宣布人们不能私设学校，必须到

---

[2]《魏书·世祖纪》："戊申，诏曰：'愚民无识，信惑妖邪，私养师巫，挟藏谶记、阴阳、图纬、方伎之书；又沙门之徒，假西戎虚诞，生致妖孽。非所以壹齐政化，布淳德于天下也。自王公已下至于庶人，有私养沙门、师巫及金银工巧之人在其家者，皆遣诣官曹，不得容匿。限今年二月十五日，过期不出，师巫、沙门身死，主人门诛。明相宣告，咸使闻知。'"

政府举办的学校上学，而那些技工、武卒则只能继承父辈的职业。[3]

上述两个敕令几乎断绝了人们从事自由职业、进行自由学习的空间，而僧人作为首当其冲的对象，受到严厉的对待。

但这次的敕令似乎只是在北魏的都城平城（现山西大同）和东部地区实行。据《魏书·释老志》记载，两年后，位于陕西的卢水胡人盖吴造反，太武帝率军进入陕西镇压。进入长安后，太武帝的马匹被放在一个寺庙中，因为该寺种了可以供马食用的麦子。太武帝进去看马时，他的随从官员在寺庙里发现了一些兵器，出来后禀告太武帝。太武帝大怒，认为这不是僧人用的东西，而是和造反的人同谋的证据。于是他下命令诛杀整个寺庙的僧人。

杀完僧人之后，太武帝令人检点寺庙的物品，又发现了许多酿酒的器具。另外，许多有钱人为躲避战乱寄存在寺庙的贵重东西也被发现了。最后，还在寺庙内发现了一些密室，被认为是僧人和贵族妇女淫乱的证据。

这时，太武帝的亲信大臣崔浩正巧在旁边，趁机煽风点火，撺掇太武帝下令将长安的僧人全部杀死，将佛像毁坏，又命令全国依照长安的规矩办理。

到这时，一次全国性的灭佛运动形成了。

太武帝在长安时，太子拓跋晃（恭宗）留在平城。他对佛、道都有好感，听说父亲大开杀戒，连忙上表请求不要这么做，认为杀戮僧人、

---

3 《魏书·世祖纪》："庚戌，诏曰：'自顷以来，军国多事，未宣文教，非所以整齐风俗，示轨则于天下也。今制自王公已下至于卿士，其子息皆诣太学。其百工伎巧、驺卒子息，当习其父兄所业，不听私立学校。违者师身死，主人门诛。'"

摧毁佛像都是罪过，而更重要的是，许多艺术珍品都会在灭佛运动中毁于一旦。通信来回三次后，太武帝仍然不解气，他发了一道诏书，描写自己对佛教的认识。[4] 诏书的原稿可能是崔浩写的，显得文采飞扬。由于当时普遍认为是东汉的明帝做梦梦见金人在宫殿里飞行，才派人前往西域迎来中国历史上第一批僧人，诏书里直接把汉明帝称为"后汉荒君"，认为他本人信惑邪伪，胡乱崇敬妖孽。并强调，所谓佛，是中国自古没有的东西，只会造成政治的混乱和社会的黑白颠倒。太武帝重申：从今以后，敢有崇拜外来大神或者制造神的形象的，都是灭门之罪。而各地方官员则应该把所有的佛像佛经都毁掉，把所有的僧人都活埋。

在诏令之下，大批僧人被赶走，大量土木宫塔都毁于一旦。然而太武帝没有想到的是，即便他发布了如此严厉的命令，可是仍然有人敢于冒险，就连他的太子也并不听他的话。于是，在太武帝命令下达的同时，各地官员已经开始暗中行动，提醒僧人尽早逃走，或者把金银宝像和佛经都藏起来。

大量僧人从北朝逃到南朝，促进了南朝的发展。还有的人躲起来，

---

4 《魏书·释老志》："昔后汉荒君，信惑邪伪，妄假睡梦，事胡妖鬼，以乱天常，自古九州之中无此也。夸诞大言，不本人情。叔季之世，暗君乱主，莫不眩焉。由是政教不行，礼义大坏，鬼道炽盛，视王者之法，蔑如也。自此以来，代经乱祸，天罚亟行，生民死尽，五服之内，鞠为丘墟，千里萧条，不见人迹，皆由于此。朕承天绪，属当穷运之弊，欲除伪定真，复羲农之治。其一切荡除胡神，灭其踪迹，庶无谢于风氏矣。自今以后，敢有事胡神及造形像泥人、铜人者，门诛。虽言胡神，问今胡人，共云无有。皆是前世汉人无赖子弟刘元真、吕伯强之徒，乞胡之诞言，用老庄之虚假，附而益之，皆非真实。至使王法废而不行，盖大奸之魁也。有非常之人，然后行非常之事。非朕孰能去此历代之伪物！有司宣告征镇诸军、刺史，诸有佛图形像及胡经，尽皆击破焚烧，沙门无少长悉坑之。"

等待着将来政策的转向。

北魏太武帝灭佛成了中国历史上第一次法难。此后，这样的行动还有三次，历史上将这四次法难称为"三武一宗"灭佛，这"三武一宗"也就是迫害佛教的四个皇帝。[5]然而，每一次法难之后，佛教都会进入下一个迅速恢复期。

而灭佛行为，实际上也只是政治和经济政策的一部分。皇帝之所以要灭佛，是因为佛教不听话，而通过灭佛让僧人们听话之后，一旦皇帝控制了政权，就立刻发通行证。到最后，佛教、道教、儒教都在政权中找到了属于自己的地位。

如果说佛教在魏晋是一种思想上的开放势力，到了南朝，则已经和政权相连接，变成了皇帝的玩物。只是，在南朝时期，皇帝仍然不知道如何处理佛教、道教和儒教之间的关系，无法让它们统一生活在政权之下。而在北朝，诸位皇帝虽然经过了数次暴力事件，最终却驯服了佛教，皇帝成了三教的首领，带领它们共同享受中央集权带来的权力和荣华。

以下我们来看北朝皇权和佛教在摩擦中得到最终和谐的过程。

灭佛与兴佛

北魏是鲜卑政权，建国的过程是从军事部落制向行政官僚制转化。要想完成这种转化，最适宜的方法是采纳中央集权和政教合一模式，强调君臣父子各安其位。由于定位清晰，北魏从一开始就把汉朝的儒教放

5　北魏太武帝、北周武帝、唐武宗、后周世宗。

在最重要的位置上，终其一朝，北魏都致力于将北方的文化重建，学习中原的模式。

北魏遵循的是汉朝传统，这使得其文化成了一个集道统、谶纬、方术于一体的大杂烩。有人认为，北魏的正史《魏书》是二十四史中最迷信的，其中记载了大量关于统治者的神化，以及无数的谶纬故事。在《魏书》中，那些北魏的名臣变得既像道学家，又像占卜的巫师，他们总是朝皇帝做着各种预言，要求皇帝根据这些预言治国。

北魏王朝的实际开创者是太祖道武皇帝拓跋珪。据《魏书·太祖纪》记载，他学习汉文化，定国号为魏，又迁都平城，建立宫殿，建设宗庙社稷等宗教建筑，又设立一系列的规章制度、官品、爵位、律令、历法等，表明自己继承了汉朝的正统。之后，他又设立五经博士，并录取三千太学生。为了彰显儒教，还命令这些博士和学生从儒教经典中总结大义，写了四万多字的《众文经》，进行文化推广。道武帝的儿子明元帝则继承了父亲的爱好，他本人对于历史更感兴趣，甚至模仿刘向的书籍，写了一本三十篇的《新集》。

据《广弘明集》记载，明元帝的儿子太武帝拓跋焘即位后，继续前两代的政策，在建立新的太学机构的同时，还供奉孔子，以孔子的弟子颜渊配祀，形成国家宗教模式。

北魏的皇帝们在学习汉文化的儒教时，最初并没有忽略另外两种宗教，特别是佛教。实际上，自从西晋末年北方动荡之后，北方少数民族政权一直对佛教有认同感。由于西域是最早接触佛教的地区，这些少数民族又多少和西域有点儿关系，于是他们认为佛教是自己的宗教。比如石勒、石虎的后赵政权就曾经在河北地区崇佛，受到汉族大臣的质疑，认为应该用儒来取代佛，而石虎却认为：佛是外面来的神，而我就是从边外来的，所以崇佛本来就是我的风俗。

前秦苻坚对于僧人道安的尊敬，后秦对于龟兹名僧鸠摩罗什的资助，都是北方对于佛教的贡献。

北魏发端于中国的北方，与西域隔绝，所以最初对于佛教并不了解。但是道武帝仍然很尊重佛教，他平中山、经略燕赵时，对经过的佛寺都致以敬意，并禁止军旅侵犯佛寺。之后道武帝下令建立佛塔、禅堂，北魏开始了佛教的发展。另外，除了尊崇儒教、尊敬佛教之外，道武帝对于黄老之术也有着深刻的认同感，可谓三教同尊。

道武帝这个时期，一个特殊的机构也建立起来，这就是"道人统"，所谓"道人统"，就是管理僧尼事务的机构。这个机构的出现，表明这个新兴国家想把僧人和道士纳入行政管理的尝试。[6]

太武帝即位后，本来也采取了和前两代一样的宗教政策，他本人戎马倥偬，征服了大量土地，最后统一了北方。胡夏（陕西）、北凉（甘肃）都是佛教发达的国家，在灭亡这两个国家的过程中，大量僧人出现在统一后的北魏。僧人的急剧扩张，难以管理，使得太武帝的态度逐渐转变，而这时，两个人的出现彻底转变了太武帝对佛教的好感。他们是信奉儒教的崔浩和道士寇谦之。

据《魏书·崔浩传》记载，在北魏统一的过程中，作为汉人的崔浩是第一大功臣，他帮助太武帝进行汉化改制，而他本人则是汉朝儒教

---

[6] 《魏书·释老志》："初，皇始中，赵郡有沙门法果，诫行精至，开演法籍。太祖闻其名，诏以礼征赴京师。后以为道人统，绾摄僧徒。"

的信奉者。在明元帝时期，崔浩就为皇帝解说《易经》和《洪范五行》，常利用"天人感应"来解说政治。崔浩发现，北魏在建立官僚体系过程中，最大的障碍是佛教，因为佛教已经是一种组织化的宗教，而且不属于官僚系统内的组织。它有着大量信徒，占据不少社会资源。只有打掉佛教，才有利于北魏官僚系统的正规化。

为了与佛教对抗，崔浩引入道士寇谦之，将他介绍给太武帝。于是，太武帝从早年的信佛突然转向信奉道教，并把国号改为"太平真君"。寇谦之也利用北魏政权的力量建立天师道，试图将道教国教化，变成北魏政权的支柱。

在崔浩的直接策划以及寇谦之的影响下，太武帝有了灭佛行动。与之同时进行的，是北魏儒教教育体系的构建，建立太学，禁止私学，官方也就垄断了人才的思想。

不过，寇谦之与崔浩的不同之处，在于他并不赞同用武力对待佛教，他曾经苦苦劝说太武帝，并与崔浩发生争执，但没有效果。寇谦之只好对崔浩说：你很快就要受到报应，离灭门不远了！[7]

四年后，崔浩果然遭受了灭门之刑。不仅清河崔氏被灭，就连崔浩的姻亲范阳卢氏、太原郭氏、河东柳氏，也都被灭族。

崔浩被杀，表面上源于他主持编纂的《国书》。这是一部关于北魏历史的著作，对北魏皇族的历史，他写得非常详细，却没有想到要为皇帝避讳，不仅写了好事，也写了丑事。写完后，有人请立石铭，刊载

---

[7] 《魏书·释老志》："始谦之与浩同从车驾，苦与浩净，浩不肯，谓浩曰：'卿今促年受戮，灭门户矣。'后四年，浩诛，备五刑，时年七十。"

《国书》。崔浩对于书的质量有信心，所以赞成了。但在反对他的人看来，却是故意暴露北魏皇室的丑事，这也给了政治对手把柄，让他们借助《国书》事件害死了崔浩。

崔浩死后，儒教势力暂时遭受挫折，佛教势力再次抬头。以他的死亡为界，佛教徒遭受迫害的时光过去了。虽然太武帝又过了几年才死去，但佛教遭受的迫害已经大大减轻，人们可以偷偷信佛了。除了都城之外，其余地方恢复得更快。太武帝死后，文成帝下诏恢复佛教的地位。[8] 虽然名曰恢复，但实际政府的控制却是加强了，比如，文成帝的诏书中虽然说人们可以自由信奉佛教、自由出家，但又在人数上进行限制，规定大州五十人，小州四十人，更远的地方十人。

一个州只有几十位僧人，这样的数目显然是不够的，事实上社会僧人的数量早已突破了限制。但这些数字说明了政府的管理思路就是控制佛教规模，不让它成长为政府的威胁，也限制它获取社会资源的数量。

文成帝恢复佛教的同时，还重建了佛教机关，名字从"道人统"改成"沙门统"。孝文帝时期，又禁止僧人在民间游历，而规定僧人必须

---

8 《魏书·释老志》："高宗践极，下诏曰：'夫为帝王者，必祇奉明灵，显彰仁道，其能惠著生民，济益群品者，虽在古昔，犹序其风烈。是以春秋嘉崇明之礼，祭典载功施之族。况释迦如来功济大千，惠流尘境，等生死者叹其达观，览文义者贵其妙明，助王政之禁律，益仁智之善性，排斥群邪，开演正觉。故前代以来，莫不崇尚，亦我国家常所尊事也。世祖太武皇帝，开广边荒，德泽遐及。沙门道士善行纯诚，惠始之伦，无远不至，风义相感，往往如林。夫山海之深，怪物多有，奸淫之徒，得容假托，讲寺之中，致有凶党。是以先朝因其瑕衅，戮其有罪。有司失旨，一切禁断。景穆皇帝每为慨然，值军国多事，未遑修复。朕承洪绪，君临万邦，思述先志，以隆斯道。今制诸州郡县，于众居之所，各听建佛图一区，任其财用，不制会限。其好乐道法，欲为沙门，不问长幼，出于良家，性行素笃，无诸嫌秽，乡里所明者，听其出家。率大州五十，小州四十人，其郡遥远台者十人。各当局分，皆足以化恶就善，播扬道教也。'"

领取官方发给的证明,这就是官方度牒的前身。[9]

当然,政府控制佛教,也要同时给予僧人们足够的好处,以利益换取服从。而最重要的,则是在经济上做出妥协。文成帝时期,沙门统的负责人、僧人昙曜认准了皇帝的底线,奏请皇帝批准,如果有人能每年交给僧曹六十斛谷子,就可以算为"僧祇户",而输送的谷子就是"僧祇粟",僧祇户获得的好处是不再属于国家的税收系统,不再承担国家的税赋。由于北魏的税收并不轻,成为僧祇户最初是人们减轻负担的一种做法。

昙曜还请政府赐予寺院一些人手,这些人或者是国家重罪的囚徒,或者是官奴,让他们充当"佛图户",也就是帮助寺院打扫卫生或者种地的人。

皇帝没有想到,这一批准,就创造了独立于政府之外的寺院经济。僧祇户、佛图户一开始人数还不多,后来人数飙升,成了政府财政之外的人。

当然这对社会来说不是坏事。当皇帝的税收过度时,会有许多人来给寺院当僧祇户,或者把地卖给寺院,再来帮寺院种地,寺院收取的租金更低,也就避免了官府的残害。当官府政策好的时候,人们又会从寺院流向社会。

到这时,政府和佛教就形成了相对稳定的关系,有时候斗争激化,

---

[9] 《魏书·释老志》:"延兴二年夏四月,诏曰:'比丘不在寺舍,游涉村落,交通奸猾,经历年岁。令民间五五相保,不得容止。无籍之僧,精加隐括,有者送付州镇,其在畿郡,送付本曹。若为三宝巡民教化者,在外赍州镇维那文移,在台者赍都维那等印牒,然后听行。违者加罪。'"

但有时候又相互利用。到了北魏后期，佛教已经迅速发展，成为一种不可忽视的社会力量。寺庙数最高时达到了三万，而僧人更是达到两百万，这还不包括那些围绕着僧人服务的群体。

与此同时，官方的语言体系仍然是儒教的，官僚系统的晋升也主要是从儒生中选取。儒教和佛教达成默契，一方占据政治主导权，另一方则获得经济资源。

唯一没有从这种默契中获得太多好处的是道教，于是，道教开始反击了。

表5　北魏寺庙僧尼统计[10]

年　代	寺庙数	僧尼数	备　注
孝文帝太和元年（公元477年）	（平城京内）约百所（四方）6 478 间	（京内）两千余人（四方）77 258 人	太和十年遣1 327名僧尼还俗
宣武帝延昌中（公元512—515年）	（天下）13 727 间	（徒侣益重）	此时已迁都洛阳
孝明帝神龟元年（公元518年）	（洛阳城内）500 间		
魏末（公元534年）	（洛阳）1 367（《伽蓝记》）（天下）三万有余间	（天下）两百万人	佛经流通大集中国，凡有415部，合1 919卷

10　本表整理自汤用彤《汉魏两晋南北朝佛教史》。

老子佛陀的迷雾

北魏孝明帝正光元年（公元520年），据《广弘明集》记载，在皇帝面前，佛教和道教的代表之间发生了一次激烈的交锋。交锋的内容是：佛陀和老子的关系。

这一年，孝明帝更改年号，举行大赦，召集佛道的代表来到殿前。道教的代表是清通观道士姜斌，佛教的代表是融觉寺僧人昙谟最。

双方到齐后，皇帝开始提问：老子和佛陀是不是同时期的人？

道士回答：老子西入化胡。而佛陀在当时是老子的侍者，所以，他们是同时期的人。

道士的回答实际上来自一桩公案。在当时市面上流传着一本叫作《老子开天经》的书。这本书的记载显得很奇特。根据正史记载，老子骑青牛出函谷关西去，在关口碰到了守关的关令尹喜。尹喜请老子留下点儿文字，于是老子挥笔写下了《道德经》五千言，然后离开。[11]

《老子开天经》却对这个事件进行了发挥。在书中，尹喜并没有离开老子，而是跟着他一起去了西方。当他们到达一个叫作印度的地方时，老子让尹喜摇身一变，变成了佛陀，留在印度普度众生。

现代人很容易就能看出这本书是后人编纂的，但在南北朝时期的道士们看来，这本书说的却全是史实。他们用这本书来证明：第一，道教比佛教更早；第二，道教比佛教更高明。

---

11 《史记·老子韩非列传》："老子修道德，其学以自隐无名为务。居周久之，见周之衰，乃遂去。至关，关令尹喜曰：'子将隐矣，强为我著书。'于是老子乃著书上下篇，言道德之意五千余言而去，莫知其所终。"

听了道士的话，僧人立刻反驳说：你又是怎么知道的呢？

道士回答：有一本书叫《老子开天经》，我是根据这本书知道的。

僧人追问：那么，老子又是周代哪个王的哪一年生的？哪个王的哪一年西去的？

道士回答：老子生于周定王三年（公元前604年）乙卯年，出生地是楚国陈郡苦县厉乡曲仁里，九月十四日夜子时生人。到了周简王四年（公元前582年）丁丑年，成了周朝的守藏吏。周简王十三年（公元前573年）迁为太史。到了周敬王元年（公元前519年）庚辰年，那年老子八十五岁，见到周德已衰与散关令尹喜[12]西入化胡。这已经足够详细了。

僧人接着反驳说：佛陀周昭王二十四年四月八日生，周穆王五十二年二月十五日涅槃。在佛陀涅槃后，经过三百四十五年，才到周定王三年，也就是老子的生年。老子活到八十五岁，到了周敬王元年，才和尹喜西行。这时已经距离佛陀涅槃四百二十五年了。[13]老子比佛陀晚生这么多年，怎么还能当上佛陀的师父？

道士反问说：如果佛陀真的生在周昭王时期，又有什么文献做依据呢？

僧人说：《周书异记》《汉法本内传》，这两本书里都有记载。

需要说明的是，这两本书也是后人伪造的，就如同道士们把《老子开天经》当成史实一样，僧人们把《周书异记》《汉法本内传》也当成史实使用。

---

12 原文如此。大部分文献记载尹喜是函谷关令。

13 原文如此。这里没有纠正原文的计算错误，也无法根据僧人的说法还原佛陀的生卒年月。

在辩论中，僧人的气势压住了道士。于是道士试图把话题引向孔子和佛陀的比较，试图拉拢儒教阵营一同反驳佛教，但被及时制止了。皇帝的大臣宣布，道士姜斌观点散漫，没有宗旨，辩论失利。

辩论末了，皇帝又追问了道士一句：你说的那本《老子开天经》从哪里得来的？是谁说的？

道士只好和中书侍郎魏收、尚书郎祖莹等人，一同去取经书。取来后，皇帝分发给一百七十多个大臣，一同阅读。读完后，众人认定，老子只写过五千字的《老子》(《道德经》)，没有听说过这本书，认定它是伪造的。

皇帝气得要把道士判处死刑，被其他的僧人劝说着没有杀，而是流放到偏远的马邑(现山西朔州)才作罢。

这次争论以佛教的胜出而告终。现代人感兴趣的不是辩论题目本身，而是辩论的过程。这次辩论代表着当时考据学的较高水平，却又有无数的缺陷。双方旁征博引，详细计算，值得肯定。但他们引用的经文都是伪造的，不仅《老子开天经》不是老子所作，就连僧人引的《周书异记》《汉法本内传》，也不知是何许人写的伪书。佛教之所以胜出，只是因为此时的皇帝更喜欢佛教一些，才做出了这样的选择。

这次争论也将数百年佛、道大辩论的主题说得明明白白。在未来几百年里，中国还会发生多次大规模论战，而每一次的主题都围绕着老子的身份展开。道教认为，佛教是老子西行之后创立的，把佛教当作道教的一个支派，而佛教则坚决否认这一点。

遥想佛教刚进入中国时，为了人们便于理解，不断地往道家的概念上靠，现在羽翼丰满后则极力否认与道教的联系，只能感慨世事变幻。

关于老子化胡的起源，最早出现在《后汉书·郎𫖮襄楷列传》汉桓帝时期的大臣襄楷的奏章当中，提到"或言老子入夷狄为浮屠"。这个时候出此传言，可能由于人们对佛教的不理解，也可能是佛教故意附会让人容易理解。西晋时期，国子监祭酒王浮和僧人辩论时，写下了一部《老子化胡经》。[14] 此时佛教徒已经明确不同意老子化胡的说法，双方的实力对比发生了变化。

除了这部《老子化胡经》之外，流传到现在的材料，还有前面辩论中提到的《老子开天经》。另外，北周时期的前司隶、母极县开国伯甄鸾也曾经写过一部《笑道论》，《广弘明集》中说《笑道论》专门嘲笑道教理论，其中引用了许多道教的书籍片段，比如《太上道君造立天地》等。

在甘肃平凉崆峒山的老君楼，至今保存着一组著名的壁画，称为《老子八十一化图》，也是描写老子的诸般变化。

不过，流传到现在的《老子开天经》可能不是当年佛道大辩论时用到的版本，其中并没有关于老子化胡的记载。这本书写的是道教综合了所有神话之后，设计的一个宇宙生成过程，既带着一点儿玄学色彩，又有佛教特点。

根据书中记载，最初天地之间是一片浩荡，没有形状，没有天地阴阳日月东西，只有一片无以名状的广阔。而此刻的老子是没有形状没有言语的，很难说他是人。这和西方哲学中后来的上帝形象很相似，西方

---

14 《出三藏记集·卷十五·法祖法师传》："昔祖平素之日，与（王）浮每争邪正，浮屡屈。既意不自忍，乃作老子化胡经以诬谤佛法。"

的哲学家们慢慢地抛弃了上帝是人形的看法，把他当作一种无处不在的意志。而这里的老子也是类似的。

在这片浩荡之中，产生了所谓的"洪元"，又经过了一万个"劫数"（这是个佛教用语），才产生了"混元"，又经过了万劫百成（百成是八十一万年），到了"太初"。

"太初"时，老子也成形了，从虚空中降落下来，带来了一部《开天经》，经文四十八万卷，每卷四十八万字，每个字方圆一百里。"太初"在经文的作用下，分开了天地，产生了日月、人类。之后到了"太始"。不再具体叙述要经过多少年，从"太始"开始，又经历了"太素""混沌""九宫""元皇""天皇""地皇""人皇"，之后开始了各位圣人的统治，而老子都在其中起到了最重要的作用。

《老子开天经》写到夏商周就结束了，没有继续写老子如何去西方变佛。而接下来的任务，交给了《老子化胡经》。

王浮的《老子化胡经》虚构了老子出函谷关之后的行程：第一，他到了于阗国的毗摩城，在这里招来了一堆仙人，又度化了八十多个国家的国王，教导他们杀生太多，要修道赎罪。由于这些人不洗澡，身体腥臊，于是又命令他们剃头。[15] 第二，他到了摩揭陀，立浮屠教，然后回中原，去扶桑（日本）。第三，派遣尹喜托生于印度，成为佛陀。

---

15 《老子化胡经·序说》："尔时老君告诸国王：汝等心毒，好行杀害，唯食血肉，断众生命。我今为汝说《夜叉经》，令汝断肉，专食麦莎，勿为屠煞，不能断者，以自死肉。胡人狠戾，不识亲睐，唯好贪淫，一无恩义。须发拳鞠，梳洗至难，性既膻腥，体多垢秽，使其修道，烦恼行人。是故普令剔除须发，随汝本俗而衣毡裘。教汝小道，令渐修学，兼持禁戒，稍习慈悲，每月十五日，常须忏悔。"

而在甘肃崆峒山发现的《老子八十一化图》虽然出自明朝,但也详细叙述了老子的化胡经历。在他的八十一次变化中,从第二十七个变化开始,老子就进入了西方世界。第二十七化是进入罽宾,也就是现在的克什米尔地区(大乘佛教发源地),度化了那里的国王和王子,并说了《莲华经》《光明经》《涅槃经》《四十二章经》等。第三十四化则明确提出,老子让尹喜当佛,去度化克什米尔人。之后,老子开始降伏九十六种邪道,并在各个西域国家游荡显神。第四十一化到了天竺,也就是印度,给各个国王传授佛教戒律。第四十五化则说老子又托生于天竺的迦毗罗卫国摩耶夫人腹内,成了净梵王子,继续度化众生。从第四十七化开始,又回到了中原来点化孔子。由于八十一化图是明朝画的,后面的诸般变化,一直说到了宋朝,才告结束。但从前面这些变化,可以明确地看到当时的道教是如何穿凿附会,把佛教说成了道教的分支。

佛道大斗嘴

自从有了《老子化胡经》之后,佛道之间的辩论就再也没有断过。上节提到的北魏孝明帝时期的辩论可以被看作第一次。到了继承北魏政权的北齐,出现了第二次。

这一次辩论记在了唐朝僧人道宣所写的《集古今佛道论衡》里。这本书记载了东汉明帝到唐高宗时期的佛道辩论事件,有的是虚构的,有的是真实的。

在北齐文宣帝天保六年(公元555年),据《集古今佛道论衡·卷甲》记载,同样是皇帝召来了佛道的代表进行辩论。书里将这次辩论神化成了法术的大比拼，但实际上，可能仍然是义理的比较，最终佛教胜出，皇帝让道士削发为僧。

而更重要的辩论出现在北周时期。北周武帝是位雄才大略的君主，他是鲜卑人，却一心用儒术治国，对佛教充满了警惕心，这也使得佛、道之间的实力对比发生了变化。

据《广弘明集》记载，北周武帝最初试图利用儒教，并相信汉朝儒教的谶纬，被道士张宾迷惑后，决定亲近道教、远离佛教，甚至穿上了道士的衣服，而另一个人卫元嵩则怂恿北周武帝建立一套以皇帝为中心、集成三教的新宗教体系，叫作平延寺。[16]

北周武帝天和四年（公元569年），北周武帝召集了名僧、儒者、道士以及百官两千多人。这次讨论的目的，是给三个宗教排定座次，他心目中的座次是：道教第一，儒教第二，佛教第三。

他这样排的理由是：根据《老子开天经》等道教经文的叙述，道教在天地产生之前的混沌状态时就已经有了；而儒教则产生于周代，而且儒教是治国的宗教；至于佛教，根据《老子化胡经》的叙述，则是老子的小跟班尹喜创立的，所以更晚，进入中国的时间更是在汉朝。

讨论到后来，北周武帝再次改变主意，想直接废除佛教，但后来没有做结论。随后，他命令大臣甄鸾写一篇命题作文，讨论佛、道二教的

---

16 《广弘明集》："夫平延寺者。无选道俗罔择亲疏。爱润黎元等无持毁。以城隍为寺塔。即周主是如来。用郭邑作僧坊。和夫妻为圣众。勤用蚕以充户课。供政课以报国恩。推令德作三纲。遵耆老为上座。选仁智充执事。求勇略作法师。行十善以伏未宁。示无贪以断偷劫。于是衣寒露养孤生匹鳏夫配寡妇。矜老病免贫穷。赏忠孝之门。代凶逆之党。进清简之士。退诣佞之臣使。六合无怨纣之声。八荒有歌周之咏。飞沈安其巢穴。水陆任其长生。"

优劣，他没有想到，认真的甄鸾竟然洋洋洒洒写了三卷书呈了上来，这就是有名的《笑道论》。

《笑道论》直接针对皇帝的说法，对道教进行了三十六条批驳。皇帝大惊，他的本意是取消佛教，没想到大臣却和他对着干，于是召集群臣讨论，给甄鸾扣上了"伤蠹道法"的帽子。而这时，另一位僧人道安又上了一本《二教论》[17]，继续批驳道教。武帝最后无奈，只好暂时搁置了这个议题。

《笑道论》基本上可以代表佛、道大辩论的最高水平，作者利用道教文献，再加上逻辑的力量，指出道教文献本身就有着太多的逻辑错误，前后矛盾之处甚多，可以看成是伪造的。这也看出佛教和道教的区别：道教天马行空，逻辑性较弱，其文献也显得支离破碎，更多是以文学作品的形式出现；而佛教内部文献则早已接近学术论文的水平，虽然逻辑没有发展出三段论这样确定的形式，但已是中国古代逻辑的巅峰。

《笑道论》分成三卷三十六条，批判了道教的三十六个论点。按照作者的说法，《笑道论》是嘲笑道教经典号称三洞[18]，而当时的道教经典号称三十六部。

这三十六条又可以主要概括为以下五点。[19]

第一，道教书籍中的记载互相矛盾。比如所谓"造立天地"，道教经典中的记载就是矛盾的，在《太上老君造立天地》中声称老子的身体

---

17 《二教论》和《笑道论》全文分别见《广弘明集》卷八和卷九。
18 《道门大论》："三洞者，洞言通也。通玄达妙，其统有三，故云三洞。第一洞真，第二洞玄，第三洞神。"
19 此处总结参考任继愈《中国哲学发展史·魏晋南北朝卷》。

变成了日月山川,[20] 可是其他书（比如《老子开天经》）又说天地是从混沌中诞生的。

第二，书中的记载违背了历史常识。比如"老子以上皇元年丁卯下为周师，无极元年癸丑去周度关"这样的记载，而年号实际上是汉武帝时期才有的，在周代就编造年号，显然不符合历史。

第三，关于老子化胡的说法混乱不堪。一会儿说老子化成佛陀，一会儿说老子的跟班尹喜化成佛陀。甄鸾总结了各类书中共五种说法，每一种都不同：尹喜化佛是一种；老子化佛又有两种，一种是在克什米尔成佛，另一种是说在"维卫"这个地方化佛，也叫释迦；第四种是说老子的老婆号称释迦；最后一种是说老子度化了印度王子悉达多，号称释迦。到底哪个是真的，人们无从知晓。

第四，道教经典中有许多荒唐污秽的道术，还在房中术上大做文章，这在当时的佛教徒看来是不可思议的。

第五，道教经典原创性不足，借用了很多佛经的内容。比如《妙真偈》和《灵宝经》借用《法华经》的内容。

这次辩论没有胜负结果，但是从理论上，佛教一直保持着对道教的优势。

除了北周的理论辩论之外，佛道的辩论一直持续到了元朝。由于明朝是铁板的儒教治国，清朝又明确了藏传佛教的地位，其余佛教流派，以及道教处于在野地位，纷纷到民间吸引普罗大众去了，也就没有必要

---

[20]《笑道论》："老子遂变形。左目为日，右目为月，头为昆山，发为星宿，骨为龙，肉为狩，肠为蛇，腹为海，指为五岳，毛为草木，心为华盖，乃至两肾合为真要父母。"

为了争夺高层资源而辩论了。

隋朝时，隋文帝也发现了老子化胡的塑像，觉得很奇怪，召集了一次佛道辩论，辩论的题目仍然是老子化胡问题。隋炀帝时期，佛道继续辩论，到了唐朝高宗、玄宗、德宗时期，也都有辩论。

可以说，老子化胡问题只是中国文人的戏谑之作，等于吵不过就编一些盘外招，却意外地引领了千年佛道大辩论的主题。历代统治者出于统治的便利性，利用这个主题挑动双方争论，再给予它们不同的待遇。在一个吃肉的同时，另一个却总是受到不同程度的抑制。为了避免这样的结局，佛、道两家不得不小心翼翼地伺候着皇帝，围绕着皇帝打转。

当然也有例外，比如，北周武帝在挑动了佛、道之间的妒忌心，发动了辩论之后，突然决定哪个也不支持，将两个一块儿干掉……

不屈的僧人

北周武帝建德二年（公元 573 年），北周武帝再次协调三教问题，召集佛、道和官员们探讨三教的排位。此时的皇帝已经想明白，统治还是必须用儒教，这次的排位变成了儒教第一、道教第二、佛教第三。

佛、道两家争吵不已，皇帝也烦了。北周武帝忍无可忍，终于下令，佛、道两家都要禁止。于是经书全部烧毁，佛像砸碎，所有僧人、道士一概还俗，编入户籍成为纳税人，而所有祭祀，只要是儒教经典中没有记载的，一概废除。

这就是历史上的第二次灭佛，或者称为"法难"。

北周武帝灭佛与当初的北魏太武帝灭佛不同，太武帝对不听话的僧人进行武力消灭，而北周武帝却没有消灭僧人，只是强迫僧人还俗。北周武帝的措施之所以更缓和，得益于北魏孝文帝时期的改革措施。

孝文帝（和他的祖母冯太后）改革，我们一般称之为"汉化改革"，这样的提法偏离了重点。他改革的实质，是建立一套社会控制体系。北魏皇室是从游牧部落发展而来的，而北方经过多年的战乱，也早已经社会失序，基层结构都乱了套。所以，孝文帝和冯太后就是要把这个失序的社会重新组织化。他们建立了完整的官员俸禄制度，重新分配土地，建立完整的户籍制度和纳税体系。当这些改革完成后，皇帝就已经对社会的人口和资源都有了详细了解。北周后来继承了北魏的社会结构。

在北魏太武帝时，皇帝对社会基层控制力弱，即便想让僧人还俗，但是由于对基层不清楚，僧人们阳奉阴违，白天还俗，晚上就逃走了，继续跑到皇帝管不到的地方当僧人。至于全国僧人的户籍，皇帝也查不清楚。所以要灭佛只能采取激进的措施，用武力把反抗者吓服。

而北周武帝时期，皇帝已经有了僧人的户籍信息，哪里有多少僧人一目了然。皇帝把僧人还俗安排到地方后，地方的县长、里长可以把他们看住，还给他们分配土地，这样僧人就跑不掉了。

所以，两次灭佛的不同，反映了皇权对于社会控制力的加强。

武帝灭佛之初，北方还没有统一，西部的陕西地区掌握在北周手中，而东部的中原地区则掌握在北齐手中。几年后的北周武帝建德六年（公元577年），北周武帝攻入北齐都城邺城，完成了对北方的统一，于是，灭佛的措施也推进到了北齐的疆域之内。

进入邺城后，皇帝召集北齐的僧人前往邺城，向他们宣布废除佛教。

皇帝的诏书包括了几层意思：第一，原本要三教皆废，但考虑到儒教是治国之道，所以保留，但废除其余两教；第二，真正的佛是没有形象的，佛像、佛寺和佛塔，费钱无数，却无助于信仰，予以铲除；第三，僧人不尽孝道，国法不容，还俗回家。[21]

皇帝本来以为，他只需把僧人召集起来宣布诏令，就足够了，却没有想到，他突然间遭遇了中国历史上最大胆的僧人的攻击。这也成了佛教精神不屈的一个标志性事件。

在所有被召集的僧人中，有一位叫慧远的僧人。当别人都默不作声时，他突然站起来开始反驳皇帝。针对皇帝诏书里说的"真正的佛是没有形象的，所以要铲除佛像"，慧远认为：真佛虽然没有形象，可是普罗大众要靠佛像来维持对佛的崇敬，毁掉之后，大众会不习惯。

他举了一个非常的例子来说明问题：如果形象是不需要的，那么国家为什么还要有七庙，里面不也塑有三皇五帝，以及皇帝祖先的雕像吗？

皇帝铁了心废除佛像，竟然说：七庙是上代所立，也不是我想要立的，我也认为这不好，干脆一块儿废除。另外，皇帝认为，佛经是外国之法，中国不需要它。

慧远又打了个巧妙的比方：在春秋战国时期，孔子所在的鲁国对于秦国、晋国来说，也是外国，是不是说，孔子的儒家就不应该在秦国和

---

21 《广弘明集》："朕受天命，宁一区宇。世弘三教，其风逾远，考定至理，多愆陶化，今并废之。然其六经儒教文弘政术，礼义忠孝于世有宜，故须存立。且自真佛无像，遥敬表心，佛经广叹，崇建图塔，壮丽修造，致福极多，此实无情，何能恩惠，愚人向信，倾竭珍财，徒为引费，故须除荡。故凡是经像皆毁灭之。父母恩重沙门不敬，悖逆之甚国法不容，并退还家用崇孝治。朕意如此，诸大德谓理何如？"

晋国通行呢？至于皇帝要废除七庙，就是不尊重祖先，不尊重祖先就是昭穆失序，昭穆失序导致五经无用，皇帝一会儿要尊崇儒教，一会儿又要废除儒教的根本，这是不是也是矛盾的？如果儒道释三教都不要了，又如何治理国家？

皇帝反驳说：鲁国和秦国、晋国虽然是不同国家，可是都属于华夏（王者一化）之地。

慧远说：鲁国和秦晋都属于华夏之地，那么中国和印度还都在四海之内，轮王一化之地呢！

皇帝无语。

慧远接着批驳皇帝逼迫僧侣还俗，他列举儒教提到的"立身行道以显父母"，这也是孝道。意思是说，僧人不见得非要回家伺候父母才叫孝顺，在外行道，为父母挣名，也叫孝顺。

皇帝认为：父母如此恩重，如果抛弃父母，远离父母，就算是孝顺，也不是至孝。

慧远立刻又抓住了皇帝的把柄，反驳说：如果远离父母就不是至孝，那么，陛下的左右大臣们为了给陛下当官，都必须远离父母。为什么陛下不放你的大臣都回家，而是要让他们跟着你至少五年见不到父母呢？

皇帝说：我也是轮番派他们回家伺候。

慧远说：佛教也让僧人们在冬夏修道，春秋回家伺候父母。

皇帝又无语了。

慧远接下来的话成为中国历代皇帝能够听到的最大胆的话。他声称：皇帝依靠武力破除佛教三宝，就是"邪见人"，而邪见人是要下地狱的，在阿鼻地狱里，没有贫富贵贱之分，皇帝难道不害怕吗？

慧远的诅咒让皇帝勃然大怒，他直视着慧远，说道：如果百姓幸福，那么我宁肯下地狱。

慧远说：陛下你以邪法引导人，是在种苦业，凡是听从你的人，都会跟着下地狱，还有什么幸福可言！

令人意想不到的是，慧远说了这些话，竟然还能平安无事地从宫中出来。皇帝没有对他下手，只是命令众僧先回去，把参加辩论者的姓名留下。不过最后他也没有处理慧远僧人。

皇帝虽然表现出了大度，却并没有停止灭佛。在北齐，佛教原本比北周要兴盛，但在北周武帝的政策下，四万座佛寺要么被毁，要么成了王公贵族的府邸。而僧人们还俗的就有三百万之多。至于佛像、佛经被毁的，更是不计其数。

只是这一次灭佛持续的时间也不长，第二年，北周武帝去世了。继任者很快转变了方向，佛教再次兴盛起来，并在隋唐达到了最高峰。

不过，此时的佛教已经与当初的不同了。在最初，佛教是作为一种反叛力量被人们接受的；在南朝，佛教又成了皇帝的座上宾，享受着极大的特权；而到了北朝，随着"道人统""沙门统"等政府机构的出现，僧人们已经被纳入政府的管理之中。他们的数量受政府管控，建设寺庙要批准，经济也仰仗政策上的"僧祇户"，所以越来越低调。如同当年的道教转变一样，佛教也越来越不问世事，专心禅修去了。佛教的发展史就是逐渐被管控起来，到后来，只有在自身利益受到侵犯时，才会偶尔做出反抗。僧人慧远的诅咒，虽然是佛教不屈服的象征，却也成了绝响。

第十三章　隋唐五代：从现代边缘坠落 [1]

唐朝是中国古代历史上思想最开放的朝代，儒、道、释三种宗教都受到政府的重视。

在科举考试中，注重文采的进士科地位远在学习儒教经典的明经科之上，表明唐朝统治者对于经文并不看重，而是更加注重人的实际素质。

唐朝皇帝由于把自己的李姓追溯到了老子，道教受到了优待，甚至在科举中也有道教科目。道教对于唐朝最大的影响在于文学，唐朝文人的想象力大都来自道教的熏陶。

玄奘去印度取经，试图将理论更加完善的唯识宗发扬光大。但中国人并不喜欢印度哲学过于繁复的思辨，反而是更加本土化的三大宗——天台宗、华严宗和禅宗，在唐朝大行其道。玄奘取经是一个重大历史事件，但他的目的最终却没有达到。

唐朝在三教之外，是一个极其重视实际治理能力的朝代。随着王朝

1　本章涉及的时间范围是公元 581—960 年。

制度的复杂化，人们开始将政治当作一种实务学问（科学）予以重视，这种科学精神传给了宋朝。

到了晚唐，人们反思三教竞争带来的思想不统一，以韩愈为首的儒家学者重新推动儒教的回归。这场运动在唐朝没有带来果实，却在宋朝结出了硕果：中国哲学再次回归统一，最活跃的时代过去了。

唐太宗贞观三年（公元629年），一位僧人从长安出发，前往印度取经。这次事件成了中国古代文化中的大事件。

但人们很少知道，这位僧人历经千辛万苦取来的经文，对于中国佛教却并没有很大用处。从历史地位上看，大唐玄奘法师的印度之行是一次重要的文化事件；但是从效果上看，这次西游带回来的成果却是一次完败。

小说《西游记》的作者认为，玄奘西游是为了取得真经，而所谓"真经"就是大乘佛教的教法。按照书里的说法，唐朝流行的仍然是小乘佛教，观世音让玄奘去取经，就是用大乘佛教来替代小乘佛教。[2]

然而，这种说法是错误的，唐朝在玄奘之前，流行的已经是大乘教法。大乘佛教主要包括了般若、唯识、真常三支，[3] 在南北朝时期流行的是般若学，其他两支也有所发展。到了唐朝，真常一支逐渐成了中国的

---

[2] 《西游记·第十二回》："这菩萨近前来，拍着宝台厉声高叫道：'那和尚，你只会谈小乘教法，可会谈大乘么？'玄奘闻言，心中大喜，翻身跳下台来，对菩萨起手道：'老师父，弟子失瞻，多罪。见前的盖众僧人，都讲的是小乘教法，却不知大乘教法如何。'菩萨道：'你这小乘教法，度不得亡者超升，只可浑俗和光而已。我有大乘佛法三藏，能超亡者升天，能度难人脱苦，能修无量寿身，能作无来无去。'"

[3] 更详细情况见本书第十章。

主流学说。

这三支的区别主要是：

般若主要讲"空"，世界的一切，包括佛法都是空的，只有理解了"空"，才能找到通向菩提的道路。

唯识则认为在世界为"空"的前提下，佛法却不能是"空"。佛法既不是"空"，也不是"不空"，而是一种微妙的真实。为了理解佛法，人们需要有独立的意识，这种意识也是微妙的存在。所谓唯识，就是对这种佛法意识的解读。为此，这一支认为，人类一共有八种意识，分别是"眼""耳""鼻""识""身""意""末那""阿赖耶"，其中"阿赖耶"就是和佛法相关的意识。

在印度，主要流行的是般若和唯识两支。而第三支真常虽然也产生于印度，却由于中国人的发挥，主要在东亚流行。所谓"真常"，就是说佛和佛性是真实的存在，不是"空"，这种真实的存在叫真常。

古代中国人之所以继承真常，是因为这一支对佛教进行了大量的简化工作。比如，般若和唯识两支（特别是后者）都认为，修行不是一天两天的事情，必须分成许多等级，从低到高一层一层慢慢来，最后才是佛性。可是古代中国的真常系则认为佛性不需要分级，一次性就可以修成佛性，没有中间等级。更加省事的是，修佛也可以是顿悟的，不需要花许多辈子逐渐领悟，只要人的境界到了，可以立刻成佛。

唯识一支还认为，不是所有的人都能修成佛，有的人的"阿赖耶"本身就是邪的，缺乏佛性，怎么修炼都不可能成佛，这些人被称为"一阐提"，而古代中国的真常系却认为所有的人都有佛性。

到了隋唐时期，真常系成了古代中国的主流，又派生出许多分支，比如，在玄奘之前就开始流行的天台宗就是这样的分支之一。

玄奘秉持的是唯识这一支，更偏重印度原教义，他在学习的过程中发现，即便是唯识，由于中国古代佛经翻译上的问题太多，掩盖了真实的教义。更何况受到真常系的各种"污染"，很难找到一种纯净的理论。他决定到印度去寻找原始经文，将这些污染去掉。这里的"真经"，不是小乘佛教和大乘佛教的对立，而是在大乘佛教内部，古代中国式解读和印度原教义之间的矛盾。

据《大慈恩寺三藏法师传·卷六》记载，为了寻找印度的原始教义，玄奘西行，经过西域进入中亚，过铁门关进入阿富汗，又到达克什米尔，最后进入印度佛教的中心那烂陀寺[4]学习，并在游历了整个印度之后，带回了大量的佛经原文，一共五百二十六策、六百五十七部。

据《大慈恩寺三藏法师传·卷十》记载，回到都城后，玄奘拒绝了唐太宗请他出仕的要求，潜心译经，共翻译佛经七十四部。他翻译的佛经质量上乘，更接近印度的原义。而对于唯识理论，他做了深入的研究，编译成了《成唯识论》。在他的倡导下，唯识宗在唐太宗、唐高宗年间成了主流。

但是玄奘没有想到的是，他下这么大功夫做的事情，在中国佛教理论上却没有留下很深的影响。当他去世后，唯识宗又火了一段时间就迅速冷却下去，反而被从中国发端的几个宗派压倒了。这几个宗派从理论上来说和印度原典相差甚远，却主导了中国的佛教界。

---

[4] 那烂陀寺遗址至今犹存，本书作者访问印度时，参观过遗址内的大规模僧舍。每一个建筑内都有一个小广场，小广场周边是一圈如同格子间的僧舍。一千多年前，其中有一间必定属于那位中国来的和尚。

他高质量的经文翻译也没有起到作用，由于印度佛教的理论性太强，思辨过于复杂，僧人读来读去都放弃了，还是更喜欢在简单的道理上随意发挥。

结果，到了武则天时期，玄奘的一切努力就已经化为泡影。如今的一些人更是不了解他孜孜以求的佛经理论，甚至有人只把他当作一个不务正业的旅行家，如果玄奘在天有灵，会更加沮丧。

为什么他的努力换不来成果呢？

实际上，到了隋唐时期，中国佛教已经和印度佛教脱钩了。如果说魏晋南北朝时期，佛教徒们还是在学习外来文明，那么到了唐朝，他们就已经开始创造自己的经义了。到这时，任何外来的东西都必须经过本土创造，才能被接受，然后转化成为本土理论，再去影响周边的其他文明。玄奘想恢复纯正佛教教义的愿望根本不可能达成，这也注定了他的悲剧。

他或许不明白，一种宗教，或者一种文化，并没有所谓的纯正一说，它们飘到哪里，就开始在哪里生根发芽，产生出独特性。而文化的多样性和独特性，恰好是人类文明最基本的特征之一。

在古代中国历史上，唐朝是最为开放，也是最为自信的朝代，人民既不受制于充满了天人崇拜的汉朝经学，也不拘泥于宋明以后束缚人类思想的理学，而是有充分的空间接受新的事物，发展自己的观点。唐人的天马行空不仅创造了灿烂的文学，也为社会的发展打开了足够的缺口。从魏晋开始，玄学和佛教注入的思辨精神，到了唐朝起到了催化作用，变得百花齐放。而统一之后的稳定又为文人们提供了生存的便利，不再担心会战死或者饿死，他们要么做官，要么发展自己的兴趣。同时，北魏时期建立的一系列政教分离的制度，又保证了三教可以相对和平地共处、共同发展。

唐初由于社会没有恢复，百花齐放还不明显。到了盛唐时期，已经创造了丰富的精神生活，人们可以自由地选择信奉儒教、道教、佛教，也可以将自己融入自然。对于经商感兴趣的人开始发财，而中国人引以为豪的三大发明：印刷（雕版印刷）、指南针、火药，此时期也开始出现或者被大量应用。

从思想开放的角度看，唐朝之所以能创造出这绚烂的一切，和不强调意识形态有极大的联系，这个朝代也最像现代社会模式，或者说，站在了现代社会的边缘。到了宋朝，整个社会生活仍然带着唐朝留下的底子，继续向前发展。但是，唐朝末年出现的意识形态阴影已经开始笼罩在宋人的头上，并产生出了下一次神权政治的重建，让唐朝的现代萌芽没有成为现实，而是坠落回到旧的轨道之中。

作为空壳的儒教

我们常常感慨现在的学生太累，从小学到高中毕业，需要经过十二年的学习，加上大学四年，就是十六年的时光，然后才能参加公务员考试。那么，在科举制度刚刚实行不久的唐朝，一个学生要完成当时的各门学科，需要花费多少时间呢？

答案出人意料：二十年半。

据《新唐书·选举志》记载，唐朝的教材，是唐太宗时期制定的《五经正义》，以及其他儒教经典。那时最高的学问叫通五经，五经皆通，就是最高级的文人。

学生从《孝经》和《论语》学起，每一本书学习一年。这两门课属于"学前班"教材，学通之后，才能继续学习"小学"，当时叫作小经。

小经的教材包括四部，分别是《尚书》《公羊传》《穀梁传》《易经》。前三本书每一本学习一年半，《易经》则要学习两年，加起来一共是六年半。

"小学"毕业后，升入"中学"，学习的课程是中经。中经的教材包括《诗经》《周礼》《仪礼》这三本书。三本书学习的时间是每本书各两年，加起来是六年。六年后，"中学"毕业，升入"大学"。

"大学"学习的课程叫大经。大经的教材只有两本书，分别是《礼记》和《左传》。这两本书，每本各学习三年，加起来一共六年。

"学前班""小学""中学""大学"，加起来一共是二十年半的时光。五经通彻后，参加中央政府组织的考试，也就是科考。录取后授予的就是明经出身了。这个出身，就是进入官僚系统的通行证，虽然暂时还是待业，但过上一两年，或者几年，皇帝就会授予他职位。

当然，人的天资有别，不见得一定要学通所有的经典。于是，唐朝又设立了层次低一些的考试，可以通两经，也可以通三经，当然前途比通五经要差一些。

如果仅仅看到这里，人们会以为，唐朝的科举已经开始束缚人的思想，要求人们花二十多年时光背十一本书，当人们把这些书背下来之后，也就失去了创造力，只适合在一个静止的社会中当一个官僚。一个人很有智慧，却不想背书，难道就被排除在政权之外吗？

且慢，这些人照样有前途。唐朝的科举制度留下了足够的后门，这个后门叫进士科。进士科与前面的明经科不同，对儒经的要求放得很低。它只要求参加考试的人写诗、写赋，或者写策文回答实际的政治问题。同时，再从一部大经中选取一些句子，贴上其中的几句，要求考生填空，只要填对了，就过了。

如果一个人有足够的文采，又对社会实事有独特见解，只要参加并通过这个考试，就可以被授予进士出身，其受到的待遇不仅不低于明经出身，反而还要高一些。之所以高一些，是因为在使用人才的过程中，皇帝发现，进士出身的人更加干练、能做事，反而比那些明经出身的学究更有价值。许多人甚至在考了明经科之后，还要再去考进士科，因为进士科更加有利于仕途。

除了明经、进士这两大学位之外，唐朝还有其他的学位，供那些有专长的人考取。比如秀才科、明法科、书学科、算学科，分别为皇帝提供文学、法律、书法和数学方面的专门人才。后来又设立了史科、开元礼等，提供史学和礼学人才。

到了后期，由于明经、进士考科通过的人太多，人们从录取到授官之间的间隔越来越长，吏部又组织了一些二次考核，比如地位崇高的博学鸿词科，就专门考人的博学和文采，考试内容是诗、赋、论各一篇。唐顺宗时期有一个短暂的改革集团，其中著名人物有刘禹锡和柳宗元，此二人都在贞元九年（公元793年）通过进士科考试，后来又分别通过博学鸿词科考试，进入仕途。[5] 而当时的另一位大家韩愈则没有这么好

5　见《旧唐书·刘禹锡传》和《旧唐书·柳宗元传》。

的命，他考了四次进士才考上，又考了三次博学鸿词科，却全部落榜。[6]考试的艰难催生了韩愈对于唐朝多元制度的不满，开始谋求回归儒教，开启了宋儒的先河。

唐朝通过这样一种多元化的考试机制，提供了多条路径接近中央政府，避免了人才的单一化。

当科目如此众多时，儒教的地位就下降了。

唐朝之所以仍然把儒教经典当作统治的基础，从很大程度上说是历史原因。唐朝继承了隋朝制度，隋朝继承了北周的制度，而北周继承了北魏的制度，北魏建立制度时，认为佛教和道教都无法取代儒教对于社会的管理功能，虽然在皇帝的信仰上已经多元化了，但在社会组织上，仍然采用了儒教的一套。

当北魏制度传递到隋朝后，又加入了科举制，也就是用儒教经典来测试人才的制度。这种制度实际上是汉朝的翻版，汉朝虽然没有明确的科举，但仍然利用儒教经典选拔人才。

到了唐朝，皇帝意识到，儒教可以维系政治结构，但仅仅在儒教内部，很难产生足够的治国人才，于是，选拔的标准多样化了。

这时，儒教反而被边缘化了。需要背二十年书的明经科在唐朝并不

---

[6]《韩昌黎集·答崔立之书》："及来京师，见有举进士者，人多贵之，仆诚乐之，就求其术，或出礼部所试赋、诗、策等以相示，仆以为可无学而能，因诣州县求举。有司者好恶出于其心，四举而后有成，亦未即得仕。闻吏部有以博学宏辞选者，人尤谓之才，且得美仕，就求其术，或出所试文章，亦礼部之类，私怪其故，然犹乐其名，因又诣州府求举，凡二试于吏部，一既得之，而又黜于中书，虽不得仕，人或谓之能焉。退自取所试读之，乃类于俳优者之辞，颜忸怩而心不宁者数月。既已为之，则欲有所成就，《书》所谓耻过作非者也。因复求举，亦无幸焉，乃复自疑，以为所试与得之者不同其程度；及得观之，余亦无甚愧焉。"

受欢迎，人们越来越发现，通过明经科进入仕途并不受重视，反而是通过进士科进入仕途能当大官，这个闸门一开，儒教经典更少人问津。

唐高宗时期开始，进士科基本上不再读古文的儒经，而是阅读当代人的时论，并比拼诗词歌赋，用这些现代的知识取代了古代的死书。在这种风气的带动下，人们对于现世的关注超过了古代，也造就了唐诗的发达。

中国的诗歌在《诗经》中就有发展，到了屈原时期告一段落。从汉朝开始，人们写诗就在古代风格中打转，多少人仿过《离骚》，又有多少人仿过《诗经》，却很少有人敢于用自己的语言来写诗。汉朝的汉赋多是空洞无味，充满了各种古典的词语，但大部分内容都是歌功颂德，即便有一点儿不是歌功颂德，也隐藏在华丽的辞藻中让人看不出来。到了魏晋时期，由于玄学的发展，人们开始学会说自己的话，但从体例上，当时的诗歌仍然过于简单。只有到了唐朝，由于皇帝的科考都更重视当下的学问，鼓励了人们抒发自己的感情，产生了众多朗朗上口的名篇。

但唐朝的皇帝对当代文学内容入考题还不满足，他们还要将一些非儒教的学问加入。唐高宗、唐玄宗时期，都曾经把《老子》加入考试当中，而唐玄宗时期还专门设立了一个科目——道举科，考试的书目是《老子》《庄子》《文子》《列子》。这是道教在整个中国历史中享受的最高待遇。比如，唐肃宗、唐代宗时期的宰相元载就是道举出身。他擅长道家学问，曾经参加过其他科目的考试，但总考不上，这时，恰好唐玄宗设立了道举，他一举考中。[7]

---

[7] 《旧唐书·元载传》："载自幼嗜学，好属文，性敏惠，博览子史，尤学道书。家贫，徒步随乡赋，累上不升第。天宝初，玄宗崇奉道教，下诏求明庄、老、文、列四子之学者。载策入高科，授邠州新平尉。"

在这种多元文化的冲击下，儒教无法做出足够的调整来适应，在唐朝的存续期内，儒教虽然表面上看是统治宗教，实际上却已经被边缘化。唐朝的儒教就这样处于蛰伏状态，直到中晚唐时期才悄然恢复。而佛教和道教却处于强势地位，共同构成了一幕多元文化的大合唱。

表6 唐朝的学校制度[8]

隶属	名　　称	人数	入学资格
中央学校共六种，隶属于国子监	国子学	300	文武三品以上子、孙，或从二品以上曾孙，勋官二品、县公、京官四品带三品勋封之子
	太学	500	五品以上子、孙，职事官五品期亲，或三品曾孙，勋官三品以上有封之子
	四门学	1 300	勋官三品以上无封、四品有封及文武七品以上之子，共500人
			庶人之俊异者，共800人
	律学	50	八品以下子及庶人之通其学者
	书学	30	
	算学	30	
特殊机构附校共两种	弘文馆，隶属于门下省	30	皇缌麻以上亲，皇太后、皇后大功以上亲，宰相及散官一品、功臣身食实封者、京官职事从三品、中书黄门侍郎之子
	崇文馆，隶属于东宫	20	
地方学校，隶属于州县	京都	80	由州县长官决定，长史主持
	大都督、中都督府、上州	60	
	下都督府、中州、京县	50	
	下州、上县	40	
	中县、中下县	35	
	下县	20	

8　材料来自《新唐书·选举志》。

表7 唐朝学校学习儒教经典的要求[9]

科目	内　容	学习时间
通二经	大经、小经各一，或者中经二	《孝经》《论语》各一年，《尚书》《公羊传》《穀梁传》各一年半，《易经》《诗经》《周礼》《仪礼》各二年，《礼记》《左传》各三年。共二十年半
通三经	大经、中经、小经各一	
通五经	大经皆通，余经各一，《孝经》《论语》皆兼通	
书学	日纸一幅，间习时务策，读《国语》《说文》《字林》《三苍》《尔雅》	石经三体三年，《说文》二年，《字林》一年。共六年
算学	《孙子》《五曹》《九章》《海岛》《张丘建》《夏侯阳》《周髀》《五经算》《缀术》《缉古》《记遗》《三等数》	《孙子》《五曹》共一年，《九章》《海岛》共三年，《张丘建》《夏侯阳》各一年，《周髀》《五经算》共一年，《缀术》四年，《缉古》三年，《记遗》《三等数》皆兼习。共十四年

表8 唐朝科举考试内容[10]

科　目	内　容	考取标准
进士	时务策五道，以一部"大经"为题的帖文若干	经、策全通为甲第；策通四、帖过四以上为乙第。（两者都算及第）
秀才	方略策五道	根据文理的通粗程度打分九等，上上、上中、上下、中上这四等为及第
明经	先帖文，然后口试，经问大义十条，答时务策三道	根据文理的通粗程度打分九等，上上、上中、上下、中上这四等为及第

9　材料来自《新唐书·选举志》。
10　材料来自《新唐书·选举志》。

（续表）

科　目	内　容	考取标准
开元礼	大义百条、策三道	通大义百条、策三道者，超资与官。义通七十、策通二者，及第。散、试官员参加考试能够及第的，录为正式官员
（春秋）三传	《左传》问大义五十条，《公羊传》《穀梁传》三十条，策皆三道	义通七以上、策通二以上为及第。及第后，没有出身的视同五经及第，有出身和有资历的官员，视同学究一经
史科	《史记》《汉书》《后汉书》《三国志》，每史问大义百条、策三道	义通七、策通二以上为及第。能通一史的，没有出身的视同五经、三传，有出身和有资历的官员，视为学究一经。三史皆通，给予奖励
明法	试律七条、令三条	全通为甲第，通八为乙第（两者都算及第）
书学	先口试通过，再笔试《说文》《字林》二十条	通十八条为及第
算学	录大义本条为问答，明数造术，详明术理，通过第一关。再考《九章》三条，《海岛》《孙子》《五曹》《张丘建》《夏侯阳》《周髀》《五经算》各一条，十通六，《记遗》《三等数》帖读十得九，为及第	
	考《缀术》《缉古》，录大义问答，明数造术，详明术理，无注者合数造术，不失义理，通过第一关。《缀术》七条，《缉古》三条，十通六，《记遗》《三等数》帖读十得九，为及第	
童子	十岁以下，以五经和《孝经》《论语》为题，背诵其中文章十篇	通一经和《孝经》《论语》的，予官；七书皆通，予出身
弘文、崇文馆生	试一大经、一小经，或二中经，或《史记》，前、后《汉书》，《三国志》各一，或时务策五道	经史皆试策十道，经通六，史及时务策通三，皆帖《孝经》《论语》共十条通六，为及第。

北传佛教的兴盛

在玄奘对佛经真义孜孜以求时，中国的佛教徒们却已经抛弃了印度过于烦琐的教义，发展出更加简洁的理论，也更便于普通信徒理解。

这套教义的根本点和我们现在的北传佛教已经很相似，具体如下。

第一，世间万物都是苦，要想摆脱这种苦难，必须理解世间万物都是空的，理解了空，就可以悟道成佛。作为对比，印度佛教普遍认同万物皆空，但是到底佛法是不是空的，却有很大争议。北传佛教根本就没有思辨到要考虑"佛法是不是空"这样的问题，一句"万物皆空"就将一切争论都掩盖了。

第二，人们修行不再是为了修解脱道，世界上只有一种大法，修的是"佛"，即菩提道。所有的人都有佛性，修道就是打开佛性的过程。印度佛教则认为有的人修不成佛，北传佛教则给了所有人希望。

第三，打开佛性可以是一种顿悟，只要悟了，就直通佛性。印度佛教是分等级的，需要用很多辈子去逐渐升级，最后达到佛性。

北传佛教基本上都是在这三点共识之上发挥，这三点共识很符合中国人的传统观念。玄奘想恢复印度佛教烦琐复杂的教义，最终却败给了这三点共识。

唐朝以来，佛教在这三点共识之上又产生了三大宗派，这三大宗派分别是：天台宗、华严宗和禅宗。它们的区别，主要在于对世界的解释不同。现在人们将世界划分成宇宙、星系、太阳、地球、生物圈、人，然后进入人的思想，对人类认识世界的过程进行剖析。但佛教对世界的解释却是另一种模样，并且每一个宗派都有所区别。

天台宗出现最早，还带着南北朝时期般若学的痕迹。它发源于南朝陈、隋时期的僧人智𫖮，尊崇的佛经是《大涅槃经》和《法华经》。天台宗对世界的认识隐藏在智𫖮最流行的理论之中，这个理论叫"一念三千，百界千如"。

要将其解释清楚，我们必须从包含一切法的十个"如是"来说，所谓十个如是，指的是人们心中对于世界认识的各个方面。由于佛教不承认客观世界，所以对世界的认识也是从主观出发的：如是性（本性）、如是相（表象）、如是体（实体）、如是力（功能）、如是作（活动）、如是因（主要先在条件）、如是缘（辅助性先在条件）、如是果（直接后果）、如是报（间接后果）、如是本末究竟等（以上全体过程）。

另外，它将带有自我主体意识的生物（自我境界或生命之等级）分成十个界，分别是：四圣（佛、菩萨、缘觉、声闻）和六凡（天、人、阿修罗、畜生、地狱、恶鬼）。

这十个界的每一界又有通向其他界的道路，所以十界就成了百界，而每一界都有十如（十个如是），这就构成了"百界千如"。"百界千如"可以理解为整个世界的多层次和多样。

而"一念三千"的"三千"，就是在千如的基础之上，再加上三世间（众生世间、国土世间、五阴世间）构成。"一念"是指人的一念之间，即一念之间就可以穿透三千如的厚度，人的一念可以到达任何地方，也可以参透任何机缘。

从这个概念讲，人要理解佛法，是非常迅速，也非常全面的。而天台宗就以这些概念为基础向外扩展，将这种对世界的认识传承下去，形成了庞大的教门，构成了中国本土化的第一个佛教派别。

在武则天之前，天台宗和玄奘建立的法相唯识宗是主流。但在武则天时期，情况出现了变化。天台宗和法相唯识宗的信奉者大都出自士族大家，这些人和李氏一起反对武后，于是，武后开始培养自己的势力，扶持了两个小门派取代了天台宗和法相唯识宗的地位。这两个新的门派是华严宗和禅宗。

华严宗与天台宗一样，也属于真常一系，都主张佛性和顿悟。它们的教义有很多相似之处，在来源上却有所不同。天台宗是从般若一支发展而来，加入了真常的教义。而华严宗则是从唯识一系的地论宗发展而来的。

地论宗（属于唯识一系）认为，人类要想取得佛性，需要打开第八识阿赖耶来找到佛性。而华严宗则把这个观念发展成法界的观念，认为佛性就存在于法界，而法界又分成了四个，分别是事法界、理法界、理事无碍法界、事事无碍法界，分别对应于现象、规律、现象与规律的关系、现象与现象的作用。从这儿再发挥开去，继续探讨。

华严宗还把世界上的佛教分成了所谓五教十宗。其中，五教指的是佛教发展的五个阶段，分别是小乘教、大乘始教（主要包括大乘中观和唯识）、大乘终教（主要包括真常，也就是主张一切众生都可成佛的一系）、顿教（主张人们不需要分阶修行，而可以立地成佛的一系）、圆教（专指华严宗，认为它是圆融包容所有内容的一系）。十宗指的是：我法俱有宗、法有我无宗、法无去来宗、现通假实宗、俗妄真实宗、诸法但明宗、一切法皆空宗、真德不空宗、相想俱绝宗、圆明具德宗。

在北传佛教三宗之中，历史上最成功的非禅宗莫属。对于印度原始佛教来说，禅宗是最不可理解的一宗。

禅宗和佛教其他支派的关系，就好像是《论语》和五经的关系。最初，儒教是靠五经立论，也就是《诗经》《尚书》《礼》《易经》《春秋》来阐明儒教的内容，孔子的最大功劳就是整理了五经，形成了儒家的教义。而《论语》则只是他的一个语录，在汉朝的儒教徒看来，《论语》并不算经典，只是一种日常的小品文而已。但到了宋朝，《论语》的地位逐渐超过了五经，人们宁肯看小品文，也不再看五经了。

佛教的经典更是汗牛充栋，人们无论怎么研究也研究不完，可是禅宗竟然把几乎所有的经典都抛弃掉了，把六祖慧能的《坛经》奉为经典。实际上，《坛经》就像《论语》一样，只不过是一本语录摘抄而已，没有统一的观点，只是一种语言的集合体。

至于《坛经》的教义，也是最简单的。它比起其他宗派，更看重禅定的作用，也就是打坐进入无我的状态，认为通过禅定，就可以达到佛性。在佛教中，讲究"定慧双修"，也就是禅定和经义同时修炼。禅宗却认为，禅定和经义其实是一回事，它们是等同的，通过一种修炼，就可以达到佛性，所谓"定慧无二"。

到了唐朝后期，禅宗发展迅速，之后穿越了历次改朝换代的灾难，一直长盛不衰，其中最主要的原因就在于其简单性。别的宗需要大量的预备知识才能听懂，可是禅宗的道理一说谁都明白。

由于汉儒们制定了一套不需要思辨的宗教体系，所以，禅宗也将思辨的地方尽量去除，将禅宗又退回到如同玄学一样，只依靠少数概念就能运转的体系之中。事实证明，这种做法是非常有效的。

向老子认亲的王朝

在对待道教和佛教的关系时，唐朝还有一点儿特殊性。唐朝的皇帝一直认为自己是老子的后代，他们在佛道二者之间是有偏向的。在隋朝，佛教的地位比道教更高，隋文帝即位不久，就下令人们可以自由出家，并推动佛经的传播，使得民间佛经的数量大幅增加。[11] 虽然皇帝并没有冷落道教，但对佛教的关注更多一些。

到了唐朝，由于和道教有了"亲戚"关系，皇帝们的天平开始偏向道教。在唐高祖时期，订立的次序竟然是道教最先，其次是儒教，最后才是佛教。[12]

唐太宗时期，儒教虽然用处不大，不受民间重视，但仍然是中央王朝的理论基础，排在最优先的位置。而在道教和佛教争论的问题上，皇帝依然偏向道教，下令在皇家仪式上，道士走在僧尼前面，在列名时道士也要在僧人之前。[13]

唐太宗的诏书引起僧人的大反弹，直到唐太宗以杖责、流放作武器，才击退僧人的进攻。整体而言，皇帝虽然崇道，却并没有压制佛教，还鼓励其发展。玄奘归来后，唐太宗给他建寺翻译佛经，就是很好的证明。

---

[11] 《隋书·经籍志》："开皇元年，高祖普诏天下；任听出家，仍令计口出钱，营造经像。而京师及并州、相州、洛州等诸大都邑之处，并官写一切经，置于寺内；而又别写，藏于秘阁。天下之人，从风而靡，竞相景慕，民间佛经，多于六经数十百倍。"

[12] 《集古今佛道论衡·卷丙》："天子下诏曰：老教孔教，此土元基，释教后兴，宜崇客礼，今可老先，次孔，末后释宗。"

[13] 《广弘明集·卷二十五》："自今已后斋供行立，至于称谓，道士女官可在僧尼之前，庶敦反本之俗畅于九有，尊祖之风贻诸万叶。"

到了唐高宗时期，为了平息僧道矛盾，皇帝规定二者排名不分先后，集会时一个在东，一个在西，不偏不倚，算是对唐太宗政策的纠正。

然而，到了武则天时期，僧道的地位发生了重大变化。武则天对于唐王室的防范心理，导致她更加偏向佛教，在其统治时期，佛教的地位高于道教。

武则天晚年最受困扰的问题是继承人问题。如果让她的儿子继承王位，那么由于这些儿子姓李，王朝世系就必然回到李唐当中，不再尊奉其娘家武氏；可如果让她姓武的侄子继承王位，这些武氏子弟毕竟又不是亲骨肉。这个矛盾始终困扰女皇，哪个宗教都没有给她提供现实的解决方案。最终，政权重新回到李唐王室手中，道教的地位也再次提升。

虽然道教一直受皇帝推崇，但是道教在理论上的缺陷，却一直没有改善。

在唐朝，道教的神仙体系更加完善，其主神经历了一个从"元始天尊"向"太上老君"转化的过程。

在唐朝之前，道士们认为世界上的最高主神是元始天尊，指的是世界刚刚从无变成有的时候就存在的一个神。这个神出现了之后，才有了混沌，从混沌中又产生了阴阳、天地等事物。[14] 太上老君（也就是老子）

---

14 《道教义枢·序》："夫道者，至虚至寂，甚真甚妙，而虚无不通，寂无不应，于是有元始天尊，应气成象，自寂而动，从真起应，出乎混沌之际，窈冥之中，含养元和，化贷阴阳也。……元始天尊生于太无之先，禀自然之气，冲虚凝远，莫知其极。天地沦坏，劫数终尽，而天尊之体，常存不灭。每至天地初开，或在玉京之上，或在五方净土，授以秘道，谓之开劫度人。……其所度人，皆诸天仙圣，无量上品，有太上老君、天真皇人、五方天地及诸仙官。"

只不过是元始天尊的弟子之一。

当时道教主要的经文是《三洞经》，这些经文缺乏哲学味儿，却充满了神仙、炼丹等内容。作为道家最基本书籍的《老子》只有五千言，不如《三洞经》的体系庞大，受重视的程度下降了。

唐朝建立后，由于李氏皇帝们认为老子是他们的祖先，情况发生了变化。皇帝们推崇老子和《老子》，道士们要向皇帝靠拢，于是《三洞经》就逐渐被替换成《老子》，太上老君的地位也超过了元始天尊。

唐玄宗时期把《老子》列入学官，成了官员们的必读书目。唐玄宗天宝二年（公元743年），还追封老子为皇帝，将道教的地位提升到与儒教相同了。[15]

不过，唐朝官方提倡的道教和传统的道教并不完全一致。官方道教强调信仰，不强调仪式，官方规定官员必须读《老子》，却并不要求官员们住道观、开道场，或者吃长生不老药。官员们对于《老子》的理解，被要求往政治上靠，以求对统治有利，成为统治理论的一部分。

在私下里，道教仍然保持着修炼长生不老的本性，但此时的修炼和魏晋时期的修炼也有了区别。魏晋时期更注重外丹，也就是用金、水银等物质炼出来的仙丹；唐朝受佛教的影响，道士们更强调内丹和服气，也就是通过吐纳、调经脉等方法，就可以达到延年益寿，甚至长生不老的目的。

---

[15]《旧唐书·玄宗纪》："（天宝）二年春正月丙辰，追尊玄元皇帝为大圣祖玄元皇帝，两京崇玄学改为崇玄馆，博士为学士。三月壬子，亲祀玄元庙以册尊号。制追尊圣祖玄元皇帝父周上御史大夫敬曰先天太上皇，母益寿氏号先天太后，仍于谯郡本乡置庙。尊咎繇为德明皇帝。改西京玄元庙为太清宫，东京为太微宫，天下诸郡为紫极宫。"

道教不是一种思维缜密的宗教，但是道教对于仙山和仙境的想象力却可以促进文学的发展。中国最伟大的诗人李白就是一位道教信徒，道教对于仙境的描述化成其诗歌的一部分，影响力一直保持到现代。

唐朝思想的现代萌芽

儒教、佛教、道教共同繁荣，是唐朝哲学的最大特征。人们常常以为，唐朝的哲学不如其他时代发达，但实际上，唐朝的哲学是活的和综合性的，也是最开放的。

人们不会被限制在任何一种宗教或者哲学体系之中，而是拥有着选择权，并在不同程度上被三教同时影响。佛教给了唐朝思辨的武器，道教给了人们想象力，儒教则保持了一定的社会稳定性。

由于每一种宗教都不是独专的，这保证了社会创造力的丰富。实际上，唐朝和宋朝是最接近现代的两个朝代，在这两个朝代里，人们过着世俗的生活，受到的束缚最少，也很少谈论那些所谓的天人合一与谶纬，更少受到各种礼法的约束。文化发达，唐诗达到了高峰。经济也进入了最活跃的时期，创造力十足。同时，官员们也是现代派的，他们很少谈论礼教，在讨论问题时总是从现实出发，寻找一针见血的解决方法。

宋朝之所以现代，主要是唐朝风气的余韵。而唐朝之所以现代，是因为社会开放造成的多方面发展。

在唐初，由于刚刚经过战乱，人们的文化底蕴不够，还没有显出优势。随后，经济恢复和高速发展，带动了政治理论和文学的发展。到了盛唐时期，经济水平已经达到高峰，出现了各种发明，文化则在"安史之乱"前后达到了顶峰。虽然"安史之乱"造成的凋敝使得唐朝的发展戛然而止，但是战乱之后，人们仍然在金融、经济理论领域继续探索。

经过唐末和五代的变乱之后，宋朝继承了唐朝的学术繁荣，在政治理论、经济理论上继续突破，在科学技术上也取得了长足的进步。在某种程度上，可以说宋朝人的生活与现代人几乎没有区别。

唐宋时期的现代性可以从以下几个方面来说明。

第一，中国的四大发明中，有三大发明都是在唐朝出现或者进入实用阶段。除了造纸术发明于东汉，火药、印刷（雕版印刷）、指南针都是在唐朝开始大规模使用，到了宋朝更加完善。特别是雕版印刷技术，由于佛经成了人们日常所需而获得了极大的发展，而火药则又和道教的炼丹有着直接关系。

第二，在政治上，唐宋时期的官僚和现代官僚已经非常接近。我们谈论现代政治时，经常使用的词是"技术官僚"，也就是说，这些官员是政治治理上的技术派，要用理论和模型说话。唐宋时期的官员更接近技术官僚。

我们可以设想一个场景，汉朝、唐宋、明清三个时期的官员向皇帝阐述一个政策，会找什么理由来阐明政策的好处。汉朝官员会说：这个政策是符合上天的旨意的，在某一本谶纬书当中曾经预言过这样的政策。明清的官员会翻出四书五经，证明这个政策是孔子或者周公推崇的，或者符合儒教经典。而唐宋时期的官员则会告诉皇帝，这个政策会产生什么样的效果，养活多少人民，或者带来多少财政收入，他们对于老天爷怎么看，或者孔子怎么说并不感兴趣，感兴趣的只是政策本身。

这种思考问题的方式，是中国古代社会最现代的方式。只可惜宋朝之后的转向，不仅没有保持这种现代性，反而产生了另一次保守主义运动，回归儒教。

第三，唐宋时期已经进化出了较为发达的商业社会，现代的许多商业现象在当时已经出现。最典型的商业现象就是唐代的汇票和宋朝的纸币，这些技术最初都产生于民间，而民间之所以能产生如此先进的技术，是因为金融需要。海关关税也产生于唐宋时期，对于贸易的重视、对于商人的友善，使得唐宋时期的商业理论在全世界都是领先的。

而这些都来自唐宋时期政教分离和宗教竞争的原则，如果这些原则能够继续下去，那么古代中国有希望走入现代，而不是归于千年往复的循环，无法自拔。

回归孔夫子

唐朝最大的问题在于财政结构的失败。隋朝曾经建立了高效征税机器，但这台机器过于高效，将民间经济迅速抽干，导致了隋朝的灭亡。唐朝建立之后，继承了隋朝的政治和经济政策，但是税收机器却一直无法重建，不管唐太宗想了多少办法，唐朝一直无法征收足够的税来养活官僚机构和军队。

到了唐玄宗时期，北方开战，由于财政无法养活军队，唐玄宗只好采取了一个极端的做法：设立节度使，将地方的行政权、收税权、军事权都交给节度使，让他们自己征税征兵，养活军队。[16] 这种做法就把国

---

16 参见本书作者的另一本书《财政密码》。

家军队变成了节度使的私人军队,从而导致"安史之乱"。

"安史之乱"中,唐朝的社会经济遭到极大的破坏,而随后的藩镇割据更是让人扼腕。藩镇们割据一方,不再听从皇帝的号令,对文人的心理也造成了巨大的震动,他们为皇帝的软弱无力感到耻辱。许多人反思为什么会出现这样的灾难,得出的结论却是:唐朝的自由精神破坏了整个王朝的社会结构,使得皇帝丧失了权威。他们认为如果要恢复权威,关键是要恢复儒教的中心地位。到此时,唐朝最自由的阶段过去了,儒教正在悄然重建。

重建儒家精神的代表人物是"唐宋八大家"之首的韩愈。

韩愈虽然出自官宦之家,但从小是孤儿,家境并不富裕。这种条件下,他无力接触当时的名人达士,只能闷头读儒家经典。到了长安之后,受当时风气影响,没有参加明经科考试,而是参加进士科考试,结果第四次才中。接下来为了获得官职,又参加吏部组织的博学鸿词科的考试,更是三次都不中,也是第四次才入围。

这一段经历对韩愈的尊严造成了极大的伤害,由于进士科和博学鸿词科考的都是诗词歌赋,而不是儒家经典,让他感叹这样的考试毫无用处。他看到了考试的缺点,当时人们写文章时为了表现文采,喜欢使用排比句,堆砌辞藻,韩愈认为这样的文章没有价值。[17]

当然,他的看法是失之偏颇的。这就像现代人看待高考和公务员考试一样,虽然有许多科目看上去是没有实用性的,但整体上而言,考试

---

17 《韩昌黎集·答崔立之书》:"夫所谓博学者,岂今之所谓者乎?夫所谓宏辞者,岂今之所谓者乎?诚使古之豪杰之士若屈原、孟轲、司马迁、相如、扬雄之徒进于是选,必知其怀惭,乃不自进而已耳。"

还是能把较为优秀的学生选拔出来。考试是一种相对公平的方式，但不能保证对每一个人绝对公平。

韩愈"跳龙门"成功之后，开始谋求改变社会风气。他提出了一种文学上的运动，叫古文运动。这个运动在唐朝的代表人物是他和柳宗元，持续到宋朝，代表人物是欧阳修、"三苏"、王安石、曾巩，这就是"唐宋八大家"的来历。

所谓古文运动，是希望人们学习夏商周三代和汉朝的方法进行写作。这个提倡看起来很荒谬，比如，汉朝的汉赋是使用排比句最严重的，辞章华丽却空洞无物，是韩愈讨厌的文风的鼻祖。而韩愈提倡的文字却是简洁有力的，主要是为了表达思想，而不是为了堆砌形容词。这样的提倡实际上和近代的白话文运动如出一辙，自然也不是复古式的。

不过，古文运动又可以和文艺复兴进行比较。欧洲的文艺复兴也是打着"复兴古代文化"的旗号，而其实是创造了一种新型文化。

古文运动本身是一场极具影响力的运动，在"唐宋八大家"的提倡之下，人们的文章风气大变，变得更加有逻辑性和可读性，也造就了中国文化从骈文时代到散文时代的过渡。

在唐朝，仅仅从古文运动的成就来讲，另一位与韩愈同时期的人柳宗元的成就可能更高。韩愈的文章总是试图说理，而说的道理以现在的眼光来看有些迂腐；柳宗元却擅长写小品文，比如《黔之驴》《临江之麋》《永某氏之鼠》等，简单短小却字字精辟，代表了中国文字的最大魅力。

韩愈提倡古文运动，还有另一层更重要的意图。他不是为了文学而文学，而是以复古为招牌，希望将佛、道的势力排挤出去，重新树立起儒教的权威，建立以儒教为正统的社会。他之所以提倡"三代"和汉朝的文风，就是希望返回到"三代"和汉朝的儒家传统之中。

所以，当人们接受了他的古文运动之后，也就逐渐接受了回归儒教的理念，社会风气也在逐渐从开放变得封闭。

韩愈对于佛、道的痛恨反映在他自己的文字之中，他曾经说：释迦牟尼和老子的祸害，比起杨朱和墨子当年要大得多。并自诩即使不如孟子贤良，也要尝试以螳臂当车的勇气来阻止佛道对于社会的破坏。[18]

不过，韩愈想恢复的儒家传统并不是汉朝儒教式的。汉朝儒教喜欢谶纬和天人合一，这套理论已经陈旧到不会有人相信了。唐朝人看汉朝的谶纬观念，就像我们现在讨论明清时期的封建迷信一样，不可能有人接受。韩愈必须从儒家经典中选取新的意义，发展出一套新理论，才能回归儒教。这套新理论虽然是反佛、道的，却又从佛、道内部借用了许多东西，只有这样当时的人们才能理解。

他首先提出的是一套道统论。由于佛教总是提法统，也就是佛经的流传世系，韩愈为了对抗法统，提出了自己的"道统"。按照当时的说法，佛教的佛陀比孔子生活时代更早，为了对抗佛陀，韩愈把儒教的道统追溯到尧舜时期，认为尧将儒教知识传给了舜，之后的传承世系是夏禹、商汤、周文王、周武王、周公、孔子、孟子。而孟子之后，道统中断了。[19]这个说法到了宋儒时期更加发扬光大，人们都乐于在这个谱系上加上对

---

18 《韩昌黎集·与孟尚书书》："释老之害过于杨墨，韩愈之贤不及孟子。孟子不能救之于未亡之前，而韩愈乃欲全之于已坏之后。呜呼，某亦不量其力，且见其身之危，莫之救以死也！虽然，使其道由愈以粗传，虽灭死万万无恨！"

19 《韩昌黎集·原道》："尧以是传之舜，舜以是传之禹，禹以是传之汤，汤以是传之文武周公，文武周公传之孔子，孔子传之孟轲。轲之死，不得其传焉。"

自己有利的人名，来显示自己的学问才是真正的道统。

需要注意的是，从韩愈开始，儒家的道统就把孟子加进来。孟子在汉朝并没有受到儒教学者的重视，他们认为他只是诸子之一。而孟子和孔子的学问也是有区别的，孔子最核心的主张是"礼"，靠礼仪调解社会关系，规范人们的行为，把他们固定住。而孟子的核心主张是"仁"，国君只有仁慈地对待百姓，才能获得回报，建立起富强的国家。孔子的"礼"是对所有人的束缚，而孟子的"仁"则更多是对统治者的要求。

孟子地位的提升是逐渐的过程，到唐朝早期，官方的儒教课本里还没有孟子的地位，到了韩愈时期，才正式提出要把孟子算作儒教的道统。

除了孟子之外，韩愈对于从《礼记》中提取的两篇文章很有好感，这两篇文章是《大学》和《中庸》。这两篇文章之所以重要，是因为《大学》之中提出了一整套的修炼理念。修炼本来是佛教的做法，讲究人们通过修炼，如何接近佛性的过程。而韩愈把它借用过来，认为儒教也是一个逐渐修炼的过程，他正好从《大学》之中发现了这个过程：正心、诚意、修身、齐家、治国、平天下。

《中庸》则提出了儒教的最高目标，就是达到不偏不倚的中庸，这一点其实也是和佛教相通的。

针对孟子的性善说，韩愈则提出了"性三品"的概念，认为人性有的善、有的恶，有的人可以引导为善，也可以引导为恶，这就把人分成了上、中、下三品。比如，圣人天生是善的，而大多数人则需要靠教育引导到善的方向上。

这样，汉朝儒教提倡的天人合一和谶纬，就被韩愈替换成了另一套理论，这套理论认为人类的目标不在来生，也不在轮回之外，而是在现世当中,一个人之所以活着,是为了达到中庸的境界,而中庸境界的修炼过程,就是要正心、诚意、修身、齐家、治国、平天下。

皇帝缺钱找佛祖

韩愈除了是个理论家之外,也是个实践家。唐宪宗时期,由于皇帝宠信佛教,韩愈大为不满。唐宪宗元和十四年(公元819年),唐宪宗派人去凤翔迎佛骨,开启又一次崇佛的高峰。道统先生韩愈立刻写了一份《谏迎佛骨表》,极力陈述迎佛骨的荒唐,并提出把佛骨烧掉。[20]这件事惹恼了唐宪宗,要杀掉韩愈,被人劝阻后,将其贬到潮州。

到此时,佛教的力量仍然足够强大。但事实上,佛教的危机已经不远了。

在韩愈死后二十一年,唐武宗会昌五年(公元845年),一场轰轰烈烈的灭佛运动终于展开。

唐武宗是一位虔诚的道教徒,从他登基那一天起,就崇信一位叫赵归真的道士,并向其学习法术。此外,衡山道士刘玄靖、罗浮道士邓元起等人也在武宗的朝廷内当官,传授长生不老之术。在道士们的影响下,唐武宗对佛教的打压层出不穷。在会昌五年(公元845年)之前,所有的行动都是偶发性的,直到这一年,唐武宗决定发动一次全面的运动。

---

[20] 《旧唐书·韩愈传》:"佛本夷狄之人,与中国言语不通,衣服殊制。口不道先王之法言,身不服先王之法行,不知君臣之义、父子之情。假如其身尚在,奉其国命,来朝京师,陛下容而接之,不过宣政一见,礼宾一设,赐衣一袭,卫而出之于境,不令惑于众也。况其身死已久,枯朽之骨,凶秽之余,岂宜以入宫禁!"

四月，唐武宗请管理僧道的祠部先进行调查，查出全国已经有寺庙四千六百座，僧舍（兰若）四万处，僧人尼姑共二十六万零五百人，占全国人口的 0.5% 以上。[21]

到了七月，皇帝正式下达灭佛令。中书门下上奏：请求在每一个大州留一座寺庙，有的寺庙里有先皇先贤的塑像，都可以移入保留的这座寺庙内；至于小州，则不需保留佛寺；在东西两都，每都保留十座寺庙，每座寺庙十个僧人。

皇帝回答：大州如果有建造精美的寺庙，可以考虑保留一座，如果没有，也不用保留。两都可以考虑各保留四所，每所三十名僧人，其中上都长安的左半部保留慈恩寺和荐福寺，右半部保留西明寺和庄严寺。

除了皇帝允许保留的几十所寺庙之外，其余的寺庙都予以毁弃，僧尼全部还俗。

除了佛教之外，当时还有从中亚传来的基督教（景教）和波斯的祆教。这两个教派约有三千名僧人。武宗决定连这两个教派也不保留，三千僧人也一起"转业"。

然而，三个月后，新的麻烦又来了。佛教除了是一种信仰，还是一种慈善机构。在唐朝，佛寺也负责赡养一些老弱病残人士，佛寺关了门之后，这些人没有着落，大部分人在贫病交加下几近死亡，成了人们批评皇帝的把柄。

唐武宗只得再次下令，命令京城和各州的政府拨出一定的土地，利

---

21 唐武宗会昌五年（公元 845 年）户数为四百九十五万户，缺乏口数，但以唐朝人口整体趋势判断，应在五千万左右。

用土地的地租来赡养这些人士,将原本佛教的慈善行为变成公办政策。

唐武宗的灭佛将他列入了"三武一宗"的短名单。但是,与前两个武帝相比,唐武宗的理由却又有不同,与其说他是从政治考虑问题,不如说有更多经济和财政的成分在内。[22]

唐武宗灭佛看中的,不过是以下三样东西。

第一,佛寺的人力资源。每个寺庙里充斥着年轻力壮的僧人,但他们不仅不劳动,还不纳税和服劳役,政府早就想打他们的主意。

第二,佛寺的土地。根据传统,佛寺的土地都是免税的。当政府的征税过于严苛,人们甚至把土地先送给寺庙,再变成寺庙土地的租户,这样得到的收入反而比拥有土地更划算。但政府却因此少了许多收入。

第三,佛寺的铜像。在唐朝后期,缺乏铜币一直是巨大的经济困扰。由于政府垄断经营铸钱业,垄断的弊端一一出现,既缺乏铜也缺乏钱。而佛寺里有大量的铜像可以用来铸钱。

在唐武宗之前,政府已经考虑过对寺庙采取限制的做法。比如,僧人也要服兵役,寺院土地也要纳税,寺院必须用土、石、木头来做塑像,只准在纽扣、饰物上用一点儿铜来装饰。但这些方法受到太多抵制,无法推行。

唐武宗的灭佛运动彻底解决了问题,可谓"硕果累累"。根据他的

---

[22] 我们可以把唐武宗的诏令当作自白书来看。《旧唐书·武宗纪》记载,在诏令中,他详细谈到了对佛教危害的认识:"洎于九州山原,两京城阙,僧徒日广,佛寺日崇。劳人力于土木之功,夺人利于金宝之饰,遗君亲于师资之际,违配偶于戒律之间。坏法害人,无逾此道。且一夫不田,有受其饥者;一妇不蚕,有受其寒者。今天下僧尼,不可胜数,皆待农而食,待蚕而衣。寺宇招提,莫知纪极,皆云构藻饰,僭拟宫居。晋、宋、齐、梁,物力凋瘵,风俗浇诈,莫不由是而致也。"

总结报告，中央政府获得的收入不菲：直接还俗二十六万名僧尼，把他们都变成了两税户，同时，佛寺雇用的十五万名奴婢也被政府变成两税户。另外，政府新增土地数千万顷，而且都是最优质的土地。

至于佛像，没有办法给出具体的估算。但是，当皇帝下令把佛像铸成铜币，政府的铸币机关竟然发现效率太低，根本没有办法把这么多铜像熔化。当大量的铜币涌入市场之后，全国的物价立即出现混乱。唐武宗死后，到了唐宣宗时期，竟然需要把一部分钱币重新铸成铜像，减少货币投放量。[23]

唐宣宗恢复佛教后，并没有将相关的土地资源重新划给佛寺，他获得了唐武宗带来的好处，却避免了"灭佛"的恶名，可谓一举两得。

只是，这一次灭佛的时间不长，唐武宗第二年就遭到了"报应"：他崇信的道士们请他不停地吃丹药，这些丹药的毒性太大，皇帝中毒死了。新登基的唐宣宗随即废除了唐武宗的灭佛措施。那时，由于老皇帝死去，许多僧人又偷偷地回到已经成为废墟的寺庙之中，于是唐宣宗下令，对于僧人回流的现象，政府不得制止。

即便佛教又恢复，却再也没有了当年的辉煌。曾经红极一时的华严宗衰落了，剩下的只有禅宗熬过衰落期，到了宋朝继续辉煌。

在宋朝之前，五代时期的后周世宗柴荣发动了最后一次灭佛行动。后周世宗显德二年（公元955年），周世宗发起行动，这次灭佛行动虽

---

23 《新唐书·食货志四》："及武宗废浮屠法，永平监官李郁彦请以铜像、钟、磬、炉、铎皆归巡院，州县铜益多矣。盐铁使以工有常力，不足以加铸，许诸道观察使皆得置钱坊。淮南节度使李绅请天下以州名铸钱，京师为京钱，大小径寸，如开元通宝，交易禁用旧钱。会宣宗即位，尽黜会昌之政，新钱以字可辨，复铸为像。"

然毁掉了九成的寺庙，但仍然留下了大量的僧人和庙宇，[24]可见佛教信众数目的庞大。

周世宗的灭佛行动并没有表现出残暴，反而显得很有秩序。没有一刀切，每个县都至少可以保留一所寺院。也并非不让人们出家，但是提高了要求，除了得到父母的同意之外，要出家还必须能够背诵足够多的经文。

这样要求的目的仍然是基于经济的。因为此时恰好是接近统一、百废待兴之时，国家需要大量的劳动力，也需要寺院释放出来的土地。灭佛，是拿到这些资源的最简单办法。

两次灭佛之后，佛教在中国历史上的思想引领作用彻底终结。虽然佛教仍然是一个社会因素，但是，僧人们已经被政府控制起来。到了宋朝，政府靠卖僧人的度牒筹钱渡过财政难关已经成了明目张胆的方法。

僧人们也学会了"闷声发大财"，变得越来越庸俗，享受着皇帝恩赐的财产，至于思想，早已经不再是重点。

佛、道的衰落，导致古代中国再次回到儒教主导的轨道上。于是，中央王朝对思想的控制再次成为可能。

---

24 《旧五代史·周书·世宗纪》："是岁，诸道供到帐籍，所存寺院凡二千六百九十四所，废寺院凡三万三百三十六，僧尼系籍者六万一千二百人。"

第四部

叛逆的害人者：重建神权政治

（公元 960—1506 年）

第十四章　复古主义和实用主义[1]

王安石时代对科举制度的改造，为明、清时代的僵化立下第一块基石。唐朝的自由式科举被更加严格和充满了限制的课本式科举取代了。

北宋时期，在政治哲学上最大的两派是复古主义和实用主义。实用主义者崇尚对社会治理有用的实学，强调经济的作用，却由于过于相信政府的力量，采取计划经济的方式而宣告失败。复古主义虽然反对实用主义的计划经济，却对经济一窍不通，总是想回归古代的道德统治和礼法制度。

在两派的夹缝里，温和的折中派包括范仲淹、苏轼等人，前者更加温和的改革以失败告终，后者受到两派的排挤，无法施展政治抱负。

实用主义终结后，宋朝逐渐陷入道学的陷阱。道学对唐朝进行反思，也认定唐朝的问题在于自由太多了，应该更加控制人们的思想。

宋朝也是出版业大发展的时代，皇帝从对出版自由不知所措，到逐渐学会控制，将出版列入政府的监管之下，为其所用。出版业自由的丧失，让古代中国失去发展现代哲学和科学的可能性。

1　本章涉及的时间范围是公元960—1127年。

宋神宗熙宁四年（公元1071年），同中书门下平章事王安石决定对科举制度和教育制度进行一次重大改革。

这次改革发生在熙宁变法之后的第三个年头。两年前，王安石在宋神宗的支持下开始变法，当年推出了均输法、青苗法和农田水利法，第二年又推出了保甲法。然而，新法的实施却遇到重大干扰，当时的大臣们有一多半都在激烈地反对。在王安石党和反对派的争论中，双方互相攻击，反对派把支持派贬为"新党"，而支持派则把反对派称为"旧党"。大量的政治资源都浪费在争吵上，让王安石感觉到，除了变法本身，思想的控制才是更重要的，如果没有一批齐心协力的大臣，改革措施很难推进。而要选拔和自己想法一致的人才，必须从选拔机制上做文章。

在王安石之前的北宋时期，科举制度是直接继承自唐朝，主要考试科目分为进士科和经学科两类。进士科主要考诗赋，测试人们的语文能力；而经学科则主要考人们对五经的背诵能力。但在王安石看来，随着制度惰性的加强，这两种考试都变了味，无法找到合格的人才——进士科选出来的人只会用一些浮艳的词句来获得世俗的欢心；而经学科则只会背诵经文，却并不理解其中的义理。[2]

要想选拔真正的人才，必须进行两方面的改革：第一是政府的科举制度，第二是学校的教育制度。

---

2 《临川先生文集·卷六九·取材》："所谓文吏者，不徒苟尚文辞而已，必也通古今，习礼法，天文人事，政教更张，然后施之职事，则以详平政体，有大议论，使以古今参之是也。所谓诸生者，不独取训习句读而已，必也习典礼，明制度，臣主威仪，时政沿袭，然后施之职事，则以缘饰治道，有大议论，则以经术断之是也。以今准古，今之进士，古之文吏也；今之经学，古之儒生也。然其策进士，则但以章句声病，苟尚文辞，类皆小能者为之；策经学者，徒以记问为能，不责大义，类皆蒙鄙者能之。"

虽然王安石被称作"新党"党魁,也就是所谓的改革派,但在改革科举制度时,他采取的方法是回到儒教去找依据,恢复古代的人才选拔标准,也就是儒家标准。清末的康有为跟他是一个路数。

首先是科举制度改革。王安石废除了其他科目(包括明经),再对进士科进行改造,废除对于诗词歌赋的考试,而改为对五经、《论语》、《孟子》的考试。每一次考试,都要先通五经之中的一部,然后考《论语》和《孟子》,再测试经学的大义十道题,最后写一篇时论和三道时务策,以及五道礼部题目。[3]

这项改革首先在京东(开封以东的河南、江苏、山东、安徽一带)、陕西、河东(黄河以东的山西)、河北、京西(开封以西的河南、湖北)五路实施,囊括宋朝最核心的领土。

需要注意的是,虽然王安石名曰"复古",却并没有真的返回汉朝的经学传统。汉朝经学侧重于背诵经文,对于大意则不大讲究,培养出来的都是书呆子。而王安石想培养的,却是掌握经义精神,不要求背诵课文的人。这是对汉朝经学的颠覆,而不是复古。实际上,宋朝已经无法回归汉朝精神,所有叫嚷着恢复汉朝儒教的人,都强调不要背诵章句,而是理解儒家的精神。

但是,所谓儒家精神是什么?每一个党派都有不同的理解。王安石

---

3 《续资治通鉴长编·卷二百二十·神宗熙宁四年》:"明经及诸科欲行废罢,取元解明经人数增解进士,及更俟一次科场,不许诸科新人应举,渐令改习进士。仍于京东、陕西、河东、河北、京西五路先置学官,使之教导。其礼部所增进士奏名,止取五路进士充数,所贵合格者多,可以诱诸科向习进士。今定贡举新制,进士罢诗赋、帖经、墨义,各占治诗、书、易、周礼、礼记一经,兼以论语、孟子。每试四场,初本经,次兼经并大义十道,务通义理,不须尽用注疏。次论一首,次时务策三道,礼部五道。"

为了垄断对于经义的阐述权,又进行了第二项改革:教育制度的改革。

他一方面大力清除太学里的反对派,把老师都换成自己人;另一方面则开始编撰新的教材,这些教材的内容可以和改革相配合,起到"洗脑"的作用。

他选择的三本书是《诗经》、《尚书》和《周礼》,并对这三本书进行了新的注释。其中《周礼》是周代政治制度的汇编,王安石用来比附他的改革措施,而《诗经》和《尚书》也同样被用来为改革造势,强调变法精神。

通过对科举制度和教育制度的改革,王安石掌控了人才流动权。事实证明,这是一次极其成功的改革,后来他虽然下台了,但由官僚系统提升上来的,已经变成了新法支持者的那些人,他们不遗余力地打击旧党,使得北宋后期的政治被新党所主导。

但这次改革也带着极大的危险性。先不说它引起了激烈的党争,从思想改造上,其影响力早已经穿越了朝代的限制。科举改革凸显了对儒教的推崇,唐朝所建立的自由主义选拔方式告一段落,以后的人们再也不可能因为文采而当官,而只能依靠研究儒教经典,才能被政权接纳。持有异端思想的人们都被排斥在官僚系统之外。

更为严重的是,王安石推崇的是不死记硬背,以活学活用为主,但是他又设定了自己编的基本教科书,从这些教科书中出题,经过一段时间,学生们势必只会这几本教科书的内容了。到了后来,王安石编纂的教科书被废除,反对他、贬低他的人们另外制定了一批教科书使用,这就是朱熹等人推崇和注疏的四书五经。古代中国历史进入了八股文时期。

明、清时期的僵化,实际上是从王安石开始的。王安石为了赢得改革，为新一轮的守旧打下了基础。

在北宋时期，整个社会在两种思潮之间反复：实用主义和复古主义。

所谓复古主义，是以欧阳修、司马光、程颐、程颢等人为代表的"道学"所提出来的目标。他们既反对激进的社会改革，又反对儒、道、释合流的自由主义，他们的目标是恢复古代的大同世界和君臣大义，重新做到政教合一。

所谓实用主义，并不等同于现代意义上的实用主义，而是指以王安石为代表的改革派，他们虽然表面上也尊崇复古，但骨子里是想用更加现代的手段进行改革。比如，王安石的改革措施基本上都是财政方面的，经过严格的计算，以恢复国家财政和军队强盛为直接目的。改革措施中也看不到任何形而上的东西，而是非常有针对性：军队不行，就用保甲法改革加强军队建设；财政不行，就建立一系列的政府插手经济的制度来获得财政收入。

我们可以认为：复古主义试图回到过去的光荣，用古典书籍重新控制人们的思想；而实用主义摒弃了任何形而上，只相信经济救国，而恢复经济的手段，就是政府起主导作用。

可惜的是，不管是复古主义还是实用主义，都是集权式的，过于相信政权的力量，也都不惜以斗争的手段来对付反对派。

北宋后期，当改革势在必行时，最先得势的是实用主义。王安石上台后，推行了一系列的改革措施，并强力打压复古主义一派。但是，王安石的改革却以失败而告终，留给复古主义足够多的把柄。到了南宋时期，复古主义已经占据了社会思潮的主流，于是社会风气越来越保守，最终导致了整个社会的全面内敛化。到了明、清时期，这种保守主义的潮流反映在政治上，则变得越来越僵化，官僚阶层丧失了唐、宋时期的活力，成为皇帝的附庸，也导致了古代中国再也走不出大一统集权模式。

北宋作为古代中国最后一个开放的朝代，既享受了开放的辉煌，又孕育了封闭的种子。

温和的改革，未了的结局

宋仁宗庆历四年（公元 1044 年），北宋和西夏、辽国的边关有了新警报，参知政事范仲淹和枢密副使富弼一同申请回到边关去加强军事。皇帝立刻任命：范仲淹担任河东、陕西宣抚使，并赐他黄金百两，负责西北边境；富弼担任河北宣抚使，负责北方边境。

谁也没有想到，这次两位大臣从中央到地方任职，竟然成了北宋社会思潮的转折点，也是北宋温和改革失败的标志。

在前一年，以范仲淹为首的大臣进行了一次意义深远的改革运动，但仅一年之后，改革就告失败，二人也离开中央。这次改革本来是联合改革派（实用主义）与保守派（复古主义）的最后契机，它的失败也标志着两派的分道扬镳，再也不可调和了。

在北宋的大臣中，范仲淹是一个异类。

北宋是一个外患严重的王朝，皇帝对于文臣又采取了极其宽大的政策，不会随便加以迫害，所以，大臣们大都表现出很强的气节。他们以天下为己任，不屈服于政治压力，愿意为理想献身，这在其他的朝代都很少见。

但是，北宋的文臣又有一个非常致命的缺陷：结党。在处理内政问题时，大臣们势必要提出针对性的方案，由于个人观点的不同，方案自然也不同。

在政治问题上，最大的两派分别是改革派和保守派。两派的源头都可以追溯到唐朝。

改革派来自唐朝的实务派。唐朝不重视儒教经学，皇帝遇到政治上的实际问题，往往不会考虑"以德服人"等陈词滥调，而是采取直接的措施来处理。如何处理军队的给养和训练？如何处理铜钱不足和铜钱造假？如何处理税收的不足？如何赈灾？这些问题都不是儒教经学可以解决的问题，需要较强的行政技术手段来解决。在处理实际问题时，唐朝几乎每一个大臣都是实务派，这种注重实务的传统又被传给宋的君臣。

而保守派则来自唐朝"安史之乱"后产生的古文运动。实务派并没有将政权问题解决好，比如，唐玄宗试图解决军队的后勤问题，引入节度使制度，这是一种比较务实的做法，却并没有把后果完全计算到，反而引发"安史之乱"。这时，一群学者在反思问题时，认为这是因为政府和社会丢掉了信仰，才引起了巨大的变乱。他们发起的古文运动表面上只是一场文化运动，但实际上也是一种政治保守运动，希望通过返回汉朝和"三代"的儒教传统，来恢复中国的强盛。这一支的代表人物是韩愈和柳宗元，而到了宋朝，则被欧阳修等人继承。

于是，宋朝就成了改革派和保守派两派争议的战场。

在战场上，改革派在实务上取得了优势，而保守派在文化上取得了优势。宋朝最著名的史学著作《资治通鉴》，以及描写唐朝和五代的《新唐书》《新五代史》，都是在保守主义传统下形成的。[4]改革派擅长实际的政治操作，而保守派却取得了道义上的优势。

在两派斗争之时，有一个人却超越了党派之争，他就是范仲淹。

范仲淹从小是孤儿，上学的经历特别曲折。他的学识是以儒教传统为基础的，学的是六经，特别是对易学很擅长，这让他成了保守派可以接纳的对象。

范仲淹更让人们佩服的是，他有着完美的道德标准，进入官场后，不肯随波逐流、趋炎附势，在面对皇帝时也屡次秉笔直言，由此得罪了皇帝和权贵而被数次贬官，又数次崛起。

他之所以能数次崛起，和他的能力分不开。从能力上，他是一个不折不扣的改革派，得到所有实务派的认同。他曾经在对西夏的战场上立过战功，也曾经在担任地方官时赈济百姓、兴修水利，取得了良好的效果，受人爱戴。

范仲淹是一个能够团结两派的人，如果要控制北宋时期的党争，必须有这样一个团结派的人出头，才能形成联合的局面。

宋仁宗庆历三年（公元1043年），宋朝刚刚经历过西夏危机。从宋仁宗宝元元年（公元1038年）开始，西夏人的领袖李元昊称帝，与宋朝发生了严重的军事冲突。在冲突中，李元昊几乎一年一次大捷，三川口之战、好水川之战、定川寨之战，共屠戮了几万人。最后，正是在前线担任守备的范仲淹、韩琦、文彦博等人筑起一道较为牢固的防线，才

---

[4]《资治通鉴》由保守派领军人物司马光领衔编撰，《新唐书》由保守派大将欧阳修领衔编撰，《新五代史》则是欧阳修的私撰史书。

将西夏人的扩张控制住。直到宋仁宗庆历四年（公元1044年），双方才达成协议，由宋朝每年送给西夏岁赐银、绢、茶。

就在宋朝与西夏发生战争的同时，原本与宋朝维持和平的辽国也趁火打劫，要求增加岁币。宋仁宗再次屈服，派富弼与辽国签订新的合约，将送给辽国的岁贡每年增加银十万两，绢十万匹。[5]

与西夏和辽的扩张相比，更让人头疼的是北宋政府自身的问题。政府内部已经是冗官充斥，军队规模庞大但是实力羸弱，财政吃紧。战争的爆发更是直接让朝廷不得不大幅度提高税收，从而影响了民间经济。

西夏和辽的逼迫、内部的重重问题，终于让皇帝要发愤图强进行改革。改革派和保守派都能接受的范仲淹成了改革的设计师。这次改革，就成为关乎宋朝命运的大事。

范仲淹的改革基本上是务实的。在古代中国历史上，历次改革分成两类：第一类是以增加政府财政、提倡政府加强经济管控为目的的改革；而第二类则属于放松政府控制、搞活民间为目的的改革。

第一类改革往往是保守派采取的方法，而改革派坚决抵制；第二类改革往往能得到改革派的赞同，但是，实施起来会同时触动两派的利益，所受阻力会更大。

范仲淹的改革属于后者，据《范文正奏议·答手诏条陈十事》记载，他提出的改革建议主要包括十条内容：明黜陟、抑侥幸、精贡举、择长官、均公田、厚农桑、修武备、推恩信、重命令和减徭役。

---

[5] 见《宋史·仁宗纪》《宋史·富弼传》《宋史·食货志下一（会计）》。

而这十条内容针对的是当时的四种现象：一是养兵贵，二是冗官，三是行政效率低下，四是百姓税重。[6]

改革的整体思路是：在现有制度框架之下，进行一次理顺式的调整，将原来制度中已经混乱不堪的地方重新调整好。这是一次现实主义和保守主义的改革，与后来王安石的激进式改革形成了对比。它的核心不是加强政府权力和干预民间经济运行，而是针对政府本身的改革，从自己的身上割肉，减少对社会的干预。

如果此次改革成功，就不需要后来的王安石改革，也就不会有改革派和保守派的分裂。而作为双方都可以接受的人，范仲淹的改革应该会得到双方的支持。从这个角度看，此次改革是有成功的可能性的。

庆历新政到底命运又如何呢？

在改革之初，人们对于改革的热情是很高的。然而，当政策下达之后，真正需要的是依据政策去执行，这时，人们就不干了。

由于新政需要淘汰不合格的官员，取消官员子弟的当官权利，严格执行考绩制度。此举一经提出，人们纷纷开始推脱逃避，不支持改革了。[7]

范仲淹为了对付这种推脱，决定理顺官僚制度，解决政出多门的问题。他要求作为辅政大臣，监管兵事和财政，而将其他权力也交给中书和枢密院两府，与辅政大臣形成权力上的协调，共同推进改革。

---

6 参见本书作者的另一本书《财政密码》。
7 《宋史·范仲淹传》："而仲淹以天下为己任，裁削幸滥，考覆官吏，日夜谋虑兴致太平。然更张无渐，规摹阔大，论者以为不可行。及按察使出，多所举劾，人心不悦。自任子之恩薄，磨勘之法密，侥幸者不便，于是谤毁稍行，而朋党之论浸闻上矣。"

这次，由于牵扯到真正的利益分配，皇帝也不敢支持他，只交给他刑法权。范仲淹仍然不想放弃，派出了按察使四处出巡，督促官员执行改革，同时打击那些不为民办事的官员。他的改革终于触发整个官僚阶层的反抗。庆历新政失败了。

范仲淹是改革派和保守派都能够接受的一个人物，庆历新政失败后，就再也没有人能够联合两派共同推动一件事情了。任何一个想做事的人，必须要么投靠这一派，要么投靠那一派，否则就会同时受到两派的牵制。剩下的，只有赤裸裸的党争了。

王安石向左，司马光向右

在北宋意识形态分裂史上，有两个人物没有被后来的理学家尊崇为道统，但对理学产生的影响却比其他人都大得多。南宋的朱熹等人喜欢给北宋的程颢、程颐兄弟脸上贴金，可即便没有"二程"，理学家仍然可能发掘出其他人来填补"二程"的地位。但是如果没有王安石、司马光的争斗，就不会有理学产生的环境。

王安石和司马光二人的争斗，看上去是因为改革问题，但背后有着深刻的思想根源。北宋创建以来，文官地位逐渐提高和稳固，他们当中就产生了一种复古主义的传统。唐朝末年和五代时期的混乱让北宋初年的文人思考：为什么会产生战乱？他们得到的结论是：唐朝的自由太多了。

所谓自由太多，一是在意识形态上三教并立，人们的思想是分散的，缺乏合力；二是因为臣下对皇帝不尊重，北宋太宗就曾经嘲笑过唐德宗。唐德宗时期藩镇割据，藩镇不听皇帝的话，皇帝也没有能力去教训藩镇，因为他没有钱，甚至只能朝着藩镇求爷爷告奶奶，请他们出钱。[8]

文人们总结以上两点经验，认为既要统一人们的思想，又要让人们听从皇帝的话，只有一个办法，就是重归儒教，提倡君君臣臣父父子子各居其位，不要乱了纲常规矩。

北宋初年和中叶，人们在撰写历史时都特别注意遵循儒教的这套规律——赞扬那些听话的人，批评那些不听话的人。从欧阳修撰写《新唐书》《新五代史》开始，就把这套原则贯彻到字里行间。司马光撰写《资治通鉴》时，更是将这种精神发挥到极致。在这种精神之中产生了北宋的保守主义。

北宋的保守主义和现代的保守主义是有区别的。现代保守主义包罗万象，从政治到经济无所不包，基本上以主张小政府为主，也就是政府少管事情；而北宋保守主义只是提倡人们要遵从于儒教礼法，而在治理上并不推崇小政府。

保守主义最初也只是一个理念。比如，欧阳修本人虽然提倡儒教礼法，但是在谈到具体政策时却是实用主义者。北宋前期的大臣都有这样的特点，他们对政治结构、经济、军事都有涉猎，基本上是通才。比如欧阳修是一代文宗，他一生中担任的官职也非常丰富，曾经担任都城最

---

8 《续资治通鉴长编·卷三十七》："前代帝王昏弱，天下十分财赋，未有一分入于王室。唐德宗在梁、洋，公私罄乏，韩滉专制镇海，积聚财货，德宗遣其子皋往求，得百万斛斗，以救艰危，即当时朝廷事势可见矣。朕今收拾天下遗利，以瞻军国，以济穷困，若豪民猾户，望吾毫发之惠不可得也。"

高行政长官知开封府，也担任过掌管军队的枢密副使，还担任过最高行政官员参知政事。史书称他为军政、民政、财政的通才。[9]

保守主义在这时是没有完全和实用主义分离的。即便到了范仲淹改革失败后，保守主义和实用主义看上去已经无法共存，但在表现上仍然是联合的。

而掀掉了保守主义和实用主义之间温情面纱的，就是王安石和司马光的争执。

与欧阳修等人不同，司马光基本上是一个清流官员，他编纂了大部头的《资治通鉴》，却对实务性工作并不够了解。他在修史的过程中，对于任何企图改变先人做法的事情都充满了警惕，任何对儒教礼法不尊重的事情都会引起他极大的愤怒。王安石则正好相反，雄心勃勃的他一心做实务性改革，对于意识形态并不在意，他之所以要改革科举制度，掌控意识形态，与其说是理想，不如说是推进改革的手段。

两个人一个采取完全实用主义的态度，另一个采取完全保守主义的作风，就产生了激烈的冲突。

宋神宗熙宁二年（公元1069年），宋神宗支持王安石开始了有名的"熙宁变法"。皇帝想要变法，并非匆忙推出，他曾经广泛征求各位大臣的意见，请他们讨论，看谁能够解决当时最大的问题——财政。在大臣们的反馈中，主要的意见分成两类，各以司马光和王安石为代表。

---

[9]《宋史·欧阳修传》："修在兵府，与曾公亮考天下兵数及三路屯戍多少、地理远近，更为图籍。凡边防久缺屯戍者，必加搜补。其在政府，与韩琦同心辅政。凡兵民、官吏、财利之要，中书所当知者，集为总目，遇事不复求之有司。"

司马光虽然认为问题很大，却提不出具体的措施，希望从长计议。[10] 王安石则认为问题是可以解决的，并提出具体的改革措施，希望通过这些措施，增加政府收入的同时，搞活民间经济。[11]

如果仅仅从二人对于改革的态度来看，显然王安石的态度更值得推崇，司马光的做法只不过是在等死。既然宋朝的财政问题已经非常严重，就必须尽快进行改革，拖延不是办法。王安石对待改革的态度，和当初的范仲淹也是一致的，范仲淹也认为改革必须尽快进行，才能带来最小的副作用。

如果王安石改革成功，那么就不会有后来保守主义的得势，也就不会有社会思潮的急剧封闭化。

但是，王安石的改革出现了一个重大缺陷。在历史上，不仅仅是他，许多改革者都会有这个缺陷，这就是：他们过于强调政府的作用，试图以大政府来指导社会，结果不仅指导不成，反而引发了更多的问题。

关于变法的内容并非本书的探讨范围。[12] 简单地说，王安石想建立一套框架，以政府插手金融、贸易、运输的形式来促进经济发展，结果，官员对经济插手之后，不仅没有提高效率，反而搅乱了社会经济。

他的变法在某些方面也有好处，比如农田水利法和方田均税法，可

---

10 《宋史·食货志下一》："国用不足，在用度大奢，赏赐不节，宗室繁多，官职冗滥，军旅不精。必须陛下与两府大臣及三司官吏，深思救弊之术，磨以岁月，庶几有效，非愚臣一朝一夕所能裁减。"

11 《宋史·王安石传》："于是上万言书，以为：今天下之财力日以困穷，风俗日以衰坏，患在不知法度，不法先王之政故也。法先王之政者，法其意而已。法其意，则吾所改易更革，不至乎倾骇天下之耳目，嚣天下之口，而固已合先王之政矣。因天下之力以生天下之财，取天下之财以供天下之费，自古治世，未尝以财不足为公患也，患在治财无其道尔。"

12 参见本书作者的另一本书《财政密码》。

以解决一定的缴税公平问题和经济外部性问题。但作为一个整体，其副作用远大于好处。到他下台后，新法大部分都被废除。

不过，王安石变法最大的遗产反而不是变法本身，而是变法带来的党争。为了推行变法，王安石改变了人才录取标准，并直接打击那些反对他的人。但新上台的这些人往往都是投机分子，他们之所以支持改革，只是因为想上台而已。

改革失败后，司马光等人上台，王安石下台。由于此时已经没有了容忍的风气，于是又开始了另一轮斗争，改革派下台，保守主义者上台。事实证明，保守主义者并不比改革派好，甚至更糟糕，他们在打击政敌上同样不遗余力，同时还缺乏改变现状的精神。北宋的政治更加混乱，直到另一次反转。

宋徽宗崇宁元年（公元1102年），皇帝再次找到改革派，把保守主义者打入禁区。双方的斗争最后耗尽了北宋王朝的元气，不仅无力解决经济问题，在精神上也趋于分裂，无法抵抗更加凶猛的女真人。

受排挤的苏轼

在实用主义和复古主义的斗争中，另外有一类人，他们不肯依附于其中的任何一派，试图保持独立性和判断力，结果遭到双方的打击。这一派人的代表是苏轼。

苏轼的年纪比司马光和王安石小十几岁，[13]却继承了更上一代的范仲

13　司马光是1019年生人，王安石是1021年生人，苏轼是1037年生人。

淹的传统。他一方面不避讳改革，而另一方面又不赞成急功近利的聚敛式改革。在改革思路上，他也继承了范仲淹的想法，并不把为政府征税当作第一位，而是主张政府应该节用，把钱花在刀刃上。对于王安石改革中以敛财为目的的内容，他持反对态度，但对于改革中有助于理顺经济关系的部分，他又是支持的。

这种就事论事的态度本来应该是一个人所持的最正确立场，却在当时遭到两派的反对。苏轼在文采上非常受到大家的赞赏，在仕途上却屡遭排挤，总是在中央闲差和地方小官之间打转。

苏轼在哲学上的另一个特点，是他继承了唐朝文人的传统，对儒教并没有特殊的偏好，反而对于佛教和道教充满向往，希望能够将儒道释综合起来，形成一种宽容的学术氛围。由于力主宽容，他对于道、儒的意见也更加接近于二者的哲学本意。

这一点，从他的学习过程就可以看出来。《宋史·苏轼传》说他最初学习儒教的经典和史书，对贾谊、陆贽等人非常佩服。到后来读了《庄子》后感慨地说：我以前心里面有见解，但是说不出来，现在读到这本书，就见到了我的心里话。

对于道家，他并不认同道家所编造的各种神仙体系，而是回归到道家的原点：无为而治，也就是汉朝提倡的黄老之术。

他对于道家的看法，集中反映在碑文《上清储祥宫碑》里。上清储祥宫建于宋太宗时期，在宋仁宗庆历三年（公元1043年）失火，宋神宗元丰三年（公元1080年）开始重建。最初使用的是皇帝拨款，后来太皇太后曹氏认为不应该动用国家的钱，"民不可劳也，兵不可役也，大司徒钱不可发也，而先帝之意不可以不成"，变卖自己的财产才建立起来。苏轼对太皇太后的做法大加赞赏，认为这是既尊重信仰又不连累社会的好办法，并阐述了对于道家的看法。他认为黄老之术才是道家的本源，而所谓的方士之术只不过是道家的末流而已。他希望皇帝能够接纳汉朝文景时期的经验，采取黄老之术，清心省事，薄敛缓欲，重新回到不用兵而天下大治的境界。[14]

对于佛教，他也没有按照印度佛教的本意去理解，而是认为佛教是一种与儒教相通的信仰，只不过儒教管世间，而佛教管出世，至于出世还是入世，二者的法门都是一样的。[15]

在打通了儒道释之后，苏轼对于政治的看法也相当清楚，就是：收缩官僚权力，简化政治流程，交给民间自己处理事务的权利。对于这种做法，不管是王安石的新党，还是司马光的旧党，以及当时已经悄然兴起的道学家们都无法接受，所以，他注定只是个边缘人物。

苏轼的一生就反映了他的边缘化。最初，他以文采得到欧阳修等人的赞赏，似乎前途远大。但他还没有熬到当高官的时候，就碰上了王安石改革。

---

14 《上清储祥宫碑》："臣谨按道家者流，本出于黄帝、老子。其道以清净无为为宗，以虚明应物为用，以慈俭不争为行，合于周易'何思何虑'、论语'仁者静寿'之说，如是而已。自秦、汉以来，始用方士言，乃有飞仙，变化之术，黄庭、大洞之法，太上、天真、术公金母之号，延康、赤明、龙汉、开皇之纪，天皇、太一、紫微、北极之祀，下至于丹乐奇技，符箓小数，皆归于道家，学者不能必其有无。然臣尝窃论之。黄帝、老子之道，本也。方士之言，末也。修其本而末自应。故仁义不施，则韶濩之乐，不能以降天神。忠信不立。则射乡之礼，不能以致刑措。汉兴，盖公治黄老，而曹参师其言，以谓治道贵清静，而民自定。以此为政，天下歌之曰：'萧何为法，顜若画一。曹参代之，守而勿失。载其清静，民以宁壹。'其后文景之治，大率依本黄、老，清心省事，薄敛缓狱，不言兵而天下富。"

15 《南华长老题名记》："宰官行世间法，沙门行出世间法，世间即出世间，等无有二。"

由于反对新法的急功近利倾向，得罪了王安石，苏轼只好出京到地方任职，历任杭州通判、密州（现山东潍坊诸城）知州、徐州知州、湖州知州。在地方任职时，他身体力行地帮助百姓解决实际问题，抵消新法带来的危害，仿佛是专门在证明王安石变法的坏处，结果得罪了新党。新党借助他给皇帝上表里面的牢骚话，再加上几首诗，以文字狱给他定罪，这就是著名的"乌台诗案"。北宋没有杀大臣的传统，但这一次，新党差点儿将他置于死地，可见新党对于苏轼的敌视。

宋神宗死后，宋哲宗即位，王安石的变法以失败告终，上台的是司马光的旧党。最初，司马光以为苏轼是自己人，将他召回中央担任官职。但此时苏轼又主张王安石变法中也有一些积极因素，不应该都废除，应该就事论事，将好的保留。这种意见又给他带来了一大堆敌人。他发现：几乎所有的人都不是为了做事而做事，他们都是有信仰的人，用信仰代替了实际的做事，看问题也不是看是否对社会有利，而是看它是否符合信仰。

苏轼最终发现无法和他们共事，只好再次要求外调。这一次，他到杭州担任知州。在杭州，他仿佛是为了证明王安石变法还是有好的地方的，就开始兴修水利（王安石变法有"农田水利法"），疏浚西湖，将西湖的淤泥堆积起来成了苏堤。

之后，他在地方职务上来回漂泊，担任过颍州（现安徽阜阳）、扬州、定州的知州。宋哲宗亲政，再次起用新党，苏轼又成了新党的眼中钉，被贬到惠州（现广东惠州），之后又被贬到海南岛。宋徽宗大赦时，苏轼得以北归，却在北归的途中死去。

这个宋朝最有文采且有能力的人几乎在一辈子的漂泊中死去。他本人对生活采取了一种豁达的态度，不管是顺境还是逆境，既不表现出得意，又不表现出失意，只是当作一种生活状态接受下来。虽然他不管在什么环境中都会尽最大努力做出最大的成就，但他的遭遇仍然说明了宋朝的问题：在一个过分强调主义的环境中，任何试图撇开主义做实事的人都不会被容忍。苏轼之后，能够生存的，也只剩过于现实的实用主义者和不着边际的复古主义者这两种人了。

实用主义的终结和余韵

苏轼的遭遇说明了夹杂在复古主义和实用主义之间的中间派不可能有出路，北宋晚期的政治只能在这两大派别之间颠簸。

在北宋后期，由于皇帝越来越缺钱，实用主义始终比复古主义领先一步，也更受宠。但也正因为实用主义更加受宠，北宋一灭亡，它也就成了替罪羊，受到人们的鄙视，无形之间又让复古主义者得了利，这也是为什么南宋成了道学先生乐园的原因。

可以说，实用主义的失败促成了复古主义的兴盛，而复古主义的兴盛，又锁死了古代中国摆脱封闭的最后机会。

在王安石之后，两派的斗争继续。支持变法的宋神宗死后，九岁的宋哲宗当上皇帝，实际掌权的是宣仁太后（宋英宗的皇后）。在太后的主持下，司马光、范纯仁等反对变法的旧党重新上台，废除新法。

宋哲宗元祐八年（公元1093年），宣仁太后去世。宋哲宗亲政后，召回新党的章惇等人，恢复新政，打击旧党。

七年后，宋哲宗去世，宋徽宗继位，此时掌握政局的是向太后（宋神宗的皇后），向太后再次召回一批被章惇等新党贬斥的旧党成员。

向太后执政只有几个月就死去了（宋徽宗建中靖国元年，公元1101年正月），宋徽宗得到亲政的机会。他立即着手制定政策，大肆打击旧党。就连新党的章惇也因为曾经反对宋徽宗继位而受到打压。一年后，羽翼丰满的宋徽宗推出党籍碑，在党籍碑上刻了一百二十人的名字，宣布对这些人永不任用，两年后又增加到三百零九人，这些人中，除了真的旧党，也包括苏轼这样的自由主义者，还包括反对皇帝继位的章惇等人。碑文由司空尚书左仆射兼门下侍郎蔡京书写，发往全国进行摹刻，发挥警示作用。

而蔡京，则是实用主义者在北宋的最后代表，就是他彻底毁灭了实用主义者的名声，使得这个派别退出了历史舞台。

蔡京一直被当作奸臣的代表，但他也是一个想要解决实际问题的官员。在他上任后，北宋最大的问题仍然是财政收入不足以养活政治体系。而且这个问题更加迫切，已经不再是司马光式的复古主义者能够解决的了，必须依靠实务派来找钱。蔡京作为宰相，自然要把执政的重头戏放在这上面。

以现代人的眼光看，不管是王安石的改革还是蔡京的改革都很现代。王安石主要利用政府直接插手经济，而蔡京则主要利用金融工具。他使用的金融工具主要是纸币和盐钞，盐钞实际上相当于一种以盐为抵押品的纸币。这些信用工具出现在宋朝，绝对是革命性的。

但是，只有到了现代人们才会明白，一旦政府掌握了操控经济的手段，它就必然使用这些手段来为自己牟利。在西方，人们在把这些手段交给政府时，也会通过立法制定一系列的限制，防止滥用。但在宋朝，防止政府滥用的立法不会也不可能出现，所以政府在缺钱时必然将其用过了头。

当蔡京发现盐钞的发行可以为政府筹集款项，或者印钞票可以解决政府财政问题时，就发行了过量的盐钞和纸币，最终导致严重的通货膨胀，扰乱了社会经济。

北宋末年的社会紊乱影响了军队的战斗力，北宋无力对抗金兵的入侵，灭亡了。北宋的灭亡给了复古派足够的口实，仿佛这一切都是新党造成的。但即使没有新党，财政不足、官僚系统扩张等问题依然存在，需要人去解决。新党虽然失败，但他们还是敢于面对问题，去提出解决思路的。更糟糕的旧党却连问题的存在都不承认，或者认为，依靠回归古代的儒教传统，就能一劳永逸地解决所有的问题。

蔡京已经彻底败坏了实用主义的名声，到了南宋时期，实用主义已经萎缩到微不足道的地步，让位于高谈阔论的复古主义者。

但在浙江南部地区的永嘉（今属温州）和永康（今属金华），却产生了实用主义的一个小小分支——事功主义。这个分支的代表人物是陈亮和叶适。

此时的实用主义与北宋的实用主义不同。北宋的实用主义是与内部治理（特别是经济事务）相结合的，不管是范仲淹还是王安石、蔡京，都是以改革和解决政府治理、财政问题为导向。而到了南宋，实用主义却是和军事相结合的，所有的实用主义者几乎都是主战派，他们的出发点就是为了收复中原，必须做出改变，改善政治治理，加强军事。

陈亮上书给皇帝时，把那些复古主义的道学家骂得一塌糊涂，说他们都是些不知痛痒的人，当两个皇帝都被抓走之后，还在那儿低头拱手谈性命之学。[16] 他主张义利双行，王霸并用，声称自己墨翟、杨朱、子贡、子思都采纳，不在乎是儒是墨。[17]

陈亮一生以教学为主，参与政治的机会不多。而叶适则是一个政治的参与者。据《宋史·叶适传》记载，在南宋韩侂胄北伐中，叶适是个积极的推动者，提出了不少有价值的见解，最终北伐失败，韩侂胄被皇帝杀掉，叶适也成为替罪羊下野。

作为实用主义者，叶适认为儒教经典也不必尽信，对于道学家提出的道统，他也认为荒谬，希望综合一切有用的学问，不要故步自封在小圈子里。

但是，不管是陈亮还是叶适，都已经无法撼动南宋道学的地位。虽然中间有曲折，但是道学经过北宋的奠基，到了南宋时期已经枝繁叶茂，绑架了古代中国未来数百年的思想潮流。

从出版业看政府控制

北宋时期，还是另一个传统的开始：对出版业的控制。我们不妨看一看这个近千年前的出版控制政策如何产生，又带来了什么样的后果。

宋仁宗至和二年（公元1055年），欧阳修写了一封奏章。奏章中谈到对于出版控制的问题。他说，最近都城开封（汴京）出现了一本书，

---

[16] 《龙川集·卷一·上孝宗皇帝第一书》："今世之儒士，自以为得正心诚意之学者，皆风痹不知痛痒之人也，举一世安于君父之仇，而方低头拱手以谈性命，不知何者谓之性命乎！"

[17] 《龙川集·卷二十·又甲辰答书》："口诵墨翟之言，身从杨朱之道，外有子贡之形，内居原宪之实。"

名叫《宋文》。这本书开头第一篇文章是新任宰相（中书门下平章事、集贤殿大学士）富弼写的，名叫《让官表》。因为这篇文章，欧阳修认为这本书应该禁止，他建议政府到印刷厂将书的雕版烧掉，并严格执法。以后，如果再有私自不经政府核准就印书、卖书的，都要狠狠地打击，严厉地惩罚，同时鼓励告发，并给予奖励。[18]

欧阳修本人就是一位有名的文学家，居"宋六家"之首。他本人的大名就得益于宋朝的印刷革命，后者使得他的文章被广泛传播。那么，为什么富弼的文章会引起他的重视，不惜焚书呢？这就要从当时的历史谈起。

在欧阳修写这封信的十七年前，宋仁宗宝元元年（公元1038年），西夏和宋发生了严重的军事冲突。西夏多次打败宋军，到最后，北宋不得不与西夏议和，支付岁币。同时辽国也要求北宋增加岁币，否则就要开战。

由于有了纠纷，宋朝需要派一个使者，去辽国谈判，改定条约。

对于宋朝的官员来说，出使辽国是非常有风险的，没有人能预期辽国的胃口有多大，就算能活着回来，也会因为签订丧权辱国的和约落得一身骂名。此时是宰相吕夷简掌权，他与富弼不和，就趁这个机会推富

---

18 《欧阳文忠公集·卷一百八·论雕印文字札子》："臣伏见朝廷累有指挥禁止雕印文字，非不严切，而近日雕版尤多，盖为不曾条约书铺贩卖之人。臣窃见京城近有雕印文集二十卷，名为《宋文》者，多是当今议论时政之言。其篇首是富弼往年《让官表》，其间陈北虏事宜甚多，详其语言，不可流布。而雕印之人不知事体，窃恐流布渐广，传入虏中，大于朝廷不便。乃更有其余文字，非后学所须，或不足为人师法者，并在编集，有误学徒。臣今欲乞明降指挥下开封府，访求板本焚毁，及止绝书铺，今后如有不经官司详定，妄行雕印文集，并不得货卖。许书铺及诸色人陈告，支与赏钱贰百贯文，以犯事人家财充。其雕版及货卖之人并行严断，所贵可以止绝者。今取进止。"

弼去送死。

谁知,富弼不仅没有死,反而不辱使命,以较小的代价与辽国签订了和约,每年增加岁贡银十万两、绢十万匹。

据《宋史·富弼传》记载,富弼回到开封后,皇帝因为他出使的功劳,要给他加官,授予枢密直学士、翰林学士,富弼连忙推辞。后来皇帝又要授予他枢密副使,富弼只好上表说:契丹已经结盟,大家就认为没有事了,但未来万一契丹毁约,我就算死了也是罪过。陛下就不要再把这当喜事给我升官了(这是耻辱不是光荣),而是应该卧薪尝胆,把国家搞好。

正因为有这么多耻辱的事情为铺垫,所以,富弼的《让官表》就如宋朝的一道伤疤,提起这篇文字来不得不提政府的军事无能和外交软弱。

而恰好,北宋至和二年(公元 1055 年),富弼刚被皇帝授予宰相的职位,坊间的人们消息灵通,立即将富弼当作活广告,把他的文章放在了出版物的第一篇。

此时,政府发现原来出版革命真是件令人烦恼的破事儿。

在宋朝之前,统治者对于书籍的苦恼没有这么多。秦始皇嫌书太多,只需一烧了之,就阻止了信息的传播。那时的人们还使用竹简和手工抄书,成本昂贵,效率低下,所以,书籍的传播功能是非常弱的。

到了唐朝,虽然已经有了雕版印刷,但出版物在民间的传播力度仍然不够。由于采用雕版技术,也就是在整块木板上将文字和图画一次性雕刻上去,雕工的成本很高,如果印数不够的话,就无法回本。唐朝的印刷局限在文人圈子里,或者佛经等可以大批量销售的领域。

唐朝的手工业作坊以官办为主,也限制了经济的繁荣程度。直到唐末，雕版印刷才产生了更大的影响，只是这时皇朝就到了结束的时候。

宋朝由于私人手工业的发展，经济呈现出极度的繁荣，随着造纸、雕版技术更加规模化，人类历史上少有的传媒革命开始爆发。

这次革命在政府和私人两个层面上都有体现。

政府利用雕版印刷了大量经学、史籍，形成了官方的话语权。另外，雕版方便了钞票的产生。宋朝的钞票叫作交子，由于交子的印刷量大、要求高，政府采用铜板雕刻技术，用当时最先进的工艺来生产，以避免人们伪造。

除了政府层面之外，大量的私人书商更成了革命的主角。他们除了仍然印刷唐朝的佛经之外，还印刷医书、历书、占卜书等，这些书越来越成为人们日常生活中的必备品。

而更重要的是，随着受教育层面的扩大，文学书籍也在民间变得有利可图，这使得文化的传播呈现爆炸的局面。原来，劳动人民只能靠口口相传来解决文化需求，现在即便普通人也可以拿着书籍来获得知识。据《宋史·欧阳修传》记载，主张禁书的欧阳修就受益于这场革命，在他小时候，曾经从别人家的废书筐中找到了唐朝韩愈的遗稿《昌黎先生文集》，脑筋随之开窍，继承韩愈的传统发扬古文，终成大家。

宋朝时，全国产生了许多有名的文化中心。除了都城开封和临时行在（都城）临安（杭州）之外，两浙路、福建路、成都府路也都是有名的印刷中心。

在都城，政府的势力太大，所以还以官方出版为中心。而两浙私人资本发达，已经成了私人出版的天下，甚至政府都不得不把一部分书放到私人工厂里去出版。

而成都、福建由于地处遥远，更是摆脱了政府的控制。按照当时的标准，这里的书籍质量并不高，与宫廷本相比显得有些粗制滥造。但它们价格便宜，很适合民间普及，于是，在民间需求的刺激下，很快遍布全国。

除了普通书之外，民间还善于发现机会。比如，文人科考时做的小抄也是从这时开始发展的，这种书必须足够小，字体如同苍蝇腿。但只要有需求，就没有人办不到。

在出版革命的刺激之下，人们的文化水平迅速提高。然而就在此时，政府的担心却越来越重，即便是欧阳修这样的开明人士，也开始担心书籍的力量了。

政府之所以担心书籍的力量，是因为它能够将足够的知识迅速地进行传播。仍然回到开头的例子，从富弼的出使算起不过只有十三年，他的文章就已经成了全国性的畅销读物。而由文章延伸出的对于国家、社会问题讨论，则恐怕更加广泛。

宋朝也是一个人人关心社会问题的朝代，即便普通人也能方便地了解政治、军事的变化。但普通人的了解让政府很没有面子，特别是随着朝代的加长，政府有越来越多需要遮遮掩掩的事情。

为了保全面子，政府决定禁书。不过，禁书总是需要理由的，这个理由就是国家安全。由于宋朝与西夏、辽国开战，防止国家机密泄露就成了最好的借口，皇帝的无能和软弱、官场的内斗和争吵，都被想当然地划进了国家机密。

在国家安全的借口下，最早的禁令还被限制在外国人身上。宋真宗时期，就规定边民不准将除了儒家经文之外的书籍带给外国人。到了宋仁宗时期，更是下令不准将大臣们的文集带到北方，以免泄露国家秘密。

欧阳修的提议，也是借口国家安全问题，认为如果辽国人看到这些讨论，会对国家不利。

但这只是一个借口，既然这些事情连国内普通大众都知道，仅仅靠禁书，又如何防得住辽人？最重要的原因，还是这些文集讨论了太多朝野事务，使得有些人的面子没地方搁。

更加神奇的人是苏东坡的弟弟苏辙。宋哲宗元祐四年（公元1089年），翰林学士、权吏部尚书苏辙奉命出使辽国。由于宋朝的文化发展水平比辽国高了很多，苏辙在辽国找到了久违的优越感，辽国负责接待的官员也无不对"三苏"充满了敬佩。

他刚到燕京，就有人告诉他：你老哥苏轼的《眉山集》已经到货很久了，你啥时也出本书让俺瞅瞅？

到了中京，官员们请他吃饭的时候，又有人和他谈论起他老爹苏洵的文字，对于老人家的经历和观点也很了解。

到了辽国皇帝的帐前，又有人问他：据说你成天吃茯苓，俺也挺喜欢那玩意儿的，啥时给俺开个方子呗？原来苏辙写过《服茯苓赋》，那人显然看过这篇文章，才向他乞求茯苓药方。

苏辙在一片奉承声中回到朝廷。在给宋哲宗的札子里，还不忘将这些事情一一列举，充满了炫耀之情。但是，他突然笔锋一转，提议说：为了国家安全，请陛下禁止我国的书籍流入北国。

如何禁止？据《栾城集·卷四二·北使还论北边事札子五道》记载，苏辙提议，最好的禁止方法，就是对本国的出版物进行审查。民间在出版之前，必须先申报给所属的地方政府，再由地方政府设置两个官员负责审查。

审查制的出现，已经使得政府在理论上拥有了封杀书籍的能力。

欧阳修、苏辙等官员本是文化阶层的代表，他们却给皇帝出主意封杀出版物，自以为得计，却没有想到接下来会发生什么。

欧阳修、苏辙等人替禁书做了大量的铺垫，给皇帝找了很好的借口，手把手地告诉皇帝如何操作。一切掌握熟练之后，皇帝开始抡起了禁书的板斧，砍向教会他禁书的人。

宋徽宗崇宁元年（公元1102年），据《宋史·徽宗纪》记载，皇帝下令，把一些人列为"元祐奸人党"，共一百二十人（后来增加到三百零九人）。把他们的名字公之于众，是为了表明皇帝的决心：凡是活着的，永不任用；凡是死了的，追夺封号，殃及子孙。欧阳修死得早，碑文上没有他的名字。但是出馊主意的苏辙就没有这么幸运了，他和哥哥苏轼的名字都不幸被列在碑文里。

立碑两个月之后，皇帝开始禁止元祐党人的学术著作。第二年又特别下令，一定要销毁"三苏"、秦观、黄庭坚等人的文集。皇帝仍然感到不过瘾，又在当年命令全国各地都要刻《元祐奸党碑》，并时时刻刻注意不要让他们的学说得以传播，否则严惩不贷。

此刻，苏辙还没有死去。大概他提议禁书的时候，总以为自己是安全的，却没有想到回旋镖正中自己的脑门上。

从此开始，禁书也就成了皇帝的武器，专门用来对付那些不听话的人。

不过，宋朝行政效率不高，相对宽容，这还只是事情的开始而已。

到了明、清两朝，随着集权主义达到鼎盛，皇帝终于开始对异端大肆屠戮，制造了一起又一起冤案和文字狱。到了此时，古代中国曾经出现过的那次出版革命彻底告终。

不仅是镇压，明清时代的思想控制术也达到了顶峰。皇帝在禁书的同时，会发现出版业也在跟着自己的旗杆转，由于印刷违禁书籍要掉脑袋，出版商开始自我审查，主动帮助皇帝过滤他不喜欢的内容。而皇帝喜欢的书则立刻大量印刷，铺天盖地。于是，市场的选择渐渐被统治者的口味取代了。

当皇帝把四书五经和朱熹定成入仕的标准之后，大量的应考书籍、辅导书籍也应运而生，形成了对人们思想的束缚。

到了明清时代，出版业的发展不仅没有成为中国人摆脱思想束缚的契机，反而被统治者利用起来，将更多的人纳入受奴役的轨道，进行庞大的集体格式化。

古代中国禁书之时，没有想到会有人弯道超车。

大约在明朝建立八十年后，西方的出版家谷登堡也终于发明了铅活字印刷术。他的发明时间比中国人晚，起的作用却大得多。

不出所料，谷登堡的发明也在西方引起了一场出版革命，人们可以以较为低廉的价格获得图书，开始了知识传播加速的时代。

与古代中国相同的是，出版革命也给西方的统治者带来了恐慌，他们纷纷对市场进行干涉，试图禁止不喜欢的内容。

但与古代中国不同的是，西方的统治者无力扼杀这场革命。

与古代中国的大一统不同，西方存在着许多个统治者，没有一个人能够掌控全局，作家或文人总能找到一个他们管不到的角落来印刷书籍。伏尔泰在法兰西不受欢迎，有神圣罗马帝国和北欧诸国欢迎他。马丁·路德的批评被教皇咒骂，却受到了后来成为新教徒的人的欢迎。当亨利排斥胡格诺教徒时，荷兰人却大喜过望，虚席以待。

更有趣的是，一本书在一个地方被禁止，往往意味着在其他地方有更好的销量，出版商们利用这样的机会赚了大钱，更乐于帮助那些"异端思想"传播。

随着这些反叛的知识阶层崛起，出版和言论自由作为一种原则，先是被少数人宣扬，后来被越来越多的人接受，到最后，统治者不得不做出妥协，承认这个原则。当人心已经慢慢转变，普遍接受新的原则时，出版革命被固定了下来，成了天经地义的事情。

更可贵的是，知识引起的好奇心在人世传播，会激励起人们更大的好奇心，向外探索的冲动就在这种好奇心中萌发。不管是文艺复兴，还是大航海，都与人们好奇心被激发有着直接关系。

在历史上，中西方差距最大的年代不是汉、唐这些人们耳熟能详的时代，而是宋朝。在汉朝时期，西方的罗马帝国也达全盛。唐朝时期西方虽然已经进入黑暗时代，但唐朝由于土地和户籍问题的拖累，工商业的发展一直没有摆脱完全的羁绊。

到了宋朝，工商业的发展才达到巅峰，而西方仍然在中世纪里苦苦挣扎。

只是，宋朝已经成了繁荣社会的一个尾声。随后，古代西方的知识储备越来越丰富，而古代东方却始终在九本书的阴影里打转。而最根本的分歧，在于是否给人以自由的空间。

第十五章　存天理，灭人欲[1]

在东汉灭亡九百年后，古代中国再次发展出一套系统化的、试图囊括一切的学问。这套学问被称为道学，控制了古代中国接下来的哲学走向。

道学对人们思想的束缚，在于首先树立了一个所谓的宇宙真理，并通过政权的力量强迫人们服从这个宇宙真理，从而格式化人们的头脑。

人们为了服从宇宙真理，必须舍弃小我，将有限的生命融入更大的真理之中，从而舍弃掉个性，变成千篇一律的人。不幸的是，这个宇宙真理是禁欲式的，充满了社会等级观念和男尊女卑的思想，这些思想决定了人们的面貌。

从谱系上，道学从北宋的"宋初三先生"，到后来的张载、周敦颐，再到程氏兄弟，最后由南宋的朱熹集大成，完成了体系的构造。

宋朝的党争也随着道学的发展而出现，经过了两次党争之后，道学最终成为胜利者，在南宋末年成为社会的统治性思想。

---

[1] 本章涉及的时间范围是公元960—1200年。

南宋时期，从复古主义和实用主义的争论中脱颖而出的理学终于逐渐成为主流。

为了理解理学都说了什么，和汉朝的经学有什么不同，我们必须首先将其与西方的天主教思想进行类比。

哲学（宗教）体系一般都包括三个方面：第一，人居住的这个世界是什么样的？第二，人在这个世界中的地位是什么样的？第三，人应该做什么才能与整个世界合拍？

两汉经学类似于西方的天主教思想，都是一种宗教信仰。两汉经学对上述三个问题的回答是：第一，世界是由天创造的，而天就是世界的根本；第二，人和世界的关系，是一种"天人感应"的关系，老天爷会通过灾异、祥瑞、符命、谶纬等方式，把自己的意志施加于人类，又派出了皇帝作为他在人世的代理，来统治人类，并形成了一整套儒教体系来约束人类；第三，人应该听从老天爷的指示，学习谶纬、符命等知识，看懂老天爷的命令，再按照命令来做事情，同时，人必须服从皇帝这个代理人，遵循礼法，达到人类社会与老天爷的同步。

而天主教思想则对上述三个问题做出这样的回答：第一，世界是由上帝创造的；第二，人类也是由上帝创造的，上帝通过教会来领导人类；第三，人类要服从上帝的意志，也就是服从教会的领导，遵循教会制定的规章制度和戒律。

但是，天主教思想到了近代受到冲击，人们纷纷表示不再相信它了，从这些怀疑者中产生了许多派别。

作为对比，宋朝发展出的理学取代了类似天主教的两汉经学教义，代表对于宗教的反叛，却把人类交给了另一个凶猛的怪兽：宇宙真理。

宋朝理学在回答上述三个问题时，给出的答案是这样的：第一，这个世界是由天理这种抽象的宇宙真理所创造的，天理就是世界的根本；第二，人类社会也是天理的创造，所以人类也受天理的约束；第三，人类要想实现自我价值，就必须放弃过于强烈的自我意识，应该首先学习这个天理，其次再遵循这个天理做事情。这就是所谓的"存天理，灭人欲"。

当然，这里还有一个没有回答的问题：宋朝理学承认有一个天理，但这个天理到底是什么呢？

这就是宋朝理学内部争论的焦点，不同的人心里的天理不是完全相同的，它们有很多相似性，但又是不同的。

宋朝理学发展的过程，就是对这个天理进行认证的过程。从周敦颐到朱熹，他们的天理观逐渐演化，也逐渐条理化，最终形成一套束缚人思想的理论。

那么，宋朝理学到底是好是坏呢？

简单的答案是：宋朝理学既不好也不坏，而对社会真正产生影响的，是那些把理论应用于社会的人。

本章我们就来看一下，宋朝理学发展中的道学家们，是如何探索这个所谓天理的。

卫道士的到来

宋仁宗庆历三年（公元1043年），是北宋最有希望的一年。在此之前，当宰相的是吕夷简，他把持朝政，排除异己，权倾朝野，北宋官场呈现出一片暮气沉沉的景象。

在欧阳修、范仲淹等人的努力下，到了庆历三年，局势得到了根本性的逆转，吕夷简下台，执政的是一批有理想的改革派。北宋经过了几十年的统一后，经济大发展造就了学术环境的稳定，这时的朝臣大都满腹经纶又有实务经验，同时又表现得刚正不阿，充满了理想主义精神。

此时执政的是章得象、晏殊、贾昌朝、韩琦、范仲淹、富弼等人。北宋还有一个庞大的谏官群体，负责监督官员和皇帝的政策，担任谏官的是欧阳修、蔡襄、王素、余靖等人。吕夷简之后，军事枢密使一职最初给了与改革派不属于一系的夏竦，后来在谏官的要求下，罢了夏竦，杜衍当上枢密使。

这时，所有重要的职务基本上都掌握在改革派的手中，范仲淹也是在这样的背景下启动了庆历改革。

对于改革派来说，此时最忌讳的是，反对派把他们朋党化。在他们掌握政局之前，吕夷简之徒打击他们的最有力武器，就是说他们"结党营私"，拉帮结派。如果被扣上"朋党"的帽子，任何改革措施都可以被认为是谋私的。在被打压的时候，欧阳修曾经专门写过《朋党论》，辩称君子选择朋友是以"道义相同"为标准，而小人选择朋友是以"利益相同"为标准，皇帝应该区分二者之间的不同，不能因为君子们成为朋友就感到紧张。[2]

---

2 《朋党论》："臣闻朋党之说自古有之，惟幸人君辨其君子、小人而已。大凡君子与君子以同道为朋，小人与小人以同利为朋，此自然之理也。然臣谓小人无朋，惟君子则有之，其故何哉。小人所好者，禄利也，所贪者，财货也。当其同利之时，暂相党引以为朋者，伪也，及其见利而争先，或利尽而交疏，则反相贼害，虽其兄弟亲戚，不能相保。故臣谓小人无朋，其暂为朋者，伪也。君子则不然，所守者道义，所行者忠信，所惜者名节，以之修身则同道而相益，以之事国则同心而共济，终始如一，此君子之朋也。故为人君者，但当退小人之伪朋，用君子之真朋，则天下治矣。"

但即便如此，在改革派当权推进改革之时，他们仍然最避讳的是被当作党徒，而反对派们也不断地用"党徒"这个名字来影响皇帝的判断，如果反对派们成功，改革就必将失败。

就在这关键时刻，一位自视为改革派朋友的人却放了一炮，让人大跌眼镜，这人就是石介。

石介，字守道，是当时著名的学者。他年轻时曾经在北宋的南京（当时的应天府，现在的商丘）师从于范仲淹，因此自称是范仲淹的弟子。到了庆历年间，他当上国子监直讲。事实证明，石介是个颇具煽动能力的老师，他在这个职位上，把国子监变成清流之地，学生们从四面八方赶来听他的课，太学的兴盛从他开始。石介也由此结交了欧阳修等人，成为改革派的座上宾。

当夏竦被解职，杜衍成了枢密使之后，石介发现，他的老师范仲淹、推荐人杜衍、朋友欧阳修等人都成为当政者，于是心情大快，认为这个世界是最好的世界，皇帝是最好的皇帝，大臣是最好的大臣，一时兴起，写了一首拗口的《庆历圣德诗》。这首诗使用古词、古句，彰显其学究精神，而诗的内容则充满党派精神。其中他赞扬了皇帝的圣明，又赞扬了范仲淹为首的大臣们的改革，同时贬斥了他认为的那些奸臣（比如夏竦）。对当时人物如同数豆子一样点名道姓地进行渲染，让人一看，就产生了强烈的朋党印象。

这首诗一传开，就让改革派的大臣们感到不适，如同出了一个"猪队友"，不仅给自己找麻烦，还给改革带来了新的阻力。

石介的朋友孙复听说此事后认为，石介的祸端就要从这首诗开始了。

而最难过的是改革派的主将范仲淹，为了改革殚精竭虑的他突然听说了这首诗，感叹说：这个鬼怪怎么这么能坏事啊！ [3]

庆历新政持续了不到一年，就因为重重阻力而告罢，改革派的大臣们也纷纷外调，石介极力反对的夏竦却掌了权。

此时，石介再次"倒打一耙"，帮了夏竦的大忙。他秘密写信给改革派的富弼，自以为是地请富弼"行伊周之事"，也就是按照伊尹和周公的榜样行事（伊尹和周公分别是商朝和周朝的名臣，都曾经以摄政身份辅政）。石介这样提议，是把自己当成改革派的心腹幕僚，但夏竦掌权后，却以此为借口，说石介请富弼"行伊霍之事"。所谓"伊霍之事"，指的是按照伊尹和霍光的榜样行事（伊尹和汉朝的霍光都担任过摄政，并废除过昏庸的皇帝），所以，这就可以解释为石介请富弼另立皇帝。

虽然宋仁宗没有相信这件事，但范仲淹和富弼等人已经感觉到大事不好，继续待下去有性命之忧，在一片结党的疑虑中离开京城，他们外调了。

他们的外调，彻底结束了改革。

石介作为道学家最早的楷模被记入历史，他的榜样鼓舞了"二程"、朱熹等后来的道学家。他和胡瑗、孙复一起被称为"宋初三先生"。从中也可以看出，到了庆历时期，道学已经形成了一定的气候。关于胡瑗、孙复二人的成就在此我们不多谈，而分析最为强硬的石介，就可以看到未来道学的面目。

石介除了"帮助"改革派之外，理论上最主要的观点有：第一，反对佛教、道教；第二，建立道统。这两点都是从别人处得来的，谈不上

---

[3] 《宋史纪事本末·庆历党议》："范仲淹亦谓韩琦曰：为此鬼怪辈坏事也！"

创见，却由于他的倡导和细化，加上煽动式的教学，成了当时流行思想的一部分。

反对佛教、道教，源自唐朝的韩愈，石介要求禁止寺庙和佛道崇拜，认为它们是丧乱政治的源泉。[4] 当废除佛道之后，再用比佛道更加虔诚的心态去崇拜儒教和孔子，于是就有了"道统"一说。

道统的说法同样来自韩愈。韩愈认为，关于"道"的知识谱系，是由尧传给了舜，之后是禹、商汤、周文王、周武王、周公、孔子、孟子，所以这些人都是理解宇宙真理的先知。孟子之后，道统中断，导致了中国礼法的沦丧和邪门歪道的兴起。

石介在《徂徕集·尊韩》中将这个道统更加复杂化，如同道教罗列神仙体系一样，使之包括了伏羲、神农、黄帝、少昊、颛顼、尧、舜、禹、商汤、周文王、周武王、周公、孔子这些圣人。甚至在《徂徕集·与士建中秀才书》中，还使之包括了孟子、扬雄、王通（隋朝）、韩愈这些贤人。

这样，反对佛道，并以佛道为榜样建立起儒教自己的崇拜体系，就构成了卫道士形成的两个条件。当这两个条件都具备后，道学的组织根基就已经扎下。

石介之后，北宋的卫道集团发展加速，正式进入道学时期。

北宋的道学谱系

既然道统的传承已经定下，那么道学的主要内容又是什么呢？

---

[4] 《徂徕集·去二画本纪》："有老子生焉，然后仁义废而礼乐坏，有佛氏出焉，然后三纲弃而五常乱。呜呼！老与佛，贼圣人之道者也，悖中国之治者也。"

道学的主要内容是：它和汉朝儒教的理想一样，是宋朝的一套包罗万象的体系，从对于天地和自然的解释，到对人类社会的解释。

汉朝儒教将这个体系的核心放在"天人感应"上，而宋儒将这个体系的核心定在天理上。也就是整个世界都是在一套由天理概括的规矩中运行，从天地自然到人类社会都必须遵守这套规矩。

什么是"天理"？最早的"天理"就由周敦颐概括。后来的朱熹总结北宋理学时，提到"五君子"，认为道统在孟子之后就中断了，但是到了宋朝，道统重新恢复，而继承孟子道统的第一人，就是周敦颐。

最初韩愈将道统延续到孟子。而宋朝的新宗教则把道统的谱系又续上，延续到周敦颐。

周敦颐概括的"天理"的内容，在一篇叫作《太极图说》的小短文中，这篇文章只有两百多字，却是宋朝人对于自然、社会的最高认识成就。虽然以现代科学的眼光来看，这样的认识近乎荒谬，在宋朝却是最先进的。[5]

周敦颐认为，世界最高的主宰是太极，太极由无极而生。太极处于运动之中，就生出阳，运动到达极致，就进入动的反面，也就是静止，

---

[5] 《太极图说》全文："无极而太极。太极动而生阳，动极而静，静而生阴，静极复动。一动一静，互为其根。分阴分阳，两仪立焉。阳变阴合，而生水火木金土。五气顺布，四时行焉。五行一阴阳也，阴阳一太极也，太极本无极也。五行之生也，各一其性。无极之真，二五之精，妙合而凝。乾道成男，坤道成女。二气交感，化生万物。万物生生而变化无穷焉。唯人也，得其秀而最灵。形既生矣，神发知矣。五性感动而善恶分，万事出矣。圣人定之以中正仁义而主静，立人极焉。故圣人'与天地合其德，日月合其明，四时合其序，鬼神合其吉凶'，君子修之吉，小人悖之凶。故曰：'立天之道，曰阴与阳。立地之道，曰柔与刚。立人之道，曰仁与义。'又曰：'原始反终，故知死生之说。'大哉易也，斯其至矣！"

此时又生出阴。当静止到达极致之后，又会进入运动状态，一动一静，互相转化。

阴阳区分，就是两仪。而从两仪又生出水、火、木、金、土五气，五气按照规律运行，就生成春、夏、秋、冬四时。如果把五行合一，就回到阴阳这两仪；如果把阴阳合一，就回到太极。而太极就是无极，即无穷状态。

到此时，周敦颐说的是天理中的宇宙论，也就是从无极中如何生出阴阳、五行和四季。接下来，就是从天理中如何生出万物。

万物是从阴阳和五行之中生出的，它们的精华在无极之中凝结，形成乾、坤，也就是阳道和阴道，乾是男，坤是女，乾气和坤气交感，就生成万物。万物生成后，就可以依照乾坤交感的方法繁衍下去。

在这万物当中，人是最有灵性的，包括形体和精神两种状态。而五行的互相交感，又导致人能够区分善恶，从而产生出复杂的人类社会。五行还生出仁、义、礼、智、信，而圣人又以仁、义为最高标准，这个标准对应于静，而静，则是人类社会的终极目标。

整体而言，周敦颐的体系，是一个从无极到太极，到宇宙，再到万物，最后到人类社会的一个转化、影响的过程。在人类还没有学会科学观察和验证之前，这套假说不比其他理论更正确，也不比其他理论更错误，谈不上唯物或者唯心。

周敦颐的体系已经包罗万象，但在传给朱熹之前，还又得到另两位"道统"的补充。这二人就是邵雍和张载。在未来，人们谈到道统时，会认为道统从孟子传到北宋的周敦颐、邵雍和张载，再传给"二程"，最后传给南宋的朱熹。而朱熹再次被给予"最后的先知"的地位。

周敦颐的理论代表了道学的正统一系。而在理论构建上，邵雍则代表了更加神秘主义的一系。

在古希腊历史上，有一个以毕达哥拉斯为代表的派别，对于数字到了近乎痴迷的地步，认为世界的一切都可以通过数字来构造。而在中国的阴阳家谱系中也有这样的传统，他们认为万物之间的一切联系都是数字化的。这派阴阳家以邹衍为代表，后来被董仲舒吸纳进"天人感应"理论之中，又被道教所继承，到了北宋又传给邵雍。

邵雍的理论试图用数字来解释万物，进行推演，是周敦颐无极—太极—两仪—五行的复杂化。从太极生出两仪，这里的两仪是动和静，从动和静，又生出四象，即柔、刚、阴、阳，从四象又生出了八卦，即太柔、太刚、少柔、少刚、少阴、少阳、太阴、太阳。

这"一二四八"的数字又对应于真实世界中存在的不同事物。比如，四象对应于日、月、星、辰和水、火、土、石，而八卦则对应于雨风露雷、夜昼、寒暑、走兽飞禽、草木、体形情性、声色味气、口鼻耳目这八种自然属性。

通过这样的附会，就可以利用八卦进行推演，邵雍认为宇宙真理的极致，就是用这些概念可以推演世间的万事万物，获得完美的知识。[6]

除了邵雍这样对数字痴迷的人之外，张载对于道学的最大贡献则是他对人类社会伦理的系统化。后来的道学家之所以特别推崇他，大多是因为一篇小小的文章。

---

6 邵雍著作《皇极经世》，所谓皇，指的是"至大"；所谓极，指的是"至中"；所谓经，指的是"至正"；所谓世，指的是"至变"。

张载曾经在他书房的东窗上写了一篇小文叫《砭愚》，在西窗上写了一篇《订顽》，后来这两篇改名为《东铭》和《西铭》。而《西铭》一篇由于说明了人类社会的伦理而受到了道学家的推崇，可以和周敦颐的宇宙论互为补充，产生一个既包括宇宙也包括人间的完整理论。

张载认为：乾、天、父是同一个概念，坤、地、母是另一个概念，人类就是天地父母所生，居于中间。天地之中是人类的体，而天地之帅是人类的性情。所以，人民是我的同胞，而万物则是我的同伴。

这样，张载就把人间和天地（自然界）打通了，认为世间万物都是一家子。所谓皇帝（大君），就是天地的宗子，而大臣就是宗子的家臣。在这一家子当中，人们应该尊老爱幼，崇圣敬贤，照顾那些需要照顾的人。[7]

在周敦颐、张载和邵雍三家之中，朱熹虽然认为他们都进入道统谱系，但对待他们三人的学问又是有区别的。其中周敦颐被认为是继承了孔孟嫡传的人，而张载则由于生活在陕西地区，与北宋主要学术区域中原有距离，被朱熹认为与"宇宙真理"较为疏远一些。至于邵雍一系，由于他过于痴迷于术数，又更加疏远一些。

---

[7] 《西铭》全文："乾称父，坤称母；予兹藐焉，乃混然中处。故天地之塞，吾其体；天地之帅，吾其性。民，吾同胞；物，吾与也。大君者，吾父母宗子；其大臣，宗子之家相也。尊高年，所以长其长；慈孤弱，所以幼其幼；圣，其合德；贤，其秀也。凡天下疲癃、残疾、茕独、鳏寡，皆吾兄弟之颠连而无告者也。于时保之，子之翼也；乐且不忧，纯乎孝者也。违曰悖德，害仁曰贼，济恶者不才，其践形，惟肖者也。知化则善述其事，穷神则善继其志。不愧屋漏为无忝，存心养性为匪懈。恶旨酒，崇伯子之顾养；育英才，颍封人之锡类。不弛劳而厎豫，舜其功也；无所逃而待烹，申生其恭也。体其受而归全者，参乎！勇于从而顺令者，伯奇也。富贵福泽，将厚吾之生也；贫贱忧戚，庸玉汝于成也。存吾顺事，没吾宁也。"

在这三家之外，北宋还有司马光和苏轼两家，司马光主要从历史的角度解读现实，而苏轼则试图融合儒、道、释三家。道学家们和司马光很亲近，因为他们共同反对王安石变法，却对司马光的学问带着轻视，虽然从对人类社会的贡献来看，司马光的《资治通鉴》要比他们的道学著作更加著名，也更加有价值。而对苏轼，道学家们大都认为这是一个异类而加以摒弃。

在北宋时期，还有两个人是道学家的最为推崇的，他们是程颢和程颐兄弟。

互相吹捧的"道统兄弟"

宋哲宗元祐三年（公元1088年），随着王安石新政被废除，司马光等反对新政的人得到重用。在这一批大臣之中，还有一位道学家混迹其中，他就是程颐。

程颐此时已经年过五十，被授予崇政殿说书的职位。在此之前，人们屡屡推荐，他却都没有被皇帝重用，直到这一次，司马光、吕公著等人极力推荐他，并说他崇尚古代、安贫守节，是圣世的逸民等等，皇帝终于给了他服务朝廷的机会。

司马光之所以如此推崇程颐，是因为司马光在被王安石排挤退居洛阳时，和当地的文人接触甚密，而程颐和他的哥哥程颢当时就在洛阳教书。当司马光执政后，程颢已经去世了，弟弟程颐也就受到司马光等人的青睐。

程颢死前已经是中原的文人领袖之一，由于门徒众多，且不少人当官,影响力颇大。但是,在程颢死前,人们虽然认为他的影响力很大,却并不把他当作唯一的道学家。他死后,名声反而越来越大,因为有人把他列入道统谱系,号称:周公死后,圣人之道就不再通行,而孟子死后,圣人之道连传人都没有了,人们糊里糊涂地过了一千多年,才突然出了个"程圣人",此人继承孟子,开创了当代圣世。

这些话之所以有影响力,是因为一旦一个人说过之后,就有越来越多的人重复,直到最后把它当作真理。

而第一个这样说的人,就是程颐。[8]结果,程颐不仅把哥哥捧上天,他本人也继承了哥哥的道统,成了人们崇拜的对象。

程颐成为大臣后,果然起到了发扬道学的作用。他穿着庄重,带着"面瘫"的表情,总是不断地施加影响力。一天,皇帝在宫中盥洗,发现有只蚂蚁,怕把蚂蚁弄伤了,就故意避开。这件事被程颐知道了,他连忙问皇帝有没有这件事,皇帝回答说有,是怕伤了蚂蚁。程颐连忙说:这就对啦,你不伤蚂蚁这件事,就是所谓的"道",如果把这个"道"推到整个世界,你就是最佳帝王了!

还有一次,皇帝凭栏观望时,随手想折柳枝,程颐却劝阻说:现在是春天,是万物生长和谐共处的时候,你折树枝,就是伤了天地的和气。

---

[8] 《宋史·程颢传》:"其弟颐序之曰:'周公没,圣人之道不行;孟轲死,圣人之学不传。道不行,百世无善治;学不传,千载无真儒。无善治,士犹得以明夫善治之道,以淑诸人,以传诸后;无真儒,则贸贸焉莫知所之,人欲肆而天理灭矣。先生生于千四百年之后,得不传之学于遗经,以兴起斯文为己任,辨异端,辟邪说,使圣人之道焕然复明于世,盖自孟子之后,一人而已。然学者于道不知所向,则孰知斯人之为功;不知所至,则孰知斯名之称情也哉。'"

程颐的劝谏总是充满了这类"心灵鸡汤",却对治理国家的实务经验一窍不通,结果遭到某些人的嘲笑。嘲笑最厉害的,就是刚刚被调回京城的翰林学士苏轼。

和程颐的道学相比,苏轼更看重治国的实际能力,对于板着脸说话不感兴趣,程颐的"面瘫"自然也成了他嘲笑的对象,那些所谓的"心灵鸡汤"自然也不能幸免。

一天,程颐的推荐人司马光死了,那一天恰好有一场庆典活动,百官不得不首先参加庆典,然后再相约一起去吊唁司马光。就在大家都准备出发时,程颐突然板着脸跳出来,说不能这样做。众人问为什么,程颐找出古书来一板一眼地说:这是孔夫子的规矩,他如果当天哭过(有悲伤的事情),就不再唱歌(参加喜事)了。

听完程颐的话,人们纷纷开始调侃他。有的人说:孔夫子当天哭过就不唱歌,可是我们是先唱歌再去哭,和孔夫子的情况正相反,怕什么?

最能说的还是苏轼,他说:这种破礼仪一定是当初叔孙通那个死鬼定的![9]孔子是通人情的,怎么会定这种乱七八糟的规矩!

之后,程颐的党徒开始排挤苏轼,最终却导致程颐的离职。

苏轼和程颐的争议,可以被看成道学派和实务派之间的争议。苏轼主张世俗化,对于实际问题实际处理,不要动不动就上升到道德或者理论高度。而程颐则认为,不管什么事情,大到治理国家,小到吃饭拉屎,必须首先高屋建瓴地看到事情的实质,再进行选择。但他对于理论高度

---

9 《宋史纪事本末·洛蜀党议》:"颐在经筵,多用古礼,苏轼谓其不近人情,深嫉之,每加玩侮。方司马光之卒也,百官方有庆礼,事毕欲往吊,颐不可,曰:子于是日哭则不歌。或曰:不言歌则不哭。轼曰:此枉死市叔孙通制此礼也!二人遂成嫌隙。"

的把握过高，往往忽略了处理实际问题的能力。

为了强调自己理论的重要性，程氏兄弟认为，天下的学者可以分为三类，分别是：文士、讲师和知道者。文士，指的是能文的人，也就是精通除了道学之外文化的人。与程颐争执的苏轼自然会被划成这一类，这一类是学者的最低级类。讲师，指的是阅读儒经、进行训诂的人。这一类人已经懂得儒经，却并不了解儒经背后的深意，按照划分，宋朝以前的儒家学者，以及宋朝不属于"二程"流派的儒家学者（比如王安石、司马光等人）都会被划归这一类。最后一类是所谓懂得道的人，这一类人自然也就是程氏门徒。

由于有了"道"，程氏门徒就进入另一个境界，在这个境界之中，人们首先想的不是实际问题，而是根据世间的事物，首先寻求其背后的"道"——天理，在找到天理之前，人们是没有资格谈论政治的。

在程氏的划分中，政治是外，天理是内，求学必须求之于内，而不能求之于外。所以，考察政治得失，在于考察人的道德，人的道德又在于是否符合天理。通过这样的约束，理学就带上了深深的形而上的味道，放弃了对实际世界的了解。

只有知道了这个框架，我们才明白宋朝的理学为什么走入封闭的圈子，其门徒忙不迭地追究所谓天理，却忽视了人间的实务。

北宋的后期一直处于外部环境的逐渐恶化之中，为了应对这样的恶化，北宋王朝想出了种种办法来增加财政，直到引起社会崩溃。而另一方面，更多的士大夫却一直处于观望、唱高调和幸灾乐祸之中，他们由于受到蔡京等人的排挤，也乐于看着皇帝越来越捉襟见肘地应付着局势，直到垮台。

随着北宋的倒台，以蔡京为代表的实务派变得臭名昭著，"二程"的门人再次得势，此时他们作为反对和议派出现。宋高宗时期，曾经以赵鼎为相，赵鼎起用了大批程氏徒子徒孙。[10] 赵鼎是南宋贤相中坚决反对和议的人，程氏门徒此时也因为华夏和蛮夷的大义而反对和议。

赵鼎被秦桧排挤后，秦桧将程氏门人打入冷宫，直到宋孝宗时期才再次起用。不过，在北宋末期和南宋初期，程颐的门徒已经声势浩大，足以左右政治格局。清谈之士口口声声言必伊川，已经成了时尚，这也是理学将统治天下的前兆。[11]

最后的"先知"

宋宁宗庆元元年（公元1195年），宋朝的理学经历了最后一次"山雨欲来风满楼"的威胁。这一年是宋宁宗上台的第一年，一位叫作韩侂胄的主战派权臣取代主和的赵汝愚，开始执政。

韩侂胄为了建立自己的势力，大肆排挤大臣，而首位倒霉的人，竟然是个名叫朱熹的小官。韩侂胄没有料到的是，他的这次排挤，反而成了理学主宰政坛的前奏。

---

10 《建炎以来朝野杂记·甲集·赵元镇用伊川门人》："赵元镇初相，喜用程伊川门下士，当时轻薄者遂有伊川三魂之目，谓元镇为尊魂；王侍郎居正为强魂，以其多忿也；谓杨龟山为还魂，以其身死而道犹行也。"

11 《宋史纪事本末·道学崇黜》："（宋高宗绍兴六年十二月，左司谏陈）公辅上疏言：今世取程颐之说，谓之伊川之学，相率从之，倡为大言，谓：尧、舜、文、武之道，传之仲尼，仲尼传之孟轲，孟轲传之颐，颐死遂无传焉。狂言怪语，淫说鄙论，曰：此伊川之文也。幅巾大袖，高视阔步，曰：此伊川之行也。师伊川之文，行伊川之行，则为贤士大夫，舍此者非也。诚恐士习从此大坏，乞禁止之。"

在宋宁宗之前的两位皇帝宋孝宗和宋光宗时期，对于理学的排斥时有发生，之所以排斥，主要原因是理学过于迂腐，缺乏对于实际政治的治理能力，而朝廷需要的是有实务经验的技术派官员。

比如，宋孝宗淳熙五年（公元1178年），侍御史谢廓然就曾经提议禁止周敦颐和王安石的学说，认为性理学说是浮言游词，饰怪惊愚。[12]

五年后，监察御史陈贾又请皇帝禁止道学，这次禁止主要针对当时道学的领军人物朱熹。朱熹在当浙东提举常平时，曾经上书弹劾台州知州唐仲友，而唐仲友是当朝宰相王淮的同乡和姻亲，王淮于是让监察御史陈贾上书禁止道学。

虽然这件事带有报私仇的成分，但是陈贾奏章里提到的道学的缺点却是实实在在的。他认为，天下之人所学圣人的道理都应该是相同的，如果有人总是标新立异地说自己的道学不同于别人，时时刻刻总是创造所谓的道统抬高自己，则必定是假借圣人的名号来行伪学之实。[13]

又过了五年，朱熹被招为兵部郎官，再次遭到上级兵部侍郎林栗的排斥。林栗认为，朱熹的学问来自张载和程颐，却四处招揽门生，徒有虚名。此次林栗的打击让与朱熹政见相左的叶适也看不下去了，但仍然未能挽救朱熹的仕途。

---

12 《宋史·孝宗纪》："五年春正月辛丑，侍御史谢廓然乞戒有司毋以程颐、王安石之说取士，从之。"

13 《宋史纪事本末·道学崇黜》："臣窃谓天下之士所学于圣人之道未尝不同，既同矣，而谓己之学独异于人，是必假其名以济其伪者也。邪正之辨，诚与伪而已矣。表里相副，是之谓诚。言行相违，是之谓伪。臣伏见近世士大夫有所谓道学者，其说以谨独为能，以践履为高，以正心诚意、克己复礼为事。若此之类，皆学者所共学也，而其徒乃谓己独能。夷考其所为，则又大不然，不几于假其名以济其伪者耶。"

然而，朱熹的转折点似乎在宋宁宗时期到来。宋宁宗庆元元年（公元1194年），宋宁宗即位后，招揽朱熹担任焕章阁待制兼侍讲。他之所以得官，是因为宋宁宗在当嘉王的时候，就常听他的老师黄裳夸奖朱熹，并用道学的理论武装嘉王。宋宁宗即位后，朱熹似乎也会跟着飞黄腾达。

但就在这时，朱熹一生中最大的障碍出现了。在担任侍讲时，朱熹劝说宋宁宗要学会尊重大臣，不要独断专行，否则，皇帝看似独断，却可能让一两个大臣窃取了权力，造成所谓的"主威下移"。

朱熹之所以说这些话，都是针对刚刚获得权力的外戚韩侂胄。韩侂胄听说之后，迅速做出反应，认定朱熹是敌人，展开排挤道学的运动。

韩侂胄首先请戏子穿上大袍子，戴上大帽子，装作道学模样，等皇帝看到，又乘机进言朱熹这样的道学毫无用处。果然皇帝听信了韩侂胄的话，将朱熹贬斥。之后，韩侂胄又让其党羽刘德秀以考绩为名，将尊崇道学的大臣一一拿下。

第二年，端明殿学士叶翥负责科考事宜，他和刘德秀一起规定，凡是在科考中使用道学理论的，一概不能录取。年底又罢了朱熹的官。

第三年，韩侂胄开始仿效北宋徽宗年间的"崇宁党禁"，制定了五十九人的名单，对于这些人不得任用。在这五十九人中，包括宰执级别的四人（以赵汝愚为首），待制级别的十三人（以朱熹为首）。这就是历史上有名的"庆元党禁"。

从规模和烈度上来说，"庆元党禁"的杀伤力远小于当年的"崇宁党禁"。"崇宁党禁"是新党与旧党你死我活的斗争，不仅禁止本人当官，还断了子孙后代的仕途，对党人的著作也悉数销毁，党禁一直持续到宋徽宗末年。

而"庆元党禁"持续时间很短,力度也小。由于韩侂胄只是为了消灭反对派,一旦达到目的,就随即放松党禁,更无力禁止道学学问的传播。

事实上,"庆元党禁"除了党派斗争之外,有其合理性。道学发展过剩,导致南宋已经出现空谈道德的倾向,实务派们本身就有一种清理"夸夸其谈"的要求,只是借助此事一起发泄出来。

另外,这一次事件本身也是一次主战派和主和派的争斗。虽然朱熹持有主战立场,但是他的朋友赵汝愚等人是主和派,主战派打击朱熹,实际上是为了打击背后的赵汝愚,消灭主和势力。

但韩侂胄没有想到的是,他实施的党禁不仅没有起到打击道学的目的,反而助长了它的传播。当人们听说党禁之后,立刻想到的是上次党禁("崇宁党禁")中,被禁止的人后来都成了英雄,而禁人者反而成了奸臣,再回过头看待这一次党禁,也同样认定是好人受到打压。

至于暂时得势的主战派则输得更惨。韩侂胄打击完道学,为了讨好主战派,决定发动战争。但作为投机分子,韩侂胄针对北伐的准备工作却一塌糊涂,导致战场上的惨败。到最后,就连韩侂胄本人,由于金国要他的脑袋,皇帝也不得不下令杀了他以满足金人的要求。

于是,在这场危机过后,道学家们发现,他们已经处在胜利的边缘。当初被迫害的朱熹,不管他有什么缺点,都已经不存在了,人们记得的只是他是一代宗师,是继承了孔孟和"二程"道统的大圣人,一个神话被确立。于是,南宋还没有终了,以朱熹为标志的道学系统就已经成了主流。

按照辈分,朱熹是"二程"的三传弟子,"二程"最得意的弟子中,有一个人叫杨时,杨时的弟子中有一人叫罗从彦,罗从彦的弟子中有一人叫李侗，朱熹就是李侗的弟子。

朱熹的批评者说，朱熹的理论几乎没有什么原创性，只是将周敦颐、张载、"二程"的理论进行综合，重新包装一遍，再用这些理论对四书五经进行注释，使之看上去更适合理学。这种说法基本上是事实，但朱熹的功劳在于，他将综合后的理学定形了，传播了，光大了，让理学成为社会大多数人的信念。

我们不妨在此将整个理学体系再叙述一遍。

在宇宙论上，朱熹基本上继承了周敦颐的《太极图说》，认为万事万物之中蕴含着一个总的道理，这个道理就是世界的本质。我们可以这样理解：一把扇子蕴含着扇子的道理，一把椅子包含了椅子的道理，如果再把扇子和椅子这两个道理进行抽象，又可以得到一个更高级的道理，把世界上所有的道理一直这样抽象下去，最终会得到一个最高的道理，这就是理学家要找的天理。天理反映在人身上，就是所谓性（人性）。

天理的另一个名字叫太极，太极从无极而生，又生出阴阳两仪。从两仪又生出五行。其中太极是所谓理，而两仪是所谓气，五行则是所谓质，我们可以把理理解为规律，而气可以理解为抽象的物体，质就是实际的物体。

气这个概念是朱熹从张载处得来的，是联系天理与实际宇宙的连接点。世界万物都是气运动的结果，天地也在围绕着宇宙中心转动，在转动的过程中，浊气下降成了地，而更加轻盈的气则变成九重天，这几重天越往上越轻，直到变得没有重量，没有形质。而日、月、星、辰则是气的精华，最纯正的气。

天理之所以和人间连起来，是因为五行和人类社会的五常（仁、义、礼、智、信）对应，仁、义、礼、智、信之中，又以仁为首，而《孟子》主要说仁，所以，朱熹将天理与孟子的仁又联系起来。

另外，之所以天理在人世间各种事物中都有表现，是因为"理一分殊"，也就是理是一个，表现形式却是多样的。

人类如何学习理，如何识别多样却又统一的理呢？下面我们就进入方法论。这个方法叫作"格物致知"，是从"二程"继承来的理论。所谓"格物"，指的是对事物进行观察，穷尽其理；所谓"致知"，就是获得真理的过程。"格物致知"则是通过穷极物理达到真理，再用真理来指导行动的过程。

程颐当年教导皇帝时，总是希望皇帝从一件小事出发来发现宇宙真理，再利用宇宙真理统治国家，就是用的这种理论。

经过格物之后，程颐和朱熹都得到了最后的"知"，这个"知"（天理）对应于人类就是三纲五常和儒教传统。人们为了实践这个天理，必须消灭人的气质之性，而发扬天命之性。

在进行格物致知时，朱熹终于有了一个独创性的观念：为什么格物一定能够致知，这是因为，人的心分成了"道心"（也叫"天命之性"）和"人心"（也叫"气质之性"）两部分。所谓"道心"，就是能够觉察"道"的心，而人心则是做一般性思考的心，也就是普通的心。

朱熹对孟子的人性善理论进行了改造。孟子认为，人性是善的，而朱熹认为，人性分为天命之性和气质之性，其中道心（天命之性）体悟了天理，所以肯定是善的，但是每个人蕴含的道心有多有少，表现不同，这具体的表现就是人心。道心虽然是善，但人心却有可能善，也有可能恶。

人类追寻天理的过程，就是要找到所谓的道心、天命之性，而消灭人心、气质之性，这就是"存天理、灭人欲"的理论基础。

到最后，对于天理的追求不仅没有带来思想的解放，却带来了人性的束缚，这或许是人类最大的不幸。

朱熹对于理学的贡献，除了他将这些理论综合起来之外，还在于将它们放入儒教的经典著作之中。北宋时期的诸位道学家在发挥自己学说时，往往天马行空，没有紧扣儒教经典。到了朱熹，才开始逐字逐句地将新的理论与儒教经典对照起来。朱熹在一生中几乎将儒教经典注了个遍，他对四书的推崇使得它们超越了五经。

在宋朝之前，人们提起儒教著作，首先想到的是孔子参与编撰的五经。宋朝以后，四书的重要性比五经更高，特别是《大学》之中对于格物致知的解释，以及《中庸》中体现的生活态度，它们都成了理学必不可少的组成部分。

第十六章　从道学到大一统[1]

宋朝的政府控制力不强，如果宋朝不灭亡，那么道学还无法取得控制一切的权威。但宋朝灭亡之后，上台的元朝在哲学和文化上比较落后，它对于南宋哲学和科举的照葫芦画瓢，最终确立了道学在哲学上至高无上的地位。

在辽金元时代，科举仍然显得幼稚，且时断时续。明朝完整的考试体系以及僵化的课本，终于将隋朝建立的科举制度，从在唐朝的灵活运用，变成了明清的八股文。

从受迫害到被尊崇，形势反转得如此之快，不管是道学家们，还是他们的对手，都没有料到。

宋宁宗嘉定四年（公元1211年），道学被禁十五年之后，人们已经开始热情地呼吁恢复道学的地位，甚至要将它确立为政权的统治思想。

事实上，恢复道学的思潮从韩侂胄活着的时候就已经开始，韩侂胄

---

[1] 本章涉及的时间范围是公元1200—1506年。

禁止道学几年后，就意识到自己树敌太多，开始有意识地放松管制。

但道学真正的解放，却源于韩侂胄在四年前的死亡。由于北伐失败，金军要皇帝用韩侂胄的人头换和平，韩侂胄被杀后，人头被送往北方。之后，南宋以岁币增加50%（银三十万两、绢三十万匹），并一次性补助对方三百万贯的代价换得和平。

韩侂胄死后，皇帝放弃了优化改革，南宋进入僵化等死的阶段。皇帝意识到与其追随改革派的进取之心，不如采纳道学家的方法，将人们的注意力从现实政治中引开，去讨论那些天理问题。这种姑息疗法使得道学再次得势。

嘉定初年（公元1208年），著作佐郎李道传上书请求尊崇道学，他的提议包括：重用道学人才、提倡道学著作、尊崇死去的道学家（"二程"、邵雍、张载、朱熹）。但这一次，皇帝仍然无法从变化中回过味来，他的建议没有被采纳。[2]

几年后，据《宋史·魏了翁传》记载，潼川府路提点刑狱魏了翁再次提议尊崇"二程"和周敦颐。这一次皇帝开始认真考虑该问题，他下令给"二程"、周敦颐、张载加谥号，算是对道学的一次承认。

宋宁宗由于参与了对道学的禁止，还磨不开面子，无法全面废除自己之前的政策，对于朱熹仍然不闻不问。他死后，宋理宗继承皇位（宋宁宗

---

[2] 《宋史·李道传传》："迁秘书郎、著作佐郎，见帝首言：'忧危之言不闻于朝廷，非治世之象。今民力未裕，民心未固，财用未阜，储蓄未丰，边备未修，将帅未择，风俗未能知义而不偷，人才未能汇进而不乏。而八者之中，复以人才为要。至于人才盛衰，系学术之明晦，今学禁虽除，而未尝明示天下以除之之意。愿下明诏，崇尚正学，取朱熹《论语》、《孟子集注》、《中庸大学章句》、《或问》四书，颁之太学，仍请以周敦颐、邵雍、程颢、程颐、张载五人从祀孔子庙。'"

无子,宋理宗只是他的养子),这位养子开始大刀阔斧地废除先皇的政策。

宋理宗宝庆三年(公元1227年),据《宋史·朱熹传》记载,宋理宗追赠朱熹为太师,追封信国公,后改封为徽国公。

宋理宗淳祐元年(公元1241年),更是能让道学家们大书特书的一年,这一年,宋理宗将周敦颐、张载、"二程"、朱熹送入孔庙,享受从祀的待遇。与此同时,原本从祀的王安石则被请出孔庙。朱熹的著作《四书集注》也成了官员们的必读书,确立了未来在科考中的统治地位。³

宋朝的文庙制度发展,可以看作政治斗争的延续。历朝历代在供奉孔子时,除了在大殿里供奉孔子像之外,还一起供奉孔门弟子和历代先贤。这些人又被分成三个等级,第一个等级叫配享,一般只有对儒教贡献最大的一人到数人能享有这样的待遇,这些人的塑像比孔子的塑像要小,位于孔子塑像两侧面南背北,共同享受香火。第二个等级叫从祀,列入这个等级的人也有塑像,位于孔子塑像两侧的东西厢,东面的面朝西方,西面的面朝东方。一般享受塑像待遇的,是孔子最著名的弟子以及后来对儒教贡献很大的学者。第三个等级也叫从祀,却没有塑像,只有画像,位于大堂周围的东西走廊内。⁴

宋朝最初享受配享的只有孟子一人,而从祀有塑像的,是孔子最著

---

3 《宋史·理宗纪》:"(淳祐元年春正月)甲辰,诏:'朕惟孔子之道,自孟轲后不得其传,至我朝周敦颐、张载、程颢、程颐,真见实践,深探圣域,千载绝学,始有指归。中兴以来,又得朱熹精思明辨,表里浑融,使《大学》、《论》、《孟》、《中庸》之书,本末洞彻,孔子之道,益以大明于世。朕每观五臣论著,启沃良多,今视学有日,其令学官列诸从祀,以示崇奖之意。'寻以王安石谓'天命不足畏,祖宗不足法,人言不足恤',为万世罪人,岂宜从祀孔子庙庭,黜之。丙午,封周敦颐为汝南伯,张载郿伯,程颢河南伯,程颐伊阳伯。"
4 宋朝文庙制度参考《宋史·礼志·文宣王庙》。

名的十位弟子,号称"孔门十哲",其余有画像的还有孔门七十二弟子,以及历代命儒二十一人。孔子的封号是"至圣文宣王"。

宋神宗熙宁年间,王安石改革之时,封孟子为邹国公,颜回为兖国公,享受配享待遇。同时,增加荀子、扬雄和韩愈三人享受从祀(画像)待遇。

宋徽宗崇宁初年(公元1102年),新党在蔡京的聚合下重新执政,为了加强凝聚力,他们开始神化王安石,把王安石说成当代圣人,结果荆国公王安石也加入配享行列,和颜回、孟子一起被塑在孔子身旁。

宋徽宗政和三年(公元1113年),又追封王安石的儿子王雱为临川伯,让他也加入从祀(画像)行列。到此时,孔庙之中一共有配享三人、从祀(塑像)十人、从祀(画像)九十七人。

但王安石配享的时间是短暂的。到宋徽宗下台后的宋钦宗靖康元年(公元1126年),道学家们开始反攻,"二程"的重要弟子、右谏议大夫杨时请求剥夺王安石配享的权利,最后皇帝下诏,把王安石从配享降为从祀。

南宋孝宗淳熙四年(公元1177年),王安石之子王雱的画像被逐出孔庙。

宋理宗时期,道学家们终于得势,此时的主战派和改革派已经彻底失去市场,王安石也就被请出孔庙。具体来说,宋理宗淳祐元年(公元1241年),皇帝借着考察太学的机会,废除王安石,同时把道学家周敦颐、张载、程颢、程颐、朱熹请入孔庙,列于从祀的地位,这是朱熹第一次进入庙堂。宋理宗景定三年(公元1262年),从祀的名单中又加入张栻和吕祖谦。

宋度宗咸淳三年(公元1267年),封曾参为郕国公,孔伋(子思为沂国公，二人和孟子、颜回一起享受配享的待遇。到此时，配享一共四人，从祀（塑像）十人，而从祀（画像）一百零四人。由于后世统治者都继承了宋朝的理学，配享就再也没有变化，直到今天，孔庙中仍然是这四人配享。到了元朝，据《元史·祭祀五》记载，封颜回为兖国复圣公，曾参为郕国宗圣公，孔伋为沂国述圣公，孟子为邹国亚圣公，"四圣"的名称就来源于此。从祀的名单仍然有所变化，皇帝根据兴趣或删或加，但规模基本上保持下来。

宋朝的灭亡对道学来说，也是一种幸运。如果宋朝仍在，其内部斗争迟早会激化，随着道学变得越来越无力改善政治和社会，道学说不定还有被废除的那一天。但宋朝灭亡后，作为继任者的元朝当时还没有能力辨别道学的优劣，只能一味地接受传统，这使得道学固化在制度之中。明朝这个保守的朝代为了控制社会，更是继承了元朝的制度和统治思路，将道学神化成统治哲学，并禁锢古代中国数百年。

辽金：选择前朝课本

与通常认为古代中国是十几个朝代的循环不同，本书认为古代中国从汉朝以来的大一统历史实际上分成三个大的周期。[5] 第一周期从秦汉延续到南朝，经历秦、西汉、新莽、东汉、三国、两晋、南朝（宋、齐、梁、陈）共十三个政权，这个周期中的财政、经济、政治制度都是连续变化的，每一个政权都继承了前朝的制度，在此基础上发展，直到南朝陈，

---

5 参见本书作者的另一本书《财政密码》。

这一套制度体系才随着政权毁灭。

第二周期从北朝的北魏开始，北魏建立制度后，由东魏、西魏、北齐、北周继承，并由北周传给隋唐，经过五代，直到两宋后垮台，一共经历了十四个政权。

第三周期从辽开始，经过金、元，到明、清，一共经历了五个政权。宋朝的道学之所以能够统治第三周期，恰好在于它出现在第二周期的末尾，在第二周期灭亡之前上升为统治哲学。而第三周期的政权多是北方游牧民族建立的，他们在汉化的过程中，将前一周期中的统治哲学照搬，结果道学固化成第三周期的思想基础。又由于第三周期各个政权的保守性，道学（理学）越来越僵化，成了禁锢人们思想的牢笼。

在第三周期中，最早尝试利用儒教进行统治的是辽。在唐灭亡之后、北宋建立之前，辽太祖耶律阿保机统治契丹时期，其大儿子耶律倍就是一个汉化派，试图依靠儒教来统治契丹人。根据记载，阿保机曾经问部下：作为国君应该敬奉天地诸神，可是神灵宗教众多，我应该首先尊崇哪一个呢？

大部分人都认为应该学习其他游牧民族的做法，敬奉佛教。但阿保机否决了，认为佛教不是中国本土宗教。

这时，耶律倍说：中国最大的圣人是孔子，已被供奉万世，我们既然要占领中原，就应该首先敬奉孔子。[6]

耶律倍虽然最终没有继承皇位，却将儒教引入契丹，从此，辽国兴

---

6 《辽史·义宗倍传》："时太祖问侍臣曰：'受命之君，当事天敬神。有大功德者，朕欲祀之，何先？'皆以佛对。太祖曰：'佛非中国教。'倍曰：'孔子大圣，万世所尊，宜先。'太祖大悦，即建孔子庙，诏皇太子春秋释奠。"

建孔子庙，并由太子率领年年祭祀。

辽朝由于是初创王朝，许多制度都很原始，比如，辽国也采取了唐朝的进士科考法，但由于各种杂项的官员太多，官员中进士比例最高不过三成。[7]

辽朝灭亡后，北方进入了金的统治时期，其制度比起辽朝已经相对完善，科考法则也模仿唐朝和宋朝的做法。不过，金国的科考与唐朝更为相近，不仅考儒经，也考文章和词赋，以及其他专科。[8]

金朝的考试分为词赋、经义、策论、律科、经童，后来又创造了女直进士，也就是专为女真人开设的，还曾经加过制举宏词科，为那些非常之士开辟门路。所以金国的考试一共是七科。在这七科当中，词赋、经义、策论三科的中选者被称为进士。律科、经童两科的中选者被称为举人。考试分成四等，分别是乡试、府试、省试、殿试，四次都考取了，就授予官职。

政府开设的学校包括几类，最早开设的是国子监，后来又设太学。地方上则有府学和州学，形成相对完善的学习体系。金朝的教育制度之所以能够如此完善，是因为它在北方继承了北宋的疆域，也继承了北宋的人才。

至于所用课本，由于理学还没成气候，金朝的科举大都是沿用前人的课本。这些课本以五经、史学为主，加上少量的其他典籍（《老子》《荀子》《扬子》）。这里也可以看出金朝的另一个倾向：没有自己独立的哲学

---

[7] 《金史·选举志》："辽起唐季，颇用唐进士法取人，然仕于其国者，考其致身之所自，进士才十之二三耳。"

[8] 本书所谈的金国考试制度参见《金史·选举志》。

系统，以拼凑前人的资料为主。到了后期，可能由于组织难度，甚至把经义和策论科目都取消，只用词赋来录取人才。由于词赋是最简单的，这样的考试方法实际上是放宽了人才录取的标准。

表9 金国课本使用情况[9]

科　目	注　本	注本产生的朝代
《易》	王弼、韩康伯注	曹魏、晋
《书》	孔安国注	汉
《诗》	毛苌注、郑玄笺	汉
《左传》	杜预注	晋
《礼记》	孔颖达疏	唐
《周礼》	郑玄注、贾公彦疏	汉、唐
《论语》	何晏集注、邢昺疏	曹魏、宋
《孟子》	赵岐注、孙奭疏	汉、北宋
《孝经》	唐玄宗注	唐
《史记》	裴骃注	南朝
《前汉书》	颜师古注	唐
《后汉书》	李贤注	唐
《三国志》	裴松之注	南朝
《晋书》、《宋书》、《齐书》、《梁书》、《陈书》、《后魏书》、《北齐书》、《周书》、《隋书》、新旧《唐书》、新旧《五代史》		
《老子》	唐玄宗注疏	唐
《荀子》	杨倞注	唐
《扬子》	李轨、宋咸、柳宗元、吴秘注	隋、唐

金虽然没有形成完整的哲学体系，但皇帝已经非常重视儒教。对

---

[9] 材料来自《金史·选举志》。

于儒教最重视的是金熙宗皇帝，南宋绍兴七年、金天眷三年（公元1140年），金和南宋刚形成了稳定的疆界不久，金熙宗就学着宋朝的样子，封孔子的后代为衍圣公。[10]第二年（金皇统元年，公元1141年），金熙宗皇帝又亲自到孔庙去祭奠，并以身作则地学习儒家经典和史学著作。[11]

金朝这种带有一定灵活性，却又十分虔诚的学习方法，成为后世王朝的榜样。金人选择前朝课本苦读，到了元朝，元人就把前朝课本换成宋儒理学的课本，但是对于课本死板的崇拜却毫无变化。到了明朝，这种做法更是变本加厉，就让学习变成巨大的思想包袱。

元朝画瓢

元太宗窝阔台九年（公元1237年），中书令（宰相）耶律楚材开始为蒙古江山制定一项长治久安的规则：科举制度。

耶律楚材是曾经在金国当官的契丹人，当蒙古人不断地对金朝的中都（现北京）进行打击时，金宣宗逃难到南京（汴京，现开封），留下丞相完颜承晖守卫中京，耶律楚材就在中京担任左右司员外郎。

元太祖成吉思汗十年（公元1215年），蒙古大军攻克中京，耶律楚材作为俘虏，被成吉思汗选中，开始为蒙古人的大业出谋划策。在此之

---

10 《金史·熙宗纪》："（天眷三年）十一月癸丑，以孔子四十九代孙璠袭封衍圣公。"
11 《金史·熙宗纪》："（二月）戊子，上亲祭孔子庙，北面再拜。退谓侍臣曰：'朕幼年游侠，不知志学，岁月逾迈，深以为悔。孔子虽无位，其道可尊，使万世景仰。大凡为善，不可不勉。'自是颇读《尚书》《论语》及《五代》《辽史》诸书，或以夜继焉。"

前,蒙古人倾向于将耕地变成草场养马。而耶律楚材逐渐使蒙古人意识到,耕地比草场更重要,农耕能够提供更多的税收。

到了太宗窝阔台即位后,耶律楚材的建议显示出越来越大的价值。蒙古人之前主要靠掠夺获取财产,再交给色目人拿去放贷,产生利息,所以蒙古人对于色目人非常倚重。而耶律楚材则通过征收土地税和商业税,获得大量收入。[12] 这种试验成功后,耶律楚材以征税为借口,开始建立元朝的统治机构。元太宗窝阔台三年(公元1231年),蒙古人开始实行行政官僚制度,建立中书省,以耶律楚材为中书令,并设立左右丞相。[13] 耶律楚材帮助窝阔台编订中原的户籍,设立税收制度,甚至仿照金朝推出纸币。[14] 之后,为了官僚制度的正常运转,他开始设立学校和科举制度,为雏形中的中央政府选定官员。

在此之前,蒙古人选择人才大都是掠夺式的,还有各种江湖人士投靠。蒙古人最重视的,是色目人中的商人,他们能够帮助蒙古人理财,由此获得了极大的信任。耶律楚材试图通过正规化制度来减少非正规的理财商人的影响力。

南宋嘉熙元年(公元1237年),在灭亡金朝三年之后,元朝的科考制度开场了。

---

12 《元史·耶律楚材传》:"楚材曰:'陛下将南伐,军需宜有所资,诚均定中原地税、商税、盐、酒、铁冶、山泽之利,岁可得银五十万两、帛八万匹、粟四十余万石,足以供给,何谓无补哉?'帝曰:'卿试为朕行之。'乃奏立燕京等十路征收课税使,凡长贰悉用士人,如陈时可、赵昉等,皆宽厚长者,极天下之选,参佐皆用省部旧人。"

13 《元史·太宗纪》:"始立中书省,改侍从官名。以耶律楚材为中书令,粘合重山为左丞相,镇海为右丞相。"

14 《元史·太宗纪》:"八年丙申春正月,诸王各治具来会宴。万安宫落成。诏印造交钞行之。"

根据耶律楚材的规划，科考被分成三科，分别是策论、经义和词赋。其中策论以考实务为主，而经义以考儒术为主，词赋以考文采为主。考中的人不仅可以免去赋役，还可以担任官员。

从耶律楚材制定的考试规则中可以看出，元朝最初的考试制度继承自唐宋的传统，唐朝考试有秀才、明经、进士、明法、明算等科目，兼用诗赋、策论、算术、法条、历史、经学等各种学科，虽然元朝取消了法条、算术、历史等考核，但保留了诗赋，与经学并行，并兼顾了策论，也可以说是一个比较完整的考试体系。

第二年，在耶律楚材的组织下，考试大获成功，这次考试一共录取四千零三十人[15]，大都是当时的名士。这次考试也为元朝统治初期输送了大量人才，保证了政权的平稳。

但可惜的是，这次考试并没有持续下来形成制度，蒙古人最终证明自己是缺乏耐心的。作为游牧民族，他们最大的目标就是掠夺财物，靠建立制度收税来慢慢获得财富的吸引力，比不过快钱的诱惑，当耶律楚材正在孜孜不倦地为元朝建立制度时，蒙古人却开始挖自己的墙脚。

窝阔台为了获得更多的税收，开始把征税权外包，有富人给蒙古人一百四十万两银子，就获得了一年的征税权，至于他们如何横征暴敛，官方就一概不问了。如果有人反抗，则由官方出面镇压。最后，征税权已经拍卖到二百二十万两，又有更多的财富流入包税人的腰包。

---

15 《元史·太宗纪》："秋八月，命术虎乃、刘中试诸路儒士，中选者除本贯议事官，得四千三十人。"

耶律楚材对于这种涸泽而渔的方式痛心异常,却毫无办法。窝阔台死后,耶律楚材被边缘化并郁郁而终。元朝由于无法建立良好的统治秩序,最终成了短命王朝。[16]

耶律楚材试行科举制没有成功,元朝混乱中度过了几十年,直到元仁宗皇庆三年(公元1314年),才再次开始科举尝试。此时的元朝已经到了中期,统治混乱,汉化派和保守派互相争斗,使得政治的进程异常曲折。

元仁宗时期,元朝的政治正好倒向了汉化派一边,经过了几十年的统治,由于秩序的恢复,中原的读书人也恢复了对于治国的兴趣。更重要的是,程朱理学经过若干年的沉淀,已经成了当时的显学,这时候恢复科举,已经无法避开程朱理学的影响了。

金朝所选择的课本大多数都是老课本,内容来自从汉朝到唐朝的宽广时域,再加上对于词赋、历史的考核,使得儒教学问对读书人的束缚很小。可是元朝能够得到的课本大都已经理学化,这就导致元朝的科考必定是理学化的。

这一点也许蒙古人自己都不知道,他们只是选择了最流行的课本,却导致了意想不到的结局。

另外,让蒙古人兼考词赋、经义、策论、历史等科目是做不到的,由于政治制度过于简单,科考必须简化再简化,才能推行下去,到最后,

---

16 《元史·耶律楚材传》:"富人刘忽笃马、涉猎发丁、刘廷玉等以银一百四十万两扑买天下课税,楚材曰:'此贪利之徒,罔上虐下,为害甚大。'奏罢之。……自庚寅定课税格,至甲午平河南,岁有增羡,至戊戌,课银增至一百一十万两。译史安天合者,谄事镇海,首引奥都剌合蛮扑买课税,又增至二百二十万两。楚材极力辨谏,至声色俱厉,言与涕俱。帝曰:'尔欲搏斗耶?'又曰:'尔欲为百姓哭耶? 姑令试行之。'楚材力不能止,乃叹息曰:'民之困穷,将自此始矣!'"

科考将词赋、历史、算学等全部砍掉，只保留了最容易考核的经义，加上时务策，而经义又采取当时最通行的四书，五经由于过于繁复，也很少使用。这样，历史上最单调的科举考试就出现了。

据《元史·选举志》记载，元仁宗皇庆三年（公元1314年）十一月诏中显示元朝的考试是这样的：每三年考一次，对蒙古人、色目人，分为两场，第一场考背诵四书，一共五条，会背就通过；第二场考时务策一道，要求五百字以上，比现在的高考简单得多。对汉人和南人，则分为三场：第一场考明经，在四书内出题；第二场考诏诰章表，也就是检查考生的应用文能力；第三场考时务策一道。

课本主要选择四书，而四书又选用朱熹的《四书集注》，其余五经也主要以朱熹的理论为主，这就使得元朝的科考好像是专门根据朱熹设计的。

宋朝的理学革命在宋朝没有发挥出最大的威力，当它成为统治哲学时，整个社会都快崩盘了。之后，宋朝理学在蒙古人手中却被无意间发扬光大了，这对于宋朝皇帝来说，也许是一种绝妙的讽刺。

但对于古代中国的文化来说，这绝不是福分。

明朝考试体系如何固化道学

古代中国历史上教科书的发达，来源于明朝的科举制度。

在唐朝，印刷术刚刚兴起，出版商们印行的大都是宗教、实用性书籍。宋朝，由于科举考试范围很广，进士科目考试更偏重于能力和实务，很难通过一两本粗糙的教科书就能准备得当，因此，宋朝的出版业以出版文人的文章文集为主。

到了明朝,政府出版的考试教程《五经大全》《四书大全》《性理大全》等占据了主流市场,四书五经大行于世。而这三套七部(五经各一部,四书、性理各为一部)的所谓"大全",粗制滥造,明朝的科考就成了一种批量生产废品的工厂,将科举制度演化到了荒谬的地步。

唐宋的科考能够较好地区分出优秀的文人,而元朝虽然实行科考,却将原本内容丰富的考试极度地简化,导致考试内容过于偏向朱熹的理学,成了文化的禁锢。

明朝本来应该避免元朝的失误,重新回到唐宋传统。但是,由于开国者的封闭和小农意识,明朝不仅没有避免这种做法,反而将元朝的错误更加放大了。

明太祖朱元璋从开国之初,就对文人不信任,他一方面大兴文字狱,另一方面设立特务机构来防范大臣,同时又破坏官制的完整性,取消了宰相。为了加强思想控制,朱元璋对于任何能够被解读为反皇权的思想都充满警惕。这种警惕甚至让他瞄准"四书"之一的《孟子》。

在读《孟子》的过程中,明太祖发现,其中有一句话大意是:如果皇帝把臣民当作草芥,那么臣民就把皇帝当作寇仇。[17]这句话惹恼了朱元璋,就算君再胡作非为,臣也没有资格说三道四,他决定将孟子在孔庙中的配享废除并逐出孔庙,他还下令任何敢为孟子说情的人都以大不敬论处。后来刑部尚书钱唐强谏,朱元璋忍住没有治罪。孟子的配享地位

---

[17] 《孟子·离娄下》:"君之视臣如手足,则臣视君如腹心;君之视臣如犬马,则臣视君如国人;君之视臣如土芥,则臣视君如寇仇。"

最终也得到了恢复。[18] 不过，朱元璋为了对付孟子，出了"洁本"的《孟子》，将对皇帝不利的话全部删掉，明朝所学的就是这个阉割版。

明太祖洪武三年（公元1370年），出于统治的需要，朱元璋在刘基的帮助下，恢复了科考，但为了让人们只学那些听话的内容，皇帝开始对考试内容做出限制。

首先，他意识到，元朝的考试内容从四书五经里出题，已经很大程度上帮助他完成了限制思想的工作。而刘基又帮助朱元璋更进了一步，发明了"八股文"，要求考生将文章写成起承转合的固定格式。这样，考生们就只能学习四书五经，写作八股文，也就不用学什么诗词歌赋了。考试有专门的考房，考卷是糊名制的。

在朱元璋时期，根据刘基的安排，所用的课本主要是："四书"采用朱熹的《四书集注》，《易经》采用《程传》和《朱子本义》，《尚书》采用《蔡沈传》及古注疏，《诗经》采用《朱子集传》，《春秋》采用《左传》《公羊传》《穀梁传》三传及《胡安国传》《张洽传》，《礼记》采用古注疏。这些大都是理学课本。

但就算这样，明朝的皇帝仍然担心人们的思想失控，决定在这个基础上再编纂一套教科书，"教"会人们怎么安全地思考。据《明史·选举志》记载，这套书由中书庶吉士解缙提出[19]，但在朱元璋活着

---

18 《明史·钱唐传》："帝尝览孟子，至'草芥''寇仇'语，谓非臣子所宜言，议罢其配享，诏有谏者以大不敬论。唐抗疏入谏曰：'臣为孟轲死，死有余荣。'时廷臣无不为唐危。帝鉴其诚恳，不之罪。孟子配享亦旋复。然卒命儒臣修孟子节文云。"

19 《明史·解缙传》："陛下若喜其便于检阅，则愿集一二志士儒英，臣请得执笔随其后，上溯唐、虞、夏、商、周、孔，下及关、闽、濂、洛。根实精明，随事类别，勒成一经，上接经史，岂非太平制作之一端欤？"

的时候，并没有编撰，解缙也没有得到机会参与。到了明成祖时期，皇帝终于下决心编纂教科书，这就是著名的《四书大全》(一部)、《五经大全》(五部)和《性理大全》(一部)。

七部"大全"可以说是中国教科书最糟糕的典范，受到了后人激烈的批判。之所以糟糕，是因为一方面它编纂得极为仓促，带着粗制滥造的痕迹；另一方面它抄袭严重。由于元末的战乱和靖难之役，古代中国的文化还没有恢复到一个创造性的时期，这时如果编纂大部头著作，大都是抄袭前代而来的。

比如《四书大全》，主要抄袭了元朝倪士毅的著作《四书辑释》，稍作修改之后刊行。倪士毅的作品本来就错误很多，经过修改后，错误就更多了，而这本书成了明朝文人学习"四书"的标准著作。考生们可能没有读过朱熹的《四书集注》，反而对于《四书大全》了如指掌，这样考出来的学生到底有多少真的领悟，的确令人担心。

其余的"大全"，也基本上都有一个到数个蓝本。《周易大全》糅合了元朝文人董楷的《周易传义附录》、董真卿的《周易会通》、胡一桂的《周易本义附录纂疏》，以及胡炳文的《周易本义通释》。《书传大全》以南宋蔡沈的《书集传》为抄袭对象。《诗经大全》抄袭了元朝刘瑾的《诗传通释》。《礼记大全》抄袭了元朝陈澔的《礼记集说》。《春秋大全》采用了元朝汪克宽的《春秋纂疏》。

而《性理大全》则主要采纳了一些解说"四书五经"之外的关于理学的文章，比如周敦颐的《太极图说》、张载的《西铭》、邵雍的《皇极经世》等。

这七部"大全"就构成了明朝文人的学术世界，至于七部之外的文章和学问，是读书人不关心也学不到的，因为其余的学问对于做官毫无用处，考不到，学多了反而会给自己带来危险。

就这样，古代中国的哲学从宋朝的程朱理学，在极端保守的明朝科考机器中找到了自己的位置，造就了古代中国历史上最僵化的时期。

第十七章　蒙古大汗的宫廷圈奴[1]

蒙古早期展现了中国宗教宽容的最后版本。在哈剌和林（现位于蒙古国境内）蒙哥大汗的宫廷内，基督教、伊斯兰教、道教、佛教和谐共存，它们都在争取蒙古人的皈依，但蒙古人保持了世俗化的特征，将所有宗教都圈养起来，并不受任何宗教的支配。

在蒙古宫廷，发生了最早的东西方宗教大辩论，西欧的天主教教士与穆斯林、道教教徒举行了教义辩论，最终却握手言欢。

蒙古时期最激烈的辩论仍然是佛道大辩论，争论的焦点仍然是老子化胡说。辩论多以道士的失败而告终。

随着统一的蒙古走向分裂，不同部分的蒙古人也皈依了不同的宗教，元朝的蒙古人成为藏传佛教徒，而西方蒙古人信奉伊斯兰教。基督教争取蒙古人的目标未能达成。

"蒙哥大汗要受洗皈依基督了！"一位景教修士得意地告诉传教士

---

[1] 本章涉及的时间范围在公元1206—1368年。

威廉·鲁布鲁克。

蒙哥大汗是蒙古人的第四任大汗，在成吉思汗、窝阔台、贵由之后。他是元世祖忽必烈的哥哥，在他死后，忽必烈才登上大汗之位。

传教士鲁布鲁克是法兰西国王圣路易向蒙古宫廷派来的使节团成员。他从拜占庭帝国的君士坦丁堡坐船出发，纵穿黑海，在北岸的克里米亚半岛登陆，之后改走陆路，从俄罗斯大草原越过亚欧边界，进入蒙古人的地界。

他们先见到了当地的一位蒙古人首领，又见到了金帐汗国首领拔都汗（成吉思汗长子术赤的儿子）的儿子撒儿塔。撒儿塔把他们送到拔都那里。拔都再次把他们送往蒙古都城哈剌和林大汗蒙哥的营帐。

鲁布鲁克所记载的蒙古之行[2]，应该成为中世纪纪实文学的经典。鲁布鲁克的笔触非常冷静，描写细致，甚至带着点儿现代史学的味道。他不仅记录史实，还记录蒙古的社会、风土、人情、宗教。我们通过它对蒙哥时期蒙古的了解可能比其他来源都多得多。

蒙哥大汗坐在一张床上，穿着一件皮衣，皮衣上有斑点且有光泽，像是海豹的皮。他的鼻子扁平，中等身材，约有四十五岁。年轻的妻子坐在他身旁。一个很丑陋、已长大成人的名叫昔里纳的女儿，同几个小孩一起坐在他们后面的一张床上。

蒙哥大汗像是一个遥远的乡下人，可就是这个处于荒山野岭的乡下人，却成了半个世界的主宰。

而令鲁布鲁克最吃惊的是，他发现蒙古人的周围并不缺乏宗教人

2　鲁布鲁克的观察参见他的回忆录《鲁布鲁克东行纪》。

士。他本以为蒙古人是落后、孤陋寡闻的野蛮人，却发现在哈剌和林，各个宗教的传教士都在围绕着蒙哥大汗嗡嗡叫。

这里有穆斯林，也有道士，甚至有不少基督徒。这些基督徒也分成几类，人数最多的是景教徒。景教是基督教的一个派别，相信耶稣有独立的人性和神性。景教徒在逃离迫害之后，在中亚发展成一支独立的派别，又被蒙古人的近亲克烈人、汪古人所尊奉，最终传给蒙古人。

除了景教徒，这里甚至还有来自德意志、法兰西的基督教徒，他们由于各种原因出现在蒙古的草原上。当然还有俄国的东正教教徒，他们来自金帐汗国的领地。

但在蒙古宫廷真正形成气候的，只有景教（也算是基督教）、伊斯兰教和道教。鲁布鲁克发现，这三大宗教处于一种复杂的关系之中，它们互相配合，共同从蒙古人手中捞取好处，又排挤对方，希望多占一些利益。

虽然三大宗教围绕在蒙古人周围，但鲁布鲁克发现，蒙哥大汗真正信奉的仍然是蒙古人的萨满教。以传教为己任的鲁布鲁克感到有些失望。

但就在这时，一位景教修士跑过来神秘兮兮地告诉鲁布鲁克：蒙哥大汗就要信基督了，他第二天就要受洗。

在西方，受洗是件很大的事情，意味着一个人将终生皈依基督，而一个大汗（世界上最辽阔疆域的主宰）受洗，意味着整个国家都皈依了基督教。当鲁布鲁克听说蒙哥大汗要受洗时，大吃一惊，他请求第二天与景教修士一起去，作为目击者，纪念这个历史性的时刻。

但第二天，修士并没有来叫鲁布鲁克，反而是蒙哥大汗专门叫人来请他。鲁布鲁克向大汗的营帐走去时，正好看到那位景教修士和几位教士离开，修士拿着十字架，其余的人拿着香炉和福音书，看来，他们已经给蒙哥大汗施洗完毕。

但就在这时，几位穆斯林突然出现在蒙哥的帐外，他们也是来给大汗施洗的。于是，穆斯林和景教修士一样，做了一遍仪式就离开了。

穆斯林离开后，几个僧人突然来到现场，他们也带着法器，进入大帐舞弄了半天才结束。

鲁布鲁克惊讶地望着这一切，终于弄明白了，基督徒的施洗仪式在蒙古人眼中根本不算什么。蒙哥大汗在所有节日里都会举行这样的仪式，把大家拉来当点缀，图个吉祥乐呵。在他看来，基督教、伊斯兰教、佛教、道教都是差不多的东西，都可以用来为蒙古人祝福，所以他不偏不倚，全部利用。他认为，这些人的施洗和萨满教的驱魔仪式一样，都是在祝福他健康长寿，除此之外没别的用处。

当鲁布鲁克再见到那位景教修士时，修士仍然坚持蒙哥大汗只相信基督教。鲁布鲁克想拆穿他的谎言，但景教修士坚决不承认。

被法兰西派来的教士鲁布鲁克和蒙古人在一起生活了好几个月，他在这里观察到世界上少有的奇景，这里是世界各大宗教的汇集地，当其他地方的宗教派别在流血厮杀时，这里的宗教却在和平共处。在他的笔下，也详细地记录了一件件有关信仰和哲学的大事。而其中最重要的，就是发生在蒙古宫廷中的宗教大辩论。

有趣的是，这些辩论不仅被法兰西人记录下来，也被中国人记录了下来，于是，现在的人们能够详细地了解蒙古宫廷的辩论是什么样的。这的确是一次次思想的巨大碰撞。

蒙古人的宫廷辩论主要集中在蒙哥四年（公元1254年）到蒙哥八

年（公元 1258 年）之间，发生的原因是，各方面都在争取蒙古人的皈依，希望掌握这个征服者部族的思想，从而控制他们的行动。参加辩论的包括道教徒、穆斯林、基督徒和佛教徒，记录者主要是佛教徒和基督徒。

这样的辩论，也表明了在蒙古人统治的特殊时期内，虽然他们允许汉族区域利用儒教进行统治，但实际上蒙古人更尊重的，还是儒教之外的其他宗教。从这里也可以理解为什么元朝很晚才有了科举制度，因为蒙古人对于儒教本来就是轻视的。

法兰西人记录的大辩论

据鲁布鲁克记载，蒙哥四年（公元 1254 年），首先发生的是基督教、伊斯兰教和偶像教的大辩论。这三个教派都在争取蒙古人的皈依。其中所提及的偶像教可能包括道教和佛教，由于鲁布鲁克将它们看作错误的宗教，不加区分，没有注意到佛教和道教之间也有着根本的冲突。

鲁布鲁克在哈剌和林时突然得到消息，说蒙哥大汗要举行一场宗教大辩论，题目是：谁的宗教是正确的？

鲁布鲁克这样记载蒙哥派书记来传的话："这里有你们基督教徒、撒剌逊（穆斯林）和脱因（偶像教徒）。你们各自说自己的教义是最好的，你们的文书——就是书籍也是最真的。"[3] 因此大汗希望这些人在一起辩论，每个人都把自己的辩词写下来，以便蒙哥大汗能知道谁赢了，谁说

3　译文引自《柏朗嘉宾蒙古行纪　鲁布鲁克东行纪》，耿昇、何高济译，中华书局 1985 年版。

的是真理。

作为客人的鲁布鲁克也获准参加，他和景教徒一起组成了基督教阵营，面对的对手是穆斯林和偶像教徒。他立刻积极地进行充分的准备。

为了各个击破，他专门制定了辩论技巧，决定先击破偶像教阵营。之所以这样选择，是因为伊斯兰教和基督教一样，也支持只有一个神，在这一点上，他可以和穆斯林取得共识，共同击败宣称有很多神的偶像教徒。一旦击溃了偶像教徒，基督徒再和穆斯林决裂，争论有关穆罕默德到底是不是先知的问题。

为了准备更充分，鲁布鲁克甚至专门扮演偶像教徒先和景教徒辩论，寻找偶像教的弱点。同时，他们还规定了出场次序，由鲁布鲁克首先发动攻击，万一鲁布鲁克失败，也不至于引起整个阵营的崩溃，而景教徒还可以继续发动进攻。

辩论的日子终于到了，蒙哥大汗派出三名书记做仲裁人，这三人分别属于基督教、伊斯兰教和偶像教，以此表明仲裁是公平的。

鲁布鲁克首先出来，望着对面的偶像教徒，偶像教徒阵营先推出一个汉人。后者试图从"开天辟地"和"灵魂归宿"这两个话题来辩论，可是鲁布鲁克却认为，应该从"上帝（神）的唯一性"这个话题来谈。最终裁判同意先谈上帝。

到底先谈什么，也反映了不同信仰的关注点不同。偶像教徒往往最重视的是灵魂的转移，甚至专门带了一个据说已经投胎三次的三岁小孩子做表演。鲁布鲁克却认为，基督徒和偶像教徒最大的区别，就在于基督徒只相信一个神，偶像教徒却相信很多神。

在辩论上帝问题时，偶像教徒果然又谈到世界上有许多神，上面第一个是最大的，下面有许多次级的，以此类推。而且除了天上有神之外，地上也有神。

鲁布鲁克坚称世界上只有一个神，这个神是全能的、善的。

但最后，他们仍然是鸡同鸭讲，双方都不能理解对方为什么这么想。他们对神的定义都是不一样的。基督教的神更加思辨，也更加抽象，包含在整个宇宙之中，无所不在，无所不能。可是偶像教的神的形象却是具体的，每一个神都和人一样有七情六欲，也有无数的缺点。他们不理解，既然世界上只有一个神，他又怎么管得了这么大的世界，毕竟，神出现在这里，就不可能同时出现在那里。而对基督徒来说，神是抽象的，可以同时存在于所有的地方。

由于不能理解对方对神的定义，这次辩论显得驴唇不对马嘴，不会有结果。但鲁布鲁克从气势上压倒了对方，在他看来，自己胜利了。

偶像教徒们闭嘴退出。按照策略，基督徒接下来要和穆斯林决裂，争论穆罕默德是不是先知。但就在基督徒气势汹汹地想上场时，穆斯林却聪明地推脱了，说他们赞成一神论，基督徒不管说什么，他们都没有意见。

就这样，辩论稀里糊涂地结束了。之后，穆斯林、基督徒开始想方设法相聚言欢，而偶像教徒却拼命灌酒。

鲁布鲁克从欧洲过来，习惯于你死我活的辩论，却不知道这里的宗教人士也和蒙哥大汗一样，学会了和平共处。他们并不想争个你死我活，只愿意一起从蒙古人身上捞取好处，又何必争个你死我活呢？

当然，蒙哥大汗虽然尊重各种信仰，心中却有着自己的归属，那就是本民族的宗教：萨满。在一次谈话时，他告诉传教士：蒙古人只相信一个上帝（腾格里）。[4] 这表明蒙古人到这时还没有皈依任何一个外来宗教。

在送鲁布鲁克回欧洲时，蒙哥大汗写信给法兰西国王，其中强调了西方必须归顺东方，否则上帝（腾格里）将会派蒙古人去惩罚他们。当然，他已经开始准备所谓的惩罚，一次新的西征——旭烈兀西征，这次西征打掉了伊斯兰教的哈萨辛派，更直接毁灭了巴格达的哈里发。但最终，旭烈兀创建的波斯汗国信奉了伊斯兰教。鲁布鲁克经过的金帐汗国也信奉了伊斯兰教。

不过，元朝却向着另外的方向发展，信奉了藏传佛教。不管是蒙古人的哪一支，都没有信奉基督教。

鲁布鲁克经历的大辩论，是蒙古历史上对信仰最宽容的时刻。蒙古人的宽容到了中原却逐渐行不通了，佛教和道教的争斗，让他们有些茫然。

第一次佛、道大辩论

就在鲁布鲁克大辩论之后的第二年，蒙哥大汗的宫廷内又发生了第二场辩论。这场辩论的主角换成道教和佛教。

事情的起因是这样的：成吉思汗曾经从内陆招过去一个老道士丘处

---

[4]《鲁布鲁克东行记》："我们蒙古人，"他（蒙哥）说，"相信只有一个神（腾格里），我们的生死都由他掌握，我们也诚心信他。"……"但是，如同神赐给我们五根不同的手指，他也赐给人们不同的途径。神赐给你们《圣经》，而你们基督徒不信守它……他赐给我们占卜师（萨满），我们按照他们的话行事，我们过得平平安安。"译文出处同上。

机，成吉思汗向他询问长生不老的方法。丘处机属于道教的一个新的支派——全真教。全真教在金朝时由王喆（王重阳）在陕西创建，后来他到山东招了七个徒弟，其中之一是丘处机。丘处机善写炼丹和延长寿命的顺口溜，让人误以为他会长生不老之术。[5] 他的名声越来越大，传到成吉思汗耳中，成吉思汗就派人把他找去。

据《长春真人西游记》记载，丘处机从山东经过蒙古，一直到中亚才见到成吉思汗。在蒙古大汗面前，他只好说实话："有卫生之道而无长生之药。"成吉思汗听后，觉得他没用，就把他送回山东。

这次见蒙古大汗却给全真教带来了极大的好处，这个教派借着"注意力经济"迅速"火"了起来，成了中原道教的霸主，甚至逐渐开始侵袭佛教的地盘。

在和佛教的斗争中，这个教派拆佛寺、改佛像，将佛教逐渐排挤开，吸引了大众的注意力。除了武力打击之外，全真教再次祭起心理战术的大旗，又找到《老子化胡经》和《老子八十一化图》，宣称老子创立了佛教，甚至老子（或者他的徒弟尹喜）就是佛陀。

当佛教和道教严重对立之后，佛教徒想到了当时的中原霸主蒙古人，向蒙古人申冤寻求公道。

与蒙古人联系的僧人是少林寺长老福裕，他托人找到蒙哥大汗的弟弟阿里不哥，向其叙述全真教打压佛教的情况。阿里不哥又向蒙哥大汗上报，将全真教掌门人李志常、少林寺长老福裕等人带到哈剌和林，在

---

[5] 现从《丘处机集》中摘两首：（其一）还丹要妙筑基先，筑得基牢寿命延。延寿须饮延命酒，饮将一得返童颜。（其二）月在当头星在天，阴阳妙处岂言传。人将纸上寻文字，看尽丹经也惘然。

万安阁举行了一场辩论。参加的人除了佛、道两派，还有丞相钵剌海、翻译合剌合孙、学士安藏，以及其他亲王贵戚。

据《大元至元辩伪录》记载，双方争论的焦点主要有两处：第一，福裕整理了道教打砸抢占的五百余处佛教地点，请求蒙古人做主，要求道教归还；第二，要求证伪《老子化胡经》。

福裕提出，《老子化胡经》说老子生于五运之前，也就是天地之先，可是根据《史记》，老子和孔子都出生在周代衰落之后。甚至他列举了一首唐诗，这首诗也说老子生于战国时期。[6] 最后他反问：如果老子是大贤，应该辅佐国君安定百姓，可为什么他放弃中原的混乱不管，反而跑到西方去了呢？

蒙古人最后支持了福裕的提法，要求道教徒归还部分寺院，弥补损失，同时烧毁《老子化胡经》。

这一次辩论是对全真教发展的一次重大打击，掌门人李志常从此信心全无，第二年就去世了。

但佛道争论并没有就此结束。第一次辩论地点在蒙哥大汗的都城哈剌和林，由于路途遥远，去的人不多，且辩论没有充分展开，影响力有限。而归还寺庙、烧毁经版的做法更是引起普遍的敌视，最终，蒙古人认定，必须让佛、道两派再来一次更加正规的辩论，从理论上解决《老子化胡经》的问题，才能够解开佛、道之间的矛盾。

三年后，双方矛盾激化。蒙哥大汗要求弟弟忽必烈在后来成为元上

---

[6] 唐朝胡曾《咏史诗·流沙》："七雄戈戟乱如麻，四海无人得坐家。老氏却思天竺住，便将徐甲去流沙。"

都的开平府,再举行一次规模宏大的辩论会。

被剃头的道士

根据记载,双方都派出"精锐部队"参与此次辩论。参与的人有:那摩国师、八思巴国师、西蕃国师、河西国僧、外五路僧、大理国僧,这些人都来自蒙古的疆域,属于中原之外的区域。中原僧人则有三百余名参与。

道士方面则有道士张真人、蛮子(即元朝的第四等人南人)王先生、道录樊志应、道判魏志阳、讲师周志立等二百余人。

中立方,作为证人和裁判的也有两百余人,有蒙古人的丞相、达鲁花赤等高官,也有忽必烈的谋臣,以及汉朝儒教的代表姚枢、窦默等。

这一次辩论最大的看点,是佛、道双方的一次打赌。打赌的起因是这样的:忽必烈问双方,如果输了有什么惩罚?道教一方没有想到这个问题,不敢明着回答。僧人一方倒是干脆,说按照西方的惯例,输掉的砍头谢罪。忽必烈最后定规矩:不需要砍头,如果佛教输掉,就让僧人蓄发戴帽;如果道士输掉,就剃头当僧人。参加这次打赌的双方各有十七名代表,这份代表的名单一直保留到了今天。

辩论开始后,佛教选择进攻,问道:《老子化胡经》真的是老子说的?

道士回答:是老子说的。

僧人开始设疑:如果是老子说的,那么僧人剃发受戒的规矩也应该是老子定的,你也应该知道这些步骤,不妨说一说。

表10　佛、道打赌人员名单[7]

佛教人员	道教人员
燕京：圆福寺长老从超、奉福寺长老德亨、药师院长老从伦、法宝寺长老圆胤、资圣寺统摄至温、大明府长老明津 蓟州：甘泉山长老本琏、上方长老道云 滦州：开觉寺长老祥迈 北京：传教寺讲主了询 大名府：法华寺讲主庆规、龙门县杭讲主行育 大都：延寿寺讲主道寿、仰山寺律主相睿、资福寺讲主善朗 绛州：唯识讲主祖圭、蜀川讲主元一	大都天长观：道录樊志应、道判魏志阳、提点霍志融、讲师周志立、讲师周志全、讲师张志柔、讲师李志和、讲师卫志益、讲师张志真、讲师申志贞、讲师郭择善、待诏马志宁 真定府神霄宫：讲师赵志修 西京开元观：讲师张志明 平阳路玄都观：讲师李志全 代阳胜宁观：讲师石永玉 抚州龙兴观：观主于志申

　　道士回答：剃发是你们的事，老子不管。

　　僧人反驳说：受戒这种小事你都不知道，《老子化胡经》明显就是假的。

　　接着双方又争论佛是什么。道士回答佛是好人，后来又说佛就是觉悟，觉天觉地觉阴觉阳觉仁觉义觉知觉信，无所不觉，这就是佛的真义。

　　僧人立刻反驳：你的这种对佛的定义，无非是拿对孔子的定义来套佛，可你们为什么不把孔子当作佛呢？

　　说到这里，圆福寺长老还和儒士姚枢开起了玩笑，问他道士对佛的定义是不是和儒教差不多，姚枢说是。圆福寺长老说：看来道士不光偷佛经，还偷你们儒教，你们要小心看好不要让道士当面偷了。

　　接下来到了呈现证据的时候。道士们把《老子化胡经》和《史记》

7　材料来自《大元至元辩伪录·卷四》。

一起呈给忽必烈，作为老子是佛陀的证据。[8]

忽必烈对于《史记》印象深刻，问道士这是什么。道士回答，这是中原有名的皇帝的书，集成起来作为古今凭证。

这句话惹恼了忽必烈，忽必烈随即问：除了中原之外，其他地方是不是也有皇帝？得到肯定的回答之后，继续问：其他地方皇帝的话是不是也管用？道士只好回答管用。忽必烈反问：为什么其他地方的皇帝都没有记载老子的事情呢？

就在道士们沉默之时，那摩国师忍不住骂了一句：这般驴马之人百事不晓！

那摩国师过后，到了吐蕃人八思巴国师出场，他问：老子留下的根本经叫什么？回答是：《道德经》。

八思巴继续提问：《道德经》上有说老子化胡的事情吗？

回答是：没有。

那么什么上有说？

回答：《史记》上有说。

八思巴立即举出西天的"史记"——频婆娑罗王的记载，说佛天上天下、十方世界都没有第二个，又怎么能是老子化的呢？

道士们对于频婆娑罗王的来头不知道，不能反驳，吃了大亏。最终皇帝发现道士们已经无力辩驳，作为裁判的姚枢也乘机宣布佛教获胜。

从辩论的过程来看，道教的失败是注定的。此时的蒙古人从见识上

---

8 《史记·老子韩非列传》中的这部分内容被当作了证据："老子修道德，其学以自隐无名为务。居周久之，见周之衰，乃遂去。至关，关令尹喜曰：'子将隐矣，强为我著书。'于是老子乃著书上下篇，言道德之意五千余言而去，莫知其所终。"

来说，已经远远地超过了固守中原的道士们。蒙古人去过中亚、俄罗斯和欧洲，在他们的眼里，世界要大得多，古代中国的中原只是世界的一角，并没有什么特殊的。他们接触到的学问也是世界性的，知道除了古代中国之外，还有其他伟大的皇帝和国王，也知道古代中国人的学问是有限的，在工程、数学、财务方面都存在着巨大的缺陷，并不过分看重古代中国文化。

但对于古代中国的道士来说，中原就是世界的中心，他们所学到的那些学问，只是古代的经验而已，却并不知道蒙古铁蹄下的世界已经骤然扩大，而蒙古宫廷之中，也聚集了全世界的学者。当把中原，特别是道教的那点儿小学问放在世界学者们的聚光镜下时，那点儿知识就显得可怜而微不足道了。

不管是八思巴还是那摩国师，他们显然了解蒙古人的看法，所以，更容易用世界性的知识来驳斥道士们，二者之间的辩论完全是站在不同层次上的辩论，道士们在防守时，都无法判断对方会从何处攻击。

佛道辩论的另一方面在于：历史上古代中国学术一直缺乏成熟的辩论技巧，而佛教专门为辩论准备的因明学却异常发达。道士们开个道场，制个符箓是可以的，但如果上升到思辨层次，则变得极其幼稚，没有章法，这样的失败也就不可避免了。

道士辩论失败后，蒙古人下令：第一，归还道教霸占的佛寺数百所；第二，烧毁以《老子化胡经》为首的道经经版，由于经文都是雕刻的，一旦雕版被毁，很难重新制作；第三，十七位道士被迫剃度，当了僧人。

为了防止这十七位新僧人重新变成道士，忽必烈下令将他们安排到不同寺庙之中，并记入佛籍，时时刻刻看守他们防止开溜。这大概是世界上最不快乐的一批僧人。

蒙古人统治时期的上述三次辩论，虽然表面上看只是蒙古人选择信仰时的争执，实际上却给所谓的中原本土思想敲了警钟。

不管是参与辩论的道教，还是没有参与辩论的儒教，这些中原本土思想大都是以组织化的方式存在的，即只允许你相信，不许不信，更不许质疑。它们的存在基础是制定教条让人遵守，而无法通过有效的论证和逻辑进行证明。

到了蒙古人统治时期，不管是西方的基督教还是伊斯兰教，还有非本土化的佛教体系，都已经逐渐从信仰时期过渡到了思辨时期，一条理论之所以被相信，是要经过逻辑检验的。这就是为什么道教的理论在佛教的攻击下变得体无完肤。

另外，中原人的思想缺乏抽象的能力，这使得它无法跟上世界的脚步，去理解更加思辨的概念。我们所说的宋儒理学被认为是中国思辨的高峰之一，但理学中的概念如果放在西方哲学体系之中，却早已经被讨论了千百遍。

缺乏思辨能力和怀疑精神，只是一味地从思想和行动上对人进行束缚，这种方法使得中原虽然在表面上仍然繁荣，却已经埋下了衰落的种子。

元朝是古代中国历史上最后一个三教并存的时期，它在政府组织上尽量遵循儒教，那是为了便于管理中原。但元朝的统治者选择了更加思辨的藏传佛教体系，他们甚至没有选择汉语系佛教，实际上，汉语系佛教经过唐朝的发展已经逐渐放弃了思辨和逻辑，变得和儒教、道教一样更讲究束缚了。

元朝人之所以这么选择，和他们接触过基督教、伊斯兰教和佛教有关，在接触这三种宗教之后，很难说古代中国内陆的思想体系还有多少吸引人之处，蒙古人上层的选择也就不难理解了。

元朝人之后，明朝作为元朝的直接继承人，成了最保守、最落后的思想代表。清朝统治者虽然采纳了藏传佛教，但和元朝一样，这只是为便于管理，其本质上仍然使用儒教原则来治理社会。明清时期统治者的选择，也注定了古代中国思想无法走出束缚的怪圈，进入另一个思辨的体系。

古代中国原创思想的落后性从元朝开始已经有所表现，并注定了最终的结局，只是，当时的人谁也没有想到，更没有在意。

第五部
世俗哲学兴起：洗脑术的没落
（公元 1368—1911 年）

第十八章　用"心"反叛束缚[1]

随着明朝八股文的兴起，做官的学问变成了死学问，从民间再次兴起了一波自由学术的潮流，其中的代表就是心学。

南宋后期虽树立了道学，但另一股潮流也保留了下来，这就是陆九渊所代表的心学。理学认为真理高高在天外，控制着人类的一切，将人类束缚在天理上；心学则强调人类应该服从自己的内心，摆脱心外的束缚。

明朝的陈白沙重新提倡心学，成为一代宗师。心学由于提倡自由精神，逐渐成为民间反抗僵化思想控制的武器。

作为明朝文人代表的王阳明（王守仁，别号"阳明"），在经历了一系列的迫害后，龙场悟道，将心学变成显学，不管是民间还是官场，都兴起了研究心学的热潮。

明朝的学术是分裂的，人们知道科举的知识并非真学术，在科举之外毫无用处，于是他们一方面学习"科举技术"，另一方面则毫不迟疑地标榜自己为心学子弟。

---

[1] 本章涉及的时间范围是公元 1368—1529 年。

明太祖洪武三十年（公元1397年），在都城应天府（现江苏南京）举行了明朝建立以来第九次国家级考试，各地的举人纷纷赶来，参加丁丑科会试，如果能够考取，就有了贡士的身份和当官的资本。

这一年的主考官是德高望重的大学士刘三吾，他已经八十多岁，是个饱学的鸿儒，与汪睿、朱善并称朝廷的"三老"。他之所以成为主考官，除了学问好之外，还为人慷慨，不设城府，自号"坦坦翁"。

放榜时，人们突然发现，刘三吾录取的五十二名考生，籍贯全是南方人，一个北方人都没有。这件事最初只是私下流传，就连考官本人都没有当回事。贡士放榜之后，刘三吾继续组织殿试。殿试过后，这一届的考试本应该成为历史。[2]

但随着北方考生声音的放大，事情终于传到皇帝的耳中。朱元璋开始下令彻查。刘三吾和他的副官白信蹈认为，之所以全部录取南方考生，是和当时的教育质量有关的，并非作假。

从唐宋以来，北方战乱频仍，南方获得休养生息的时间较长。元朝控制中心也是在北方，至于南方，虽然蒙古人灭掉了南宋，却无力建立起有效统治，致使南方遭受的破坏较小。随着南方经济的发展，古代中国的文化也出现了倒转，南方的文化已经远远超越北方。丁丑科放榜的全部是南方人，恰好反映了南方和北方的学术差距。

这种看法在朱元璋这儿却通不过，对于皇帝来讲，最重要的事情不是学术，而是政治。实际上，虽然教学内容固化，所谓学术早已寿终正

---

[2] 《明史·刘三吾传》中没有廷试的情节，但据《明史·选举志》记载，放榜之后，三月份仍然举行了廷试，可以看出在放榜之初，人们还没有意识到后来的轩然大波，而廷试也照常举行。

寝，但皇帝并不需要真正的学术，他考虑的是如何才能笼络全国的人心。特别是明朝起于南方，而蒙古人虽然退回漠北，却随时可以回到中原北部，如果北方的读书人寒了心，必然导致国家的分崩离析。

皇帝责成侍读张信等十二人重新阅卷，希望能够给北方读书人找到一个台阶下。没有想到，张信等人汇报时，肯定了刘三吾的判断，认为榜单被南方人包揽是合理的。为了证明其合理性，张信还专门把北方考生的考卷呈给皇帝，和南方考生的考卷进行对比，彰显其中巨大的差距。

张信、刘三吾的不配合让皇帝大怒。有人立刻读懂了皇帝的心思，检举张信故意拿北方学生中的差卷来充数，以帮助刘三吾洗脱罪名。

这次检举给了皇帝台阶。他下令将主考官刘三吾发配边关，而将他的副官白信蹈和张信一起诛杀。皇帝重新制定考题，再次考试，亲自阅卷，等放榜后，一共取六十一人，这一次录取的竟然全是北方人。

这件事对于未来的影响有几重。

第一，从此以后，科举考试开始在地域上找平衡，明仁宗洪熙元年（公元1425年），正式规定南方和北方的录取比例为十六比十四，以保证北方文人的数量。宣德、正统年间，又分出个中部，[3] 规定南方录取五十五名，北方录取三十五名，中部录取十名。[4] 录取比例之后又有变化，但这样的架构被保留下来。

---

3 南北中三部的划分。南部：应天府，苏、松诸府，浙江，江西，福建，湖广，广东。北部：顺天，山东，山西，河南，陕西。中部：四川，广西，云南，贵州，凤阳、庐州二府，滁、徐、和三州。根据《明史·选举志》。

4 《明史·选举志》："然讫永乐间，未尝分地而取。洪熙元年，仁宗命杨士奇等定取士之额，南人十六，北人十四。宣德、正统间，分为南、北、中卷，以百人为率，则南取五十五名，北取三十五名，中取十名。"

第二，没有人相信刘三吾作假，也没有人相信朱元璋真的愤怒了，他只不过是要找几个替罪羊将事情圆转过去。可皇帝寻找替罪羊，却导致无辜大臣的死亡。这件事集中地反映了明朝统治制度的严酷，也打消了许多读书人，特别是南方读书人的积极性。

南方文人的反思，促成了古代中国历史上的一次思想解放。在唐朝，由于统治者尊重文化，读书人很容易找到当官的途径，所以唐朝的读书人和仕途是不分家的，官员们在治理国家的同时，也都是著名的文人，诗酒应答，文采飞扬。政府也不限制人们读什么书，一个人不读孔夫子，完全可以凭借佛教、道教甚至诗词歌赋入仕，唐朝官员的最高学问，就是整个社会的最高学问。

宋朝虽然同样尊重读书人，但王安石之后，出现了激烈的党争，使得读书人当官的路子不好走了，必须参与党派，才能当官。即便文采如苏轼，由于党派的排挤，大部分时间也是被边缘化的。这时的读书人之中出现了不以当官为目的，只为了研究学问的一批人。周敦颐、张载、"二程"、朱熹、陆九渊等人都带着民间学问的特征。他们广招门徒，一旦门徒中有人发达了，就将老师的学问推广开来。

所以，宋朝的学问是半官方半民间的，在民间做学问的目的最终仍然是为了获得官方认可，这就是为什么宋朝总是出现党禁。

到了明朝，情况又有了变化。明朝的读书人依靠官方做学问的空间已经很小，如果依靠官方，只能读劣质的参考书（各种大全）、写八股文，这显然满足不了他们的学术需求。更麻烦的是，皇帝一系列的规定让学问成了权力的附庸，明朝的官员虽然出身于科举，但真正有学问的并不多，大都是皇帝说啥，就帮着皇帝寻找依据，学术的自由和官方的束缚已经形成了严重的对立。

到后来，明朝的读书人出现了严重的分化，一部分人彻底放弃思考，以科考为目的来学习；另一部分人则放弃官场，坚持自己的民间学术立场。

坚持民间学术立场、脱离官场的这部分人，又借助着世俗商业的兴起，成了商业阶层的代表。到最后，明朝的民间学术反而出现了市井化、实用化的倾向，不管是哲学还是文化都逐渐发达，与官方控制的学术市场形成了鲜明的对比。

在明朝，民间学术的发展使得哲学背离了官方指定的理学道路，沿着一条前人走出的羊肠小径，找到了一条反叛之路。他们认为，不管皇帝怎么控制人身自由，只有一个领域是自由的，政府无论如何都无法插手，那就是一个人的内心！

鹅湖寺风波

宋孝宗淳熙二年（公元1175年），信州一个叫作鹅湖寺（位于现江西上饶铅山县鹅湖镇）的小寺庙迎来了它历史上的巅峰时刻。

这一年，朱熹和他的朋友吕祖谦来到鹅湖寺，随后，吕祖谦邀请另两位哲学家——陆九龄和陆九渊兄弟——也来到这里。双方展开了一次关于认识论的大讨论，这也是中国哲学史上一次重要的思想碰撞。

双方的焦点在于：一个人到底怎样才能获得"天理"，也就是最高的绝对的知识？

针对人类的学习能力，朱熹提出，人类的学习，就是"格物致知"的过程。格物致知，就是穷尽所有事物之理，推广到知识的极致。按照他的主张，人们首先应该是对具体的事物进行思考，找到具体事物的道理，再进行总结获得更加普遍的高层道理，以此类推，逐渐上升到"天理"，并以此来指导人们的行为。

而陆氏兄弟则认为，按照这种方法，穷尽一生也无法获得"天理"，因为世间事物如此之多，哪有时间每件物都去"格"一遍？即便"格"一遍，也很难从每一件具体的事物中提取出什么有用的道理，更无所谓获得"天理"了。

针对认识论，陆氏兄弟则采取了另一种做法：他们并不反对"天理"的存在，而是认为，其实"天理"不需要每件物都去"格"，所谓天理，就隐藏在每个人的心中，既然每一个人都有一颗心，直接去心中寻找就行了。

在他们看来，人从出生开始，心中就已经有了关于整个世界的知识。甚至在孩提时这些知识还更纯粹，长大了反而越来越被污染，忘记了本心。所以，人类不需要读太多儒经，也不需要面对每一根竹子都"格"一遍，而是定下心来，跟随内心的召唤。

双方吵了数天之后，没有达成统一认识，最后不欢而散。

"鹅湖寺之会"只是几个文人的冲突，其哲学意义上的丰富程度也比佛教辩论要弱得多，却由于朱熹最后被封神，这一场争论被记入了史册，成为中国哲学史上的大事件。

"鹅湖寺之会"也成就了陆氏兄弟的"心学"，它成为宋朝理学的一个异类，直接影响了明朝心学传统。

陆九渊，江西抚州人，出生于当地的大家族，有兄弟六个。他和哥哥陆九韶、陆九龄的共同研究，形成了一代心学学派。

关于陆九渊对心学的理解，传说他从小时候就开始思考这方面的问题。据《宋史·陆九渊传》记载，他在三四岁时，就曾经问过父亲天地到底有多大，父亲笑而不答，引得他废寝忘食地思考。稍大一点儿，他开始读程颐的书，突然意识到程颐虽然标榜学问来自孔孟，其理论却和孔孟相差极大。这是陆九渊和程朱理学分裂之始。在读古书时，他有一次见"宇宙"两个字，请人解释，得知"宇"是空间量度，就是东西南北上下的延伸；而"宙"是时间量度，就是往古来今直到无穷。他突然意识到原来宇宙内的事情就是自己心中的事，而心中的事情就是宇宙的事情。

最能表明陆九渊想法的，是他的一段话：东海有圣人，他对于"天理"的认知必定藏在心中，而西海、南海、北海的圣人，心中也必定有对"天理"的认知，而这些认知虽然来自不同的人，但既然是同一个"天理"，认知也必然是相同的。所以，东、西、南、北圣人的心其实是相同的。[5]

通过这样的抽象，陆九渊得到一个概念——"心"，认为天理存在于人的心中，天理相同，那么人的心也必然是相同的。这个心不同于一颗颗具体的心，而是一个抽象的心，这个抽象的心与"天理"是等同的概念。不过这个抽象的心又蕴含在每一个具体的心之中，再被装进每个人的胸膛里。所以，每个具体的人要想了解天理，首先要通过自己胸膛中这颗具体的心，达到那颗抽象的心，再达到最终的天理。

如果仔细分析，我们就会发现陆九渊和朱熹的分歧并不在于有没有天理，其实双方都承认天理，但在承认天理之后的方法论上，二者却截

---

5 《宋史·陆九渊传》："东海有圣人出焉，此心同也，此理同也。至西海、南海、北海有圣人出，亦莫不然。千百世之上有圣人出焉，此心同也，此理同也。至于千百世之下有圣人出，此心此理，亦无不同也。"

然不同：朱熹希望通过观察思考外部事物来获得天理，而陆九渊则认为应该求诸自己的心。

由于方法论上的不同，他们对于儒教经典的态度就有所不同。比如，如果一个人和朋友吵了架，朱熹的判断方法必然是从经典中寻找解决朋友矛盾的办法，最终的结果可能是根据《中庸》的原则，希望以息事宁人的方式来获得和解。陆九渊则会告诉你，抛弃一切经书典籍，根据你的心自己去判断，因为真理已经在你心里——如果你的心告诉你，这个朋友不值得要，就直接散伙；如果你珍惜这个朋友，自然会想办法留下他。前者求助于外界，后者则求助于本能。

正因为更相信自己的心，陆九渊曾经对劝他写书的人说：写书要么是六经注我，要么是我注六经，写它干什么。又曾经说过，做学问如果知道了"道"，那么六经只不过都是"我"的注脚而已。[6]

从理论上说，陆九渊并不是一个深刻的哲学家。朱熹为了论证万物如何影响人类社会，首先要从万物上升到天理，再设想一种东西叫作"气"，由天理影响气，而气再影响人类的认知，从而达到人的精神，最终影响人类社会。但对陆九渊来说，这一切都是不证自明的，人心里就有天理，还去论证这些干什么。

这种简单性会让哲学家们嗤之以鼻，却让老百姓更容易接受。而陆九渊本人也把这种简单性运用在政治上。

他曾经担任荆门军的地方官。宋朝在边境地区设立了一种军屯机构，类似于州府，但名字叫某某军，荆门军就是荆门地方的军屯。这种

---

[6] 陆九渊《语录》："学苟知本，六经皆我注脚。"

军屯除了军队驻扎之外，围绕着军队也会形成庞大的民间社会，需要政府的民政机构治理。

由于地处边境，人等繁杂，这类的民政机构在治理上更加复杂。但陆九渊不看重条条框框，往往能够一眼就找到简化的方法，解决实际的问题。他减轻赋税，简化诉讼手续，减轻惩罚力度，一切便宜行事，反而让当地经济繁荣、社会稳定。从这个角度说，陆氏的心学比起繁文缛节的朱氏理学，更利于经济的发展。

但是，南宋晚期的局势却对陆氏心学不利，因为政府的财政崩溃要求加税，社会的不稳定要求加强社会控制，陆氏却是反其道而行，希望减轻控制力度，将判断对错的权力交给每个具体的人，削弱了政府的权威。

到最后，朱熹的理学得以成为政府的标配，心学却在陆九渊之后走入低谷，陷入了被遗忘的境地。

陈白沙：变奏之始

时间进入明朝，另一场心学的复兴运动正在酝酿。

明代宗景泰二年（公元 1451 年），著名学者吴与弼收了一位落第的乡举为弟子。吴与弼是明朝早期学者，虽然出身于官宦之家，却一辈子立志不当官，以研究学术和开课授徒度过一生。在黄宗羲著名的《明儒学案》中，将吴与弼作为明朝第一个学派"崇仁学案"的创始人。[7]

---

[7] 该学案还有胡居仁、娄谅、谢复、郑优、胡九韶、魏校、余祐、夏尚朴、潘润等人。见《明儒学案·崇仁学案》。

吴与弼本人是一个虔诚的理学信徒，为了学习曾经数年不下楼。在学问上，他的思想接近于正统的朱熹思想，创造性不大。但在治学上，他强调要心境澄明，去掉刚勇的血气，其中似乎蕴含着心学的影子。不过，如果有人告诉吴与弼本人，他偏离了理学的道路，一定会遭到他的驳斥。

可吴与弼怎么也没有想到，他收的弟子陈献章最终却叛逆、脱离了程朱理学的窠臼，自成一体，重新发现了心学。

陈献章，广东新会白沙里人，最初以考试为目标，接连考取秀才和举人，可是在继续参加进士科考试时，却总是失败，最后前往江西投奔吴与弼。学习半年后，回到广东专心读书。他专门修筑一个叫阳春台的书阁，在其中日日静坐，苦思数年之后，他抛弃了老师的学问，也抛弃了朱熹的理学。

朱熹的理学是一种讲究进取的学问，他要求学者主动去"格物"，以求获得其中的真知。吴与弼虽然强调养心和沉静，但在格物致知上从来没有抛弃朱熹的理论。陈献章却将"静"发挥到极致，认为人的修养首先要舍弃繁华，回归简约，静静坐着将心中的杂事都抛弃掉，才能发现世界的真相。他教学生的时候，首先要求学生端正地静坐，让心安静下来，从静中寻找心之所思所想。[8]

---

8 《明史·陈献章传》："献章之学，以静为主。其教学者，但令端坐澄心，于静中养出端倪。或劝之著述，不答。尝自言曰：'吾年二十七，始从吴聘君学，于古圣贤之书无所不讲，然未知入处。比归白沙，专求用力之方，亦卒未有得。于是舍繁求约，静坐久之，然后见吾心之体隐然呈露，日用应酬随吾所欲，如马之御勒也。'其学洒然独得，论者谓有鸢飞鱼跃之乐，而兰溪姜麟至以为活孟子云。"

他之所以取"静",从根本上说,是被朱熹逼的。在他发现"静"的道理之前,按照朱熹"格物致知"的理论研究学问,朱熹强调"理一分殊",也就是说天理只有一个,但在各种事物中的表现不同,为了追求这个天理,必须对于不同表现都——进行追究,这样追究下来,不是把人搞得更明白,而是让人变得混乱不堪,陷入具体的事物之中。

陈献章发现,要从朱熹理学的一团乱麻中跳出来,必须静下心来坐好,将这一团乱麻全部从心中清理出去。心中放空之后,反而能看到一片桃源景象。

他最终认定,所谓的理并不在于具体的格物之中,而是就在人的心中。当人心能够静下来统御万物时,就达到了天理。如果人心无法静下来,而是被万物所左右,就变成了万物的奴隶,谈不上所谓天理了。

这种想法最终又回到了陆九渊。陈献章在陆九渊之后数百年,重新把心学"发现"一遍。

发现心学后,陈献章回到京城,他曾经就读于太学,现在回去探望。他的学问突然间名震京师,甚至有官员立刻辞官不做,拜他为师。回到广州后,人们纷纷探望已经成了名儒的陈献章,"白沙学派"成为显学。

陈献章之所以显名后世,还得益于他的学生湛若水。湛若水也是广东人,中了举人,在赴京赶考之前认识了陈献章并拜他为师,甚至烧毁了赶考的路条,安心学习。

不过最后湛若水学成之后,还是回到考场,考取进士。考取进士的过程也和陈献章有关。当时的考官是学士张元祯和杨廷和,他们看了湛若水的考卷,赞叹说:只有陈白沙的学生才能写出这样的文字,于是把他选为第二名。[9]

湛若水历任礼部侍郎、南京礼吏兵三部尚书，作为高官更有机会宣传老师的学问。他走到哪儿，就把老师的学问带到哪儿，首先建立书院祭奠陈献章。湛若水活到九十五岁，这使得陈献章的学问传遍天下。

人们在谈论陆王心学时，往往会谈及二人的不同点，比如，陆九渊是从理学到心学，简单说，首先承认有一个客观存在的天理，只是在如何认识天理这个问题上，才认为心里就含着天理。而王阳明则根本就不在乎这个天理，将一切都解释成心的活动。

陈献章、湛若水二人的看法和陆九渊更加接近，他们讲的是"随处体认天理"。也就是说，天理是存在的，但是在学习天理的过程中，要做到心之所至，理之所至。所以，陈白沙虽然背叛了朱熹，但仍然可以看作一次对朱熹的改造，并没有完全背离理学，或者说，只是改造了学习的方法论而已。

而再接下来，明朝哲学终于超出了理学的范围，开始了更加开创性的一步。

王阳明：无奈的思想反叛

明武宗正德元年（公元1506年），据《明史·王守仁传》记载，一位三十四岁的中年人开始了自己的逃亡和流放之路。这时恰值大太监刘瑾擅权，他大肆打击政敌，大部分官员怕得罪他，不敢为被打倒的人说

---

9 《明史·湛若水传》："十八年会试，学士张元祯、杨廷和为考官，抚其卷曰：'非白沙之徒不能为此。'置第二。赐进士，选庶吉士，授翰林院编修。"

一句话，一位资历很浅的官员却站了出来，他就是王守仁（后世更为熟悉他的字：阳明）。

王阳明时任兵部主事，是一个勤勉、有抱负的官员，他的父亲王华则是成化十七年的进士第一名，任礼部左侍郎。父子双进士，共同在朝为官，本来是一桩佳话。但在刘瑾迫害南京给事中御史戴铣时，心高气傲的王阳明忍不住站出来说了几句话，得罪了刘瑾。他本人不仅被打了四十杖，遭到公开羞辱，最后还被发配到贵州的龙场当驿丞，这个职位是不入品的小官。他的父亲也受到牵连，改为南京吏部尚书。

但刘瑾根本就不打算让王阳明活着。在去往龙场驿途中，王阳明遭到刘瑾派来的打手的追杀，只能脱掉衣服伪装成跳水自尽才躲过一劫。他逃到南京父亲处，父亲开导了他一通，认为驿丞虽然是不入品的小官，但毕竟是皇帝的旨意，应该去上任。

王阳明辞别父亲，到了龙场。在这里，已经到达人生最低谷的他开始总结自己的人生哲学，并最终成为一代宗师。

明朝此时仍然是程朱理学统治天下，虽然陈白沙已经开始发展心学，但影响力还无法与理学相比。

王阳明则是从另一个方向上怀疑理学。在年轻时，他曾经是一个理学的信徒，但与普通的理学学者不同，他执迷于悟道。比如，普通的人都会说，世界上有一种包罗万物的"天理"，这种天理就隐藏在纷纭复杂的万事万物之中，一个人要想领悟这种天理，就必须首先去"格物"，也就是去领悟万事万物。大部分人学到这一步就算了，至于从万事万物中领略的天理到底是什么滋味，他们觉得太难了，就不去管了。

王阳明却想真的从万事万物中领略天理，所以，他最初对着一根竹子不停地去"格"，想发掘出竹子里蕴含的天理，可不管怎么对着竹子看，它还是根竹子，很难从这根竹子上领悟到什么大道理。最终，他认定，这种空对着竹子胡思乱想的做法绝对找不到天理，还会把心情搞乱。所以，朱熹的所谓"格物致知"无助于寻找天理，只不过是告诉人一种等死的方法，一个人可以对着竹子思考一辈子，就到了死的时候了。

　　王阳明年轻时没有想到如何破掉朱熹的格物致知，到了龙场这个偏僻的地方，有了更多的时间去思考这个问题，并最终找到答案。这就是后来心学信徒最常提起的"龙场悟道"。

　　王阳明想到的答案是这样的：朱熹解释的格物致知是错误的，实际上，"格物致知"有另一种解释方法。朱熹认为，要想获得关于天理的知识，必须首先去对着各种物体苦思冥想，他的方法是从物体到知识。而王阳明却反其道而行之，认为人类意识和外界事物的交互过程应该是从知识到物体。

　　王阳明认为，所谓天理，根本不用去外面寻找，它就藏在人的心里。每个人都有一颗心，人一生下来，心中就深藏着所有的知识，只是这些知识被隐藏起来，人没有意识到罢了。一旦意识到了这些知识，人就了解了全世界。[10]

　　所谓"格物致知"，就是把外界的万物放回心里，发掘出内心知识的过程。他的方法是从知识到物体的。首先发掘内心的知识，再用来比

10　《明儒学案·姚江学案》："自姚江指点出'良知人人现在，一反观而自得'，便人人有个作圣之路。"

照外界的万事万物，或者改造世界。[11]

王阳明之所以如此相信自己的内心，和他的抱负有关。他一方面喜爱军事，另一方面，从受迫害后，他就开始依赖于内心深处的自我保护意识以躲过灾难，这两方面都要依靠高度的内心活动和直觉。

王阳明在龙场待到刘瑾倒台，终于被召回京，在做了一系列小官之后，他受到兵部尚书王琼的赏识，担任右佥都御史，并开始巡抚南方。这个官职在当时是一个棘手的位置。明朝时南方的江西、福建山区里充斥着大大小小的盗贼，这些地方都属于边远地区，明政府很难管辖，盗贼们不仅不听从政府的指令，还四处劫掠，令地方官员们头疼不已：不理他们，他们造成的破坏越来越大；如果镇压，一是花钱太多出不起，二是用兵太多权限不够，三是地方偏远追不上盗贼。

这个棘手的事情对于王阳明来说却是游刃有余。他对于人心的洞察力是一流的，在龙场和边民打交道的经验也能派上用场。首先，他认定盗贼一定有内应。由于边民之间存在婚姻、亲戚纽带，官府的行踪不可能不被透露给盗贼。如果只想到这一步，还不算有洞察力。王阳明认为，这种纽带关系是双向的，既可以把官府的消息泄露给盗贼，又可以把盗贼的消息透露给官府。果然，他通过官府的仆役们拿到了盗贼的动向，再出兵剿匪，获得了巨大的效果，荡平了当地的匪患。

除了剿匪之外，另一件好事也突然间降临。当时宗室子弟朱宸濠被封在南昌，封号为宁王。宁王一直不满明武宗的统治，突然间举起造反

---

[11] 《明儒学案·姚江学案》："先生之格物，谓'致吾心良知之天理于事事物物，则事事物物皆得其理。以圣人教人只是一个行，如博学、审问、慎思、明辨皆是行也。笃行之者，行此数者不已是也'。先生致之于事物，致字即是行字，以救空空穷理。"

的大旗,率军进攻九江、南康,试图占据明朝的都城。

王阳明在剿匪途中得到消息,他随机应变,在朝廷命令还没有下达时,就挥兵直捣宁王的根据地南昌,利用虚虚实实的欺骗战术,将宁王拖延住,最终先攻破南昌,又北上生擒了宁王。

据《明史·王守仁传》记载,叛乱在三十五天之内就被镇压。而此时,北方的皇帝还在和群臣讨论是否要御驾亲征呢。

剿匪和平宁王这两件事给王阳明带来了巨大的声誉,也带来了棘手的麻烦。麻烦在于,他的功劳太大,引起朝臣的妒忌。特别是宁王事件,当皇帝刚刚组建团队准备御驾亲征时,突然间传来宁王已经被擒的消息,令皇帝难堪。而宁王在造反之前,曾经花大价钱买通了许多高官,这些高官也希望掩饰自己的罪过。

所有这一切让王阳明突然间成为公敌。只要有一点儿处理不当,就会给他带来巨大的灾难。

但王阳明在对付皇帝和这些大臣时,展现出他心学的风范。他一方面低调处理自己的功劳,满足皇帝的虚荣心;另一方面避开风口浪尖,只通过偏向自己的太监张永说话。当北方士兵来到时,已经成为江西巡抚的王阳明嘘寒问暖,收买了士兵的人心。到最后,除了少数他的死对头之外,大部分人都满意了。

宁王这件事也反映出明朝政治的复杂性,一个人的地位不是靠功劳来决定的,而是其资历和人脉。否则,即便有功劳,也可能变成祸患。

这件事的处理,让王阳明更加相信自己创立的对心的崇拜。[12] 他从

---

12 《答李明德》:"人者,天地万物之心也,心者,天地万物之主也。心即天,言心则天地万物皆举之矣。"

"格物致知"开始，又提出所谓"致良知"。所谓"良知"，指的是人心之中固有的理念，"致良知"就是寻找内心深处的呼唤，利用这种直觉来做事。

王阳明认为自己就是一个"致良知"的实践者，他正是因为寻找到了内心的呼唤，才能避开如此众多的祸患，将这些祸患都变成有利的机会，躲过了政治的惊涛骇浪。

他的功劳虽然得不到朝廷的承认，却在民间获得了巨大的声誉，保证了"致良知"理论的传播。

这种理论不仅仅是对于朱熹的反驳，更是一种明朝人必须学会的处世之道。他们希望像王阳明那样既做成事情，又不被这一团乱麻的政治所伤害。

到了晚年，王阳明更是越来越相信心的作用，认为外在的一切都只是心的一种表现，除了心，没有其他东西是实在的。[13]

针对心法，他在《天泉问答》中提出了四句口诀："无善无恶者心之体，有善有恶者意之动，知善知恶是良知，为善去恶是格物。"解释开来就是，人心的本质是没有善恶之分的，而之所以产生出善恶，是由于人们的意（欲望）的作用。而所谓良知，就是人根据自己的内心区分善恶的过程。寻找到良知之后，也就达到了"知"的境界，再用这个良知去改造世界，改造世界的过程就叫"格物"，这个过程也是践行善事、去除恶习的过程。

---

13 《明儒学案·姚江学案》："在物为理，处物为义，在性为善，因所指而异其名，实皆吾之心也。心外无物，心外无事，心外无理，心外无义，心外无善。"

王阳明的无奈在于，他的学说是对正统思想的一次反叛，却又不得不隐藏起来装成温顺。这种伪装在他看来就是一种心学的践行，可他的政敌却早就发现了其中的危险。如果让他的学说传播，所有的人都不再相信天理，也不相信依靠天理架构的政治体系，而是一味地遵循个人内心的良知，那必然引起人们对于政治体系的怀疑，甚至会质疑皇帝的合法性本身。

　　实际上，后来的人们思想解放，也果然得益于王阳明把人们的"心"解放出来。

　　在他刚刚死后，就有人上告他的学问是非法的，是以邪说蛊惑人心。[14]皇帝听后，立刻下诏停止了他的世袭职位，并禁止了其理论传播。

　　只是，这时的心学已经传播开来，不是皇帝所能禁止的了。阳明心学的开辟，让明朝的哲学进入双轨制。一方面，政府还在用正统的理学考试选拔人才，但另一方面，民间的心学已经颠覆了理学的统治地位，甚至官员们也变成了"两面派"，他们要晋升就必须背诵理学经典，但要修身，则必须归附心学谱系。

14　见《明史·王守仁传》桂萼的弹劾。

第十九章　从心学到犬儒[1]

明朝社会最大的特征是出现了一个不依赖官场的市井阶层,他们对当官没有兴趣,也有足够的资本用于生活。心学的发展,导致一个叫作"泰州学派"的流派成了市井哲学的代言人。

心学对于个人的解放,还导致了一批具有游侠精神的学者出现,何心隐就是其中的代表。由于他们游离于体制之外,成了朝廷的心头大患,受到了镇压。

作为泰州学派的集大成者,李贽以离经叛道的态度,将道学"皇帝的新衣"戳破,他本人也以自杀结束了一生。

随着叛逆者的死去,心学如同当年的玄学一样,逐渐变成犬儒主义和庸俗主义的大本营,古代中国哲学第二次轮回的叛逆阶段走向了终结。

明嘉靖年间,就在王阳明在南方创立心学之时,北京城突然来了一个怪人。[2]这个怪人穿着没有人见过的大袍子,戴着稀奇古怪的帽子,手

---

[1] 本章涉及的时间范围是公元1529—1644年。
[2] 见《明儒学案・泰州学案・处士王心斋先生艮》和《明史・王艮传》。

里拿着笏板，坐着一种人们没有见过的小车，从南方出发，招摇地一路向北，最终到达北京。

如果有人问他：你这是什么衣服、什么车？他就会回答，这是周朝《礼经》中规定的学者的衣服，帽子叫"五常冠"，衣服要求深衣大带，手里必须拿笏板。而车叫"蒲轮车"，是用蒲草包轮制作的，当初孔子就坐着这种车周游天下。

这个怪人到达北京后，立即引起人们议论纷纷，冒出不少传说。最著名的是，一个不知名的老翁做了一个梦，梦见有一条没有头的黄龙边播雨边前行，最后来到北京的崇文门下，突然间变成一个人。老翁一看天亮了，连忙跑到崇文门下，发现有一个怪人穿着怪异，坐着怪车正好到达此处。

这个人来到北京城后，照样行事高调，处处宣讲他的学问。当有人问他，他的师承出自何处，他就骄傲地回答：我的老师就是王阳明！

在北京，王阳明的弟子并不算少，由于他平定叛乱，声动朝野，其学问也已经遍传天下，就连官场之中也有不少崇拜者。但是，这个穿着奇怪、大言不惭的人却令王阳明的弟子们很尴尬，他不仅不像个儒生，反而像个妄想狂。

但这个妄想狂的确很尊重王阳明，动不动就说我来北京为的就是宣讲老师的学问，老师的学问来自天启，是千载绝学，我一定要让天下人都听到他的学说。[3]

---

[3]《明儒学案·泰州学案·处士王心斋先生艮》："千载绝学，天启吾师，可使天下有不及闻者乎！"

当人们问起他要传播王阳明什么样的学问时，这家伙的回答却让人心惊肉跳，因为他宣扬的并非王阳明的话，而是他自己的话。比如，王阳明虽然强调心学，可是基本上还是在伦理的框架内谈，维护着明王朝统治者的权威。可是这人却说：什么是道？道不是什么高高在上的东西，道就是老百姓的日用生活。他甚至认为老百姓的日用生活才是根本，而皇帝老儿的政权只不过是枝节问题，只有根本稳固了，才有枝节的稳定。这就近似于大逆不道了，怎么会是王阳明的说法呢？

那些王门弟子心中七上八下，坐立不安。他们担心的原因还有一个。明朝是一个最防备朝臣不听话的朝代，任何人，即便功劳再大，皇帝也总要防着，而且功劳越大皇帝越担心。王阳明平定叛乱之后，天下人都成了他的粉丝，而王阳明的一举一动会引起朝廷极大的猜忌。这个人不断地来北京宣扬皇帝老儿不算啥，到底是不是王阳明指使的？如果是他指使的，王阳明的目的何在？是否意味着他想推翻明朝自立？

即便皇帝不相信这些说辞，在朝廷上还有很多王阳明的政敌，他们随时关注着王阳明及其弟子们的一举一动，希望找到他们的错处，而这个人简直就是老天爷送来"搅局"的。

王门弟子们赶快写信到江西，询问老师到底是怎么回事。传回来的信息说这个叫王艮的人果然是王阳明的弟子，他以前是个盐场灶丁的子弟，又曾经做过生意，后来摇身一变成了王门弟子。

但他前来北京，并不是王阳明指使的，而是他自己愿意宣扬老师的学问才跑去的。众人听后，既然是同门，只好把他的车藏起来不让他这么招摇，再劝说他赶快离开，不要坏事。但这个人性格倔强，不肯听从。王阳明听说王艮在北京的事后，也连忙写信让他回去，他这才怏怏不乐地离开，去往浙江会稽，寻找他的老师去了。

王艮大闹北京城，成了明朝哲学史上的一桩趣闻。但是，我们不要因为王艮的性格就忽略了他的学问。实际上，王艮是王阳明弟子中影响力最大，也最具独创性的一个。他不仅发挥了老师的心学，还结合佛道，将心学改造成为实用主义和民本主义的典范，在明朝这个极端压抑的朝代内部，竟然生发出现代政治理论的萌芽。[4]

明朝中后期是一个极端分化的时期，一方面王艮及其弟子创造了泰州学派这个民本主义的学派。另一方面，王门弟子们却开始与政权合流，他们大都成为达官贵人，在谈论心学的同时，还享受着政权提供的一切优厚待遇，王学也逐渐变成一种享乐主义、犬儒主义和自私主义的代名词。最后，东林党人的崛起让明朝后期又成了一个党派斗争的时代。享乐主义、党派斗争，使朱元璋确立的铁板一块的政治秩序遭到腐蚀，降低了行政效率和军事效率，明朝已经无法抵御底层反叛和外族入侵的双重夹击，最终被清朝取而代之。

赤手搏龙蛇

王艮，号心斋，江苏泰州人。在泰州有一个大的盐场，叫安丰场，他的父亲就是盐场工人出身。

王艮年轻时因为家境贫寒而辍学，跟随父亲在盐场工作，后来又曾

---

[4] 《明史·王艮传》："王氏弟子遍天下，率都爵位有气势。艮以布衣抗其间，声名反出诸弟子上。然艮本狂士，往往驾师说上之，持论益高远，出入于二氏。"

经跟随父亲到山东经商。他坚持自学，最常看的三本书是《孝经》《论语》《大学》，另外也看过《礼经》。

由于读书不多，王艮的学问分为截然相反的两部分。一部分是对这几本书的"生吞活剥"，他非常强调"孝"，就是对《孝经》的一种过度解读，而《礼经》则给他带来一套长袖阔带、高冠大履的衣服，还在腰上别个笏板。[5] 另外，他喜欢用书里的理论和人争论，随口就说，以表明他对这几本书背得滚瓜烂熟。

他的另一部分学问却与之完全对立，那就是，王艮从他的手工业、商业经验中意识到，人类的真理也许并不掌握在统治阶层的手中，而是掌握在每一个具体的人手中。不管他是皇帝还是达官贵人、工人、农民以及无业游民，在学问面前他们都是平等的，没有谁是特殊的。这种平民性，让他比其他人更能够接触最广大的平民群体，成为他们之中的"传道士"。

王艮认识王阳明，也很有传奇性。当他在当地小有名气时，他的一位朋友黄文刚听了他的谈论，说：你的道理很像王巡抚谈的。当时王阳明在江西当巡抚，也在传讲心学和"致良知"，在大江南北影响力很大，只不过王艮地处泰州的社会底层，对于王阳明尚无听闻。

王艮第一次听说王阳明后，就决定去见一见他。之所以要见王阳明，也带着很大的自负色彩：他想去看一看王阳明是否和自己一致，如果一致，他就是块试金石，试出了王阳明的水平；如果不一致，那么他就要

---

5 《明儒学案·泰州学案·处士王心斋先生艮》："乃按礼经制五常冠、深衣、大带、笏板，服之。曰：'言尧之言，行尧之行，而不服尧之服，可乎？'"

成为王阳明的老师，向王阳明传授真学问。

到了王阳明府邸，王艮还穿着他的古怪袍子，举着笏板通报。王阳明不知对方来头，出门相迎。进到屋里，王艮毫不客气坐在上座，二人开始对谈。谈着谈着，他就移到侧座上，谈完后，王艮觉得此人学问还可以，虽然不是特别满意，但还是跪拜王阳明为师。可是他晚上想了半天，第二天又反悔，跟王阳明说不想拜他为师了。王阳明大度地称赞他这是不轻信。王艮又毫不客气地坐在上座继续与王阳明谈论，这一次，王艮终于折服，再拜为师。王阳明对人感慨道：我率军擒拿朱宸濠，都感觉很平常，但今天反而为这个人动了心。

王艮复杂的拜师过程，说明他和王阳明的差异：他一方面为王阳明的学问叹服；另一方面又感觉自己和王阳明是不同的，他的一些想法可能已经超越了老师。王阳明也是同样的感觉：一方面看到王艮的能力；但另一方面，又感觉他不会成为一个听话、忠实的弟子，会将老师的学问改得面目全非。

在王艮自作主张去完北京，回到江西之后，王阳明痛感王艮是个闯祸的能手，接连三天不肯见他。王艮在门口也等了三天。有一次，王阳明出门送人，王艮就在路边跪着，王阳明装作没有看见，转身就回了院子。王艮一直跟着王阳明来到屋檐下，眼看王阳明又要消失了，他大声喊道：孔仲尼也不会比你更过分！一句话喊醒梦中人，王阳明立刻反身长揖，双方和好。

王阳明死后，王艮回到泰州以讲学为生。此时，他的思想已经和王阳明差别巨大了。

首先，二人的弟子成分差别巨大。王阳明的弟子大都是达官贵人和读书人，收到王艮这样的异类已经算是特殊情况。而王艮的弟子却是五花八门，从贩夫走卒到市井百姓，无奇不有，当然也包括一些著名学者，但大都是平民出身。明朝是一个民间商业很发达的朝代，这主要得益于政府官员大都背四书五经去了，对商业一窍不通，任其自由生长，而政府的纸币信用崩溃，人们被迫改用银两，反而促成金融层面的稳定。商业发达，商人们需要他们在哲学和文化上的代言人，王艮正好满足了他们的需求。

其次，王艮的学问也非常适合平民群体。他从来不讲君君臣臣父父子子或者家国天下的大道理，只讲身边的小事，从人本身出发。

比如，对于"格物致知"四个字，朱熹认为是"思考每一个具体物体背后的大学问，达到真理的极致"，王阳明则认为是"把物体映射到心，在良知之中发现物体的道理"。这两种解释都很抽象化，而王艮则对这四个字重新进行解释，认为"格物致知"无非就是说个人与国家的关系：个人的身体是根本，而家国天下是枝节问题；如果个人不正，就没有办法治理好国家；"格物致知"，就是要修个人的根本，再来安定国家。黄宗羲给王艮的理论起了个名字，叫"淮南格物"，便于人们和朱熹、阳明的理论作区分。[6]

---

[6] 《明儒学案·泰州学案·处士王心斋先生艮》："先生以'格物，即物有本末之物。身与天下国家一物也，格知身之为本，而家国天下之为末，行有不得者，皆反求诸己。反己，是格物底工夫，故欲齐治平在于安身。易曰：身安而天下国家可保也。身未安，本不立也，知身安者，则必爱身、敬身。爱身、敬身者，必不敢不爱人、不敬人。能爱人、敬人，则人必爱我、敬我，而我身安矣。一家爱我敬我，则家齐，一国爱我敬我，则国治，天下爱我敬我，则天下平。故人不爱我，非特人之不仁，己之不仁可知矣。人不敬我，非特人之不敬，己之不敬可知矣。'此所谓淮南格物也。子刘子曰：'后儒格物之说，当以淮南为正。'第少一注脚，格知诚意之为本，而正修治平之为末，则备矣。"

"格物致知"的改变，以及对于个人身体的重视，让王艮开始大谈"百姓日用就是道"。这个理论很适合明朝发达的商人阶层，他们很乐于听到这样的说法。

而更多的人喜欢听他说，则是因为他说所有的人都能得道，只要做到能知能行，就满大街都是圣人。在以前，人们把读书人看作一个特殊的阶层，中了秀才之后，读书人就享受各种待遇，鼻子翘到了天上。但在王艮看来，只知道死背几本书，就算当了进士也不算是有学问，真正的学问隐藏在生活之中，只要在生活中行得正，坚持修身，谁都是圣人。

这种简易教学法第一次打破了古代中国读书人对学问的垄断，将学问放到所有人的手中。泰州学派也由此成了古代中国历史上第一个非宗教化的平民学习组织，与中国南方的商业社会共同发展。

由于泰州学派激进的反叛性格，黄宗羲感叹这个学派前无古人，后无来者，继承者大都能"以赤手搏龙蛇"，不再是名教所能束缚的了。[7]

游侠之死

明神宗万历七年（公元1579年），大学士张居正主导的经济财政改革正在轰轰烈烈地进行，朝廷上下对于改革措施议论纷纷。张居正认定，要想推动改革，就必须打击这些议论的声音，统一舆论，形成合力。

他以皇帝的名义下达一道诏书，要求各地方官员毁掉天下的私人书

---

[7] 《明儒学案·泰州学案》："泰州之后，其人多能以赤手搏龙蛇，传至颜山农、何心隐一派，遂复非名教之所能羁络矣。……诸公掀翻天地，前不见有古人，后不见有来者，释氏一棒一喝，当机横行，放下拄杖，便如愚人一般。诸公赤身担当，无有放下时节。"

院。[8] 这是一次对私人书院的系统打击。

实际上，明政府一直以警惕的目光望着私人书院这个越来越庞大的社会组织。由于官方主导的文化体系呈现僵死特征，很多对朝廷死了心的人宁肯不入朝，只愿去独立研究学问，并广开书院，教授学徒。这些人拥有第一流的智力和学识，被明廷视为心腹大患。

最初，明廷不知道该怎么对付这些私人讲学机构。到了明世宗嘉靖十六年（公元1537年），当时的南京吏部尚书湛若水走到哪儿就把书院开到哪儿，引起了政敌的反弹，他们开始上奏皇帝，要求摧毁各地书院。第二年，命令生效。

但是，这个命令并没有被严格执行。官员们都出自读书阶层，他们对于要求销毁书院的命令大都采取睁一只眼闭一只眼的态度。

到了明神宗时期，张居正为了改革要求统一舆论，而对他反对最大的，就是读书人内部，这些人以书院为基地，品评政治。张居正认为，如果要推行改革，必须首先将反对派打掉。[9]

摧毁书院的命令下达后，各地对于读书人的镇压运动也迅速展开。而在这一系列的运动中，最大的目标是一个叫作何心隐的人。

何心隐，原名梁汝元，是典型的对朝廷充满警惕的读书人。他曾经参加省试，获得江西第一的好成绩，但就在这时，他突然转向，宣布不再参加考试，转而拜泰州学派的颜山农为师，开始学习王艮的思想。

与其他人不同，何心隐不仅是一个学者，还是一个实践派。比如，

---

8 《明史·神宗纪》："（万历）七年春正月戊辰，诏毁天下书院。"
9 比如，名儒罗汝芳的讲学机构就让张居正愤怒不已。《明儒学案·泰州学案·参政罗近溪先生汝芳》："万历五年，（罗汝芳）进表，讲学于广惠寺，朝士多从之者，江陵恶焉。"

王艮的理论要求先正心立身，然后管理好家族问题，认为人的身体和家族的利益高于政权，只有先把这些事情做好了，才能去管国家的事。何心隐立刻把这个理论付诸实践，建立了一个家族自治机构，他当族长，将整个家族的红白喜事和矛盾纠纷全部管起来。

如果仅仅是管理家族，也没有问题，但何心隐的管理组织是对外的。比如，当地方官员为了平衡财政，想在正税之外再多征点儿杂税，何心隐不仅反对，还写信讽刺当地官员。很显然，这样的家族组织如果过于强大，地方官员就捞不到什么好处了。于是地方官员找借口将他抓起来，后来被朋友救出。

何心隐具备侠义心肠，他很像司马迁笔下的游侠复活了。他后来去了北京，当时恰好是奸臣严嵩当道，严嵩将一切反对自己的人都镇压下去，在朝堂上一手遮天。唯独何心隐不怕他，甚至想计策要把严嵩搞掉。由于皇帝相信方术，当时皇帝宠信的术士叫蓝道行，何心隐刻意和蓝道行结交。一次，蓝道行在给皇帝扶乩占卜时，突然宣称有一个奸臣正在靠近皇帝。皇帝正奇怪他为什么会这么说，过了一会儿，严嵩突然进来奏事。

这件事实际上是何心隐和蓝道行的策划，目的是诋毁严嵩。从这一天起，皇帝开始怀疑严嵩的品质，这种怀疑被群臣利用，并最终导致严嵩倒台。[10]

严嵩虽倒，但是严嵩的党羽处处都在，何心隐为了避祸，改名换姓（从"梁汝元"改成"何心隐"），游历四方。他以给别人做幕僚为生，

---

10 见《明儒学案·泰州学案》相关记载。

处处出谋划策，如同苏秦、张仪一样纵横天下。然而，也正是因为他的性格，不被容于当时的政治环境。

随着时间的推移，严嵩的党羽都逐渐倒掉，后来上台执政的是张居正。何心隐的命运是否会好一些呢？

答案恰恰相反。张居正上台后，在推出对私人书院的禁令之前，就开始用强硬手段对付这些所谓游侠。万历四年，何心隐正在湖北的孝感讲学，张居正听说后，立刻派湖广巡抚陈瑞去抓何心隐。但何心隐接到密报后逃脱了。

何心隐认为自己坦坦荡荡，没有罪过，甚至想亲自前往北京申辩。但官僚机构不会给他这样的机会。三年后，就在推出书院禁令的同一年，何心隐终于被抓获，被送到新任湖广巡抚王之垣处。

被捕之时，何心隐就已经知道，王之垣已经得到张居正的授意，一定要杀掉他。早年他在北京见到还没有当政的张居正时，就预言会死在这个人手中：这个人未来一定会主政，而主政之时，一定会杀掉我。[11]

何心隐之死，反映了民间学术与官方学术的冲突，这种冲突是无法调和的，民间学术要求的是自由精神和质疑的态度，而官方学术要求的是服从。由于奸臣以官斗为主，对于民间往往无暇顾及，这时的民间学术反而能够获得一定的空间。张居正上台后，作为改革派希望推动社会变革，这时反而会更加感觉到民间学术的不合拍，于是采取更加强硬的

---

11 《明儒学案·泰州学案》："已同后台入京师，与罗近溪、耿天台游。一日遇江陵于僧舍，江陵时为司业，心隐率尔曰：'公居太学，知太学道乎？'江陵为勿闻也者，目摄之曰：'尔意时时欲飞，却飞不起也。'江陵去，心隐舍然若丧，曰：'夫夫也，异日必当国，当国必杀我。'"

态度。到此时，民间学术就连一点儿空间也没有了。

只要存在这样的制度，不管是清官还是贪官，就都会做出同样的事情，倾向于控制民间，剪除反对和质疑的力量，以求铁板一块。不过，铁板一块反过来又会造成政治的脆性，一遇到困难就会崩断，最后造成整个社会的崩塌。这是集权社会无法避免的弱点。

张居正死后，他亲手建立的高效镇压体系也逐渐锈化，不仅无力镇压民间学术力量，甚至连政权本身都难保。

以死卫童心

何心隐死时，同情他的人很多。在他的死亡之地武昌，有数万人为他喊冤，甚至在朝廷张榜罗列其罪状时，人们也都认为这是陷害。[12]

而在所有人当中，有一个人却用冷静的笔调分析何心隐的幸与不幸，他就是李贽。李贽与何心隐同属泰州学派，但他没有见过何心隐本人。

他总结了何心隐三点令人佩服之处。第一，每个人都在为了生而蝇营狗苟，可是何心隐看透了生死，认为人终将一死，只不过是被人杀死，还是被鬼杀死的不同选择而已。第二，每个人都装作效法孔子，只有何心隐是在真的效法孔子，因为孔子以天下为家，不治家产，不畏惧得罪

---

12 《焚书·卷三·何心隐论》："今观其时武昌上下，人几数万，无一人识公者，无不知公之为冤也。方其揭榜通衢，列公罪状，聚而观者咸指其诬，至有嘘呼叱咤不欲观焉者，则当日之人心可知矣。由祁门而江西，又由江西而南安而湖广，沿途三千余里，其不识公之面而知公之心者，三千余里皆然也。"

人。也正因为得罪人，何心隐才会被害死。李贽认为孔子之所以没有被仇人杀死，只不过是幸运。第三，何心隐效法孔子的道，却并不效法孔子的一言一行，这让那些东施效颦的人愤怒不已，把他当成歪门邪道。

但李贽感慨地说，当一个人临死时，有数万人为他喊冤，即便是他被最权威的首辅杀死，人们也认为是首辅在迫害他。这样的公道自在人心，又何必在乎死呢？

从李贽写《何心隐论》之后又过了十四年，他也选择了以死抗争，也许在为何心隐招魂的那一刻，悲剧的种子已经种在李贽的心中。

在明朝的思想家中，李贽是一位最伟大的践行者。他的思想已经彻底脱离了理学的束缚，不管是程朱的那一套，还是王阳明的那一套，都已经被他超越。他自称"狂禅"，实际上却是一个实用主义者。

李贽出生于福建泉州，这里是著名的海港城市，如同现在的广州一样，居住着大量的海外商人。其祖辈曾经是回教徒[13]，而他本人显然受到外来文化的影响，对于儒学并没有特别的尊敬。

李贽二十六岁中福建乡试的举人，之后没有继续考试。他的青壮年时代一直在应天府、北京等地方的各种小官之间徘徊，生活贫困。直到五十一岁时，才任职偏远的云南姚安知府。在治理地方时，他习惯了清静无为的方式。云南位于边陲，他因地制宜，法令清简，不言而治。除了俸禄之外，分文不取，继续保持着贫寒的本色。

也正在这时，张居正开始对民间读书人进行迫害，两年后，何心隐死去。何心隐之死，让李贽彻底放弃了对官场的渴望，开始了另一段追

13　转引自侯外庐、赵纪彬、杜国庠《中国思想通史》第四卷第二十四章引《林李宗谱》。

求心性的生活。

在最后任职时期,李贽已经躲进大理洱海边上的鸡足山中,以佛教典籍为乐。如今的大理成了旅游胜地,人们往往对苍山耳熟能详,但在明清时期的历史上,大理最著名的山是鸡足山,它是当地的佛教圣地,甚至在当地信仰中代表着西天。

离职后,李贽带着家眷开始尝试另一种生活:在完全无保障的情况下继续游学。由于没钱,他只好去湖北黄安(今红安)投靠朋友耿定理(耿子庸)。由于养不起妻儿,只好让妻子带着孩子回到娘家,自己寄居在朋友处。

李贽之所以不愿意回老家,另一个原因是明朝严密的户籍制度。一旦回家,就会被地方登记造册,成为被监控人口,而客居在外,则没有人知道他的下落。

耿定理死后,李贽被迫离开黄安,前往麻城的龙潭湖上,与一群朋友相互切磋读书。由于头上发痒,他干脆剃了光头,只留下胡子,如同僧人一般,后人把这个行为当作他与名教的决裂。[14]

在游学的这段生涯,李贽的思想越来越成熟,影响力也越来越大,成了继何心隐之后的又一个"异端"。他的思想比何心隐更加激进,反道学的精神更加彻底。他的书籍一经刊行,立刻风靡天下,害得朝廷不得不数次祭出禁书的大旗,却屡禁不止,四处传唱,如同"哲学界的柳三变"。

---

14 《珂雪斋集·李温陵传》:"公遂至麻城龙潭湖上,与僧无念、周友山、丘坦之、杨定见聚,闭门下键,日以读书为事。一日恶头痒,倦于梳栉,遂去其发,独存鬓须。公气既激昂,行复诡异,钦其才,畏其笔,始有以幻语闻当事,当事者逐之。"

他首先继承了王艮的思想,认为只有在人们的生活之中才蕴含着真正的道,"穿衣吃饭就是人伦物理",没有其他更大的道理。由此,他对程朱理学系统进行了最无情的抨击。在他的笔下,道学都是"高履大屐,长袖阔带",恨不得在帽子上写着"纲常"两个字,在衣服上写上各种人伦警句,说话的时候不离孔仲尼的名言,摆道理的时候随口四书章句。

他最好的小品文是《赞刘谐》。刘谐是他的一位朋友,一次遇到一位道学家,道学家自称是孔子的徒弟,刘谐随口说:你是他徒弟,我还是他的哥哥呢!

道学家勃然大怒,说:老天爷如果不生孔仲尼,万古就如同漫漫长夜!你到底有多大胆敢冒充他的哥哥!

刘谐笑答:万古如长夜?怪不得孔仲尼出生之前的三皇五帝时期,人们都白天点蜡烛过日子。[15]

通过这种戏谑的方式,李贽把道学的目光短浅表现得淋漓尽致。而他本人认为,大部分学孔教的,不过是如同矮子去看戏,看不到里面在演啥,只能跟着喝彩——没有人真正懂得理学说了什么,只不过是瞎起哄而已。他甚至认为自己年轻时也是这样的,后来才开悟,反对这样的人云亦云。[16]

---

15 《赞刘谐》:"有一道学,高履大屐,长袖阔带,纲常之冠,人伦之衣,拾纸墨之一二,窃唇吻之三四,自谓真仲尼之徒焉。时遇刘谐。刘谐者,聪明士,见而哂曰:'是未知我仲尼兄也。'其人勃然作色而起曰:'天不生仲尼,万古如长夜。子何人者,敢呼仲尼而兄之?'刘谐曰:'怪得羲皇以上圣人尽日燃纸烛而行也!'其人默然自止。然安知其言之至哉!"

16 《续焚书·卷二·圣教小引》:"余自幼读圣教,不知圣教;尊孔子,不知孔夫子何自可尊,所谓矮子观场,随人说研,和声而已。是余五十以前真一犬也,因前犬吠形,亦随而吠之,若问以吠声之故,正好哑然自笑也已。"

然而，在反对完程朱理学之后，到底什么样的学问是他赞同的呢？这就要从他的"童心说"说起，再延伸到他的学问上。

李贽秉承了王艮的心学主张，进一步认为，人真正困难的是找到自己的童心。所谓童心，就是人最初的本心。如果失去了童心，就是失去了真人，变成了戴着面具的行尸走肉。[17]

他认为，人们之所以会失去童心，就在于读多了四书五经这样的废书。四书五经中不是史官滥用的褒崇之词，就是臣子不负责任的赞美之语，或者出自腐臭弟子有头无尾的记忆，只是些只言片语。这样的话传来传去，早已失去了本来的意味，靠学习这些东西，哪里能找回童心，反而只能学成个书呆子。

那么，哪些书里更具有童心呢？李贽认为不是那些古书，而是各个朝代的最优秀作品。比如，唐朝的传奇、元朝的杂剧、《西厢记》、《水浒传》，这都是天下最好的文章书籍，内里充满童心。

从寻找童心的过程，就可以看出来李贽的现代主义倾向。他反对仿古，认为应该抓住时代的潮流。他推崇现代的实用主义的学问，反对古代僵化主义的内容。

但是，在李贽的思想中又蕴藏着一点儿极其危险的倾向：由于实用

---

[17]《焚书·卷三·童心说》："夫童心者，真心也。若以童心为不可，是以真心为不可也。夫童心者，绝假纯真，最初一念之本心也。若失却童心，便失却真心；失却真心，便失却真人。人而非真，全不复有初矣。童子者，人之初也；童心者，心之初也。夫心之初，曷可失也？然童心胡然而遽失也。盖方其始也，有闻见从耳目而入，而以为主于其内而童心失。其长也，有道理从闻见而入，而以为主于其内而童心失。其久也，道理闻见日以益多，则所知所觉日以益广，于是焉又知美名之可好也，而务欲以扬之而童心失。知不美之名之可丑也，而务欲以掩之而童心失。夫道理闻见，皆自多读书识义理而来也。"

主义的态度，他对经济、财政给予了极大的重视，对那些从古至今的"理财专家"赞赏不已。中国集权社会存在财政饥渴症，多少钱都不够皇帝和政府花，每到朝代中后期，就会出现许许多多的"理财专家"，打着政府指导经济的名义，实际上是帮助政府从民间抽取财富。

李贽在经济上也认同这种理念，认为古今的贤臣不是那些满口道德说教的人，而是那些实际做事、帮助政府发展经济和寻找财政的人。他反对道德说教，反对大臣只懂儒术没有实际学问，这一点是正确的。但是，作为明朝的人，他不可能知道朝廷插手经济的危害。总体而言，在明朝他的思想已经是最领先的，就好像所有法兰西大革命之前的启蒙主义者都不可避免地带着一点儿社会主义倾向一样。

在教学上，李贽也超越了其祖师王艮。王艮认为人人都是圣人，欢迎一切贩夫走卒来学习他的课程。而李贽则把他的学生扩大到女人，强调男女平等授课，只要愿意，谁都可以来听。这在明末逐渐保守的环境中，更加显得离经叛道。设想一下，一个光头如同僧人一样的老头儿，在给一群裹脚的妇女授课，叫她们挣脱礼教的束缚……这样的场面不是发生在民国时期，而是发生在明朝。

李贽的影响力越来越大，但他比何心隐幸运。他教学的时期，已经是张居正死后，张居正的集权主义已经告一段落，明王朝又回到笨拙、僵化的轨道上，即便李贽如此离经叛道，也没有人敢于承担责任来惩罚他。只要他表面上不直接危及政权，就没有人想找这个麻烦。

李贽最初在南方讲学，后来竟然应前御史马经纶的邀请，跑到距离北京只有几十里的通州访友著书。

这几十里的距离，就等于是在天子的脚下示威。在这里，他继续讲学著文,对于官僚丝毫不留情面,甚至得罪了当时的当权者大学士沈一贯。[18] 这一次,朝廷终于派人来抓他了。

在李贽的传记作家(也是朋友)袁中道的笔下,《珂雪斋集·卷八·李温陵传》记载,当抓李贽的人来到时,他恰好卧病在床,他要求取门板把他抬走。自称罪人不宜留。邀请他来的马经纶要跟他一起走,被他谢绝了。马经纶说:如果你是妖孽,我就是藏妖人,死也要死在一起!

第二天提审的大金吾派人将李贽带到审讯室,放在地上。问道:你为什么写作邪书?

李贽回答:罪人著书甚多,这些书都在,这些书对于圣教是有益无损的。

大金吾笑他太倔强,又佩服他的为人,最终只把他打回原籍,没有再深究,只是进行更多的惩罚。

但就在他等待被遣返的时候,一次请侍者给他剃头,他却乘机利用剃刀割开喉管。两天后,他死了。在死前,侍者问他:僧人你疼吗?

他已经不会说话了,只是用指头在侍者的手心里写:不疼。

侍者又问:僧人你为什么要自杀?

他写道:七十老翁何所求!

关于李贽之死,从明朝至今人们一直议论纷纷。坦率地说,明末朝廷的控制力不强,当时的政府禁书禁言的力度是比较小的,李贽能够写这么多"大逆不道"的书,却屡禁不绝,就得益于当时的行政效率低下。

---

18 《万历野获编·卷二七·二大教主》:"壬寅,曾抵郊外极乐寺,寻通州马诚所经纶侍御留寓于家,忽蜚语传京师云:卓吾著书丑诋四明相公(沈一贯)。四明恨甚,踪迹无所得。礼垣都谏张诚宇明远遂特疏劾之,逮下法司,亦未必欲遽置之死。李愤极自裁,马悔恨亦病卒。"

朝廷虽然对李贽很恼火，也同样没有想到要杀死他，但他为什么自己要选择死？

答案或许在他为何心隐申辩的时候就已经注定了。他是在用实际行动表明，被人杀死还是被鬼杀死都无所谓，但关键是，要在自由中从事学问，追求自己的心。他认为，心比性命更加重要。

李贽在自己的《续焚书·卷四·李卓吾先生遗言》中写道：如果死了，就在城外找一片高地，向南挖个坑，长一丈宽五尺、深六尺就够了。然后，在这坑中间再挖一个二尺五寸深、六尺半长、二尺五寸宽的小坑，用芦席五张铺在下面，把我放在上面。衣服也不用换新的，就用在身的衣服。埋葬完毕，周围栽以树木，墓前立一石碑，题上"李卓吾先生之墓"。

马经纶按照他的要求，将他埋葬在通州。这个明朝最具独立精神的人没有在中央王朝中找到位置，却依然在另一个世界嘲笑着时代。

朋党重现

李贽死后两年，明神宗万历三十二年（公元1604年），在江苏无锡，几位学者重建了一个古代书院，开启了明朝最后一段哲学变化。

这个书院名叫东林书院，最早建立于宋徽宗政和元年（公元1111年），是朱熹的师公、二程的弟子杨时讲学的场所。到了明朝末年，以顾宪成为首的学者们决定在无锡重建书院，以弘扬士大夫传统。

东林书院的重建，表明了顾宪成等人与王阳明、王艮、李贽等人的区别：王阳明开创心学，以心学为契机；王艮、李贽等人发起反叛思潮，从正统的儒教中叛离出去，形成了一次思想开化运动；而顾宪成等人却是以程朱为宗，要恢复的是保守精神。他们和李贽等人有一个共同点，就是对于现实政治的不满。我们可以和现代做一个对比，一旦我们现在又处于一个对现实不满的时期，这时就会出现两种思潮：一种是从制度根本上反思问题，并认为现状的问题是制度造成的；而另一种是在制度之上进行反思，认为现状问题是由于人们不遵守制度造成的，应该做的是加强制度对人的束缚力，让每个人都遵守制度。如果放到明朝，前一种人就容易成为王艮、李贽，而后一种人则容易成为顾宪成。

顾宪成对于明朝的官僚腐败、枉法知道得一清二楚，但他认为，要解决这些问题，就要强化理学传统，强调每个人的道德水平，从而让世界变成一个清官的世界。而要变成清官的世界，就要把贪官打倒，为了打倒，必然要联合其他人一起，于是就有了拉帮结派的理由。东林人士也迅速结成团伙。

东林书院重张后，吸引了大批名士前来讲学。由于当时的掌权者沈一贯、方从哲等人都善于依附皇亲国戚、拉拢太监，排挤非同党，许多人有气无处发泄，这些人大都被吸引到顾宪成组织的小圈子里。他们议论朝政，痛斥奸党，以清流的态度吸引了世间的普通人。一时间，东林书院都容纳不下这么多的归附者。[19] 这些人被他们的反对派称

---

19 《明史·顾宪成传》："邑故有东林书院，宋杨时讲道处也，宪成与弟允成倡修之，常州知府欧阳东凤与无锡知县林宰为之营构。落成，偕同志高攀龙、钱一本、薛敷教、史孟麟、于孔兼辈讲学其中，学者称泾阳先生。当是时，士大夫抱道忤时者，率退处林野，闻风响附，学舍至不能容。宪成尝曰：'官辇毂，志不在君父，官封疆，志不在民生，居水边林下，志不在世道，君子无取焉。'故其讲习之余，往往讽议朝政，裁量人物。朝士慕其风者，多遥相应和。由是东林名大著，而忌者亦多。"

为东林党。

东林党掌握了道义优势,被他们排斥的官僚们为了自保,朝堂之上又出现了几个地域性的党派,比如浙党、齐党、楚党等。这些党派在捕风捉影之中开始互相攻击,于是明朝末期就出现了中国历史上最后一次大规模的党争。

在党争过程中,东林党人表现得轻车熟路,丝毫不亚于对手。更重要的是,党争一起,最后争论的往往不是正经事,而是许多琐碎事,或者是皇帝的家事,党争往往很少显示出正义性,只显现出党派性。

而东林党显示出正义性的事件,是参与反对矿税的运动。万历年间,由于皇帝进行了三次征伐,以及宫殿屡次起火,朝廷财政不足,开始在采矿上做文章,派出太监作为矿监税使,从民间压榨矿税。[20]

当时以右佥都御史总督漕运、巡抚凤阳诸府的李三才因为矿税导致的腐败和民间反抗痛心不已,屡屡上书。顾宪成知道后,主动与李三才联系,将他拉入东林党。他们之所以反对矿税,是因为矿税对于南部经济影响尤大,如果参与反对矿税的运动,就掌握了南部的舆论导向,从而成为当时的舆论领袖。

李三才也并不是清廉之士,他掌握漕运监督权,家境豪富,受人批评,又喜欢拉帮结派,享受朋党遍天下的便利。[21]

---

20 《万历野获编·卷五·陈增之死》:"矿税流毒,宇内已无尺寸净地,而淮徐之陈增为甚。"
21 《明史·李三才传》:"三才才大而好用机权,善笼络朝士。抚淮十三年,结交遍天下。性不能持廉,以故为众所毁。"《明史》在评论中,也点出了结党的危害:"朋党之成也,始于矜名,而成于恶异。名盛则附之者众。附者众,则不必皆贤而胥引之,乐其与己同也。名高则毁之者亦众。毁者不必不贤而怒斥之,恶其与己异也。同异之见岐于中,而附者毁者争胜而不已,则党日众,而为祸炽矣。"

在积累起巨大的人气后，东林党人立刻投入激烈的党争之中。他们首先争的是官员的任免。明朝有种审查官员的制度叫京察，最初三年一次，在东林党时期，则是六年考察一次。官员的任免升降，大都和京察的结果有关。

据《明史·杨时乔传》记载，东林书院成立的第二年，恰好是京察之年，主持京察的是吏部左侍郎杨时乔。首辅沈一贯为了阻止杨时乔，试图用兵部尚书萧大亨来取代杨时乔，但没有成功。杨时乔主持的京察，几乎完全针对沈一贯的党人，沈一贯也坚决反击，两派陷入僵局，最后两败俱伤，沈一贯于第二年被免，杨时乔也受到申斥。

从此之后，历次京察都成了党派交锋的主战场，东林党和浙党、齐党、楚党以及其他小党派大打出手，基本上谁主持京察，对立党派就有人要倒台，东林党吃亏的时候也很多。直到万历皇帝死后，到了天启皇帝时期，东林党人才受到重用，但随后又遭到大太监魏忠贤的迫害。在这一系列的党争中，明朝的政治也走向了分裂。

京察时，大量的官员缺职，更多的人陷入争执而不敢做事，明朝的行政效率大幅度降低。

除了争京察职位之外，东林党人还投入巨大的精力于皇帝的家事。在东林书院没有成立之前，顾宪成就坚决地介入皇帝选太子事件。万历皇帝的皇后无子，其他妃子有儿子，皇帝希望选择自己宠爱的郑贵妃的儿子，而顾宪成等大臣们却主张立皇长子。最终皇帝不得不屈服。

然而，围绕着皇长子朱常洛却出现了一系列离奇的事件。明神宗万历四十三年（公元1615年），有人拿着棍子跑进东宫伤人。万历皇帝死后，明光宗刚刚即位一个月，就因为服用了大臣送来的两粒红丸，死了。

这些事件都成为党争的焦点。天启皇帝即位后，又围绕着郑贵妃等人的政权斗争，进行了另一轮的争执。

在这些争执中，东林党人表现得乐此不疲。最终迎来了他们最大的敌人——大太监魏忠贤。在双方争权的斗争中，魏忠贤将东林党人一一击倒，并烧毁东林书院。直到崇祯皇帝即位，东林党人才再次得势。但这一次，他们仍然没有享受太久的权力。皇帝铲除魏忠贤之后，却发现东林党人并不好用，他们热衷党争，却缺乏治国的能力，特别是面对巨大的政治和军事危机时束手无策，只好再次贬黜他们。当皇帝也没有替代人选时，这就已经到了明朝亡国之时了。

东林党争显示的是中国历史上儒教的最大悲剧，他们试图在道德上净化整个社会，但他们的道德诉求却总是被当作党派诉求，最后变成党争。而道德诉求又无助于现实，无法改变中央王朝在政治治理上遇到的危机，最终，望着摇摇欲坠的"大厦"，除了感慨道德的沦丧之外，没有任何救助的方法。

庸俗化的心学

东林党人进行激烈党争时，王阳明的继承人们也陷入危机之中。

这时，距离王学的诞生不过百年，人们却已经发现了王学的巨大漏洞，这个漏洞在明朝同样是无解的。

王阳明认为，所谓的理、天道，都藏在人的心中，要想了解世界，必先反思内心，去寻找所谓的"良知"。但王阳明并不是一个消极的人，在他的体系之中，到心里去寻找良知之后，仍然要返回现实，用这种良知来改造社会。所以,"致知"之后的"格物"也是同等重要的,"知"和"行"必须合一。

在他的时代,心学起到把人心解放出来的作用。皇权推行的理学让人们过于僵化,没有创造力,没有自我,因而必须将人从这种僵化中解放出来。当王阳明提倡注重内心时,就是让人回到自我,去体验自我的价值。所谓"心"和"良知",就是让人们不违背自己的心去生活,相信自己的判断,利用直觉去对抗世俗的压力。

但王阳明没有想到,他死后,人们却利用他的理论推导出一系列他并不想要的结论。比如,如果对"心"过分强调,就会让人发现,这种提法实际上和佛教(特别是禅学)有共同之处,人们不需要观察世界,只要内省冥想,就可以发现内心深处的"道"。

人们忘了他的理论还有后半截,体会"道"之后还要去改造世界。他们只是不断地缩回到内心之中,对整个世界无视。当与世界过分脱节时,这样的人就没有用了。

明末,东林党人正在和太监血战,皇帝正焦急地处理着财政问题,满洲人在北方已经叩关,信奉了心学的士大夫们却慢悠悠地思考着"心"的问题,对于外界的俗事不闻不问。

更要命的是,这样的人并不在少数。实际上,大部分读书人到了后来,都或多或少地沾染上这个毛病,他们讲心谈性,彻底与政权脱节,也不再关心政治事务。[22]

---

22 《明史·儒林传》:"宗守仁者曰姚江之学,别立宗旨,显与朱子背驰,门徒遍天下,流传逾百年,其教大行,其弊滋甚。嘉、隆而后,笃信程、朱,不迁异说者,无复几人矣。"

这些人与其说是儒教徒，不如说是佛教徒。到了清朝，反思明朝灭亡的教训时，许多人开始认定，这些王学末流是造成明朝灭亡的原因之一。

不过，即便是这些王学末流也是情有可原的，因为当时的政权已经混乱到容纳不下这么多的人，几大派别打成一团，即便有忠贞之士，也被猜忌的皇帝所摆布，不知道什么时候就有血光之灾。心学信奉者躲到一边去空谈，与其说是王学的影响，不如说是政治的黑暗使然。

南明弘光元年，清世祖顺治二年（公元1645年），作为明儒最后代表的刘宗周绝食而死，表达自己不做贰臣的理想。他的死亡，也意味着理学的鼎盛时期即将落幕。

第二十章　神学散去，实学到来[1]

明朝的灭亡、清朝的文字狱以及八股科考对于文化的摧残，让清初的文人终于开始从根本上反思文化和哲学的问题。他们不再相信所谓大体系，更愿意从小处入手，考证具体的问题。他们的做法与西方的科学方法论有着惊人的吻合，不随意上升到形而上，只研究可以用逻辑和观察验证的领域。

在"明末清初三大思想家"中，王夫之是唯一一个仍然带着体系特征的学者，他试图将理学时代的务虚哲学引向务实，强调客观和物质，避免构造空虚的宇宙真理。

黄宗羲则转向政治学，试图从政治规律的角度来分析明亡的教训，并分析了国家政治中存在的许多痼疾。

顾炎武成为清朝实学的早期代表人物。他最大的贡献在于政治地理学，用科学考察的精神，对国家的山川地理、户籍物产进行系统的梳理。他还在音韵、考证、考古、金石等方面有深入的研究。

---

[1] 本章涉及的时间范围是公元 1644—1911 年。

当实学将逻辑的力量运用于儒教经典时，摧毁性的力量出现了：阎若璩通过考证，证明现世流传的《古文尚书》是后世伪造的。儒教学者们奉若神明的儒经成了伪书，既摧毁了许多人的信仰，又宣示着任何神圣的东西必然需要经过逻辑的考验，否则就是虚假的。

清朝实学在社会科学方面的成就，已经接近一次文艺复兴。即便没有外国思想的到来，中国两千余年的大一统哲学也可能被内部发展的学术成就所改变。

明崇祯末年，就在李自成进攻北京和清军即将叩关之时，在皇帝的朝堂上突然贴出一张纸条。

这张纸条上的内容令人大吃一惊，上面写着：谨具大明江山一座，崇祯夫妻两口，奉申赘敬，晚生八股顿首。[2]

这张纸条颠覆了人们对于明朝的刻板认知，将人们对明朝科考制度的愤恨表达得淋漓尽致。从更大的角度来看，它实际上也宣布了历经两千多年的统治哲学走入了死胡同。

在明朝末年，不管是当权派，还是以东林党为代表的道德派，以及以阳明学为代表的自由派，在面临社会问题时都已经找不到解法。

明朝是中央集权的最高峰，在朱元璋的设计下，没有人能够挑战皇帝的权威，也没有人能够停下这台庞大的机器，甚至没有人能对它做出必要的调整。这台机器足够稳定地存在了近三百年才崩溃。在这三百年

---

[2] 此事件记载于多种清初史料，但文字略有不同。本书采纳吕留良《吕晚村先生诗集·怅怅集·卷三·真进士歌》自注的文字。而根据蔡升康《纪闻类编·卷四》，这张纸张贴在北京大明门上，文字为"奉送大明江山一座"，落款为"八股朋友同具"。

里基本上没有出现什么重大问题。汉曾经出现过"王莽之乱",唐朝有"安史之乱",但明朝的稳定性远远高于汉唐,即便已经变得虚弱不堪,也很难被纯粹从内部攻破,只是在清朝的崛起和李自成反叛的内外夹攻下才终于倒塌。

在明朝集权的同时,西方却出现了另一种更加能兼顾稳定和发展的制度。在历史上,西方制度一直是落后于东方的,只能在比较小的疆域内建立国家,无法在更大范围内保持稳定。但明朝时,西方却进入超车的轨道,开始发展出代议制、宪政制,同时对民间监管的放松也促进了经济、科学的发展。

我们在这里不谈宪政的陈词滥调,只说在科学上,西方发展出一套认识世界的新方法。之前东西方哲学都有一个毛病:不喜欢对现实世界进行观察,而是喜欢制造一些无法观察的概念。不知道人们死后会去往哪里,就发明了一个概念叫作鬼,并规定鬼是现世的人观察不到的;不知道世界是怎么运行的,人们懒得去实际观察,玄学家发明了无的概念,理学家发明了天理的概念,他们解决问题的方式是空想和吵架,却与现实世界无关。

任何现象都可以以增加概念的方法来圆通,却无助于人们了解真实的世界。对此,威廉·奥卡姆提出了一条原则:除非必要,勿增实体。[3] 禁止人们胡乱地制造概念。

接着,培根提出另一个认识世界的方法:首先,不是制造理论和概念,而是观察世界,当搜集了足够的观察材料之后,再利用归纳法整理

---

[3] 这个原则称为"奥卡姆剃刀"。

材料，总结规律；其次，总结出规律后，再利用演绎法来验证规律，如果根据规律推导的结果与新的观察相符合，就证明这条规律是可行的，否则，规律就是错误的，要重新回到第一步。

培根提出的这种方法至今仍然是科学的基石，将观察、归纳、演绎、验证有机地结合起来。同时，将那些不可观察的概念排除在科学之外。

而在古代的学术研究中，没有观察、验证这两步，归纳也非常简单，而以想象和演绎为主，至于符不符合事实，没有人在意。这一点中外皆然。

明朝虽然有泰州学派这样的民间思潮，同时也有一定程度的资本主义萌芽，但受制于中央王朝的束缚，无法进一步解放出来，也找不到更加现代的思想来发展科学技术。事实上，在这个政权内部以及它提倡的哲学内部，已经不可能找到答案。

明朝灭亡后，一群知识分子痛定思痛，开始讨论明朝为什么变得如此僵化和不可救药。他们从哲学体系中寻找答案，认识到从两汉开始的儒教试验已经走到尽头，将一切可能的扩展都做过了。

他们虽然不知道世界即将进入另一个阶段，并由西方思潮引领，却本能地感觉到，哲学和思想不能仅为了统治服务，而是要为了整个社会，甚至只为了纯粹的真相。

在他们的引领下，清初成了一个消解中国哲学的时代，他们不为了建立另一套大而全的哲学体系，而是首先质疑原有的体系，将两汉以来的儒教思想一一证伪，证明它们是错的。在他们证伪这些旧体系时，建立了一系列的工具学科，比如考据学、政治学、金石学、声律学、考古学、地理学等，这些统称为实学的科目看上去不如哲学那么宏大，却更加有用处，也更加符合现代科学精神，与培根的归纳、验证暗暗相合。

海关通商之后，当西方思潮进来时，人们发现，中国文人在学术方法上已经做了一定的储备，让有的人能够迅速接受西方的科学和哲学，完成了转向。

从1840年到1911年，在短短的七十多年里，中国人便已试图抛弃两千多年的积垢，希望拥抱西方体系，并诞生了许多名噪一时的大家。时间比起印度、美洲、东南亚的集权国家都要短得多，唯一能够超过中国的只有日本，但从世界范围来看，中国人学习的速度并不慢。

从这个角度说，清前期的学术转向更应当受到我们的重视。明朝灭亡的钟声刚刚敲响，学术界对于程朱理学、陆王心学乃至整个中国哲学的清理工作就已经展开。

王夫之：从务虚到务实

在所有对程朱理学和陆王心学进行反思的声音中，王夫之是最有代表性的。

王夫之是中国大一统哲学的最后代表人物。他生于明万历四十七年（公元1619年），经历过明末张献忠的反叛和南明战争。张献忠攻克其家乡衡州之后，曾经拘禁其父作为人质，王夫之将自己的身体刺伤，前往替换父亲，贼人见他伤势太重，把他和父亲都放走。但这个家庭仍然没有逃过明末灾难，在清军攻克衡州之后，其父死难。

清军战胜南明后，王夫之拒绝出仕，也不剃发。吴三桂反清时期，曾经让王夫之署名劝进表，也被他拒绝了。[4] 他的后半生基本上就在做学问之中度过的。后人将他和黄宗羲、顾炎武并列，称为"明末清初的三大思想家"。

在三大思想家中，黄宗羲的主要兴趣在政治学和历史学，而顾炎武的兴趣广泛，但都以研究具体的问题、考据为主，只有王夫之仍然以哲学为方向。

王夫之的哲学主要是反对宋明理学的空疏不实。宋明理学过于思辨化，和现实问题脱节严重，王夫之就是要从哲学上将人们的兴趣引向现实问题。

比如，朱熹理学认为世间首先存在天理，由天理来引起气的变化，从而影响人类的认知。但在实际操作中，人们都不断地思考天理是什么，倾向于空想。

王夫之为了扭转这种空想的风气，提出了气才是万物的本源，不是理产生气，而是气中蕴含着理。

他所谓的气，现代人可以理解成物质，他之所以提倡气，就是告诉人们，物质才是世界的本源；而所谓的理，只不过是物质的性质而已，离开了物质，就谈不上理。当一个人要谈理时，必须首先承认物质的存在，承认每一个具体问题的存在。一个农民种地的时候，不用去谈什么修身养性的大道理，也不用感谢老天爷或者感谢皇帝，他只要认清楚土壤的性质，确定好水源和肥料，根据季节种上种子，再施肥、浇水和收获，全部是现实性的问题，和物质本身有关。先伺候好了物质，再去考

---

4 《清史稿·王夫之传》："康熙十八年，吴三桂僭号于衡州，有以劝进表相属者，夫之曰：'亡国遗臣，所欠一死耳，今安用此不祥之人哉！'遂入深山，作祓禊赋以示意。三桂平，大吏闻而嘉之，嘱郡守馈粟帛，请见，夫之以疾辞。"

虑所谓的大道理不迟。

除了理和气的关系，另一对关系则是道和器的关系。[5] 所谓道和器，也是指的物体和属性（规律性）的关系。所谓的道，必须是依附于具体物体的道，如果像道学那样把道说成一个脱离了实体的天道，那只是骗人的。脱离了具体的世界，去谈论空泛的天道不仅毫无意义，也没有任何实用性。

如果一个人不重视人类世界，不重视每一个凡夫俗子的具体生活，而去空谈天道，甚至用天道杀人，那么这个人不仅不懂得天道，反而是最违背人性的。

朱熹还提倡"存天理，灭人欲"，在他看来，天理是好的，而人欲是坏的，是和天理相对立的概念，要天理就不能要人欲，这种看法是错误的。实际上，天理就是为了人欲而存在的，没有人欲，天理何用？

有人欲，人们采用观察世界、改造世界的欲望，才能发现更多的规律性；如果没有了人欲，人们只剩下了打坐冥想，那么许多发明都不会成为现实。[6]

这样的哲学改造，就把宋明以来的枯坐和否定人世的传统，改造成肯定人世、积极去发现世界的哲理。清朝的实学发展，就是在这样的哲学指导下开展的。

---

[5]《周易外传·系辞上传》："天下惟器而已矣，道者器之道，器者不可谓之道之器也。无其道则无其器，人类能言之。虽然，苟有其器矣，岂患无道哉？君子之所不知，而圣人知之。圣人之所不能，而匹夫匹妇能之。人或昧于其道者，其器不成，不成，非无器也。无其器则无其道，人鲜能言之，而固其诚然者也。"

[6]《读四书大全说·孟子·梁惠王下》："随处见人欲，即随处见天理。"

黄宗羲：政治学曙光

王夫之从哲学上开始扭转宋明以来的问题，而他同时代的黄宗羲则从另一个角度来进行反思，将政治学从哲学的大锅饭中独立出来，成为中国独立学科政治学的鼻祖。

黄宗羲比王夫之大九岁，对于明朝的记忆也更加深刻。据《清史稿·黄宗羲传》记载，他的父亲是东林党人，因为弹劾魏忠贤，下狱而死。当魏忠贤被崇祯皇帝除去后，黄宗羲上书请求惩罚魏忠贤余孽曹钦程和李实。而在会审徐显纯、崔应元的时候，黄宗羲突然从袖子里拿出一柄锥子，将徐显纯扎得浑身是血，又把崔应元揍了一顿，将他的胡须拔下来祭奠父亲。之后，他找到了直接杀害父亲的狱卒，将他们杀死。当时曹钦程已经入狱，而另一个余党李实听说后害怕了，用三千两黄金贿赂黄宗羲，不仅没有得逞，在提审时也挨了黄宗羲的锥子。这段传奇般的剧情成了黄宗羲的传奇一生的先兆。

明亡后，清军占领了北方，定都于南京的南明弘光小王朝内斗不止，黄宗羲差点被弘光朝的权臣阮大铖捕杀，多亏清军攻陷南京城，黄宗羲才得以趁乱逃走。之后，他屡次参加抗清队伍，屡次遭到清廷的通缉，甚至还跑到日本，请求日本起兵。

南明抗清失败后，黄宗羲意识到抗清已经成了不可能完成的任务，决定放弃抵抗，以著书讲学为生。

清康熙年间，皇帝已经不再追究这些抗清人士的罪责，反而要将他们吸纳入新政权，但黄宗羲拒绝了。清初这些游离于政权之外的学者，成了新思想的来源。

与王夫之不同，黄宗羲对于明亡的教训，主要从政治学角度来考虑。他认为明朝之所以灭亡，主要是在政治指导思想和政治架构上出了问题，使得不管是皇帝还是大臣都无法在现有的架构下解决社会危机，最终造成政治上的失败，又演化成一系列的军事、经济危机，直到政权被摧毁。

他的主要政治研究，体现在一本叫作《明夷待访录》的小册子里，这本小册子也就成了中国历史上专门研究政治的第一本书。

在西方，英国的霍布斯写过《利维坦》，提出过人类之所以要结成政府，是为了防止互相侵害。他认为在有政府之前，人们实际上是处于一种丛林状态，每个人都不知道自己什么时候会遭到谁的侵害，因此每个人都处于危险之中。为了避免这种危险，人们最后不得不结成政府，制定法律，以限制人们的互相侵害。如果有人胆敢破坏法律，就由国王来惩罚他们。政府和国王给人们带来了安全感，却也剥夺了人们一定的自由。

而古代中国则采取了另外的方法论证皇帝的合法性。汉儒认为"天人合一"，人要服从于天，而皇帝是天之子，所以人们服从皇帝就像服从上天。宋儒则认为人们要服从世界规律（也就是天理），而天理规定了皇帝的地位，人们为了服从天理，就必须服从皇帝。

在历史上，最接近西方思想的是《孟子》的理论，暗含着人与皇帝之间的契约关系，如果皇帝不履行契约，就没有资格当皇帝。但孟子的这种思想一直处于被压制状态，并和儒教的其他思想混合在一起，早就被人们忽略了。

与现代一样，黄宗羲的政治学可以分为政治哲学和政治实践两部分进行讨论。

在政治哲学方面，黄宗羲构建了一个类似于霍布斯的契约论。他认为，在最初（"三代"以前），人们各自都是为了私欲而做事，类似一种丛林状态。后来有人出来克制自己的私欲，为了天下的公利而百倍努力，这些人就成为君主。[7]

所以，君主的产生是为了防止人人各得其私，形成一种公利观念。

但是，到了后来，君主却变了味道。古代的君主为了天下之利而进行治理，这时候，天下是主，君主是客。可是到了后来，皇帝开始体会到权力的滋味，认为天下的利润都应该归属于自己，这就是把天下都当作私产了，甚至为了私欲，宁肯把天下的家庭都拆散。皇帝变成了主，天下变成了客。结果，皇帝不仅不再是天下的保护者，而且成了天下的大害。[8]

但是，皇帝以天下为私产，是否能够长期做到呢？答案是：不可能。明太祖可以做到，但是，经过十几代传承之后，早晚会遭到报应。到了崇祯皇帝时期，身为皇帝的他甚至无法保护自己的子女，对公主说：你为什么要生在我家啊！

这种说法看起来悲惨，但真正的问题在于，历代皇帝都把天下当私

---

[7] 《明夷待访录·原君》："有生之初，人各自私也，人各自利也，天下有公利而莫或兴之，有公害而莫或除之。有人者出，不以一己之利为利，而使天下受其利，不以一己之害为害，而使天下释其害。"

[8] 《明夷待访录·原君》："今也以君为主，天下为客，凡天下之无地而得安宁者，为君也。是以其未得之也，屠毒天下之肝脑，离散天下之子女，以博我一人之产业，曾不惨然！曰'我固为子孙创业也'。其既得之也，敲剥天下之骨髓，离散天下之子女，以奉我一人之淫乐，视为当然，曰'此我产业之花息也'。然则为天下之大害者，君而已矣。"

产，到最后已经积重难返，最终必然被天下所抛弃。

谈完君主之后，第二个问题是大臣。大臣的职责是什么？是俯首帖耳，还是舍生取义？

答案是：这两种做法都不是大臣的职责。只是因为靠君主一人治理天下治理不过来，必须将他的责任分一部分给大臣。所以，大臣和君主是一种共同治理的关系。大臣要负责的对象不是君主，而是天下的百姓。这种思想延伸出去，就确立了一种崭新的政治架构：地方政府不是向中央政府负责，而是向当地的人民负责。这实际上是否认了所谓的中央集权模式，对于大一统而言是一种颠覆性思想。

黄宗羲还直接否定了所谓君君臣臣父父子子，认为君臣关系和父子关系完全是两码事。父子之所以为父子，是因为儿子的身体是来自父亲的。可是，如果一个人不当大臣，他和君主就形同路人，二者之间根本没有任何联系。[9]

谈完君臣之后，第三个问题要谈的是法律。黄宗羲将法律分成两种，一种是三代以前的法律，另一种是后来的法律。他认为最初的法律是用来调整人们之间生活关系的，比如，土地如何分配、婚姻如何调节，都需要一定的法律框架以保证人们的生活便利。但是，后来的法律则不是以调节人们生活为主，而是帮助君主来统治人民，如何从人民那里压榨

---

[9] 《明夷待访录·原臣》："或曰：臣不与子并称乎？曰：非也。父子一气，子分父之身而为身。故孝子虽异身，而能日近其气，久之无不通矣；不孝之子，分身而后，日远日疏，久之而气不相似矣。君臣之名，从天下而有之者也。吾无天下之责，则吾在君为路人。出而仕于君也，不以天下为事，则君之仆妾也；以天下为事，则君之师友也。夫然，谓之臣，其名累变。夫父子固不可变者也。"

出足够的资源来供应皇帝，同时如何抑制人们的不满，让皇帝可以持续地压榨。[10]

法律到底是为了"治人"，还是为了"服务人"，这是好法律和坏法律的重要区别。而自秦汉以来，直到宋元，法律都是为皇帝服务的，所以已经走上了歧途。

在谈完君臣、法律之后，黄宗羲进入了政治学的另一个层面——政治实践，开始讨论政治学的一系列问题，这些问题包括：设置宰相、学校、取士、建都、地方的方镇、土地制度、军事制度、财政、公务员、宦官等。对于每一个问题，他都有自己的分析。

比如，他认为在政治架构上，宰相是一个不可或缺的环节，明朝的灭亡，首先始于朱元璋为了集权而废除宰相。[11]

他所设想的宰相，实际上类似于一种宪政架构下的分权制，皇帝拥有一定的决策权，而宰相则是最高行政首脑，起着制约皇权的作用。这样一种分权制，才能保证人民的权利不完全被家天下的国君所蚕食。

---

10 《明夷待访录·原法》："三代以上有法，三代以下无法。何以言之？二帝、三王知天下之不可无养也，为之授田以耕之；知天下之不可无衣也，为之授地以桑麻之；知天下之不可无教也，为之学校以兴之，为之婚姻之礼以防其淫，为之卒乘之赋以防其乱。此三代以上之法也，固未尝为一己而立也。后之人主，既得天下，唯恐其祚命之不长也，子孙之不能保有也，思患于未然以为之法。然则其所谓法者，一家之法，而非天下之法也。是故秦变封建而为郡县，以郡县得私于我也；汉建庶孽，以其可以藩屏于我也；宋解方镇之兵，以方镇之不利于我也。此其法何曾有一毫为天下之心哉！而亦可谓之法乎？"

11 《明夷待访录·置相》："宰相既罢，天子之子一不贤，更无与为贤者矣，不亦并传子之意而失者乎？或谓后之入阁办事，无宰相之名，有宰相之实也。曰：不然。入阁办事者，职在批答，犹开府之书记也。其事既轻，而批答之意，又必自内授之而后拟之，可谓有其实乎？吾以谓有宰相之实者，今之宫奴也。盖大权不能无所寄，彼宫奴者，见宰相之政事坠地不收，从而设为科条，增其职掌，生杀予夺出自宰相者，次第而尽归焉。"

我们把黄宗羲的政治学著作和唐朝吴兢的政治学著作《贞观政要》进行对比，就会发现他的书有多进步。《贞观政要》一直是唐朝以来历代皇帝的标准政治教材，虽然也提到了君民关系、君臣关系，表示君主要以人民的利益为利益，但吴兢的基本架构仍然是"君臣父子"式的，仰仗于国君的道德水平，希望明君的产生。而《明夷待访录》不再幻想君主的仁慈与否，而是寄希望于建立一套新的制度架构，限制君主的权力和私欲，不要让他对社会产生破坏。以制度的优势来达到民间的繁荣，这在古代中国的思想史上是一种巨大的进步。

另外，黄宗羲对于古代中国哲学的最大贡献在于，他把政治学从哲学中分离出去。在之前，哲学是包罗万象的，既包括现在的科学（物理、化学、天文、数学），又包括社会学，如同一锅粥搅和在一起。在这种架构下，所有的学问都是信仰式的，不容怀疑，都建立在一套"天人合一"或者天理的架构之下。可是黄宗羲却把政治学单独提取出来，置于放大镜之下，对于一个个具体的问题进行具体的研究，哪怕他的观点不见得正确，但这种研究态度让政治学作为一种专门的学科诞生了。

黄宗羲对于政治学进行研究时，另外的人则把更多的学科从哲学的大酱缸中分离出来，形成专门的学问，促进古代中国学术的发展。

顾炎武：提倡实学精神

在明末学者群中，与黄宗羲、王夫之齐名的是顾炎武。

顾炎武比黄宗羲小三岁。据《清史稿·顾炎武传》记载，他虽然家境宽裕，但没有像黄宗羲一样名显当时。在年轻的时候，他总是科考失败，最终干脆放弃科考，开始重视实学。

在明朝存续期间，他就开始搜集各地的历史和地方志，考证其中的农田、水利、矿产、交通记载，这些记载到了后来成了他最有价值的两本著作《天下郡国利病书》和《肇域志》的材料。

明朝灭亡之后，顾炎武也加入反抗清军的斗争。他撰写了一系列的专门学问论文，最著名的是《军制论》《形势论》《田功论》《钱法论》。但南明王朝只不过是一个胸无大志的小朝廷，又因为清军入侵而焦头烂额，这些实学论文根本没有用武之地。

除了上述建议之外，他也投笔从戎，加入了军事斗争，和抗清队伍一起遭遇了多次失败。他的嗣母绝食而死，临死前嘱咐顾炎武一定不要忘了自己的身份，要坚持大义。在斗争的过程中，顾炎武屡次到明太祖陵祭拜，表示不忘明朝。

当清军最终获得胜利之后，顾炎武拒绝了在清朝当官的邀请，浪迹天涯，回归学术，开始了著述时期。不过他本人并没有因为与清朝的不合作态度而受穷，因为他重视实学，很有经济头脑，到了一个地方就购买田产，积累财物，但又自持不乱花钱，喜欢救济别人。整体看来，他的后半生虽然选择了四处漂泊，却过得十分惬意。

因为他在明朝没有深入政治，缺乏像黄宗羲那样对于政治有深刻的理解，所以无法写出类似于《明夷待访录》那样彻底反思的著作，但顾炎武博学多知，在许多方面都有极深的造诣。加上他在游走过程中，对于国家典制、郡邑掌故、天文仪象、河槽兵农等全部穷原竟委，考证得失，试图了解事情的来龙去脉，这使他成为一个博学家。

他研究最深入（但不是影响力最大）的学科，是政治地理学。在这方面，他写出了两部颇具规模的书：《天下郡国利病书》和《肇域志》。这两本书以地理为经，将当时各个地区的政治、经济、资源、山川形势、军事险要全部考察了一遍，形成了古代中国意义上的博物学著作。这两本书可以和《徐霞客游记》进行对比：同样是游览四方，《徐霞客游记》以记载山川地理为主，而顾炎武的著作却以地理为依托，考究各地社会和自然的方方面面。

不过，顾炎武的书虽然内容深入得多，但知名度要小得多。

除了政治地理学之外，顾炎武还开创了许多专门的学问。他研究最多的是音韵学，特别是对古代读音的研究，通过对古代书籍的考证，来解读古代读音的问题，成为研究古文字学的一个分支。另外，在金石、考古方面，他也都有创见。

在明末清初的三大思想家之中，现在人们谈论最多的是黄宗羲，因为他研究政治和经济，特别是现代人总结的"黄宗羲定律"更是让他声名卓著。其次是王夫之，因为他研究的是哲学，将人们对天理的崇拜驱散，改为对人世的研究。顾炎武由于研究具体的学问，反而被轻视。但实际上，对于清朝学术影响最大的，可能是顾炎武。

清朝学术的主要方向是：放弃宏大叙事，从细微处做起。也就是从方法论上形成突破，而不求建立统一的体系。

这和现代科学与宗教的关系有点儿相似。宗教的态度是宏大叙事的，从一片叶子可以看到神的旨意，如果是汉朝儒教，就可以从中看到老天爷；如果是宋朝儒教，就可以看到天理，再从天理想到应该好好做人，听皇帝的话。但是现代科学避免讨论如此宏大的主题，而是研究这一片叶子属于什么植物、有什么用途，或者这片叶子出现在这里意味着什么样的地理、什么样的气候，等等。这种研究看起来没有那么振奋人心，却更加贴近实际生活。当越来越多的这种细节积累起来的时候，科学研究就可能获得突破，比如，从这种植物中提取出何种化学成分，从而改变人们的生活。

王夫之利用宏大叙事来提倡实学精神，但他本人对于实学研究兴趣不大。而黄宗羲已经开始实学研究，但他的实学主要表现在政治学和学术史，范围仍然有限。只有顾炎武真的对他能接触到的万事万物都有兴趣，并真正沉下心来做具体的研究。

他研究地理学，就把古今地理著作拿来考证，并亲自跑过去查看，再考校，加入各种与地理有关的人文、自然，形成统一的体系。

他研究经学、金石、音韵，也是大量阅读书籍，再从细微处考证每一个具体问题的答案，从而将这门学科专业化。

他的做法更像是现代科学、社会学中的学者的做法：首先找到自己感兴趣的领域，再沉下心去做研究，找到前沿性的问题，最后寻找自己的答案。

这种方法会将诸多的学科逐渐从大一统的理学中剥离出来，形成专门的学问。在清朝，经过人们的努力，地理、史料考证、文字考证、音韵、算术、金石这些具体的学问一点点专门化，形成了体系，而这些学科的专门化、研究的专业化，都可以追溯到顾炎武。

在清朝形成的一大批考据派中，顾炎武是最早的，也是成就最大的。后期的考据派不管是直接的还是间接的，最终都是在他的影响下，走向实学之路。

清朝的实学，看上去没有"天人合一"、理学那么波澜壮阔，但它蕴含的科学精神，不仅影响了民国的学术，也是我们现在的榜样。

阎若璩：伪经的发现

清初三大思想家对宋明理学百般质难，提倡学者们研究实在的学问。但对理学造成致命一击的，却是一个文弱、看上去无害的书生。

与黄宗羲、顾炎武的侠客之风和王夫之的哲理大家相比，阎若璩的学问并不显山露水，用现代人的眼光看，他专门研究一些深奥而没有多少人能懂的学问，看上去像个书呆子。如果非要找出一个与之相似的人，那么也就是顾炎武了，他们都既研究经学，又研究地理、掌故，更重要的是，他们二人都是考据大家，对于古书之中的一字一句都揣摩来揣摩去，质疑每一个字的真伪，考查每一个例子的出处。

这个书呆子有一天却利用考据的功夫挖了理学的墙脚，也许连他自己都没有想到，这一挖就让程朱建立的理学大厦轰然倒塌。

在程朱理学体系中，有一个仿照佛教心法的"十六字心传"，这个心传是《古文尚书》的一篇文章《大禹谟》中的十六个字：人心惟危，道心惟微；惟精惟一，允执厥中。朱熹认为这十六个字包含了儒学的精华，据此把人类的心分为两个部分——人心和道心，认为人心就是普通的心，而道心就是体会天道的心，这两个心共同构成了人类的心。体会天道的过程，就是压抑人心、通达道心的过程。要通达道心，又必须专注和中庸。

而《大禹谟》这篇文章的大意是，舜在传位给大禹时，进行了一系列的政治交代。人们认为这句心法是尧舜禹相传下来的，代表着圣人的最高智慧。

所谓《古文尚书》，可以追溯到秦朝的焚书时期。由于秦始皇要求民间只保留农业、医学和占卜用书，其余的书都被下令毁灭，作为儒家经典的《尚书》也没有逃过劫难。但在毁书时，秦朝的一位博士伏生将一部《尚书》藏到墙壁里，没有被发现。到了汉初拿出来时，人们发现书已经坏了，本来大约有一百篇，最终只留下来二十九篇。伏生就用这部残缺的《尚书》教授学生。后来这一部分《尚书》就被称为《今文尚书》。

到了汉武帝末年，汉朝的鲁恭王为了扩大宫殿，拆除孔子家宅，在墙壁里又找到《尚书》等。这些文献是使用先秦时期山东的古文字写的，后来交由孔子的后人孔安国。其中，《尚书》除了包含《今文尚书》的二十九篇之外，还多了十六篇，这就是《古文尚书》。《古文尚书》和《今文尚书》的区别是：第一，二十九篇中有字词的不一致；第二，多了十六篇。

汉朝的学者因为《古文尚书》和《今文尚书》的不同，争执不下，实际上是为了抢夺政治资源。但人们没有料到，在西晋末年的战火时期，《古文尚书》和《今文尚书》原本都已经失传。东晋初年，豫章内史梅赜找到一本《尚书》，这本《尚书》包含《今文尚书》三十三篇（与原来二十九篇相比，有了拆分）、《古文尚书》二十五篇，一共五十八篇。再加上一篇《孔安国传》和一篇序言。根据当时的说法，这就是孔安国当年的本子。

到了唐朝，孔颖达根据皇帝的旨意制定的统一的教科书《五经正义》，就利用了这个本子。从此以后，今古文合一的《尚书》成为儒教经典的标准配置。

宋朝理学家们选择"十六字心传"的那一篇《大禹谟》，属于《尚书》中的古文篇章。从晋朝之后，几乎没有人怀疑《尚书》的古文部分和今文部分是不一样的。但是到了宋明时期，偶尔有人提到《古文尚书》里的文字似乎不大像古代的文字。[12] 但由于这是官方确定的儒教经典，人们不相信这本书是后人伪造的，认定里面都是圣人的话。

随着考据学的发展，人们的怀疑精神终于被释放出来。阎若璩二十岁时读《古文尚书》，就觉得这似乎不是真的，之后三十年一直苦苦思索，最终得出了令当时的人们瞠目结舌的结论：这是一本伪造的书，是晋朝时的作品。他列出一百二十八条质疑来说明这是本伪书。经过争论，人们不得不承认他是对的。[13]

为了说明阎若璩的考订功夫，我们将他在《古文尚书疏证》中的论据总结为以下四个方面，一个比一个更加深入。

第一，现传的《古文尚书》的篇数和篇名与记载的不同。按照汉朝的记载，《古文尚书》一共是四十六篇，但是现传的《古文尚书》有二十五篇。原本《古文尚书》虽然失传，但是篇名保留了下来，在对比篇名时，发现现传的《古文尚书》篇名与原来的篇名并不完全一致。

---

12 如朱熹本人也曾有疑心。他在《朱文公文集·卷八二·书临漳所刊四经后》说道："汉儒以伏生之书为今文，而谓安国之书为古文，以今考之，则今文多艰涩，而古文反平易。"

13 《清史稿·阎若璩传》："年二十，读尚书至古文二十五篇，即疑其伪。沉潜三十余年，乃尽得其症结所在，作古文尚书疏证八卷。引经据古，一一陈其矛盾之故，古文之伪大明。所列一百二十八条，毛奇龄尚书古文冤词百计相轧，终不能以强辞夺正理，则有据之言先立于不可败也。"

第二，原本《古文尚书》和《今文尚书》都有一些残篇流传下来，可以拿来和现传的《古文尚书》进行比较。原本古文残篇保存在东汉人郑玄的《尚书注》里，而原本今文残篇保存在东汉时期刻的石经里，通过比较，发现现传的《古文尚书》中的字句和这两个来源的文本相比都有很大出入，说明现传的《古文尚书》既不是古文又不是今文，很可能是后人伪造的。

第三，现传的《古文尚书》中有很多史实和地名有问题。比如，《古文尚书》的《泰誓》中提到族刑[14]，也就是灭族。可是这个刑罚是秦文公时期才出现的，而《泰誓》写的却是周武王在孟津大会诸侯的事情。再比如，现传的《古文尚书》附了一篇《孔安国传》，其中提到金城郡，而金城郡是在汉昭帝时期设立的，可是孔安国死于汉武帝时期。

第四，文体和文法问题。现传的《古文尚书》中的《五子之歌》不像是夏代的文体，而《胤征》中出现的"玉石俱焚"是魏晋时期的词汇。

通过上述这些点点滴滴的小考证，阎若璩最后得出结论，被儒教奉为经典的《古文尚书》，至少有一半是魏晋时期的人伪造的。

这个结论一出，理学家们的脸上挂不住了，他们几乎所有的人都在谈论理学的心法，按照心法所授修身养性，认为这是来自尧舜禹时期的圣人圣言，可以传诸万世。突然之间却被告知，这个所谓的心法其实是魏晋时期的人伪造的，而魏晋时期又因玄学而臭名昭著，他们不知道骂过多少遍。这就像一个人吃着山珍海味不停地炫耀着，却突然被告知，

---

14 《尚书·泰誓》："今商王受，弗敬上天，降灾下民。沈湎冒色，敢行暴虐，罪人以族，官人以世，惟宫室、台榭、陂池、侈服，以残害于尔万姓。"

他吃的其实是动物饲料一样。

但震动过后,有脑子的人却习得了怀疑精神。他们意识到,自己从小被灌输的思想并不总是正确的,其中包含了很多错误,也有很多伪造。生活在封闭之中的人们,突然发现一扇小窗被打开了,接着,更多的人开始凿其他的窗……终于,黑暗被终结。

与阎若璩同时期的胡渭、毛奇龄则对宋明理学的另一个阵地——河图和洛书进行了考证。河图和洛书是两种用数字表示的图形。这两个名称最早出自《易经》[15],接着就有传说,伏羲时有龙马从黄河中跳出,背负着河图,又有神龟从洛水中爬出,背负着洛书,伏羲根据河图、洛书创造了八卦。

但河图和洛书到底是什么?没有人知道。后来,五代末年的道士陈抟为了附会这个传说,画了两个数字图,称作河图和洛书。如果人们拿出一张纸,在中心画五个点,再在上下左右四个方位上分成内外两层,下内层画一个点,上内层画两个点,左内三个点,右内四个点,下外六个点,上外七个点,左外八个点,右外九个点。画完后,再在中心五个点的上下靠近处各画五个点。这些点加起来一共五十五个,就构成了神秘的河图。

至于洛书,其实就是一个数字游戏,将九个数字放入三乘三的九个格里,使得横排、竖排、斜排的三个数字相加都是十五。如果做出了这道题,恭喜你,你画出了令多少古人痴迷和崇拜的洛书。

到底河图、洛书有多神秘?理学家们告诉你,这两个图关乎宇宙真

---

[15] 《易·系辞》:"河出图,洛出书,圣人则之。"

理，是上古圣人流传下来的。到底怎么关乎宇宙真理呢？理学家们众说纷纭，但最终你也不可能搞明白。

清朝学者告诉人们，其实这两张图只不过是一个五代道士的胡说八道，这个道士把宋朝的那些大儒都骗了，抑或那些大儒主动要求受骗。

在清朝学者的共同冲击下，理学这个不容置疑的怪物，终于变成可供人研究的对象。虽然清朝的统治者仍然在用理学选取官员，但是，理学已经变成了一张皮，尽管仍有一定的影响力，但人们可以批判和审视其中的观念。

戴震：大一统理论消亡

清朝雍正年间，《戴震集·附录·戴东原先生年谱》记叙了一个孩子的提问对老师的震撼。在授课时，老师讲到《大学章句》，按照传统，人们认为《大学》是孔子传授给弟子曾子的，由曾子口述给后人，再由他的门人记录成文字。当老师说到这里时，孩子突然提问说：您是怎么知道这是孔子的话，又由曾子记住并口述下来的？又是怎么知道是由曾子的得意弟子记下来的？

老师回答说：这是朱熹老爷说的。

孩子问道：朱熹老爷是什么时候的人？

老师回答：宋朝人。

孩子问：那么孔子和曾子又是什么时候的人？

老师答：周朝人。

孩子又问：周朝和宋朝相差多少年？

老师回答：快两千年了。

孩子立刻问道：差了这么多年，朱熹老爷又是怎么知道两千年前的事情呢？

老师无法回答，感叹说，这个小家伙真不是常人啊！

这个孩子就是戴震。他从小就表现出了非常强烈的考据倾向，对每一个字都必须求得含义，对于任何考据性的著作都爱不释手。这种倾向一直保持到他成年、做学问和去世，让他成了清朝最有学问的大家。

到了乾隆、嘉庆时期，清朝社会已经进入另一个盛世，也是清朝学术的高峰期之一。在顾炎武、阎若璩等人的影响下，清朝的学问比前代都扎实。这时的学者大都走实学路线，他们对于大道理并不感兴趣，也不再相信什么天道人伦，更不想用主义淹没事实，他们只对事实感兴趣。

这也是古代中国学术最接近西方学术的时期。西方学术经过中世纪的经院哲学之后，到文艺复兴开始追求对真实世界的描述，放弃了对各种主义的兴趣。这种实学精神最初还只是表现在文化和艺术方面，但经过几百年的积淀，变成对自然科学的兴趣，并引发西方科技的大发展。

古代中国第一次实学精神开始于唐朝，最初是在文化上，后来进入社会学、经济学领域，并使火药、指南针、印刷术这些实用性的发明出现或者进入实用阶段的。但唐朝的实学精神到北宋中期就完结了，重新在"二程"、朱熹等人的带领下回归神学。

古代中国第二次实学精神开始于清初，最初也是在文化、社会、经济领域发展，这一次人们对于客观性的强调更进一步，也更看重逻辑和验证的力量。如果假以时日，这种精神也许会和西方一样，从文化转向自然研究，产生一次科技复兴，但我们无从验证这种假设是否成立，因为西方的入侵，将清朝强行带入这一轨道。古代中国的科技发展最终是靠外力推动的，没有机会实现自我的缓慢转型。

戴震就是第二次实学精神的最高峰。

戴震的一生在科举上坎坷无比。他二十八岁才是县学生员，三十九岁才中举，之后六次会试都没有考中。他的学问却早已传到朝廷的耳中，在皇帝下令编撰《四库全书》时，还把他找了去，让他以举人的身份加入大批的进士高才生之中，那时他已经四十九岁了。

为了显得体面一点儿，同年，他又参加了会试，没想到又失败了。两年后，皇帝看着实在不像话，便特准他和进士们一同参加殿试，给了他一个同进士出身。但他获得出身后两年就去世了。[16]

他的经历正好说明，考试所用的八股文与真学问是多么格格不入。

幸运的是，戴震并没有像范进那样，为了考试把其他的都耽误了。他本人一直勤于钻研，写了大量的著作。在他死后十余年，乾隆皇帝偶尔翻起他校的《水经注》，问大臣：戴震还在吗？当听说戴震早已经去世时，皇帝唏嘘不已。

按照后人的总结，戴震的学问是从对文字的考证开始，接着到训诂之学，从训诂再进入义理层面的解读。按照这个步骤，他的学问被分成三个部分，第一是"小学"，第二是测算，第三是典章制度。

所谓"小学"，指的是声韵、文字方面的考证学问，以及对于语法、语音的总结。[17]

---

16 见《清史稿·戴震传》，以下三处引文皆出于此。
17 其小学书有六书论三卷，声韵考四卷，声类表九卷，方言疏证十卷。

所谓测算，指的是数学、几何、天文、历法等学问。[18]

所谓典章制度，内容更加宽泛，既包括了对于经学的考证，也包括了对于地理、河渠等的考证。[19] 比如，在戴震之前，《水经》一书在流传过程中早就和注文混为一体，戴震将《水经》和注文分开，再详细考证了这本书对应的山川地理。

《周礼·考工记》是一部战国时期的工程技术手册，记载了从建筑到兵器、农具、生活用具的制作方法。但由于年代久远，记载简单，很难通过阅读这七千字的书稿，获得完整的印象。戴震则根据书稿，通过考证，将书中提到的各种制作方法用图的形式表现出来，恢复了古代中国的制作技术。

他还从《永乐大典》中将《九章算术》《海岛算经》《孙子算经》《夏侯阳算经》等数学书籍恢复，在总结古代数学成就的同时，又采用西方数学来研究勾股弦问题、圆的问题，开拓了古代中国的数学研究范围。同时，他的《策算》专门讲西方的乘除、开方，更是超越了古代中国数学原有的水平。

这种严格的学术精神，将古代中国的学术带上了一个新的台阶。

在顾炎武等人的开拓下，到了戴震，古代中国学术终于走出大而全、

---

18 其测算书原象一卷，迎日推策记一卷，句股割圜记三卷，历问一卷，古历考二卷，续天文略三卷，策算一卷。

19 震所著典章制度之书未成。有诗经二南补注二卷，毛郑诗考四卷，尚书义考一卷，仪经考正一卷，考工记图二卷，春秋即位改元考一卷，大学补注一卷，中庸补注一卷，孟子字义疏证三卷，尔雅文字考十卷，经说四卷，水地记一卷，水经注四十卷，九章补图一卷，屈原赋注七卷，通释三卷，原善三卷，绪言三卷，直隶河渠书一百有二卷，气穴记一卷，藏府算经论四卷，葬法赘言四卷，文集十卷。

形而上的模式，进入研究具体问题、实际问题的时期。

人们谈论清朝学问时，常常认为清朝没有哲学，只有"小学"（中国传统语文学，含文字学、音韵学和训诂学），比起宋明来要差很远。但实际上，清朝学问的演化，恰好是人类哲学发展的必经之路。

在最初，人们将一切关于智慧的学问都称为哲学，此时的哲学是无所不包的，既包括对宇宙、社会的看法，又包括数学、天文、物理这些专门化的学问。人们从信仰到社会和个人生活的各种知识，都受到哲学的统辖。

随着人们对世界认识的加深，许多学科从哲学中分化出来。比如，在牛顿生活的时期，人们仍然不提科学，只是将之称为自然哲学，也就是有关自然的哲学，牛顿最著名的著作叫《自然哲学的数学原理》。牛顿之后，自然科学从哲学中分离出来，并继续细分成物理、化学等。

在自然科学分离时，关于人类社会的一系列学问，如政治学、经济学等也逐渐分离，形成了单独的学问。当这些更加成熟的学问都纷纷独立时，哲学的领域只剩下那些无法充分观察，只能凭借信仰维持的部分。"哲学家"这个词曾经是"博学"的代称，但现在许多所谓的"哲学家"都只能靠贩卖心灵鸡汤而苟延残喘。

现代哲学比起古代哲学对人类的影响已经在缩小，因为它不再负责解释宇宙的构成，也不再影响人类的经济和生活。哲学的退缩与科学的前进，是现代人的主旋律。

清朝哲学恰好符合了这种趋势，文人们已经意识到，构建一个大而全的一统理论不仅无益于治理国家，反而禁锢了人们的思想。更何况，在没有研究透自然和社会时，任何声称宇宙真理的学问都必然是伪真理。

他们选择各种"小学"是有意识的主动选择,而不仅仅是无奈和退缩。他们的研究也并非鸡毛蒜皮,而是磨练思辨工具、发展考据功夫、重新审视古代材料的过程,在他们的努力下,古代中国几乎所有的典籍都被重新研究,并利用考古学对古代中国历史进行再审查,对自然、地理、历史、政治制度进行重新研读。先把这些材料研究透彻,再从"小学"进化到更大的学问。这条路不仅是西方科学发展的必经之路,也同样适合古代中国的进化。

1840年,当西方的炮舰强迫中国人睁开眼睛时,恰好中国的学术已经站在了现代的门口,于是,东方的头脑与西方的学问相遇了。

附　录　中国中央王朝哲学简单年谱

神学谶纬期

公元前209年：陈胜、吴广起义爆发，统一的秦朝走上崩溃之路。叔孙通劝告秦二世，陈胜等人只是小盗，不需要动用中央军队。

公元前207年：第一个大一统朝代——秦灭亡。

公元前202年：刘邦击败项羽，建立第二个大一统朝代——汉朝。

同年：叔孙通求见汉高祖，为汉高祖制定宫廷礼仪和君臣名分。

同年：陆贾写作《新语》，为大一统王朝寻找理论依据。陆贾的理论在儒、道之间，满足了皇帝一时的需要，却无法解决长期的合法性问题。

公元前200年：长乐宫建成，叔孙通主持朝贺大典，皇帝正式有了凌驾于群臣之上的威严。

公元前195年：汉高祖刘邦离世。在他身后，由于缺乏人们的尊重，汉朝几近崩溃。

公元前180年：吕太后去世。吕太后终生没有解决皇帝合法性的问题，只能依靠娘家人维持政权稳定。吕太后死后，合法性危机再次爆发，以吕氏诸王被废为结局。

同年：汉文帝继位。文帝利用黄老之术进行统治，发展经济，让人们适应大一统的存在，暂时搁置了皇帝合法性问题。

同年：二十二岁的贾谊成为博士。他主张利用儒家学说来制定一套礼仪制度，从而利用礼仪固化人们的社会地位和思想，完成皇帝的合法化。但贾谊的提议未被采纳。

公元前 176 年：贾谊被外放长沙王太傅，七年后郁郁而终。

公元前 154 年：七国之乱爆发，晁错被诛杀。晁错采用法家理论，试图利用法律来固定皇帝权威，并力主削藩，防止诸侯拥有颠覆中央的实力。晁错死后，七国之乱被镇压，中央政权更加稳固。

公元前 141 年：十六岁的汉武帝刘彻登基。

公元前 140 年：魏其侯窦婴为丞相。窦婴与继任的武安侯田蚡都是早期儒家的代表人物，因为得罪了信奉黄老之术的窦太后而被贬。

同年：汉武帝征召天下贤良文学，六十岁的公孙弘第一次被征召，却由于不合用而被罢职。

公元前 136 年：汉武帝设立《易经》《礼》博士。此前汉朝已经有了《诗经》《尚书》《春秋》博士。五经博士的设立，是儒学成为正统的标志之一。此前，汉朝博士不限于儒家，但在汉武帝时期，博士专门针对儒教，形成了知识垄断。汉武帝时期，一共有七个博士，其中《春秋》《易经》《礼》《尚书》各有一个博士，而《诗经》有三个博士。

公元前 135 年：窦太后去世。窦太后是汉文帝皇后，是黄老之术的最后代表。她去世后，汉初的休养生息政策被强调政府控制的激进政策所代替。

公元前134年：汉武帝征召天下儒生策问长安，董仲舒提出"罢黜百家，独尊儒术"，儒教成为汉朝的统治思想。同时，董仲舒利用"天人感应"学说将皇帝塑造成上天安排统治人间的，解决了皇帝合法性问题。从此，人们开始相信，只有刘氏应该当皇帝，因为这是上天的安排。

公元前130年：公孙弘被第二次征召，因为其阴阳儒术混杂的世界观而受到皇帝宠信。

公元前124年：公孙弘担任丞相。他只精通一本书《公羊传》，依靠这本书来治理国家。《公羊传》成了汉朝儒教的代名词。他的示范作用让人们对儒教趋之若鹜。

同年：公孙弘要求皇帝建立太学。西汉教育体系正式成型。太学以传授儒教为主，并成为官员晋升的途径，使得西汉后期的政治完全被儒教所控制。

公元前122年：淮南王刘安被告谋反，担心受迫害而自杀。刘安主持编撰的《淮南子》体系博大，成了最后一部带有黄老精神的著作，却生不逢时，被一系列宣扬儒教的小册子取代。

公元前117年：酷吏张汤以"腹诽之罪"杀大司农颜异。张汤的审判号称"春秋决狱"，也就是将儒教经典引入了司法体系。儒教的司法化，是一个宗教形成的正式标志。

公元前104年：董仲舒去世。他留下了内容芜杂的《春秋繁露》，成为汉朝儒教的经典著作。其中夹杂着大量的谶纬、阴阳、"天人感应"，使得汉朝成了中国历史上最迷信的朝代。

公元前81年：盐铁大辩论。

公元前78年：著名学者眭弘被杀。当年泰山和莱芜山出现了一系列的灾异，眭弘认为这是改朝换代的信号，要求皇帝让贤。眭弘成了汉朝书呆子的典范，也可以看到儒教的灾异学说如何控制了人们的头脑。

公元前 74 年：汉宣帝继位。汉宣帝时期，五经博士一共有十二个。《诗经》《易经》《尚书》各三个，《春秋》两个，《礼》只有一个。

公元前 53 年：汉宣帝主持关于公羊学与穀梁学的第一次辩论。

公元前 51 年：石渠阁大辩论。汉宣帝试图确立统治哲学的正统教义。穀梁学设立博士。

公元前 7 年：丞相翟方进自杀。之前几年出现了一系列灾荒，这一年又出现了"荧惑守心"的天象，被认为不吉利。观星的官员乘机上奏要想破解上天的谴责，必须牺牲一位大臣来承担上天的谴责。汉成帝命令丞相翟方进自杀谢罪。翟方进的死亡虽然有政治争斗的成分，但也反映了汉朝"天人感应"学说的荒谬。

公元前 6 年：刘歆上书要求将《左传》《毛诗》《逸礼》《古文尚书》列为学官，设立博士。今、古文之争进入了白热化。西汉时期，先秦之前所写的古文经逐渐被人们发现，形成了古文学派，与经过西汉篡改的今文经学争夺政治资源。刘歆提议将古文经列为学官后，遭到今文经学博士们的大力抵制，刘歆写了《移书让太常博士》批评今文经学抱残守缺。

公元前 2 年：汉哀帝派遣博士弟子景卢前往大月氏使者的住处，学习佛经。

公元元年：四川送来一只白雉，被当作祥瑞，在群臣的请求下，王莽当上安汉公。这只白雉拉开了王莽代汉的序幕。

4 年：刘歆受到王莽重用，利用古文经中的记载为王莽建立国家宗教建筑——明堂。

同年：王莽开始为古文经正名，同时获得正名的还有谶纬。他命令征集精通《逸礼》《古文尚书》《毛诗》《周礼》《尔雅》《史篇》的人，以及精通钟律、月令、兵法等专门的人才，而精通天文（观天象解读命运）、图谶等的人也被列为专门人才受到重用。

5年：借助一块白石头，王莽当上了"摄皇帝"。

8年：又是借助一堆祥瑞，王莽当上了真皇帝。汉武帝推行的"天人感应"学说虽然授予了皇帝合法性，却又被人利用来推翻他的王朝。儒教的影响力达到了最大。

同年：王莽按照古代记载开始了一系列的社会改革，如官制改革、土地改革、金融改革等，这一系列改革最终葬送了新莽王朝。王莽时期，《毛诗》《逸礼》《古文尚书》《周礼》都被列入学官，设置新的博士。但王莽灭亡后，古文经学再次受到政治的抛弃。

18年：扬雄去世。扬雄模仿《易经》，构建了以"三"为阶的哲学体系，作为汉朝哲学的异类而存在。但由于过于玄虚，扬雄对后世的影响力并不大。

23年：王莽身死。在他死后的混战中，刘秀、公孙述各派纷纷利用谶纬为自己的合法性寻找依据。最终刘秀在战场上脱颖而出，建立东汉政权。

28年：尚书令韩歆在皇帝的授意下，请求为古文经学的《费氏易》和《左传》设立博士。他的提议引起了一场学术战争。最终光武帝只为《左传》设立了新博士，但《左传》博士只持续了一届即告废除。在东汉初期，今文经学有十四个博士，分别是《易经》四家、《尚书》三家、《诗经》三家、《礼》二家、《春秋》二家。古文经学一个博士都没有。

67年：汉明帝派出使者迎来了第一批僧人到洛阳，为他们建立白马寺。

75年：汉章帝继位。汉章帝本人爱好古文经学，特别是《左传》和《古文尚书》。在他任上，他命令贾逵从《公羊传》的学徒中选取优秀学生二十人教授《左传》。由此引发了多次今、古文论战。

79年：白虎观会议召开。皇帝试图统一汉朝各流派，形成官方指定的信仰，并由此产生了《白虎通德论》这本著作，作为官方信仰的指定读本。

97年：王充去世。王充著作《论衡》是汉朝机械唯物主义的代表作。

125年：汉顺帝登基。汉顺帝在位时，道教的根本经典《太平经》的雏形开始出现。《太平经》大量借鉴儒教的谶纬理论，形成亦神亦鬼的风格。在漫长的两千年里，这个风格一直保留。

166年：马融去世。马融是东汉经学家集大成者，不仅精通今文经学，还精通古文经学，以及《老子》《淮南子》等著作，是东汉后期通儒的代表人物。这表明人们已经不满于门户之见，而想统领所有的世间学问。

同年：第一次党锢之祸。

168年：第二次党锢之祸。大批文人丧失了从政通道，导致民间学问更加发达，官方学问日渐衰微。

184年：黄巾军起义。黄巾军以道教（太平道）为幌子建立政权，成为古代中国历史上一次带有浓厚宗教色彩的大起义。

同年：张脩叛乱。张脩在汉中地区建立了五斗米道，同样是一个以道教为幌子的类政权机构。

191年：张鲁杀张脩，改造五斗米道，在汉中建立政权。

200年：郑玄去世。作为东汉最后一位经学大师，郑玄统一了今、古文经学。他将今文经学和古文经学的文本统一起来，构成了统一经学。只是，在他完成学术统一时，经学已经濒临灭亡，即将被玄学取代。

玄学自然期

215年：张鲁投降曹操，汉中的五斗米道政权倒台。

220年：曹魏建立。在人才考察上，建立了"九品中正制"，将人才分为九品，根据品级进行任用。由此产生了玄学第一个流派：品评人物。品评人物的代表作品是刘劭的《人物志》。

239年：魏明帝曹叡去世。司马懿成为辅政大臣之一。此时魏国流行的哲学叫王学，是由一个叫王肃的人传授的经学。王肃是大臣王朗之子，也是司马昭的岳父，王学成为两汉经学残余与玄学对抗的主要力量。

249年：高平陵之变。司马懿干掉了魏国宗室势力，成为魏国的主宰。玄学与经学的对抗白热化。

同年：玄学家何晏被杀，王弼去世。王弼与何晏是玄学的早期代表，他们提出了"贵无论"，将"无"设为宇宙的本质，并由此拉开思辨哲学的序幕。

256年：魏国皇帝曹髦利用玄学知识与群臣辩论，可以看作中国哲学玄学化的一个标志。

260年：僧人朱士行前往西域取经。朱士行从洛阳出发，到达陕西、甘肃，再西渡流沙，走丝绸之路南线到达于阗，在那儿得到经书。朱士行可以说是古代中国宗教旅游第一人。

263年：玄学家嵇康被司马昭和钟会害死。嵇康一生"越名教而任自然""非汤武而薄周孔"，是中国哲学史上最接近苏格拉底精神的人物之一。他的死亡让玄学最具反叛精神的时代成为过去。

同年：玄学家阮籍身死。阮籍借酒躲避政治，却在死前被要求写司马氏篡权的劝进表。

264 年：钟会在四川叛乱中身死。在哲学上钟会写过《四本论》，对人的才性问题进行剖析，提出人的才和性是同步的，以讨好司马氏。魏晋时期，辩论之风盛行，对于任何问题都会有一番辩论。

约 272 年：向秀去世。向秀最著名的作品是怀念嵇康的《思旧赋》。他死时曾经为《庄子》作注，死后，书稿被郭象获得，郭象经过加工，发表《庄子注》，成为玄学后期的代表作品。其中最著名的概念叫"独化""无待"，在试图整合有和无时，也试图将名教和自然统一起来。

283 年：山涛去世。山涛是阮籍和嵇康的朋友，在后期却重新进入名教，成为晋朝名臣。

300 年：裴頠身死。裴頠最著名的作品叫《崇有论》，驳斥王弼、嵇康等人抛弃名教的思想，试图将人们的注意力拉回到对政治的热情之中。但裴頠最终被赵王司马伦杀死，成了名教的陪葬。

305 年：竹林七贤中最小的王戎在经历兵荒马乱后，死在逃亡途中。王戎后期也耐不住对名教的追随，成为一代名臣，见证了西晋王朝的衰落。

晋朝：充满了享乐主义精神的《列子》诞生，将玄学引入享乐主义。

三教开放期

约 316 年：西域僧人竺法护去世。他翻译了大量大乘佛经，为大乘佛教在古代中国的落地生根打下基础。大乘般若学传入后，形成了"六家七宗"，为一时之盛。

317 年：葛洪写成《抱朴子》内外篇。葛洪以炼丹为目的重新定义了道教。两千年来，道教的道士们矢志不渝地寻找仙丹，但所有的道士都不免一死。葛洪的另一个特点是"儒道双修",内神仙,外儒术,认为儒、道是并行不悖的。

339年:东晋辅政的车骑将军庾冰提出僧人应该敬拜皇帝,否则就会破坏礼治的统一,损害皇帝的权威。另一个辅政大臣何充却反驳,认为佛教是一种淡泊的宗教,有着种种清规戒律,这些戒律实际上是有利于控制民间反抗的,所以更加有利于皇帝。皇帝与其改变它,不如把它养起来,允许它有一定的"小脾气"。这是第一次关于僧人是否要敬拜皇帝的争论,这次争议以何充获胜告终。

384年:身在龟兹的鸠摩罗什被吕光抓获。吕光将其囚禁在凉州十八年。

385年:释道安去世。他极大地推动了大乘佛教的传播,尽最大可能区分佛教和玄学,又在制定佛教仪规、将佛教组织正规化上做了很多工作。释道安弟子遍天下,不仅北方有,南方也有,加速了佛教的扩张。

约396年:北魏道武帝建立道人统,成为政府管理僧人机构的起始。

398年:北魏道武帝迁都平城,开始建立宫殿、宗庙、社稷,进行儒教化。道武帝也尊崇佛教和道教,表现出对于文明的渴望。

401年:后凉灭亡,作为囚徒的鸠摩罗什被带往长安,开始翻译佛经,成为古代中国历史上最著名的译经师。他翻译了大量中观学的佛经,促进了大乘佛教的发展。

约402年:东晋权臣桓玄再次提出僧人应该敬拜皇帝。僧人慧远则回答了桓玄的责难,他把佛教徒分成两类:一种是在家的居士,另一种是出家的僧人。他认为,在家的居士都应该遵守世俗的法则,而出家人则以修行大道为己任,不应该用俗世的礼节来要求僧人。桓玄最终妥协。

416年:慧远去世。慧远将佛教变成上流的宗教,征服了东晋皇族,成为贵人和富人的座上宾。

433年：南朝宋的僧人慧琳写作《白黑论》，引起了当时人们的大讨论。

434年：鸠摩罗什的弟子竺道生去世。竺道生建立了涅槃宗，开创了"顿悟得道"的理论，后来被禅宗效仿。

440年：北魏太武帝在道士寇谦之的影响下，改元太平真君。寇谦之改良了天师道（脱胎于五斗米道），之后甚至担任了北魏的国师，将道教与政权的结合推向了一次高潮。天师道在他的改造之下，也变成了皇帝顺从的工具，被称为北天师道。

444年：北魏太武帝开始了古代中国历史上第一次灭佛，要求毁佛毁寺还俗僧人。两年后，灭佛达到高潮。

447年：南朝宋何承天去世。何承天曾写作《达性论》，批评佛教的"三报论"，提倡儒教的"三才论"，引起了另一场儒、佛大辩论。

450年：北魏大臣崔浩被杀。作为儒教徒的崔浩是灭佛的最主要推手。寇谦之曾经警告崔浩会遭报应，果然崔浩因为写作历史著作《国书》，惹怒皇帝被杀。

452年：北魏太武帝去世，灭佛终止。

同年：北魏文成帝将道人统更名为"沙门统"，掌管僧道事务。

467年：道士陆修静被南朝宋明帝召往都城。陆修静对天师道进行改造以适应统治需要，被称为南天师道。

约474年：南朝道士顾欢写作《夷夏论》，认为佛教不适合当下。

489年：在南朝齐竟陵王的宴席上，爆发了神灭论大辩论。持神灭观点的是范缜，其余人则持相反观点。范缜为此写作《神灭论》。

504年：南朝梁武帝萧衍下诏将佛教定为唯一的"正道"，将老子代表的道教以及周公、孔子代表的儒教都斥为"邪道"。

507年：南朝梁武帝针对范缜不信神这件事，亲自写了一篇《大梁皇帝敕答臣下神灭论》。皇帝认为，三教中都有许多经典是说人有灵魂的。皇帝写了答复后，又把自己的答复发给臣下。为了向皇帝表示忠心，一共六十多个臣下纷纷上表，表示赞同皇帝的意思。

520年：北魏孝明帝组织了一次佛、道大辩论，围绕老子是不是佛教鼻祖的问题展开，最终佛教获胜。这是历史上多次佛、道起源大辩论的起始。

527年：南朝梁武帝建设同泰寺，舍身入寺，三天后返回皇宫，大赦天下。

529年：南朝梁武帝在同泰寺举行"四部无遮大会"，并再次舍身，由群臣凑了一亿钱为皇帝赎身。

534年：北朝佛寺共三万有余，仅洛阳就有1 367所。

536年：道士陶弘景去世。陶弘景官场不得志，刻意追求炼丹修行，号称上清派。

546年：南朝梁武帝第三次舍身同泰寺。一个月后皇太子出钱将他赎了出来。

547年：南朝梁武帝第四次舍身同泰寺，群臣用一亿钱将其赎出。

548年：侯景之乱爆发，梁武帝于次年被困死于都城。南朝的繁华与佛教一起走入了衰微。

555年：北齐文宣帝再次举行佛、道辩论会，最终佛教胜出，皇帝让道士削发为僧。

569年：北周武帝召集名僧、儒者、道士以及百官两千多人，试图给三个宗教排定座次。皇帝心目中的座次是：道教第一，儒教第二，佛教第三。但最终辩论无结果。佛、道辩论一直持续下去，在隋文帝、隋炀帝、唐高宗、唐玄宗、唐德宗时期，也都有辩论。

同年：甄鸾写作《笑道论》，代表佛教对道教驳斥的最高成就。另外僧人道安也写作《二教论》，同样是驳斥道教的经典。

573年：北周武帝开始灭佛。这次灭佛不杀人，只要求还俗。最终清退寺院四万座，还俗僧人三百万。

577年：北周灭北齐，北周武帝召集北齐都城邺城僧人开会，宣布将灭佛扩大到北齐境内。僧人慧远在皇帝的朝堂上发出了历史上对皇帝的最大诅咒：皇帝依靠武力破除佛教三宝，就是"邪见人"，而邪见人是要下地狱的，在阿鼻地狱里，没有贫富贵贱之分，皇帝难道不害怕吗？

578年：北周武帝去世，灭佛告一段落。

597年：僧人智𫖮去世。他开创的天台宗成为古代中国第一个本土化的佛教学派。天台宗以《妙法莲华经》为根本经典，在唐朝初期最为繁盛。

605年：隋炀帝开始科举取士，开创了古代中国一千多年的科举传统，也把社会人才源源不断地输入中央政府，解决了人才流通的问题。

625年：唐高祖确立三教次序：道教最先，其次是儒教，最后才是佛教。

629年：玄奘从长安出发开始取经。十六年后，他回到长安，带回经书五百二十六策、六百五十七部。

637年：唐太宗下令在皇家仪式上，男、女道士走在僧尼前面，在列名时道士也要在僧人之前。诏书引起了僧人的大反弹，直到唐太宗以杖责、流放作武器，才击退了僧人的进攻。

640年：僧人杜顺去世。杜顺被认为是华严宗的创始人。

652年：玄奘建立大雁塔，储藏经书和佛像。他一共翻译了1 335卷经。但可惜的是，他所宣扬的唯识宗并没有成为古代中国佛教的主流。

690年：武则天登基称帝。武则天上台后，为了巩固政权，贬斥已经成为主流的天台宗和法相唯识宗，开始扶持更加本土化的华严宗和禅宗，使得后两者成为佛教主流。武后时代，贬抑道教，发展佛教，与唐朝的基本政策正好相反。

713年：僧人慧能去世。慧能长期在广东韶关南华寺讲经，弘扬禅宗，提倡顿悟。他被人们称为"禅宗六祖"，也是对禅宗发展贡献最大的人。

730年：慧能弟子神会在辩经中取胜，压倒禅宗北派，成为古代中国禅宗的正统。

743年：唐玄宗追封老子为皇帝，将道教的地位提升到与儒教相当。

819年：唐宪宗举办大规模仪式迎接法门寺佛骨，韩愈对这样的劳民伤财痛心不已，写作《谏迎佛骨表》劝谏皇帝，被皇帝贬黜。

同年：柳宗元去世。柳宗元是古文运动代表人物之一，也是唐朝儒学的代表。

824年：韩愈去世。作为唐朝儒学的领军人物，韩愈激烈地反对佛教，复兴儒教。他的努力在唐朝后期已经看到了成果，到宋朝则产生了燎原之势。

845年：唐武宗灭佛。二十六万僧人还俗，十五万奴婢也成了两税户。唐武宗灭佛主要从经济上考虑。他死后灭佛停止。

955年：后周世宗灭佛。他毁掉了九成的寺庙，但仍然留下了2 694所寺庙、61 200名僧人。

经世实用期

960年：北宋建立。北宋前期科举制度直接继承自唐朝，主要考试科目为进士科和经学科。进士科考诗赋，经学科考人们对五经的背诵能力。

1043年：范仲淹改革。一年后改革失败。这次温和改革的失败，表明北宋已经很难找到一条实用主义和保守主义都支持的改革道路了。

1045年：石介死亡。石介是宋初道德标兵，被称为"宋初三先生"之一。

1046年：程颢、程颐兄弟拜周敦颐为师。

1053年：欧阳修私修的《新五代史》告成，这是北宋保守主义史学革命的早期著作。

1055年：欧阳修以国家安全为名，请求皇帝禁止私人随意出版图书，在出版前必须获得政府许可证。这是古代中国官方干预出版传统的早期阶段。

1057年："宋初三先生"之一孙复死亡。

1059年："宋初三先生"之一胡瑗死亡。石介、孙复、胡瑗这三人被视为道学家开始出现的标志。

1060年：欧阳修主修的《新唐书》告成。这本书充满了保守主义精神，带着儒家正统特色，是北宋保守主义史学革命的成就之一。

1069年：王安石主持熙宁变法。这是一次实用主义和社会主义的改革，它的成败，决定着北宋到底是进入更现代的实用主义轨道，还是停留在儒教的保守主义轨道。

1071年：王安石对科举制度和教育制度进行重大改组。废除了其他的科目（包括明经）；再对进士科进行了改造，废除了对于诗词歌赋的考试，而改为对五经、《论语》、《孟子》的考试。他的改革让科举具有了后期特征，将考试范围从文化变成了儒经。

1073年：周敦颐死亡。周敦颐对后世影响最大的是他的小短文《太极图说》，该书后来成为道学宇宙论的根本。

附 录 中国中央王朝哲学简单年谱

1077年：邵雍死亡。邵雍一生痴迷于用数字创造神秘主义理论，后被道学家吸纳入道学的宇宙论之中。

同年：张载死亡。张载的研究方向主要在人类的认识论，以及人和宇宙的关系上。

1079年：乌台诗案爆发。新党要将苏轼置于死地。苏轼的遭遇，反映了实用主义者的斗争策略就是要将一切反对自己的人都打倒。

1084年：司马光主修的《资治通鉴》告成，这是北宋保守主义史学革命的集大成之作。作为保守主义的主将，司马光以儒教君臣思想贯穿始终，形成了超强的话语体系。

1085年：宋哲宗继位。保守派重新得势，司马光为相，苏轼被召回中央任职。但由于不容于旧党，苏轼再次请求外调。

同年：道学家程颢离世。他的兄弟程颐吹捧其兄。

1088年：程颐被授予崇政殿说书的职位，开始产生影响力。

1089年：苏辙请求政府干预私人印刷。宋朝形成了比较全面的印刷业政府控制体系，成为中央王朝控制出版的范本。

1093年：宋哲宗亲政，召回新党的章惇等人，恢复新政，打击旧党。

1100年：宋徽宗继位，掌握政局的向太后再次召回一批被章惇等新党贬斥的旧党成员。

1101年：宋徽宗亲政。他大肆打击旧党，就连新党的章惇、曾布也因为曾经反对宋徽宗继位而受到打压。

1102年：宋徽宗推出党籍碑，在党籍碑上刻了一百二十人的名字，宣布对这些人永不任用。两年后又增加到三百零九人，这些人中除了真的旧党，也包括苏轼这样的自由主义者，还包括反对皇帝继位的章惇等人。

同年：蔡京为相。作为实用主义最后的代表，蔡京为皇帝四处找钱，费尽心血，却无助于挽救北宋的命运。

同年：荆国公王安石加入孔庙配享的行列，和颜回、孟子一起塑在了孔子身旁。

1107年：道学家程颐离世。

1113年：追封王安石的儿子王雱为临川伯，加入孔庙从祀（画像）行列。

1126年：二程的重要弟子、右谏议大夫杨时请求剥夺王安石配享的权利，最终皇帝把王安石从配享降为从祀。

1127年：北宋灭亡。北宋最后由实用主义者掌权，他们利用金融工具将北宋社会带入崩溃。实用主义者已经臭名昭著，使得南宋成了保守主义者的天下。

道学封闭期

1140年：金国封孔子的后代为衍圣公，宣告它继承了华夏的儒教文化。

1141年：金国皇帝亲自到孔庙中祭奠，并以身作则学习儒家经典和史学著作。辽、金两朝都在不同程度上学习中原的科考制度，尊孔为正统。

1175年：朱熹、陆九渊鹅湖寺之会。陆九渊持心学立场，朱熹持理学立场。这是古代中国心学和理学的第一次碰撞。

1177年：王安石儿子王雱的画像被逐出孔庙。

1178年：侍御史谢廓然提议禁止周敦颐和王安石的学说，认为性理学说是浮言游词，饰怪惊愚。

1195年：宋宁宗即位，招揽朱熹担任焕章阁待制兼侍讲。

同年：庆元党禁。党禁持续了六年，针对朱熹等道学门徒。这次党禁是道学上升为统治哲学之前的最后一次劫难。

1200 年：朱熹离世。

1206 年：开禧北伐。北伐以失败告终，主持北伐的韩侂胄也被杀身死。韩侂胄是道学的最大敌人，他的死亡解放了道学。从此，再也没有势力能够阻止道学的得势了。

1211 年：南宋著作郎李道传上书请求尊崇道学，他的提议包括：重用道学人才、提倡道学著作、尊崇死去的道学家（"二程"、邵雍、张载、朱熹）。但没有被采纳。

1215 年：蒙古大军攻克中京，俘虏耶律楚材。耶律楚材开始为蒙古人服务，建立制度。

1216 年：南宋潼川府路提点刑狱魏了翁再次提议尊崇二程和周敦颐。

1220 年：宋宁宗下令给二程、周敦颐、张载加谥号。

1228 年：宋理宗追赠朱熹为太师，追封"信国公"。第二年，又封为"徽国公"。

1231 年：蒙古开始实行官僚制度，建立中书省，耶律楚材为中书令。开始建立户籍、税收制度。

1237 年：耶律楚材开始为蒙古主持科举制度。这次科举选取了 4 030 位人才为蒙古人服务。但科考没有继续下去，只进行一届就终止了。

1241 年：宋理宗将周敦颐、张载、二程、朱熹送入孔庙，享受从祀的待遇。原本从祀的王安石则被请出孔庙。朱熹的著作《四书集注》也成为必读书，确立了未来在科考中的统治地位。

1254 年：西方教士鲁布鲁克到达哈剌和林，见到蒙古大汗蒙哥。他在这里经历了一次蒙古大汗的"洗礼",以及一次极大规模的信仰大辩论。

1255 年:道士不断侵占佛教资产,蒙古大汗宫廷再次迎来佛、道之辩。

1258 年:佛道再次在蒙古大汗宫廷辩论,争执的焦点仍然是老子化胡说。道士输掉了辩论,十七位道士被强行剃头送入佛寺。

1267 年:南宋封曾参为郕国公,孔伋为沂国公,二人和孟子、颜回一起享受配享的待遇。到了元朝,封颜回为兖国复圣公,曾参为郕国宗圣公,子思为沂国述圣公,孟子为邹国亚圣公,"四圣"的名称就来源于此。

1314 年:元朝再次开始恢复科举。由于缺乏行政能力,科考极为简陋,为了简化,采用道学家的课本,道学开始蔓延到科举体系。又因为课本单一,科举不再成为知识比拼的场所,而变成死记硬背的投机之地。

1370 年:朱元璋在刘基的帮助下恢复科考。

1397 年:南北榜事件爆发。许多读书人为此心寒,不再以功名为目的读书,这反而造成了明朝民间学术的繁荣。

1415 年:明朝政府主持编撰的超级课本《四书大全》《五经大全》《性理大全》问世。与其说是道学造成了古代中国思想的封闭,不如说是这几部粗制滥造的教科书以及简陋的考试方法造成了古代中国哲学进入思想封闭期。

1451 年:陈献章拜著名学者吴与弼为师,学习理学。但他最终开创了明朝心学。

1494 年:湛若水拜陈献章为师。湛若水后来做了明朝大官,处处宣传陈献章的学问,让陈献章成了明朝心学的早期代表。

1506 年:王阳明因为得罪权贵,被贬往贵州龙场驿。他在这里思考哲学问题,逐渐从理学过渡到心学。

1519 年:王阳明镇压宁王叛乱,声名鹊起。他的心学也由此大行天下。

心学是对理学的反叛，却由于过分强调内心，忽略了外部世界，到后期让人们走向了犬儒主义。

实学兴起期

1520 年：王艮拜师王阳明。他名为阳明弟子，却强调人本，认为老百姓的日用生活才是根本，而皇帝老子的政权只不过是枝节问题，与老师的学问已经迥异。王艮开创的泰州学派是中国历史上少有的为商人服务的实用主义学派。

1523 年：王艮大闹北京城。王艮是王阳明弟子，以宣扬师父学问为名前往北京，他行事高调，言语狂妄，让王阳明的其他弟子担忧不已。

1537 年：皇帝下令摧毁各地书院。第二年命令生效，但由于地方和官员的抵制，效果不大。

1577 年：李贽任职云南姚安知府。他不在意政务，到鸡足山疗养。三年后弃官不做。

1579 年：大学士张居正再次下令毁掉天下的私人书院。这种做法是为了统一舆论，便于推进改革，却由此扼杀了民间学术的活力。

同年：哲学家何心隐被张居正及其同党害死。何心隐被认为是中国最后一个游侠。

1602 年：李贽自杀。以死捍卫童心。

1604 年：顾宪成重建东林书院。围绕东林书院逐渐形成了一个清流党派，大肆介入明朝后期的政治生活和皇帝废立，成为党争的绝对主角。

1625 年：明熹宗下诏毁掉全国书院。

1626年：东林书院被毁。许多东林党人被杀害。

1629年：崇祯皇帝为东林党平反，重修东林书院。但明朝的气运已经在党争中耗尽。

约1644年：李自成进攻北京。

1645年：作为明儒最后代表的刘宗周绝食而死，表达自己不做贰臣的理想。

1662年：黄宗羲写成《明夷待访录》，这是古代中国最好的政治学著作。

1678年：顾炎武拒绝了清朝让他当官的要求。第二年再次拒绝，终身不仕。

1679年：吴三桂逼王夫之写劝进表。王夫之逃走。王夫之的哲学出自理学，但强调气，将人们从空中拉回到对世间和自然的观察。

1704年：阎若璩去世。他写的《古文尚书疏证》证伪了《古文尚书》，让人们突然意识到自己奉若经典的不仅不是圣人言，还只不过是些伪作。清朝的考据学极大地解放了人们的思想，使得古代中国学术进入实学时代。

1777年：戴震去世。戴震一生六次考进士未中，却代表了清朝实学的最高峰。

后 记

我一直相信,一个作者最恰当的做法,是悄然隐于读者的关注之外。既然他的思想已经在作品中表达,那么剩下的躯壳对于外人就已毫无价值,苦乐生死只不过是个人的私事,又何须关注?

但我又总是忍不住将每本书的后记当作自留地,写几句话,既是对前事的总结,又是对未来的规划,更多的则是给自己打气,免于懈怠或者走上只关注名利的不归路。

我的前半生是在奔波劳累中度过的,曾经错入行伍,又为了生计做过程序员,费尽精力,才终于进入了兴趣所归的文字行业。即便开始作文,也并非正襟危坐于书桌前,日日苦思冥想,挖掘内心的小确幸,或者以说几句俏皮话为荣,而是选择了颠簸于社会之中——做过记者,在旷野中冒过险,或者游走于世界上的战乱之地。

由于放弃了固定的职位和保障,虽然奔波,收入却有限,时常引得家人朋友牵挂。我父亲曾经问我:当别人退休后安享宁静的生活时,你却依然为了生计而打拼,一刻不得闲,难道不为自己心疼吗?

我回答:既然找到了终生的兴趣,就要一直做到死。所谓退休生活,只有那些不知道自己兴趣是什么的人才会在乎。我宁愿死前一刻仍然在写作,当我写不动了,生命才会失去意义。

由于没有名气,我的前几本书为了符合出版社的审读,不敢放开写,收入也很少。为了维持生活,甚至必须靠写溜须拍马的商业书来筹钱。

到了最近两本书,我的生活才有了改观。《穿越百年中东》给我带来了不错的声誉,《财政密码》则让我不用为最近几年的生活费担忧。于是,另一个麻烦找上门来:如何避免不必要的分心?

有朋友出于好心,推荐我去机构任职,被我回绝了。有朋友希望我在网络上开课,我也拒绝了。还有人希望我参加活动,我也无法答应。

所有的人都是好意,他们认定总有一天我会写不出新的作品,而依靠卖作品获得的收入总有枯竭之时,如果不趁当红之际找到更稳定的收入来源,当我写不动时,就会再次陷入困顿之中。

但我拒绝他们的真实原因也只有一个:我想保留精力,趁创作高峰期还没有过去,尽量多写几部作品。我深深地知道,一个人不可能一辈子保持高效的创作,不管多么想排除杂念,也只是推迟杂念的侵蚀,无法完全避免。如果不趁这之前多努把力,以后也许就没有机会了。

感谢文学锋、张赋宇,你们帮助我获得了写作本书的资料。

感谢周杭君、秦旭东,这本书同样是在你们的鼓舞与帮助下完成的。

感谢林达,虽然从未见面,我一直最看重你的鼓励。

感谢王小明、羽戈、鄢烈山,你们的鼓励同样是我的动力。

本书的部分内容发表于微信公众号"思想的云",也感谢"思想的云"主编姚文晖的帮助。

感谢本书的编辑董曦阳、李博,以及团队的其他成员,本系列的作品都是在你们的努力下诞生的。在我的写作生涯中，你们是最富有激情的团队之一。

感谢我的父母亲，你们在初稿时就已经阅读了本书，给了我最大的激励。

感谢梦舞君的陪伴，是你支持我坚持写作道路。

我从小的梦想就是写作，这来自我的祖父母郭保成和李玉萍当初对我的引导，他们将"理想"这个词永久地留在了我的脑海中。他们将我抚养大，却在我读大学的第一个学期时双双离世。我曾经发誓要用我的书纪念他们，如今，是我还愿的时候了。

本书计划于广州锋子居
本书初稿完成于云龙梦君庐
本书终稿完成于大理走青春客栈
本书最终订正于大理风吼居

再版后记

如果问我"密码三部曲"中我最喜欢的是哪一部,我会回答:最喜欢的是《哲学密码》。原因有二:第一,这本书虽然是写古代哲学的,但融入了我对现代经院哲学的一些看法;第二,这本书的写作过程充满了我的回忆,成了我生命的一部分。

本书的创作过程

"密码三部曲"中,最早完成的是《财政密码》,当时其余两部尚处于构思之中。但由于《财政密码》的出版耗时日久,等待时,我就转向其余两部的写作。两本书的写作也是穿插进行的,先写一段时间《哲学密码》,写累了,就转向《军事密码》,写一段时间,又再转回去。在这种情况下,两本书几乎同时完稿。我在之后的写作中也保留了这种方式,因此我的书往往是两两同时完稿的,比如《汴京之围》和《穿越非洲两百年》同时完成,《丝绸之路大历史》和翻译的《一把海贝》同时出世,《盛世的崩塌》和《失落的世界》同一天交稿,另两本译著《西班牙内战》

和《定居地球》也是同时进行的，最新写成还未出版的《元朝理财记》也和《失去的三百年》（暂定名）同步完成。

到"密码三部曲"其余两本书全稿完成时，《财政密码》还没有出版。这样的时间差，也造成我写作后两部时，完全得不到第一部版税的滋养，经济一直处于匮乏之中。

但那成了我和妻子梦舞君最值得怀念的时候。当时，她在大理的才村开一个小饭店，我一边在她的店里打工，当一个店小二，一边翻阅古籍，写着古今中外的重大事件和历史教训。

当然，我干活并不是被强迫的，梦舞君一直不想让我帮忙，一切都是我自愿的，原因是我看到她太辛苦了，心疼。另外，虽然说是帮忙，但由于服务不专业，还经常发脾气，导致我有时候提供的帮助反而不如添的乱子多。

我在饭店的主要工作是洗碗，但有需要时也会帮忙在前台点单。到了春节或者暑假等旅游旺季，由于顾客太多，店里忙不过来，有时候必须让顾客在外面多等一会儿才能上菜，为了安抚他们，我就自告奋勇地去和他们聊天。在聊天的时候，自然会谈到我是"写字的"。

有一次，一位客人很诧异地说："今天我刚看了一篇文章，而它的作者竟然就在这里！"那时候，我经常在朋友开的一个公众号"三剑客"上发一些旅行观察，我记得那篇是写一位埃塞俄比亚偷渡客的，那篇文章后来被收入我的《穿越非洲两百年》。

我是一个爱安静的人，但在那段时间里体会到"卖笑"的感觉。正赶上那段顾客最多的时间，我的《穿越百年中东》出版了，我会拿出来给客人们看，以换取他们多一点耐心。客人有了好奇心，就会多一分宽容。

我会去问客人是做什么的。由于我的知识谱系较宽，也在北京、上海、广州等大城市都待过，很容易就和客人聊起来。当他们诉说着各种旅途奇遇，期待着我的共情时，我心里想的却是：怎么还没上菜，我的话都快说完了！

我哄人的招数也是五花八门的。有一次，我对着一群客人拿出一颗古人的牙齿，那是在一个两千多年前的古战场上捡到的。不想这群客人里有一位医生，她接过去看了看，就笃定地说："确实是人牙，年轻人的，应该二十岁上下。"那一刻，我突然产生了一种时空错乱的感觉：他们看过这颗死人的牙齿之后，待会儿还要快乐地享用大餐。这事也让梦舞君哭笑不得：究竟是什么样的酸不溜秋的书呆子，才会在客人吃饭时给他们看死人的牙？

除了餐饮本业，一个旅游区的店铺要想存活，必须给客人提供更多的帮助。那时候，电子地图还不像现在这么发达，我用手绘地图的方式将整个才村所有的旅馆和商业都标注其上，并贴在墙上；又手绘了整个大理的旅游景点地图，还用注释的方式给出了具体的乘车或者驾车建议。许多客人到店后，会被墙上张贴的这两张手绘图吸引，拍下来作为旅游的参考。到了梦舞君关店的时候，她专门把这两张手绘地图揭下来，郑重地保存到今天。

梦舞君的小店口碑很好，但她不大注意品牌，于是我给她想办法，要做品牌，给她的主打菜"蘑菇火腿炖鸡"想了个名字"菌香鸡煲"，并编造了一个土不拉几的故事，表明这道菜在当地是历史悠久的。最后，我用五彩笔把这个故事抄在纸上，也贴在了墙上。

但我的过多参与也让我和梦舞君有了冲突。事后，我会明白，每个人的经营理念是不同的，当我想把自己的经营理念强加给她的时候，可能不仅起不了作用，反而会添乱。

但不管是争吵还是共同打拼，都成了我们最珍贵的一部分记忆。梦舞君会心疼地劝我少干活，她希望我不受干扰地写作；但我又会心疼她，因为我做的事情也许帮不了多少忙，却会让她感觉到些许的温情。

由于旅游区的店淡旺季落差明显，不能招太多的人，以免淡季时成本太高，很多事都只能她亲自去做，对于一个女人来说实在太累了。我记得，有一年春节时，一天早晨她终于累得爬不起来了，决定放弃一天的早餐营业。可是，春节往往是客人最多的时候，七天时间的营业额甚至能抵上淡季的两个月。为了不浪费那天早上的时光，我匆匆起来拉开门，一个人给客人下面条、煎鸡蛋。梦舞君起床后眼睛里露出了不敢相信的神色，她第一次知道我会做饭——那都是被逼的。

我写这些，不是为了显示自己的辛苦，事实上，我的一时体会却是梦舞君的日常，她每天都这么辛苦。我们的理想都是创作（我喜欢写作，她喜欢写作和绘画），但为了生活，不得不做一些别的生计，我不希望将重担都压在她的身上，而自己却躲起来，不理会她的艰辛。

到后来，当我整理完资料，需要理清逻辑的时候，为了避免一切干扰，梦舞君还是安排我回到她的老家，在一个小房子里安静地创作。在那儿，也经历了我人生中第一次5.5级地震。即便在潜心创作时，我也总是想到，梦舞君还在每天忙碌着，为了我们的生活……

后来，因为一些离奇的时代因素，她关掉了店铺。我们慢慢地也度过了最初的艰难。但我们依然时常谈起当年的故事。她总是说我夸大了她的能耐，说当初应该给我一个更好的创作条件，但她没有意识到我当初多么心疼她，多么在乎她，也不想看到她为了我的理想而完全放弃了她自己的理想。

也正因为发生的这一切，这本书成了一本有故事的书，每当我想起它，首先想到的是我和梦舞君的人生之旅，怀念那时的青春年少，怀念那个胡乱的承诺，怀念那些不计后果的相拥取暖，那些经历比一本书要重要得多。

对我来说，这本书的再版，就是为了纪念让此生可以无悔的那几年时光。

苍山猴子的诞生

这本书的另一个作用，是让我摆脱了现代学术经院体系，在象牙塔之外找到了一条道路。

我曾经在大学就读，也在研究机构短暂待过，对于国内的学术体系一直评价不高。我成为一个财经记者时，更能了解他们的研究能力有多糟糕。但自从我离开记者行业，试图寻找一条写作道路的时候，却非常担心太多的资源被经院体系把持着，而我又不认同也不可能加入这样的体系。

事实上，现代社会对于学术经院体系的过度迷信也令人担忧，虽然记者知道最有价值的信息来自市场，最没价值的来自经院，但社会上普通人的看法却是倒过来的，特别在一个日益敌视市场的环境中，经院体系反而成了人们的香饽饽。

我曾经对此非常苦恼。不过，我的许多疑惑在这本书的写作中得到了一定程度的解答。

比如写到汉代的学术门阀体系时，我发现，汉代几乎所有的重要作品，都是正规学术体系之外的人写的。诸如扬雄、王充等人的著作，因为他们没有进入那种体系，在当时被认为是粗鄙的，不符合学术要求的，被遵循家法和学术规范的人一致鄙视。但最后，那些搞学术的人大都默默无名了，扬雄和王充依然在闪光。

汉代的家法制度到最后怎样了呢？汉代儒教系统内人们注重的那些学问，到最后都被证明是伪知识，被历史抛弃了，另外一些出自体系之外的东西却是长存的。有了这样的想法，我确立了自己的目标，那就是：做一个不加入任何机构，独立观察和思考，相信市场，只做自己感兴趣的问题研究者。我认为，如果我寻找的是真问题，那么也一定会有其他人对这个问题感兴趣，他才是我想吸引的读者。

于是我拥有了更多的时间去旅行、考察和阅读，我能做到说走就走。这样的便捷性，让我的一生可以活成其他人几辈子的长度。我相信这种时间利用上的优势能够给我带来收获。

我曾经开玩笑说，就让我当一只自生自灭的苍山猴子吧，站在社会之外冷静地观察人间百态。当然，对于一只猴子，有的人担心它风餐露宿，没有活路，我却看到了猴子的自由自在，以及多种可能性。这样的想法，是在写作《财政密码》时就已经产生，到写作《哲学密码》时坚定下来的。从这个意义上说，这本书的另一个名字叫"苍山猴子诞生记"。

在写这本书时，我的日子依然艰难。我树立这个目标时，纯粹是一种信念在支撑着，让我相信：依靠市场，相信丛林精神，通过努力打拼获得一定的市场地位是可能的。

再版后记

这本书写完后两年，我的《穿越百年中东》《财政密码》和《汴京之围》相继出版，带来了惊喜，也让我更坚定地走自己的路。

当然，至今我也并不认为这条"猴子之路"一定是适合每个人的，但我已经决定接受一切的结果，把它当作命运的一部分。

我也并不孤独，当我认识的人越来越多的时候，我发现，其实有许多人也在做着同样的尝试，比如写出现象级作品的李硕以及我的朋友张明扬、谌旭彬、张向荣等人，他们依靠市场起家，并逐渐在市场上找到了自己的定位。

因此，这本书是献给那些在圈层之外，依靠勤奋和努力，争取在市场上寻找空间的作者的。未来，到底我这只"野生猴子"的路是越走越宽，还是饥寒交迫于苍山之巅，结局恐怕也是衡量中国改革开放成就的一个不起眼的小指标吧。

2024 年元旦于大理